서양사 속
빈곤과 빈민

서양사 속
빈곤과 빈민

연민과 통제를 넘어 사회적 연대로

한국서양사학회 기획 | 민유기 · 홍용진 외 지음

책과함께

2011년 뉴욕의 월가를 점령한 '99퍼센트'의 외침은 전 지구적 차원에서 양극화와 빈곤 문제의 중요성을 다시 한 번 일깨워주었다. 한국 사회 역시 사회통합을 위해서는 갈수록 심화되는 양극화 문제를 해결하지 않으면 안 될 시점에 도달해 있다. 통계에 따르면, 한국 사회에서 2006년부터 2009년까지 4년 동안 상대적 빈곤(가처분소득을 기준으로 중위소득 50퍼센트 이하)을 한 번 이상 경험한 가구는 전체의 35.1퍼센트, 절대빈곤(가처분소득을 기준으로 최저생계비 기준 이하)을 한 번 이상 경험한 가구는 26.7퍼센트에 달했다. 또한 2008년의 빈곤층이 2009년에 빈곤을 탈출할 확률은 20.9퍼센트, 비(非)빈곤층이 빈곤층으로 진입할 확률은 5.8퍼센트로, 2006~2007년에 비해 탈출 확률은 낮아지고(31.8퍼센트→20.9퍼센트) 진입 확률은 높아졌다(4.5퍼센트→5.8퍼센트). 한국과 OECD 주요국과의 빈곤율을 비교한 결과에 따르면, 2006~2007년 한국의 평균 빈곤 탈출률은 OECD 17개국의 평균 39.2퍼센트보다 낮고 빈곤 진입률은 OECD 17개국의 평균 4.5퍼센트와 비슷하게 나타났으며 그 격차는 더욱 커지고 있다.

더욱이 최근 들어 한국 사회에서 빈곤의 문제는 더 이상 소수의 문제만이 아니며, 일시적인 것이 아니라 만성적인 것으로 전환되고 있다는 지적이 나온다. 전체 가구의 25~35퍼센트가 빈곤 경계선에 있고 실업, 질병 등이 발생할 경우 쉽게 빈곤의 나락으로 빠질 수 있는 형편이다. 더 큰 문제는 빈곤을 경험하는 비율이 증가하는 반면, 빈곤을 벗어나는 비율이 점점 낮아지고 있다는 점이다. 한 번 빈곤을 경험한 계층의 빈곤 탈출 경로는 매우 취약하다. 일단 질 좋은 일자리의 확보를 통해 근로 빈곤층을 줄이는 문제가 긴요하지만 쉽지 않은 상태다. 기초생활 대상자가 전체 인구의 4퍼센트 정도에 머무는 수준을 감안할 때, 이 비율을 끌어올리고 기본적 소득 보장을 확대하는 등 빈곤층에 대한 적극적인 정책이 필요하지만, 정치적인 선전 차원에서 복지 논란만 있을 뿐 재원 확보를 위한 진지한 노력은 부족한 게 현실이다.

19세기 러시아의 문호 표도르 도스토옙스키의 소설 《죄와 벌》에서 마르멜라도프는 "가난은 죄가 아니다"라고 외친다. 가난은 죄가 아니었지만, 빈민의 존재는 흔히 국가와 사회가 충돌하는 중요한 갈등의 요인이자 문제적 사안이었다. 빈민은 일반적으로 빈곤 생활에 허덕이는 사람들을 총칭한 것이지만, 건전한 노동의욕을 상실하고 정신적으로도 피폐해져 타인의 구호를 기대하는 궁민(窮民)과는 구별된다. 빈민은 여러 이유로 생활이 곤란한 상태에 이르렀으나 개인이 속한 사회적 관계에서 육체적·정신적 유지와 향상에 필요한 제반조건과 어느 정도 필요하다고 인정된 물질과 기회를 얻지 못하는 자들이다.

빈곤과 빈민 문제는 역사적으로 중요한 정치적·경제적·사회적·문화적 담론과 실천의 등장을 이끌어냈다. 따라서 빈곤과 빈민이라는 프리즘을 통해 서양사 전반을 조망하는 것은 매우 흥미로운 학문적 접근이다. 그리고 이 같은 접근은 한국 사회의 빈곤 문제에 대한 폭넓은 검토의 기회를 제공해준다. 불가피한 현실로 다가온 빈곤(절대적 빈곤뿐 아니라 상대적 빈곤까지)과 복지의 문제를 한국 사회 발전의 새로운 전기로 삼기 위해서는 타자의 구체적인 경험을 통해 이 문제에 대한 역사적 인식과 통찰력을 갖출 필요가 있기 때문이다.

이런 관점에서 한국서양사학회는 2013년 5월에 '서양사 속의 빈곤과 빈민'이라는 주제로 제17회 한국서양사학회 학술대회를 개최했다. 이 학술대회에서는 서양의 고대부터 현대까지 빈곤의 개념, 빈곤과 빈민에 대한 담론과 논쟁, 빈곤에 대한 사회적·문화적 인식, 빈민에 대한 사회적 지원과 복지제도 등 구제를 위한 제도적 노력을 심도 있게 다루었다. 이 책은 이 학술대회의 성과물이다. 이 학술대회에서 발표되고 토론된 내용들은 이후 2, 3년 동안 발표자들에 의해 심화 보완·연구되어 여러 학술지에 게재되었다. 이들 논문들을 한 권의 책으로 묶으면서, 학술대회에서 발표된 내용은 아니나 한국서양사학회 회원 연구자들이 빈곤 및 빈민과 관련하여 여러 학술지에 게재한 논문들을 책에 포함시켰다. 또한 연구논문으로 발표되거나 학술지에 게재되지 않았더라도 이 책의 기획 취지에 부합되는 글을 책에 포함시켰다.

이 책은 4개의 부로 구성되어 있다. 제1부는 고대와 중세의 빈곤에 대한 인식과 빈민구호 노력을 고찰한다. 먼저 1장에서 남성현은 초기 비잔티움 제국과 그리스도교의 빈민구호를 위한 협력을 살펴본다. 콘스탄티누스 황제 이후 초기 비잔티움 제국의 그리스도교 관련 경제정책은 그리스도교 기관 소유의 부동산 규모를 늘려주면서, 동시에 늘어난 부로 가난한 사람들을 더욱 헌신적으로 돕도록 유도하는 방향으로 나아갔다. 4~6세기에 세워진 다양한 복지기관은 비잔티움 제국과 그리스도교가 가난한 사람들을 위해서 서로 협력했던 방식을 보여준다.

2장에서 홍용진은 12~14세기 파리의 사례를 통해 중세 빈곤과 빈민에 대한 사회적 의미 변화를 추적한다. 단순한 기독교적 자선 또는 거부의 대상이었던 빈곤과 빈민은 12세기 '자비심(애덕)의 혁명' 및 '그리스도 모방'이라는 흐름과 더불어 좀 더 진지한 신앙적 성찰의 대상이 되었다. 하지만 13세기 말부터 진행된 경제위기 및 인구위기와 더불어 빈곤의 문제는 통치의 문제로 포섭되었으며 곧이어 노동의 문제와 긴밀한 관계를 맺기 시작했다.

안상준은 3장에서 15~16세기 독일 지역의 도시들에서 나타난 사회부조를 검토한다. 중세 말 도시에서 빈곤은 '사회문제'로 인식되기 시작했고 이에 독일 지역 도시정부들은 빈민을 관리하고 통제하기 위한 '공공정책'을 도입했다. 이러한 빈민 정책의 기본 성격은 배타적이고 통제적이었다. 그것은 도시에 사는 소수의 토착빈민에게 혜택을 주어 사회불안을 제거하는 한편 노동윤리를 기초로 한 교화와 통제를 통해 빈민은 물론 공동체 구성원에게도 노동윤리를 강제하는 자본가의 윤리를 바탕에 깔고 있었다.

제2부는 근대의 빈곤 퇴치와 예방 노력들에 집중한다. 허구생은 4장에서 근대 초기 영국의 빈민 노동의 통제와 공공고용 문제를 고찰한다. 16세기부터 영국에서는 비자발적 실업을 타개하기 위한 일련의 빈민법들이 제정되었고 이들에 대한 공공고용이 추진되었다. 이는 경제적 목적 외에도 근면함을 바탕으로 한 미풍양속 고양의 목적을 지니고 있

었다. 하지만 빈민에 대한 뿌리 깊은 편견과 임금 및 노동조건과 관련된 현실적 문제들로 인해 이러한 공공고용이 영국 사회에 정착하는 데에는 빈민 자녀에 대한 직업교육을 제외하고는 오랜 시간을 필요로 했다.

5장에서 이성재는 근대 초기 프랑스의 빈민 감금 정책에 작용한 종교성을 분석한다. 17세기 파리에 설립되었던 종합병원은 흔히 '대감금'의 시대를 상징적으로 나타내는 기관으로 빈민에 대한 가혹한 조치가 이루어졌던 곳으로 평가되었다. 하지만 종합병원 창설과 관련된 법령과 관련자들의 생각을 검토해보면 빈민의 사회적 배제 및 주변화가 더 큰 사회적 위험을 초래할 것이라고 염려했음을 알 수 있다. 종합병원은 감금 장소였으나 빈민에 대한 연민과 자선, 종교 교육을 베푸는 빈민을 위한 기관으로 출발했다.

6장에서 박찬영은 20세기 전환기에 영국에서 등장한 새로운 자선 개념을 분석한다. 20세기 초 영국 '신자선'의 기수인 '도움길드'는 국가 주도의 자선 정책을 통해 체계적인 빈민구호 사업을 확립하고 노동계급 등 전 시민이 이에 참여하도록 장려하며, 공적 영역과 사적 영역 간의 협력관계를 이루고자 했다. 1차 세계대전의 발발과 더불어 도움길드는 빈민법, 실업 문제, 위생법 등과 관련된 사회단체의 활동에 국가와 지역당국의 개입을 적극적으로 지지했다. 이를 통해 영국 복지제도 특유의 혼합성을 구축하는 데 기여했다.

제3부는 사회적 약자와 빈곤의 문제를 제정 러시아 시기 성매매 여성, 20세기 초 미국 도시의 흑인 빈민, 20세기 초 영국의 빈곤 노년층의 사례를 통해 살펴본다. 7장에서 기계형은 제정 말기 러시아의 여성 빈민층과 매춘의 관계를 고찰한다. 차르 정부는 공창제도 도입과 매춘 여성에 대한 다양한 양상 검토를 통해 매춘에 종사하고 있던 빈민

여성의 섹슈얼리티를 사회적으로 통제하고자 했다. 하지만 매춘은 법, 의료, 사회문제의 차원에서 여러 가지 문제를 낳았으며 빈민 여성들도 정부의 의도대로 움직이지 않았다. 이들은 이러한 점에서 차르 전제정의 균열을 보여주었다.

8장에서 박진빈은 미국의 인종 분리와 흑인 빈민 주거 문제를 분석한다. 20세기 초 필라델피아의 흑인 빈민들은 주거시설과 생활기반이 열악했고, 정부 대책의 부재 속에 흑인 수의 증가는 인종 간의 갈등과 편견을 악화시켰다. 필라델피아의 흑인들은 시내의 가장 낙후된 비위생적인 공간에서 밀집하여 살았고 더 비싼 월세를 내야 했으며 보이지 않는 인종 분리선을 넘으려 할 때는 폭력적으로 응징당했다. 미국 도시의 뿌리 깊은 주거지의 인종적 분리는 빈민 문제와 인종차별 문제의 근본적인 해결을 가로막았다.

9장에서 이영석은 영국의 1908년 노령연금법을 통해 노년층의 빈곤 문제를 검토한다. 이 노령연금법은 많은 한계를 지녔음에도 불구하고 국가가 시민의 의무를 다하고 성실히 생활한 국민에게 안정된 노년 생활을 보장한다는 생각을 확립하는 계기가 되었다. 노령인구가 증가했으나 빈민법의 비효율성과 공제조합 위기가 겹쳤을 때, 지식인들과 사회운동가들의 공감대가 형성되어 결실을 맺은 이 법안들은 당대의 사회문제에 대한 오랜 숙고의 결과였으며 이후 보편적 연금체계의 기초를 놓게 되었다.

제4부는 현대의 빈곤과 불평등의 문제에 천착한다. 10장에서 민유기는 풍요로운 선진국 내부의 빈곤층인 '제4세계'와 이들의 도시 빈민 운동의 지향성 및 의미를 분석한다. 20세기 후반 프랑스의 브레진스키 신부와 그가 만든 빈민 지원 사회단체인 ATD는 빈민에 대한 단순 구

호를 넘어 절망에 빠진 빈민들이 인간 존엄성을 회복하고 주체적으로 자신의 삶을 회복해나갈 것을 추구했다. 이러한 '제4세계 운동'은 빈민에 대한 연대, 사회개혁과 인권 증진을 목표로 삼았으며 세계적인 차원에서 빈민 운동과 인권운동을 본격적으로 결합하는 계기가 되었다.

11장에서 오승은은 포스트사회주의 동유럽의 빈곤한 일상에서 생존을 위해 작동하는 '비공식 경제'에 대해 고찰한다. 사회주의 붕괴 이후 일상의 관점에서 볼 때, 동유럽의 체제 이행 23년은 빈곤으로 인한 생활의 피폐화가 정치적 억압만큼이나 끔찍한 결과를 가져올 수 있음을 확인시켜준다. 정치적 자유는 확보됐다고 할지라도 빈곤으로 인한 여러 문제들이 사람들을 비참하게 만들고 있기 때문이다. 이런 암울한 상황에서도 대다수의 서민들은 '비공식 경제'를 통해 생계를 근근이 유지해나가고 있다.

마지막 12장에서 이강익은 각종 통계가 보여주는 미국 사회의 경제적 불평등과 그 원인들을 분석하고, 하나의 대안을 제시한다. 최근 들어 미국의 빈곤과 불평등 수준은 OECD 선진국 중 가장 높은 상태이며 이러한 현상은 1980년대 이후 특히 심화되었다. 미국의 경제적 불평등과 빈곤의 원인으로는 산업구조의 변화, 노동시장 규제 완화, 경영자 개인소득 극대화를 규제하는 경영 규범의 약화, 자산 불평등의 심화, 미국 경제의 금융화 및 빈곤 축소를 위한 복지정책의 후퇴, 노동조합의 약화 등을 들 수 있다. 뉴딜주의 복원이 이 같은 불평등과 빈곤의 대안이 될 수 있을 것이다.

지금까지 간추려본 이 책의 주요 내용들은 고대부터 현대까지 서양의 역사적 경험을 통해 빈곤과 빈민 문제에 관한 사회적 관념이 어떻게 변화했는지, 해결을 위한 국가적·사회적 노력이 어떻게 전개되어왔는지를 보여준다. 의식주와 신체적 건강 같은 인간의 기본적인 욕구를 충족하지 못하고 최소한의 생존 수준에 미치지 못하는 절대적 빈곤층은 완전히 소멸한 것은 아니지만 근대 이후 점진적으로 축소되어왔다. 반면에 상대적 빈곤층, 흔히 사회 구성원의 평균소득인 중위소득의 절반에 미치지 못하는 소득으로 생계를 유지하는 이들은 현대 사회에서 사회적·국가적 차원의 주요 관심사가 되었다. 소득 문제에 국한하지 않고 교육, 고용, 주거, 건강, 복지, 정치적·사회적 권리 행사 등 다차원적인 영역에서의 배제와 차별 역시 빈곤 문제와 관련된다.

빈곤과 빈민 문제는 사회과학의 제 분야에서는 많은 논의가 있었으나, 역사적 성찰과 비판적 인식에 기초한 역사학적 논의를 통해 관련 논의가 더욱 풍성해질 수 있을 것이다. 이 책이 최근 들어 전 세계적으로 빈부 격차가 더 커지고 있으며 절대적·상대적 빈곤 문제 또한 눈에 띄게 불거지는 상황이 초래된 원인을 진단하고, 그 해결책을 모색하는 데 간접적으로 기여할 수 있기를 기대한다. 그리고 빈곤 퇴치가 주요한 국가적·사회적 의제로 논의되기를, 빈곤층의 빈곤 탈출을 도울 각종 공공서비스와 경제·사회정책이 확대되기를 바라는 모든 사람들에게 이 책이 작은 도움이 되기를 희망한다. 지속적인 경기침체 속에서 출판사들이 학술서적의 출간을 반기지 않는 현실에서 이 책의 출간을 흔쾌히 허락한 도서출판 책과함께의 류종필 대표와 수고해준 편집부에 감사의 말을 전한다.

2016년 12월, 저자들을 대표하여
민유기

차례

제1부 고대와 중세의 빈곤과 빈민구호

제2부 근대의 빈곤 퇴치와 예방 노력들

제3부 빈곤과 사회적 약자: 여성, 인종, 노년

제4부 현대의 빈곤과 불평등

제1부

고대와 중세의
빈곤과 빈민구호

1장

초기 비잔티움 제국과
그리스도교의 빈민을 위한 협력

남성현

1. '그리스도교 로마제국'의 등장

줄곧 불법종교였던 그리스도교는 4세기에 이르러 로마제국과 빠른 속도로 밀월관계에 들어간다. 313년 6월 15일 콘스탄티누스와 리키니우스의 밀라노 칙서(勅書, *epistula*)로 신앙의 자유를 얻은 그리스도교는 여러 가지 특혜를 누리며 로마 사회에 빠른 속도로 뿌리를 내린다. 이후 380년 2월 28일에 테오도시우스 황제는 테살로니카 고시(告示, *edictum*)를 통해 삼위일체 교리를 근본으로 한 그리스도교적 종교제국을 선언한다. 4세기 초반에 시작되어 4세기 후반에 본격화된 그리스도교와 로마제국의 이러한 고전적 결합은 6세기 유스티니아누스 황제 시대에 이르러 확고하게 뿌리를 내린다. 4~6세기는 그리스·로마 문명이 그리스도교와 본격적으로 결합되고 융화되면서 그리스도교 문명이 탄생하던 시기다.[1] 이 시기에 '그리스도교 로마제국(초기 비잔티움 제국 혹은 초기 동로마제국)'은 정치, 경제, 문화, 예술, 성(性) 문제 등 사회의 모든 측면에서 그리스도교와 결합되기 시작한다.

이 글에서는 4~6세기 초기 비잔티움 제국의 입법 방향이 그리스도교와 빈민구제 사업을 결합시켜갔던 면모를 다루기 위해 크게 세 가지 접근 방식을 취하고자 한다. 먼저, 성인전(聖人傳), 설교, 기타 다양한 교회사 자료 등 4~6세기 그리스도교 문학이 그려내고자 한 새로운 인물상인 '가난한 선행가'의 모습을 살펴볼 것이다. 다음으로, 콘스탄티누스 이후 유스티니아누스 황제에 이르기까지 4~7세기 비잔티움 제국의 그리스도교 관련 칙법이 가져온 경제적 후광 효과를 살펴볼 것이다. 마지막으로, 그리스도교적 기관의 빈민구제 사업의 태동과 발전에 대해서 다룰 것이다.

---

1   초기 비잔티움 제국의 그리스도교와 정치의 관계에 대해서는 다음을 참고하라. 남성현, 《5세기 로마제국의 테오도시우스 법전 종교법(Codex Theodosianus XVI) 연구》, (엠-에드, 2007); 남성현, 〈테오도시우스 칙법전 16권 1장 보편신앙에 관한 칙법〉, 《서양고대사연구》 23집 (2008), 273~324쪽; 남성현, 〈테오도시우스 1세의 종교정책과 그의 법률 참모들〉, 《법사학연구》 44호 (2011), 279~314쪽(번역 논문). 그리스도교력(曆)을 도입함으로써 로마제국이 그리스도교화되어간 과정에 대해서는 서원모, 〈교회력의 법제화를 통한 후기 로마제국의 사회적 시간의 재조직에 대한 연구―테오도시우스 법전을 중심으로〉, 《한국교회사학회지》 34 (2013), 77~114쪽; 남성현, 《고대 그리스도교 예술사》(한국학술정보, 2011)는 2~3세기 그리스도교 예술의 태동과 발전뿐 아니라 4~6세기의 정치와 예술의 상관관계를 본격적으로 다룬 연구서다.

2. 4~6세기 그리스도교 문학과 '가난한 선행가'

새로운 시대에는 새로운 유형의 영웅이 탄생한다. 그리스도교와 로마제국이 밀접하게 결합되던 4세기에는 어떤 유형의 영웅들이 시대를 이끌어갔을까? 이 시대에 탄생한 영웅들은 '가난한 선행가(善行家, *euergetai*)'라고 불린다.[2] 가난한 선행가란 수도적 삶으로 결단한 후에 병원, 호스텔, 구빈원 등의 운영과 전쟁포로 석방 등을 위해 헌신하거나 교회의 지도자가 되어 다양한 구빈사업을 행한 사람을 가리킨다.

수도주의(修道主義, monasticism)는 4세기 초반 콘스탄티누스 시대 이후에 비약적으로 꽃피우며 발전해간 그리스도교 영성이다. 하지만 수도적 삶에도 여러 갈래가 있었기에 수도자라고 해서 모두 가난한 사람을 돕는 일에 헌신했던 것은 아니다. 예를 들어 이집트 수도주의의 아버지 안토니오스는 오랜 세월 홀로 마귀와의 싸움에 전념한 후에 몇 명의 제자와 함께 사막 깊은 곳에 들어가서 은둔해서 살 뿐이었다. 스케티스, 니트리아, 켈리아 등의 사막에 살던 수도자들은 주중에 안토니오스처럼 자신만의 공간에 칩거하며 마음속에서 일어나는 사념(邪念)을 없애고 깨끗한 기도를 드리기 위해 노력했다. 파코미오스 수도회에 속한 많은 수도원들은 환자들을 위한 병동과 간호사를 두었지만 이는 수도자들을 위한 것이었을 뿐 외부에 개방된 병원은 아니었다. 또 시리아의 주상성인(株上聖人)들 역시 사회적 약자를 돕는 데에 헌신한 것은 아니다.

---

2   '가난한 선행가'의 개념에 대해서는 남성현, 〈4~5세기 그리스도교 성인전 문학에 나타난 '가난한' '사회사업가'(euergetes)〉, 《서양고대사연구》 25집 (2009), 301~338쪽을 참조하라.

병자들을 위한 병원, 여행객을 위한 호스텔, 굶주리는 사람들을 위한 구빈원 등을 운영한 4세기 최초의 '가난한 선행가'들은 콘스탄티노플과 소아시아를 중심으로 활동했던 수도사들이자 교회를 이끌던 지도자들이었다. 콘스탄티노플의 마라토니오스, 세바스테의 에우스타티오스, 카이사레아의 바실리오스 등이 그들이다. 마라토니오스와 에우스타티오스는 350년대에 이미 빈자들을 위한 교회 기관을 설립했고 바실리오스는 372년 카이사레아에 복합적 기능의 구빈원을 세웠다. 아마도 350년대 중반경에 알렉산드리아 교회도 큰 규모의 병원을 운영하고 있었을 것이다. 5~6세기에 이르러서는 다양한 그리스도교적 사회복지기관들이 행정 사료를 통해서 확인되는데 이는 뒤에서 살펴볼 것이다.

　　4세기 중반경에 탄생한 그리스도교적 사회복지기관은 그리스·로마의 전통에서 그 전례를 찾아볼 수 없는 독특한 성격을 띠었다. 사회적 약자를 돌보기 위한 그리스도교적 기관들은 그리스도의 말씀에 따라 헐벗고 가난하고 굶주린 사람들을 섬기기 위해서 설립되었기 때문이다. 그리스 세계에는 아스클레피에이온(*Asclepieion*)이 있었고, 로마에는 부상당한 군인들과 대농장에 딸린 노예 환자를 치료하던 발레투디나리아(*Valetudinaria*)가 있었다.[3] 하지만 아스클레피에이온은 꿈속의 신(神) 현현을 통해 순례자들을 종교적으로 치료하던 신전이었고, 발레투디나리아는 군사력 혹은 노동력을 유지하기 위한 특수목적의 병

3　아스클레피에이온의 꿈치료에 대해서는 A. Defrasse et H. Lechat, *Epidaure, restauration et description des principaux monuments du sanctuaire d'Asclépios* (Paris: 1895)가 좋은 안내서다. 로마군이 운영하던 군병원에 대해서는 Graham Webster, *The Roman Imperial Army of the First and Second Centuries A. D.* (Totowa: 1985), pp. 200~201을 참조하라.

원이었을 뿐이다. 그리스·로마 세계는 가난한 사람들에게 열려 있는 대중적 병원을 설립할 만한 정신적 토대를 갖추지 못했다. 이에 반해 4세기 초기 비잔티움 사회는 〈마태복음〉 25장 35절에 바탕을 두고 가난하고 병든 자들, 버림받은 자들을 섬기기 위한 기관을 설립하기 시작한다.

그런데 4세기에 출현한 그리스도교적 복지기관이 그리스도교 사상에서 순수하게 자생한 것은 아니다. 그것은 그리스·로마 문화와 히브리 문화의 특수한 측면을 매개로 하면서 그리스도교 수도주의 영성이 부싯돌이 되어 생성되었다. 무엇보다 그리스·로마 문화의 선행(善行, *euergesia*) 전통이 커다란 영향을 주었다. 폴 벤(Paul Veyne)의 역작《빵과 서커스(*Le Pain et le Cirque*)》 이래로 그리스·로마적 기부문화가 그리스도교에 얼마나 큰 영향을 주었는가를 가늠하는 것이 훨씬 더 수월해졌다.[4] 폴 벤은 그리스적 선행의 특징을 크게 종교적 신앙을 바탕으로 한 헌금, 공직에 진출한 사람들의 기부, 상속·증여 등을 통한 기부 등 세 가지 대주제로 분류한 바 있다. 그리스 신들과 신들에게 바쳐진 신전을 위한 헌금은 그리스인들이 일상적으로 행하던 기부였다. 신앙에 바탕을 둔 기부는 4세기 이후 그리스도교 시대에도 계속된다. 단지 그리스 신들에게서 그리스도교의 신으로 헌금의 대상이 바뀌었을 뿐이다.

공직에 진출한 인물들이 행하던 '공적인 기부(*leiturgia*)'도 비슷한 형태로 그리스도교 시대에 이어진다. 공적인 기부는 공공 목적의 건축물

---

4   Paul Veyne, *Le pain et le cirque, Sociologie historique d'un pluralisme politique* (Paris: 1976).

을 세우거나 희생제의와 연회 등을 개최하는 비용으로 사용되었다. 4세기 이후 그리스도교 시대에도 공적인 기부는 계속된다. 예를 들어 오리엔스의 정무총감(*Praefectus Praetorio Orientis*) 루피누스(Rufinus)는 392년 칼케돈의 산지에 곧 아포스톨레이온이라고 불리게 되는 '성 베드로와 성 바울의 교회'를 아주 큰 규모로 건축한다.[5] 이와 더불어 그리스도교 기관들이 공적인 목적의 기부를 행한 경우도 발견된다. 6세기의 한 파피루스 자료에 어떤 도시의 공공목욕장을 운영하기 위한 땔감용 기부의 명단 및 금액을 적어놓은 것이 있다(*P. Oxy.* XVI 2040). 이 자료에 따르면 해당 도시의 감독좌 교회는 세 번째로 많은 금액인 3솔리두스 16케라티아를 기부하는데 이는 전체 기부금 28솔리두스 19케라티아의 11퍼센트에 해당하는 금액이다. 그리스 시대의 상속과 증여를 통한 선행이 그리스도교 시대에도 유사한 형태로 계속되었다. 4~6세기 그리스도교 시대에 그리스도교인들은 전쟁포로 석방 및 병든 사람, 굶주리는 사람들을 돕기 위한 목적으로 그리스도교 기관에 증여하거나 상속하곤 했다.[6]

그리스적 선행은 로마 시대에도 계속되었으나 폴 벤은 로마 시대의 선행이 이전의 것과 비교하여 눈에 띄는 차이점이 있음을 지적했다. 로마의 선행은 지배계층인 300여 개 내외의 귀족 가문들과 원수정 이후 로마의 최고 지배자였던 아우구스투스들에게 한층 더 집중된다는 것이다. 이런 양상은 4세기 초반 이후 그리스도교 시대에도 계속되는 현상이다.《콘스탄티노플의 조티코스의 생애》에 따르면, 콘스탄티우스

---

5   *Vie de Hypatios*, 8,1~17.
6   남성현, 〈파피루스에 나타난 초기 비잔티움 시대 이집트 교회와 수도원의 수입구조〉, 《서양고대사연구》 26집 (2010), 281~322쪽.

2세는 성(聖) 조티코스 나병원(癩病院)을 설립했고 나병환자들을 돌보는 비용을 충당할 목적으로 농토와 많은 돈을 기부했다고 한다.[7]

4~6세기 그리스도교 문학의 이상적인 지도자상(像)인 '가난한 선행가'는 이런 그리스·로마적 기부 전통의 연장선에서 탄생한 것이다. 4세기 이후 그리스도교는 자신의 모태였던 지중해 사회를 그리스도교적으로 바꾸어가기 시작하지만, 다른 한편으로 자신의 모태로부터 뿌리 깊은 영향을 받고 있었던 것이다. 그러나 '가난한 선행가'를 이해함에 있어서 또 다른 요소인 히브리 문화의 영성을 고려해야 한다. 구약성서에는 신에 대한 사랑이 사회적 약자를 돌보는 것으로 드러나야 한다는 영성이 뿌리 깊게 드리워 있다. '고아와 과부의 신'이란 개념은 신명기 법전에서 특히 강조되는 개념이며 구약 전반에 나타난다.[8] 하지만 가난한 자를 위하는 구약의 히브리적 영성은 유대교가 헬레니즘 문화의 영향을 강하게 받은 이후에도 여행객을 위한 호스텔 정도를 탄생시키는 데에 머문다. 호스텔은 주로 유대교 회당의 부속건물로 세워졌다. 알려진 최초의 예는 회당장 테오도토스가 기원전 10년 예루살렘의 오펠 산에 세운 호스텔이다.[9] 하지만 4~6세기에 이르러서도 유대교의

---

7   *Vie de Zoticos de Constantinople*, ch. 11: M. Aubineau, "Zoticos de Constantinople", *Analecta Bollandiana*, 93 (1975), pp. 81~83.

8   "너희의 신 여호와는 (……) 고아와 과부를 위하여 정의를 행하시며 나그네를 사랑하여 그에게 떡과 옷을 주시나니, 너희는 나그네를 사랑하라. 전에 너희도 애굽 땅에서 나그네 되었음이니라."(〈신명기〉 10장 17~19절) 이 외에도 〈신명기〉 14장 29절, 16절 11절, 16장14절, 24장 19~21절, 26장 12~13절 등에 연속해서 제시된다.

9   예루살렘의 오펠 산에서 발견된 비문에 이렇게 적혀 있다. "회당의 사제요 회당장인 베테노스(Vettenos)의 아들 테오도토스(Theodotos)가 율법을 읽고 계명을 가르치기 위해 이 회당을 설립하였다. 그리고 밖에서 와서 묵는 사람들의 필요를 채우기 위해 방과 수도시설을 갖춘 이 호스텔도 세웠다." R. C. Frisch, *An Historical Survey Jewish Philanthropy* (New York: 1924), p. 38.

복지사업은 유대인 여행객을 위한 호스텔의 범주를 벗어나지 못했다. 유대교가 최초의 병원, 그것도 오직 유대인만을 위한 병원을 만든 것은 13세기에 이르러서다.

반면 구약성서의 '고아와 과부의 신'이란 신관은 고대 그리스도교에 깊은 영향을 준다. 그리스도교는 유대교에 뿌리를 두고 유대교 사상을 흡수하면서 발전해나갔고, 특히 '고아와 과부의 신'이란 개념은 유대교 이상으로 그리스도교적 개념으로 자리 잡는다. 예수는 병든 자, 가난한 자, 옥에 갇힌 자, 나그네 된 자를 돌보는 것은 곧 그리스도 자신을 돌보는 것이라고 가르쳤다(〈마태복음〉 25장 35절). 1~3세기 그리스도교가 소수종교일 때도 그리스도교인들은 그리스도의 가르침을 받아 자선사업에 헌신적이었다.[10] 사회적 약자를 돕는 것이 그리스도를 돕는 것이라는 영성은 4세기 그리스도교 시대에 이르러 병원, 호스텔, 구빈원 등 다양한 종류의 그리스도교적 복지기관을 탄생시키는 정신적 바탕을 제공한다.

하지만 사회적 약자를 위한 그리스도교적 기관의 탄생을 히브리적 영성과 그리스·로마적 선행 전통의 종합으로만 이해해서는 안 된다. 구약성서 이후의 유대교는 헬레니즘 문화의 토양에서 자랐으므로 그리스도교 이전부터 선행의 전통을 알고 있었다. 그럼에도 4세기 이후 출현한 그리스도교적 사회복지기관 같은 사회적 약자를 위한 대규

---

10 이에 대해서는 아돌프 폰 하르나크가 연구하여 정리한 것이 아직도 유효하다. Adolf von Harnack, *Mission et expansion du christianisme dans les trois premiers siècles*, pour l'édition original: *Mission und Ausbreitung des Christentums in den drei ersten Jahrhunderten* (Leipzig: 1924), traduit de l'allemand par Jesoph Hoffmann, Préface par Michel Tardieu, Postface par Pierre Maraval (Paris: 2004), pp. 215~270.

모 기관이 설립되지 못했다는 것은 4세기에 꽃핀 수도주의 영성의 역할을 돋보이게 한다. 수도적 영성이 아니었다면 빈민을 위한 기관이 생겨나지도 광범위하게 확산되지도 않았을 것이다.

4~6세기에 확인되는 다양한 병원, 호스텔, 구빈원 등 최초의 빈민 보호 기관들은 대부분 수도사나 수도사 출신의 교회 지도자들에 의해 설립되고 운영되었다. 엄청난 재원을 가진 귀족들이 존재했지만 그들이 가난한 사람들을 위한 단체를 설립하여 운영한 예는 거의 없다. 파비올라, 팜마키우스 등 로마의 귀족들이 병원을 세운 것은 대개 수도적 삶에 헌신한 이후의 일이다.[11] 황실도 예외가 아니어서, 황실에서 설립하여 직접 운영한 자선단체는 거의 알려져 있지 않다. 이런 정황은 4세기에 탄생한 수도주의와 사회적 약자를 위한 돌봄이 어떤 필연적인 인과관계에 의해 운명적으로 연결되어 있다는 직관을 갖게 한다.

4세기에 탄생한 수도적 삶에는 독수주의(獨修主義, anachoretism)와 공주수도주의(公住獨修主義, cenobitism)라는 두 갈래의 흐름이 있었다. 안토니오스로 대변되는 독수주의는 병원의 탄생에 별다른 영향을 주지 못했다. 아타나시우스가 쓴 《안토니오스의 생애》와 《실천학》·《영성학》·《사념론》 등 에바그리오스의 영적인 저서들, 《사막 교부들의 금언집》 등으로 이어지는 이른바 사막의 순수한 영성은 홀로 자신의 사념(邪念)과 싸우는 은수적(隱修的) 삶을 그리스도교적 이상으로 보았기

---

11 380년 파비올라(Fabiola)는 로마에 병원(*nosokomeion*)을 설립했고, 398년 팜마키우스(Pammachius)는 포르투스(Portus)에 여행객을 위한 호스텔(*xenodochium*)을 창립했다. 하지만 이런 예는 극히 단편적이다. 히에로니무스, 편지 77.3. *Corpus Scriptorum Ecclesiasticorum Latinorum*, vol. 55, S.EUSEBII HIERONYMI (Wien: 1912), pp. 37~49(해당 본문은 pp. 38~40). 영어 번역은 인터넷 웹사이트 http://www.zeitun eg.org/ecfidx.htm에서 참조 가능.

때문에 약자에 대한 돌봄을 제도적으로 승화시키지 못했다. 독수주의적 경향은 재물과 황금 자체를 정죄하기 때문에 기부를 받아들이는 것을 허영의 기회라고 생각하여 거절했고, 따라서 기부받은 재물로 가난한 사람을 돕는다는 개념은 더욱 불가능했다.[12] 결국 이들 사막의 수도사들은 '가난'을 택했지만, 가난한 '선행가'가 될 수는 없었다.

반면 공주수도원을 설립하여 운영한 사람들은 가난한 자들을 돕는 데 많은 관심을 기울였다. 파코미오스 수도원들과 그 계열의 수도원인 쉐누트의 수도원 등은 가난한 사람들을 위한 다양한 종류의 도움을 구체화했다. 소아시아 공주수도원의 조직가이자 카이사레아 교회의 감독이었던 바실리오스는 두드러진 사회복지단지를 세움으로써 그 시대의 가난한 선행가가 되었다.[13] '가난한 선행가가 되는 데에 교리의 차이도 중요하지 않았다는 것은 유사본질파 계열의 반(半)아리우스주의 감독들이 행한 선구적인 활동을 보면 알 수 있다. 이미 350년대에 콘스탄티노플의 감독 마케도니우스는 가난한 사람들을 위한 병원을 설립했고 그 책임자로 에우스타티오스의 제자 마라토니오스를 내세운 바 있으며, 이런 영향 아래에서 360년을 전후한 시기에 에우스타티오스는 아르메니아의 세바스테에 병원(*ptochotropheion* 또는 *ptocheion*)을 세우고 사제 아에리우스를 책임자로 임명했다.[14] 수도원과 수도원의

---

12 이 같은 논지는 남성현, 〈'가난한' '사회사업가'(euergetes)〉, 324~328쪽에서 설명한 바 있다.

13 파코미오스와 바실리오스 수도원의 활동에 대해서는 다음을 참조하라. Andrew T. Crislip, *From Monastery to Hospital: Christian Monasticism and the Transformation of Health Care in Late Antiquity* (University of Michigan Press: 2005), pp. 127~136.

14 Timothy S. Miller, *The Birth of the Hospital in the Byzantine Empire* (Baltimore

지도자들, 그리고 교회의 대표자인 감독들이 가난한 선행가가 되었다는 것은 앞으로 이들 지도층이 가난한 사람들을 위한 그리스도교 세계의 대변자가 될 것임을 예견하게 한다.

4~6세기의 그리스도교 문학 중 특히 인물들의 생애를 그린 전기적 작품에 주목할 필요가 있다. 전기 작가가 인물의 삶을 기록하는 목적이 무엇이든 간에, 그리고 그 인물이 동방이나 서방 어디에 살건, 또 주인공이 남자이든 여자이든 관계없이 반드시 등장하는 전기적 요소가 있다. 하나는 버림과 비움으로 도달하는 '복음적 가난'이요, 다른 하나는 사회적 약자를 돌보라는 그리스도의 명령(〈마태복음〉 25장 35절)을 마음으로 다하는 실천이다. 이 두 가지 면모는 전기의 주인공인 가난한 선행가가 왜 동시대의 영웅이 되었는가를 설명하는 핵심적인 키워드다. 바실리오스, 아우구스티누스, 투르의 마르티누스, 히파티오스, 아를의 힐라리우스, 호노라투스 등의 생애에서 전기 작가들은 이런 면모를 강조한다. 마크리나, 올림피아스, 멜라니아 등 4~5세기 그리스도교 문학의 여성 주인공들조차 시대적 영웅으로 묘사된다. 이 시대의 그리스도교 문학이 그려낸 가난한 선행가의 모습은 그리스·로마의 전통과 히브리의 전통이 그리스도교적인 수도주의 영성과 만나면서 탄생한 시대적 영웅상이었다.

---

and London: 1997), pp. 76~79. 소조메노스에 따르면 마라토니오스는 병든 자들과 가난한 자들을 위한 기관을 설립하고 운영했다. Sozomen, *Church History*, 4.27. NAPF의 영어 번역은 다음 시리즈를 보라. http://en.wikisource.org/wiki/Nicene_and_Post-Nicene_Fathers:_Series_II/Volume_II. 에우스타티오스와 아에리우스에 대해서는 Epiphanius, *Panarion*, traduction par F. Williams (Leiden-Ner York: 1994), ch. 75.2~3를 보라.

3. 그리스도교 기관의 부동산 소유에 대한 국가 정책과 사회복지 지출의 연계

초기 비잔티움 제국이 경제적 차원에서 그리스도교에 대해 어떤 정책을 구사했는지 전반적으로 조명하기는 쉽지 않다.[15] 이 글에서는 좀 더 협소하게 비잔티움 제국이 그리스도교적 기관의 부가 확장될 수 있는 토대를 마련해주었고, 더 나아가 그리스도교적 기관이 가난한 사람들을 위한 시설을 운영하도록 양면적인 정책을 사용했다는 점만을 다루고자 한다. 초기 비잔티움 제국이 교회와 수도원 등 그리스도교적 기관들이 부를 축적할 수 있는 법적 토대를 마련해주었다는 것은 잘

---

15 특정 시기나 그리스도교와 관련된 경제의 특별한 측면을 훌륭하게 다룬 연구로는 다음을 들 수 있다. 벨(H. I. Bell)과 하디(E. R. Hardy)의 연구는 고전적인데 비잔티움의 경제를 중세 영주제의 전 단계로 이해하면서 암울하게 그려낸다. H. I. Bell, "The Byzantine Servile State in Egypt", *The Journal of Egyptian Archaeology* 4 (1917), pp. 86~106; E. R, Hardy, *The Large Estates of Byzantine Egypt* (New York: 1931). 사리스(P. Sarris)도 전체적으로 그런 입장에 속한다. P. Sarris, *Economy and Society in the Age of Justinian* (Cambridge University Press: 2006). 반면 가스쿠(J. Gascou)는 초기 비잔티움의 경제구조를 영주제의 초기 단계나 추락으로 묘사하는 전통적인 이해에 반대한다. 가스쿠는 초기 비잔티움 사회의 3대 경제주체인 황실, 귀족 가문, 그리스도교 기관 등이 소유한 거대 토지의 수익이 공적인 기능으로 상당 부분 사용되었음을 입증한 바 있다. J. Gascou, "Les grands domaines, la cité et l'etat en Egypte byzantine, Recherches d'Histoire agraire, fiscale et administrative", Dans Jean Gascou, *Fiscalité et Société en Egypte Byzantine, Bilans de Recherche 4* (Paris: 2008), pp. 125~213. 6세기 알렉산드리아 교회 경제에 관한 연구로는 몽스(G. R. Monks)의 글이 있다. G. R. Monks, "The Church of Alexandria and the City's Economic Life in the Sixth Century", *Medieval Academy of America*, 28 (1953), pp. 349~362. 이집트 교회의 경제활동에 관한 가장 광범위한 연구는 윕스지스카(E. Wipszycka)의 저술이다. E. Wipszycka, *Les ressources et les activités économiques des églises en Egypte du IVe au VIIIᵉ siècle* (Bruxelles: 1972).

알려져 있다. 반면 국가의 정책적 지원으로 부유해진 그리스도교적 기관들이 병원과 구빈원 등 빈민을 위한 기관의 운영을 맡도록 국가가 유도했다는 것은 잘 알려지지 않은 사실이다.

교회와 수도원이 부를 축적할 수 있도록 물꼬를 튼 인물은 콘스탄티누스 황제였다. 그는 321년 7월 3일 공포된 칙법(勅法)에서 "아주 거룩하고 공경받아야 할 보편 모임(*sanctissimo catholicae venerabilique concilio*)", 즉 교회 공동체가 고인의 유산을 상속할 수 있도록 허용한다.[16] 유언장은 자유롭게 작성될 수 있지만 일단 작성된 유언장은 번복할 수 없다. 일반적으로 세계 여러 나라의 상속법은 마지막 유언장을 유효하게 보는 데 반해서 콘스탄티누스의 칙법은 교회에 상속하는 한, 첫 번째 유언만을 유효한 것으로 간주했다.

4~6세기에 작성된 유언장 중 재산을 교회와 수도원에 상속하는 유언장이 몇 개 남아 있지 않기 때문에 상속에 의해 그리스도교적 기관이 얼마나 부를 축적했는가 하는 통계는 추측의 영역으로 남겨둘 수밖에 없다. 하지만 남아 있는 몇몇 자료는 시대적 경향이나 추이를 보여준다는 측면에서 중요하다. 6세기 이집트에서 플라베오스 푸시(Phlabeos Fousi)라는 사람이 남긴 유언장이 있다. 그는 자기가 살던 집의 2분의 1을 교회에 상속하고, 4분의 1은 자신의 부인 키리아(Kyria), 그리고 나머지 4분의 1을 다른 여인에게 상속한다(*P. Oxy.* XVI 1901).[17]

---

16 CTh 16,2,4 (CTh = *Codex Theodosianus*). 이 법의 내용에 대해서는 남성현,《테오도시우스 법전 종교법 연구》, 110~111쪽을 참조하라.

17 B. P. Grenfell, A. S. Hunt and H. I. Bell, ed., *The Oxyrhynchus Papyri*, vol. XVI (London: 1924), pp. 120~126; 남성현,〈파피루스에 나타난 초기 비잔티움 시대 이집트 교회와 수도원의 수입구조〉, 298~300쪽에 연구된 바를 참조하라.

재산이 얼마 되지 않는데도 집의 소유권 절반을 교회에 상속하는 이유는 "영혼의 안식"을 위해서라고 명시했다. 5~6세기에 이르러서 교회에 유산을 상속하는 것에 관한 칙법이 대폭 제정된 것을 고려한다면 이 시기에 교회의 주된 자산이 상속을 통해서 획득된 것임을 추측할 수 있다. 4세기 중반 이후 교회 감독들이 사회복지단지를 건립하기 시작한 것도 321년 콘스탄티누스가 공포한 교회의 상속권 허용과 무관하지 않을 것이다.

콘스탄티누스가 교회에 허락한 상속권은 단 한 번도 의미 있게 후퇴된 적이 없다. 발렌티니아누스가 370년 7월 30일 성직자와 수도사들은 고아와 과부의 집을 심방할 수 없도록 명한 적이 있다.[18] 그러나 이 조치는 성직자와 수도사들이 상속을 목적으로 심방하는 것을 차단했을 뿐 교회의 유산 상속권은 계속 유지되었다. 테오도시우스 1세는 390년 6월 21일의 칙법을 통해 60세 이상의 여성 집사들(*diaconissae*)이 교회나 성직자에게 상속할 수 없도록 규정했으나 두 달 뒤에 폐지된다.[19] 교회 상속권을 부분적으로나마 막으려 했던 390년 6월 21일의 칙법은 콘스탄티누스가 입법한 교회 상속권을 처음이자 마지막으로 제한하고자 했던 시도다.

5세기 중반부터는 새로운 경향을 띤 일련의 칙법이 제정된다. 교회

---

18   CTh 16.2.20. 남성현,《테오도시우스 법전 종교법 연구》, 128~129쪽을 참조하라.

19   여집사가 성직자나 교회에 상속하는 것을 금하는 390년 6월 21일의 칙법(CTh 16.2.27)은 390년 8월 23일 CTh 16.2.28에 의해 폐지된다. CTh 16.2.27은 콘스탄티노플의 귀부인 올림피아스(Olympias)가 자신의 막대한 유산을 콘스탄티노플 교회에 상속하는 것을 막기 위해 이교 신자인 오리엔스 정무총감 타티아누스(Tatianus)가 주도하여 만든 것이다. 이에 대해서는 남성현,〈테오도시우스 1세의 종교정책과 그의 법률 참모들〉, 300~301쪽을 보라.

와 수도원 소유의 부동산이 늘어나면서 일부 힘 있는 성직자나 수도사 등이 교회와 수도원 소유의 부동산을 친척에게 헐값에 매매·교환하거나 무상으로 양도하는 등의 폐해가 나타났기 때문이다. 이 때문에 황제들은 그리스도교적 기관의 재산을 함부로 매매, 양도, 교환할 수 없도록 엄격히 제한하는 법을 만들기 시작했다. 첫 포문을 연 것은 레오 황제(재위 457~474)의 칙법이었다. 레오는 콘스탄티노플 교회의 성직자들이 교회 소유의 부동산을 매매, 양도, 교환할 수 없도록 규정하는 칙법을 공포한다.[20] 레오의 칙법은 교회 소유의 부동산에 손실이 날 경우 해당 성직자가 손실분을 변상하도록 규정했다.

황제 아나스타시우스 1세(재위 491~518)는 '양도나 판매 불가의 원칙(prohibito alienandi)'을 콘스탄티노플의 모든 그리스도교 기관으로 확대했다. 단, 부동산의 교환이나 판매, 저당이나 장기임대차(emphyteosis) 계약을 통해 그리스도교적 기관의 소유를 보호하고 확대할 수 있는 경우는 예외로 했다.[21] 그런데 유스티니아누스 황제는 535년 4월 15일 특별한 경우에 그리스도교적 기관의 부동산을 판매, 양도, 교환할 수 있도록 한 아나스타시우스의 모든 예외조항을 폐지하고 비

---

20   CJ 1.2.14. 황제 레오, 아나스타시우스, 유스티니아누스의 '양도나 판매 불가의 원칙'에 대해서는 2012년 5월 캐나다 워털루 대학에서 열린 캐나다 교부학회(Annual Conference of The Canadian Association of Patristic Studies)에서 필자와 Christian Raschle가 공동으로 발표한 프랑스어 논문을 부분적으로 참고했다. S. H. Nam and Christian Raschle, "*Les institutions ecclésiastiques et leurs effets de redistribution économique durant IVe~VIIe siècles*", presented at Annual Conference of The Canadian Association of Patristic Studies, held on May 29, 2012 in the University of Waterloo (미간행 논문), p. 8.

21   Kaplan, M., *Les hommes et la terre à Byzance du VIe au XIe siècle, propriété et exploitation du sol* (Paris: 1992), pp. 29~30.

잔티움 제국 전역의 모든 그리스도교적 기관에 대해 레오 1세의 정책을 재차 적용한다. 다시 말해 어떤 그리스도교적 기관이든 판매, 양도, 교환을 불허하는 칙법을 공포했던 것이다. 레오 황제 이후 유스티니아누스 황제 때까지 적용된 '양도, 교환, 판매 불가의 원칙'의 목표는 분명했다.[22] 그것은 그리스도교적 기관이 소유한 부동산을 확장하여 교회나 수도원 혹은 기타 그리스도교적 기관들이 안정적인 수입을 누리도록 하는 것이었다.

그리스도교에 대한 비잔티움 경제정책의 두 번째 특징은 그리스도교적 기관의 재정을 가난한 사람들을 위해서 사용하도록 국가가 유도한 측면이 있다는 것이다. 이런 특징 역시 그리스도교 시대의 서막을 올린 콘스탄티누스 시대부터 계속된다. 콘스탄티누스는 329년 7월 1일의 칙법을 통해 교회의 부는 가난한 사람들을 돕는 데 사용되어야 하며, 사망한 성직자를 충원할 때 '가난한 자들' 중에서 선발해야 한다고 규정했다.[23] 눈여겨보아야 할 점은 가난한 계층을 돕는 것이 교회의 존재 이유 중 하나라는 콘스탄티누스의 관점이다. 이런 콘스탄티누스의 정신은 그의 아들들의 시대에도 이어진다. 콘스탄티우스 2세는 356년 성직자가 소규모 상행위로 재산을 축적했을 경우 세금을 면제해주었는데, 아울러 성직자가 상행위로 재산을 축적하게 될 경우 "빈자와 걸

---

22 NJ 7. 유스티니아누스는 장기임대차 계약을 3세대로 제한했는데, 그 이유는 무한대의 장기임대차 계약은 양도나 다름없다고 판단했기 때문이다. 아울러 폐허가 된 건물은 양도가 금지되었고, 장기임대차만이 가능했다.

23 CTh 16.2.6. 남성현, 《테오도시우스 법전 종교법 연구》, 107~108쪽. 이 조처는 시의 운영을 책임져야 할 부유한 계층인 시의원들이 성직자가 되어 면세의 특권을 누리는 것을 방지하기 위한 법이었다.

인들"을 위해서 사용해야 한다고 규정했다.[24]

콘스탄티누스 가문 이후의 칙법 중에서 필자는 교회와 성직자의 부를 가난한 계층을 돕는 데에 사용해야 한다는 언급은 발견하지 못했다. 그런데 유스티니아누스가 535년 4월 15일에 공포한 칙법을 주목할 필요가 있다(NJ 7).[25] 이 칙법에서 유스티니아누스 황제는 그리스도교 기관이 소유하고 있는 부의 특성을 규정한다. 이에 따르면 "성직과 단일군주 사이의 차이는 미미하고, 신께 바쳐진 자산과 공동의 것인 공적(公的) 자산의 차이는 미미하다. 왜냐하면 교회의 모든 자산은 황실의 덕으로부터 온 것이기 때문이다." 신께 바쳐진 자산과 공적 자산의 차이가 미미한 이유는 교회의 축적된 부가 황실의 정책에 의한 것이기 때문이다. 유스티니아누스는 아나스타시우스 1세가 만든 예외조항들을 폐지했으며, 좀 더 엄격하게 그리스도교적 기관이 소유한 부동산의 판매, 양도, 교환을 금지하는 레오의 경제정책으로 돌아선다. 그 이유는 신께 바쳐진 부동산, 즉 교회 소유의 부동산은 황실의 재산처럼 공적인 자산으로 간주되어야 하고, 병원 운영 등 빈민을 위한 사업뿐 아니라 다양한 공공사업을 위해 사용될 수 있기 때문이다.

한편으로 그리스도교적 기관은 신자들로부터 상속을 통해 부동산을 계속 증여받았고, 다른 한편으로 '양도, 교환, 판매 불가의 원칙'이라는 황실의 경제정책을 통해 그리스도교적 기관이 소유한 부동산은 계속 늘어났다. 유스티니아누스는 그리스도교적 기관의 부동산 축적이 콘스탄티누스 이후 계속된 황실의 호의로 가능했다는 점을 분명하게 인

---

24   CTh 16.2.14. 남성현,《테오도시우스 법전 종교법 연구》, 118~119쪽.

25   S. H. Nam and Christian Raschle, "*Les institutions ecclésiastiques*", p. 8.

식하고 있었고, 이 때문에 경제주체로서의 그리스도교적 기관은 황실처럼 '공적인 기능'을 담당해야 한다고 선언했던 것이다. 433년의 칙법은 이미 그리스도교적 기관들이 도로나 다리의 보수를 위해 비용을 지출하도록 규정한 바 있다(CTh 15.3.6).

　이 글의 논지와 관련해서, 비잔티움 제국이 경제주체인 교회와 수도원의 병원이나 구빈원 등의 운영과 관련하여 공적인 기능을 수행하도록 강제한 사례가 있는가를 알아보아야만 한다. 유스티니아누스는 증여자나 피상속인이 가난한 사람들을 위한 용도로 증여나 상속을 하는 경우 그리스도교적 기관은 수증 혹은 상속한 물건을 반드시 '거룩한 목적(*piae causae*)'에 맞게 사용해야 한다는 취지의 칙법을 545년에 공포했다.[26] 피상속인이 유언장에 교회 건축이나 구빈원, 보육원, 호스텔의 건축을 명시한 경우 5년 내에 유언을 이행해야 한다. 병원의 경우는 신속한 이행을 위해 1년 이내에 건축하도록 규정한다. 전쟁포로 석방이나 가난한 사람들을 위한 식량 공급을 유언장에 명시하는 경우는 사안의 위급함 때문에 지체 없이 유언을 이행하도록 했다. 증여자나 피상속인의 뜻을 이행하는 것은 지역 교회 감독의 책임이었다. 만약 이런 규정을 어길 경우 증여나 상속의 권리가 무효가 되는 엄중한 제재를 받았다.

　유사한 방향의 규정이 카롤루스 시대의 서방 교회 회의에서도 확인된다. 511년 오를레앙 교회 회의는 사회적 약자를 위한 기부금을 다른 용도로 사용하는 감독에 대해 "직위의 상실(*sub periculo sui oridinis*)"

26　NJ 131. 이 칙법의 프랑스어 번역은 Kaplan, *Les hommes et la terre à Byzance*, pp. 141~143을 참조하라.

로 벌할 것을 결의했다. 6세기의 교회 회의에서 이런 제재는 여러 번 확인되며, 더 후대인 816년에 열린 교회 회의는 사회적 약자 모두를 받아들이지 않는 감독을 "가난한 자들의 살인자(*necator pauperum*)"로 규정했다.[27]

유스티니아누스의 이런 법이 지켜졌다는 증거가 있을까? 플라비오스 테오도루스가 567년 3월 31일에 작성한 유언장은 이와 관련하여 주목할 만하다.[28] 플라비오스 테오도루스는 이집트의 여러 도(道, *nomoi*)에 상당한 양의 부동산을 소유하고 있었는데, 대부분의 부동산을 쉐누트의 백색수도원에 기부하면서 "모든 연수입과 임대료"를 "경건한 사업(*eis eusebeis diadoseis*)"에 사용해달라고 유언장에 기록했다. 압바 아폴로의 수도원에서 발행한 한 영수증에는 임대료를 '병자들'을 위해서 사용해야 한다는 단서가 붙어 있다.[29] 해당 토지를 증여 혹은 피상속한 자는 증여 혹은 피상속을 하면서 수납 임대료를 '병자들'을 위해서 사용해달라는 단서를 붙였을 것이다.

P. Oxy. XVI 1898도 흥미로운 영수증이다. 이 영수증에 따르면 아피온의 상속자들은 압바 엘리야의 "거룩한 병원"에 약 14톤의 밀을 "헌물(hagia prosphora)"한다. 아피온은 577~579년 사이에 세상을 떠난 아피온 2세일 것이다. 14톤의 밀이면 연간 50명 이상을 먹일 수 있는 분량이다. 하디(E. R. Hardy)는 아피온의 상속자들이 매년 이 헌물을 드

---

27   Imbert, *Histoire des hôpitaux en France : Histoire des hôpitaux en France*, sous la direction de Jean Imbert (Toulouse: 1982), p. 17.

28   *P. Cair.* III 67312.

29   *BM EA* 75311.

렸을 것이라고 추측했다.[30] 이상에서 살펴본 파피루스 문서들은 초기 비잔티움 제국이 경제 및 복지정책의 일환으로 그리스도교적 기관이 가난한 사람들을 돕도록 유도했다는 것을 어느 정도 입증해준다.

4. 4~6세기 가난한 자들을 위한 그리스도교 복지기관의 사례

4~6세기 그리스도교 사회복지기관들의 존재를 구체적으로 알 수 있을까? 문학적 자료 외에도 파피루스에 남아 있는 행정문서를 통해 그 실체를 어느 정도 추적할 수 있다. 문학적 자료로는 거룩한 인물의 생애를 다룬 전기적 자료나 교회 역사를 서술한 역사서 등이 있다. 파피루스 문서는 그 성격상 사회복지기관의 존재를 단편적으로 언급하지만 대부분 행정문서인 까닭에 사료의 중요성에 대해서는 새삼 언급할 필요가 없다. 편의상 이집트, 콘스탄티노플과 소아시아, 갈리아(프랑스)와 이탈리아 등 서방 라틴 지역 등으로 구분하여 4~6세기 그리스도교 사회복지기관들의 존재를 살펴보겠다.

이집트 파코미오스 수도원은 환자를 위한 병동과 남자 수도사 간호원을 위한 별도의 숙소를 구비하고 있었다. 하지만 파코미오스 문학 자료는 이런 시설에 대해서 '프토케이온' 혹은 '프토코트로페이온' 등의 용어를 적용하지는 않는다. 파코미오스 수도원과 그 계열의 수도원인 쉐누트의 수도원, 그리고 그 외의 이집트 수도원의 문학 자료에 나타

---

30   Hardy, *The Large Estates of Byzantine Egypt*, p. 143.

나는 가난한 사람들을 돌보던 이야기에 대해서는 크리슬립(Crislip)이 잘 종합한 바 있다.[31]

알렉산드리아 교회가 운영하던 병원은 5세기에 공포된 칙법을 통해 그 존재를 간접적으로 확인할 수 있다. 테오도시우스 2세는 418년 2월 3일에 칙법을 공포하여 알렉산드리아 교회 소속의 '파라발라니(*parabalani*)'를 500명에서 600명으로 증원하도록 허락한다.[32] '파라발라니'는 다른 곳에서는 확인되지 않는 용어인데 학자들은 이 용어를 '병원 보조원', '환자를 돌보는 사람', '사회복지 담당자' 등으로 다양하게 번역했다.[33] 현대적 개념으로는 '간호사'라고 옮길 수 있을 것이다. 알렉산드리아의 병원은 다른 자료에는 나오지 않지만 아마도 350년대를 전후한 시기부터 이미 존재했을 것이다. 콘스탄티누스 황제는 알렉산드리아 교회에 밀을 무상으로 원조하여 가난한 사람들에게 분배하도록 했고 파피루스 자료도 알렉산드리아 교회에 대한 황실의 지원을 확인해준다.[34] 필시 이 밀의 상당 부분이 알렉산드리아 교회가 운영하던 병원에 공급되었을 것이다. 이는 국가가 교회를 지원하고 국가의 지원을 받은 교회가 가난한 사람들을 위해서 협력하는 콘스탄티누스적 이상이 드러난 경우에 해당한다.

---

31 Crislip, *From Monastery to Hospital*, pp. 127~136.

32 CTh 16.2.43.

33 E. Magnou-Nortier, *Le Code Théodosien, Livre XVI et Sa réception au Moyen Âge* (Paris: 2002), p. 168, note. 139.

34 콘스탄티누스 황제가 알렉산드리아 교회에 무상으로 제공하던 밀에 대해서는 소크라테스의 《교회사》, 2.17.1을 참조하라. 파피루스 자료는 P. Oxy. XVI 1906를 참조하라. 이에 대한 연구는 남성현, 〈파피루스에 나타난 초기 비잔티움 시대 이집트 교회와 수도원의 수입구조〉, 285~289쪽을 참조하라.

이집트에 설립된 그리스도교적 사회복지기관은 현재 파피루스에서 확인할 수 있는 것만 해도 약 40여 개에 이른다. 파피루스 행정문서에서 확인되는 모든 기관을 여기에서 나열할 수는 없으므로, 소르본 대학 파피루스 연구소 소장인 장 가스쿠 박사가 출판한 P. Sorb. II 69에 제시된 병원만을 언급하고자 한다.[35] 파피루스 P. Sorb. II 69는 이집트의 헤르모폴리스에서 출토된 것으로 현재 소르본 대학의 파피루스 연구소에 소장되어 있다. 6세기의 세금 납부 대장인 이 문서는 헤르모폴리스 도(道, nomos)와 안티노에 도(道)의 교회, 병원, 수도원이 납부한 세금에 관한 사항을 담고 있다. 그중 이 글이 주목하는 것은 병원에 관한 자료다. 총 14개의 병원이 소르본의 파피루스에서 확인된다.

특이한 점은 '병든 자들을 맞이하는 곳'(nosokomeion, 병원)이란 표현과 '나그네를 맞이하는 곳'(xenodokeion, 호스텔)이란 표현이 무차별적으로 사용되어 서로 구별되지 않는다는 점이다. 이런 용법은 현대의 병원과 호스텔처럼 분화된 기능을 초기 비잔티움 시기의 기관에 적용하는 것은 타당하지 않다는 것을 보여준다. 아래에 쓴 '병원'이란 표현은 원문의 'nosokomeion' 혹은 'xenodokeion'을 의미한다는 점을 염두에 두어야 할 것이다. 소르본의 파피루스에서 확인된 병원을 나열하면 다음과 같다.

- 안티노폴리스의 바실레이오스의 병원.
- 요안네스 게르마노스의 병원. 요안네스 게르마노스는 576년에 헤르모폴리스의 대관(大官, comes)으로 확인된 인물이다. 그는 자신

---

35   *P. Sorb.* II 69. Jean Gascou, *Un codex fiscal Hermopolite (P. Sorb. II 69)* (The American Society of Papyrologists: 1994).

의 형제들과 튀니지에 수도원을 세운 바 있다. 그의 상속자들은 소르본의 파피루스에 여러 번 등장한다.

- 명인(明人, *lamprotatos*) 토마의 병원. 이 병원은 다른 파피루스 자료에서도 확인된다. 이 병원에 딸린 임대 부동산의 세징수자(貰徵收者, *pronoetes*)는 '빅토르'라는 인물이었다.
- 프산케의 병원. 이 인물은 알려져 있지 않다.
- 나환자들(*kelephoi*)의 병원. 이 병원은 나병원(*leprosarium*)이다. 팔라디오스의 《라우수스 이야기》에는 알렉산드리아에서 나병원을 운영하던 마라키오스라는 인물에 얽힌 이야기가 나온다.[36]
- 안티노폴리스의 나환자들. 앞의 나병원과는 다른 나병원이다.
- 노티네(Notine) 교회의 병원. 이 병원도 나병원일 가능성이 있다.
- 아킬레오스의 병원. 소르본 파피루스에는 이 병원의 세징수자 이사키오스(Isakios)라는 이름이 나온다.
- 바실레이도스 테올로기오스의 병원. 다른 언급은 없다.
- 암마 키라스(Kyras)의 병원. 여자 수도사인 키라스가 운영하는 병원이다. P. Oxy. XVI 1898에 언급되는 '압바 엘리야의 병원'처럼 수도사 개인이 운영하는 병원이 확인된다.
- 성(聖) 압바 레온티오스의 병원. 이 병원 소유의 토지에 대해서 장기임대차 계약이 체결되었고 이 계약에 따라 임대료를 수납한 문서가 남아 있다. 세수납자의 이름은 호루온키오스(Horouonchios)다. 또 다른 문서에 등장하는 이 병원의 세수납자는 힐라리온이다.
- 안티노폴리스의 대의사(大醫師) 포이밤몬 가문의 크세네온

---

36   팔라디오스의 《라우수스 이야기》, 6.

(*Xeneon*). 570년의 파피루스에 따르면 이 의사는 자신의 병원을
형제에게 맡겼다.

- 헤르모폴리스의 마을 이비온 세셈부테오스(Ibion Sesembutheos)
  의 병원.
- 크리스토도로스 테오도시오스의 병원.

두 번째로 살펴볼 기관들은 콘스탄티노플과 소아시아에 설립되었던
병원이다. 350년대에 콘스탄티노플의 마케도니우스가 세우고 마라토
니오스가 운영한 병자들과 가난한 사람들을 위해서 세운 병원이 4세
기 최초로 의미 있는 규모로 세워진 그리스도교적 복지기관이었다.[37]
동시대에 조티코스(Zotikos)라는 콘스탄티노플의 수도사가 콘스탄티
노플에 보육원(orphanotropheion)을 세운다.[38] 조티코스는 마라토니오
스, 마케도니우스 등 사회복지기관 설립의 선구자들인 유사본질파와
친분이 있었고, 그들의 영향을 받아 보육원을 설립했을 것이다. 472년
에 레오 황제가 공포한 칙법은 조티코스의 보육원에 있던 고아들에 대
한 후견인에 관한 조항을 담고 있으며, 조티코스의 보육원은 콘스탄티
노플의 감독좌 교회인 성(聖) 소피아 교회가 누리던 모든 특권을 향유

---

[37] 아리우스주의 역사가 필로스토르기오스(Philostorgios)가 쓴 자료의 단편에
      'xenodocheia'라는 표현이 나온다. 콘스탄티우스 2세는 360년 성 소피아 교회를 봉
      헌할 때 콘스탄티노플 교회의 병원(xenodocheia)에 많은 선물을 주었다고 한다.
      Timothy S. Miller, *The Orphans of Byzantium, Child Welfare in the Christian
      Empire* (Washington: 2003), p. 60, n. 48을 보라.

[38] 조티코스의 보육원에 대해서는 Miller, *The Orphans of Byzantium*, pp. 60~62,
      75~77을 참조하라.

할 것을 규정하고 있다.[39] 유스티니아누스 황제는 545년에 레오 황제가 규정한 특권을 재차 확인한다.[40]

마케도니우스와 마라토니오스의 영향 아래 360년대에 에우스타티오스가 세바스테에 병원(*ptochotropheion/ ptocheion*)을 세운 것에 대해서는 앞에서 언급했다. 유사본질파에 속하는 수도사 출신 성직자들은 카이사레아의 감독 바실리오스에게 영향을 주었고 이런 영향하에서 372년 카이사레아에 대규모 사회복지단지가 설립된다. 바실리오스는 자신이 설립한 사회복지단지의 구조에 대한 설명을 남겨놓았다.

"가장 중앙에는 기도의 집, 즉 교회가 있다. 교회 주변에는 감독관과 성직자 숙소, 행정 관료를 위한 일종의 손님방이 차례로 자리 잡고 있다. 그다음에는 여행객을 위한 숙박시설과 노약자와 빈민을 위한 구제시설이 있고 환자들을 돌보는 병동과 의사 및 간호사 숙소가 위치한다. 이런 자선 용도의 건물 주변에는 여러 가지 활동을 위한 건물이 마련되어 있었다."[41] 바실리오스가 제시한 조감도에 따르면 카이사레아의 사회복지단지는 호스텔, 병원, 구빈원 외에도 목회활동에 필요한 다양한 용도의 건물로 구성된 복합단지였다.

---

39   CJ 1.3.31과 CJ 1.3.34.

40   NJ 131.15.

41   바실리오스의 《편지》 94번에 나오는 내용을 간추린 것이다. 밀러와 브누와 갱(Benoît Gain)은 바실리오스의 '프토코트로페이온'에 대해서 자세히 분석한 바 있다. Miller, *The Birth of the Hospital in the Byzantine Empire*, pp. 85~88; B. Gain, *L'Eglise de Cappadoce au IVe siècle d'après la correspondance de Basile de Césarée (330~379), Orientalia Christiana Analecta* 225 (Roma: 1985), pp. 277~289. 바실리오스의 사회복지단지에 대한 내용은 남성현, 〈바실리오스(Basilius)의 4~5세기 공주수도원을 위한 편람(便覽)〉, 《한국기독교신학논총》 53권 (2007), 155쪽에서 재인용했다.

그런데 동시대의 헤라클리데스라는 수도사가 남긴 편지에 따르면 이미 바실리오스의 시대에 카이사레아의 복합단지는 '프토코트로페이온'이라고 불리고 있었다.[42] '프토코트로페이온'이란 명칭은 문자적으로는 '빈민 무료 급식소'를 뜻한다. 병원과 호스텔을 포함한 사회복지 복합단지가 '빈민 무료 급식소(프토코트로페이온)'라고 불린 것은 동시대인들에게 병들고 가난한 사람을 돌보고 음식을 제공하는 기능이 가장 인상적으로 다가왔기 때문일 것이다. 6세기 이후 좀 더 세밀하게 분화되는 여러 가지 기능적 명칭은 아직 이 시기에 존재하지 않는다.[43] 5세기에도 카이사레아의 프토코트로페이온은 여전히 존속하는데, 5세기에 이 기관은 설립자 바실리오스의 이름을 따서 '바실리아데스(Basiliades)'라고 불린다.[44]

6세기에 콘스탄티노플에 세워진 '삼손(Sampson)' 병원(Xenon)은 비잔티움 세계의 가장 유명한 병원이다. 콘스탄티노플에 '삼손'이란 이름의 의사가 있었다고 한다. 그는 유스티니아누스 황제의 불치병을 치료해주었는데, 이후 황제는 그의 집을 병든 자들을 위한 커다란 병원으

---

42   바실리오스의 《편지》150번. 이 편지의 발신자 헤라클리데스(Heraclides)는 카이사레아의 사회복지단지를 '프토코트로페이온'이라고 부르면서 이곳에서 바실리오스가 일상적으로 설교했다고 썼다. 이 편지는 헤라클리데스가 바실리오스와 친분이 있던 이코이움의 암필로키우스에게 보낸 것이다. 밀러는 바실리오스가 세운 병원을 'ptocheion'이라고 부르는데 이는 정확한 명칭이 아니다. 바실리오스의 《편지》150번에 'ptochotropheion'이라는 명칭이 분명하게 등장하기 때문이다. 굳이 따지자면 '프토코트로페이온'은 가난하고 병든 사람에게 음식을 제공한다는 측면이 강한 반면, '프토케이온'에는 그런 뉘앙스가 없다는 점을 지적해야 할 것이다.

43   그리스도교적 사회복지기관의 다양한 명칭은 Miller, *The Birth of the Hospital in the Byzantine Empire*, pp. 23~29를 참조하라.

44   교회역사가 소조메노스와 5세기 초반 카이사레아 교회의 감독인 피르모스가 그런 예를 제공한다. 소조메노스의 《교회사》6.34.9; 피르모스의 《편지》43번.

로 개조해주었다. 삼손 병원의 규모와 명성은 성 소피아 교회에 필적할 정도로 비잔티움 역사에서 예외적인 것이었다고 한다. 현재 남아 있는 삼손 병원에 관련한 자료는 주로 7세기 이후의 것이다.[45]

이탈리아, 갈리아 등 서방 라틴 지역에도 4~6세기에 병원이 세워진다. 서방 지역의 병원은 독자적인 것이 아니라 동방의 영향을 받아 시작되었음을 기억할 필요가 있다. 로마에서는 4세기 끝 무렵에 수도적 삶에 영향을 받은 그리스도교인 귀족들이 병원을 세우기 시작한다. 380년에 파비올라(Fabiola)는 로마에 병원을 설립했고, 398년에 팜마키우스(Pammachius)는 포르투스(Portus)에 병원을 설립했다.[46] 이후 서방에서는 '노소코메이온'보다는 '크세노도키움'이라는 용어를 훨씬 더 선호하게 된다. 5세기 초반 놀라의 파울리누스(Paulinus of Nola)의 보도에 따르면 펠릭스(Felix)가 가난한 자와 노인들을 위한 병원을 설립했다고 한다.[47] 비타의 빅토르(Victor of Vita)는 486년경 카르타고의 감독 데오그라티아스(Deogratias)가 반달족에게 사로잡힌 로마인들을 되사온 후에 그들을 카르타고에 있던 2개의 바실리카에 수용한 후에 그 바실리카를 병원(xenodochia)으로 사용했다고 썼다.[48]

---

45 Timothy S. Miller, "The Sampson Hospital of Constantinople", *Byzantinische Forschungen*, 15 (1990), pp. 101~135. 이 외에도 Crislip, *From Monastery to Hospital*, pp. 131~133을 참조하라.

46 히에로니무스의 《편지》 77번.

47 Paulin, Carm. 20. *CSEL* 30, p. 146.

48 "수많은 환자들이 있었다. 복된 감독(데오크라티아스)은 세심한 유모처럼 의사들을 데리고 항상 그들을 방문했다. 의사들은 환자들의 맥을 짚었다. 감독은 각자의 필요에 따라 음식을 분배해주었다. 밤이 깊어도 감독은 자선의 일을 계속했고 이 병상에서 저 병상으로 계속 다니며 각자의 건강에 대해 물어보았다." Bertrand Lancon, "Attention au Malade et Téléologie de la maladie", in *Les Pères de l'église*

갈리아(프랑스) 지역의 경우 수도적 영성의 영향을 받은 감독들의 주도로 그리스도교적 복지기관이 세워졌다.[49] 프랑스어에서 '오텔디외(Hôtel-Dieu, 신의 호스피스)'는 병원을 가리키는데, 현재 프랑스에 있는 대부분의 병원(Hôtels-Dieu)은 여행자와 가난한 자들을 맞아들이던 '신의 집(Domus Dei)'으로 쓰이던 자리다. 투르의 성 마르티누스는 환자와 걸인들을 위한 병원을 설립했다. 아를의 감독 카이사르(503~543)는 '큰 병원(*spatiosissimam domum*, 아주 넓은 집)'을 설립했다. 클레르몽의 감독은 20명의 환자를 돌볼 수 있는 병원(*xenodochium*)을 설립하여 그 운영을 "의사와 건강한 자들(*medicos vel strenuos viros*)"에게 맡겼다. 오세르의 감독은 교회 옆에 병원을 설립했으며 도시 밖에도 성(聖) 에우랄리아(Eulalia) 병원을 설립했다. 낭트의 감독좌 교회에도 순례자를 맞이하는 호스텔이 있었다. 푸아티에의 감독이었던 안소알두스(Ansoaldus)는 12명의 병자들(*egrotorum et debilium*)을 돌볼 수 있는 병원을 세운 후에 그 운영을 위해서 여러 건물, 농지, 포도원, 삼림과 함께 이 땅을 돌볼 수 있는 소작농과 농노를 기증했다.

511년 클로비스(Clovis)의 시대에 오를레앙에서 열린 교회 회의는 교회 감독들이 교회 수입의 25퍼센트를 가난한 사람들과 여행객을 위한 호스피스 운영에 사용하도록 규정했다. 567년 투르 교회 회의에서도 같은 규정을 재차 확인했다. 583년 리옹 교회 회의는 감독이 나환

---

face à la Science Médicale de leur Temps, Sous la direction de Véronique Boudon-Millot et Bernard Pouderon, *Théologie Historique* 117 (Paris, 2005), p. 220.

49 여기에서 제시하는 감독 주도의 병원은 Imbert, *Histoire des hôpitaux en France*, pp. 18~23에서 참조했다.

자를 돌보도록 하는 새로운 호스피스 사업을 규정했다. 585년 마콩 교회 회의 역시 감독들이 가난한 사람들과 순례자들을 교회의 숙박시설에 맞아들이도록 했다.[50]

6~7세기 메로빙거 왕조의 시대에 그리스도교적 병원 봉사가 가장 활발했던 지역은 르망이다.[51] 르망의 경우 도시를 감싸는 고대 후기의 성벽에서 약 1킬로미터 이내의 지역 안에 총 6개의 병원이 세워졌다. 감독좌 교회 복합건물은 예배당, 감독 및 사제 숙소 외에도 병든 자들을 위한 '신의 집(Domus Dei)'이 있었다. 이 외에도 6개의 병원이 513~616년 사이에 세워진다. 그중 첫 번째 병원은 평신도의 헌신으로 세워졌다. 테네스티나(Tenestina)라는 여인과 이 여인의 부모는 513년 성벽 안쪽에 있는 감독좌 교회 복합건물의 바로 옆에 지역 이름을 따서 '구르덴 병원'을 설립한다. 이 병원은 성모와 사도 베드로, 사도 바울에게 헌정되었다. 나머지 5개의 병원은 모두 감독의 주도로 세워진 것이다. 이렇게 여러 개의 호스피스가 세워진 것은 르망이 교통의 요지였기 때문이다. 이 호스피스들은 도시를 둘러싼 성벽에서 1킬로미터 내외의 거리에 자리 잡았고 로마 시대에 만들어진 가도(街道) 옆에 건축되었다. 성묘(聖墓) 병원은 르망의 여덟 번째 감독인 인노켄티우스(Innocentius)가 설립한 것이다. 인노켄티우스의 후계자인 돔놀루스(Domnolus)는 도시에서 약간 떨어진 곳에 병원을 세워 성모 마리아에게 헌정했다. 성모 마리아 병원의 첫 번째 운영 책임자는 성(聖) 파비

---

50 이상 메로빙거 시대의 교회 회의에 대해서는 Imbert, *Histoire des hôpitaux en France*, pp. 16~17을 참조했다.

51 이하에 제시되는 르망 지역의 병원은 Imbert, *Histoire des hôpitaux en France*, pp. 22~23에서 참조했다.

누스(Pavinus)였는데 후에 성모 마리아 병원은 성 파비누스 병원으로 불리게 된다. 현재는 그 자리에 성 파비누스 예배당이 있다. 후임 감독인 베르트란두스(Bertrandus)는 유언장에 자신이 설립한 3개의 병원에 대해 기록해놓았다. 성(聖) 게르마누스(Germanus) 병원은 성묘 병원의 북서쪽에 있었고 성묘 병원에서 운영을 맡았다. 남쪽에는 퐁리외의 성(聖) 마르티누스 병원, 동쪽에는 성(聖) 십자가 병원을 설립했다. 당시의 관습이 그러했듯, 르망의 병원은 여행객뿐 아니라 가난한 사람들, 병자들을 맞아들였을 것이다. 감독좌 교회가 이렇게 여러 개의 병원을 운영한 것은 르망 지역에 한정된 것은 아니었을 것이다.

5. 제국과 그리스도교, 그리고 빈민 부조

4~6세기의 '가난한 선행가'는 그리스·로마 문화의 선행 사상과 가난한 사람을 돌보는 히브리 영성이 그리스도교적 수도주의 영성을 바탕으로 결합되면서 생겨난 시대의 영웅상이다. 콘스탄티누스 황제 이후 초기 비잔티움 제국의 그리스도교 관련 경제정책은 그리스도교적 기관 소유의 부동산 규모를 늘려주면서, 동시에 증가한 부를 통해 그리스도교적 기관이 가난한 사람들을 더욱 헌신적으로 돕도록 유도하는 방향으로 나아갔다. 이런 국가의 정책 방향과 수도적 영성에 힘입어 4~6세기 문학이 그려낸 '가난한 선행가'는 문학 속의 가공 인물에만 그친 것이 아니라 실제로 병원을 설립하고 운영하는 새로운 지도계층이 되었다. 4~6세기에 세워진 다양한 복지기관의 존재는 비잔티움 제국과 그리스도교가 가난한 사람들을 위해서 서로 협력했던 방식을 알려준다.

참고문헌

1. 사료

Aubineau, M., "Zoticos de Constantinople", *Analecta Bollandiana* 93 (1975) (*Vie de Zoticos de Constantinople*).

Basile de Césarée, *Lettres*, texte et traduction par Yves Courtonne tome *I-III*, Paris: Les Belles Lettres, 1957(I), 1961(II), 1966(III) (바실리오스의 《편지》).

Callinicos, Bartelink, G. J. M., tra., *Vie de Hypatios, Sources Chrétiennes* 177 (Paris: Editions du CERF, 1971) (*Vie de Hypatios*).

Codex Justinianus (CJ): 영어 번역은 *The Civil law in Seventeen volumes*, translated by S. P. Scott *vol.* 12~15 (New Jersey: The Lawbook Exchange, 1932). 라틴어 본문은 http://webu2.upmf-grenoble.fr/Haiti/Cours/Ak/Corpus/CJ9.htm.

Codex Theodosianus (CTh): 영어 번역은 Clyde Pharr, *The Theodosian Code* (New Jersey: The Lawbook Exchange, 2001). 라틴어 원문은 http://ancientrome.ru/ius/library/codex/theod/index.htm.

Corpus Scriptorum Ecclesiasticorum Latinorum, vol. 55, S.EUSEBII HIERONYMI, (Wien: 1912) (히에로니무스의 《편지》). 히에로니무스 편지의 영어 번역은 http://www.zeitun eg.org/ecfidx.htm.

Firmos de Césarée, *Lettres*, texte et traduction par Calvet-Sébasti (Paris: Les Editions du CERF, 1988) (피르모스의 《편지》).

Gascou, Jean, *Un codex fiscal Hermopolite (P. Sorb. II 69)*, The American Society of Papyrologists(1994) (*P. Sorb.* II 69).

Grenfell, B. P., Hunt, A. S., Bell, H. I., ed., *The Oxyrhynchus Papyri*, vol. *XVI* (London: 1924) (*P. Oxy.* XVI).

Novellae Justinianae(NJ): 영어 번역은 *The Civil law in Seventeen volumes*, translated by S. P. Scott *vol.* 16~17 (New Jersey: The Lawbook Exchange, 1932). 유스티니아누스의 신칙법의 라틴어 본문은 http://webu2.upmf-grenoble.fr/Haiti/Cours/Ak/Corpus/ Novellae.htm.

Pallade d'Hélénopolis, *Histoire Lausiaque* (Bégrolles-en-Mauges: Abbaye de Bellefontaine, 1999) (팔라디오스의 《라우수스 이야기》).

Sozomen, *Church History*(소조메노스의 《교회사》). NAPF의 영어 번역은 http://en.wikisource.org/wiki/Nicene_and_Post-Nicene_Fathers:_Series_II/ Volume_II.

2. 연구서와 논문

남성현, 《테오도시우스 법전 종교법 연구》 (엠-에드, 2007).

남성현, 〈바실리오스(Basilius)의 4~5세기 공주수도원을 위한 편람(便覽)〉, 《한국기독교
신학논총》 53권 (2007).

남성현, 〈테오도시우스 칙법전 16권 1장 보편신앙에 관한 칙법〉, 《서양고대사연구》 23집
(2008).

남성현, 〈4~5세기 기독교 성인전 문학에 나타난 '가난한' '사회사업가'(euergetes)〉, 《서
양고대사연구》 25집 (2009).

남성현, 〈파피루스에 나타난 초기 비잔틴 시대 이집트 교회와 수도원의 수입구조〉, 《서양
고대사연구》 26집 (2010).

남성현, 〈테오도시우스 1세의 종교정책과 그의 법률 참모들〉, 《법사학연구》 44호 (2011).

남성현, 《고대기독교예술사》 (한국학술정보, 2011).

서원모, 〈교회력의 법제화를 통한 후기 로마제국의 사회적 시간의 재조직에 대한 연구—
테오도시우스 법전을 중심으로〉, 《한국교회사학회지》 34집 (2013).

Bell, H. I., "The Byzantine Servile State in Egypt", *The Journal of Egyptian Archaeology*, 4 (1917).

Crislip, Andrew T., *From Monastery to Hospital: Christian Monasticism and the Transformation of Health Care in Late Antiquity* (Ann Arbor: University of Michigan Press, 2005).

Defrasse, A. and H. Lechat, *Epidaure, restauration et description des principaux monuments du sanctuaire d'Asclépios* (Paris: 1895).

Epiphanius, Williams, F., tra., *Panarion*, traduction (Leiden-New York: 1994).

Gain, B., *L'Eglise de Cappadoce au IVᵉ siècle d'après la correspondance de Basile de Césarée (330~379), Orientalia Christiana Analecta 225* (Roma: 1985).

Gascou, J., "Les grands domaines, la cité et l'etat en Egypte byzantine, Recherches d'Histoire agraire, fiscale et administrative", Jean Gascou, *Fiscalité et Société en Egypte Byzantine, Bilans de Recherche* 4 (Paris: 2008).

Hardy, E. R., *The Large Estates of Byzantine Egypt* (New York: 1931).

Harnack, Adolf von & Jesoph Hoffmann, tra., *Mission et expansion du christianisme dans les trois premiers siècles* (Paris: 2004).

Imbert, J., *Histoire des hôpitaux en France: Histoire des hôpitaux en France* (Toulouse: Editions Privat, 1982).

Kaplan, M., *Les hommes et la terre à Byzance du VIᵉau XIᵉsiècle, propriété et exploitation du sol* (Paris: 1992).

Lancon, Bertrand, "Attention au Malade et Téléologie de la maladie", Véronique Boudon-Millot & Bernard Pouderon dir., *Les Pères de l'église face à la Science Médicale de leur Temps* (Paris: Beauchesne: 2005).

Magnou-Nortier, E., *Le Code Théodosien, Livre XVI et Sa réception au Moyen Âge*

(Paris: 2002).

Miller, Timothy S., "The Sampson Hospital of Constantinople", *Byzantinische Forschungen*, 15 (1990).

Miller, Timothy S., *The Birth of the Hospital in the Byzantine Empire* (Baltimore and London: The Johns Hopkins University Press, 1997).

Miller, Timothy S., *The Orphans of Byzantium, Child Welfare in the Christian Empire* (Washington: The Catholic University of America Press, 2003).

Monks, G. R., "The Church of Alexandria and the City's Economic Life in the Sixth Century", *Medieval Academy of America*, 28 (1953).

Nam, S. H. "Theodosius I's Religious Policy and His Legal Staff (Quaestors of the Sacred Imperial Palace)", David Luckensmeyer & Pauline Allen, ed., *Studies of Religion and Politics in the Early Christian Centuries* (Strathfield: St. Pauls Publications, 2010).

Nam, S. H., & Christian Raschle, "*Les institutions ecclésiastiques et leurs effets de redistribution économique durant IVᵉ-VIIᵉ siècles*", presented at Annual Conference of The Canadian Association of Patristic Studies, held on May 29, 2012 in the University of Waterloo, Canada (미간행 논문).

Sarris, P., *Economy and Society in the Age of Justinian* (Cambridge: Cambridge University Press, 2006).

Veyne, Paul, *Le pain et le cirque, Sociologie historique d'un pluralisme politique* (Paris: 1976).

Webster, G. *The Roman Imperial Army of the First and Second Centuries A. D.* (Totowa: Barnes & Noble Books, 1985).

Wipszycka, E., *Les ressources et les activités économiques des églises en Egypte du IVᵉquVIIIᵉsiècle* (Bruxelles: 1972).

······

2장

중세 빈곤 문제와 빈민구호

12~14세기 파리의 경우

홍용진

1. 중세, 늘 가난했던 시대

중세 유럽의 '빈곤' 또는 '빈민'에 대해 말한다는 것은 많은 어려움을 내포한다. 먼저 이 단어들이 지칭하는 사회적 대상을 기록한 사료들을 찾아내기가 매우 힘들다는 점을 지적해야 할 것이다. 빈곤과 빈민을 기록한 사료들이 극히 적은 데다가 그나마 있는 기록들도 여러 다른 종류의 사료들 사이에 흩어져 있기 때문이다. 이러한 사료 문제에 덧붙여야 하는 것은 중세 사회에서 통용되던 '빈곤'의 의미가 현대 사회의 그것과 차이가 크다는 사실이다.

문제는 경제적 기준만으로 중세의 '빈곤'과 '빈민'을 설명하는 것이 충분하지 못하다는 점이다. 물론 자연적인 생존의 경계를 중심으로 한 절대빈곤에 주목하면 빈곤의 의미는 비교적 선명해 보이는 것이 사실이다. 이때 빈곤은 자연적인 생존에 필요한 의식주를 갖추지 못한 상태라고 할 수 있다. 하지만 잘 알려져 있다시피 중세 유럽을 비롯한 전근대 사회에서 자연적 생존을 걱정하지 않을 만큼 식량이 넉넉한 적이 있었던가? 일기 불순으로 인한 흉년, 그로 인한 기근 사태로 대부분의 농민들은 주기적으로 생존 자체의 문제에 부딪혀야만 했다. 대체적으로 중세 유럽인들은 언제나 가난했다. 자크 르고프(Jacques Le Goff)가 말했듯이 중세의 경제는 기본적으로 '생존의 경제'였으며 끊임없이 되풀이되는 대규모 기근은 늘 삶을 위협했다.[1]

10세기 카롤루스 제국의 붕괴 및 노르만인들과 마자르인들의 침입 이후 농촌사회가 안정되고 경제력이 점차 회복되었다고 할지라도 이는 괄목할 만한 생산력의 증대를 의미하는 것이 아니라 외적인 폭력이 없는 정상적인 상태로 돌아왔다는 것을 의미했다. 노동의 목적은 잉여와 축적이 아니라 기본적인 생계 유지나 윤리적 고행에 있었다. 획기적인 생산기술, 나아가 장기적인 저장법의 발전을 기대하기는 어려운 상황이었다. 또한 기 부아(Guy Bois)의 연구가 보여주듯이 중세 세계는 기본적으로 생산력과 생산량이 반비례하는 사회였다.[2] 즉 농업은 장기적으로 완만히 성장하고 있었을지 몰라도 일상생활 속에서 이루어지는 물질생활은 의도하건 의도하지 않건 생계 유지의 범위를 크게 초과하지 않았다.

---

1   Jacques Le Goff, *Civilisation de l'Occident médiéval*, 유희수 옮김, 《서양중세문명》, (문학과지성사, 2011), 366~392쪽.

2   Guy Bois, *Crise du féodalisme* (Paris: 1976); *La grande dépression médiévale: XIVe-XVe siècles* (Paris: 2000).

11~13세기에 전개된 농업 발전도 사실 기술의 발전보다는 개간으로 인한 경작지의 양적 확대에 더 의존하고 있었다. 이러한 상황에서 가뭄, 홍수, 냉해 등의 자연재해는 종종 특정 시기와 지역에 따라 중세인들의 삶을 한계 수준 이하로 떨어뜨리기 일쑤였다. 배고픔은 일상적이었고 주기적으로 일어나는 기근 사태는 인구 감소로 이어졌다. 그럼에도 불구하고 13세기 말까지 지속된 개간사업의 지속과 농업생산량의 점진적인 증가, 도시경제의 발전은 일반적인 경제 상태를 호전시켰다.

하지만 여기에서 주목해야 할 점은 이렇게 생존의 경계에 있던 수많은 농민들을 중세 사회에서 빈민이라고 부르지 않았다는 점이다. 즉 전체적인 경제 성장의 혜택을 받지 못하는 사람들이 등장했지만 이들을 무조건 경제적인 기준만으로 빈민으로 여기지는 않았던 것이다. 도시에서도 도시 재정에 기여할 수 있는 사람과 그렇지 못한 사람을 구분하고 있는데, 특히 후자와 관련하여 도시당국은 종종 'nichil(아무것도 없음)'로 표기했다. 이들은 세금을 내지 못할 만큼 생존 한계선에 있는 사람들인데 그렇다고 이들이 구걸하는 자는 아니기 때문에 '빈민'이라고 이야기되지는 않는다. 또한 중세에 가장 큰 도시 중 하나였던 파리에서 도시당국에 세금을 납부하지 못하던 인구가 무려 4분의 3에 이르렀다는 점은 일차원적인 경제 기준인 생존의 경계만으로 중세에 빈곤과 빈민을 규정하지 않았다는 점을 보여준다. 빈곤과 빈민을 평가하는 가장 중요한 기준은 사회적 관계와 종교문화적 의미체계에 있었다.

중세에 '빈민(pauvre, pauper)'은 단순히 경제적으로 궁핍한 사람만을 지칭하지 않았다. 10세기경까지 그것은 비무장 농민들로 이루어진 사회적 약자를 지칭하는 말로 폭력과 재력을 바탕으로 새로운 전사귀족 계급과 대비되었다. 사회가 안정되기 시작한 12세기에 들어와서 이 단어에는 타인의 보살핌을 받아야 하는 '가련한 자들'이라는 의미를 획득하기 시작했다.

즉 '빈민'은 현실적인 경제적 조건의 결핍을 의미한다기보다는 자력에 의한 사회적 존재 가능성의 결핍을 의미했다. 예를 들어 중세 프랑스에서 '가난한 자(povres)'는 동시에 '불쌍한 자', '약한 자'라는 의미를 내포하고 있었다. 이러한 차원에서 노동을 할 수 없는 병자, 불구자, 사회적 취약계층(고아, 과부, 독거노인), 자발적 청빈 수도사, 조직적인 걸인 집단, 안정적인 사회적 지위와 관계망을 가지지 못한 다양한 주변인들, 부랑자, 임노동자 등이 '빈민'이라는 용어로 포섭되었으며 현실 사회에서 이들의 경계는 모호하거나 매우 유동적이었다. 특히 지위와 재산을 지켜내지 못하고 몰락한 귀족 또한 '빈곤한/불쌍한 귀족(pauvre noble)'으로 표현되었다. 즉 일상적으로 만연한 경제적 궁핍이 '빈민'이라 지칭되는 계층과 일치하는 것은 아니었다.[3]

이 글에서는 중세에 통용되던 빈민과 빈곤의 의미, 그리고 이에 대한 태도의 변화 과정을 12~14세기 파리 시를 중심으로 살펴보고자 한다. 이는 빈곤과 빈민에 대한 의미와 이에 대한 태도를 정치적·사회적·문화적 현상들과의 긴밀한 관계 속에서 검토할 것을 요구한다.

---

3   Priscille Aladjidi, *Le Roi, père des pauvres. France XIIIe~XVe siècle* (Rennes: 2008), p. 52.

2. 12세기 이후 중세 유럽에서 빈민과 빈곤의 의미

중세 사람들은 사회적 약자인 빈민을 어떻게 바라보았을까? 중세라는 시대는 사회를 바라보는 기본적인 인식과 감수성의 틀을 그리스도교에 두고 있었던 만큼 빈자에 대한 시선도 여기에서 크게 벗어나지 않았다. 그럼에도 이 시선이 통일적인 것만은 아니었다. 즉 빈자에 대한 그리스도교적 태도는 두 가지 상반되는 관점을 산출했다. 하나는 그리스도교적인 자비와 연민의 감정을 통해 빈자들을 자선과 보시의 대상으로 바라보는 관점이고, 다른 하나는 빈자들이 처한 불행한 처지를 죄의 대가 또는 신의 처벌로 보는 관점이었다.

이러한 점에서 12세기는 매우 주목할 만한 시기다. 한편으로 이 시기는 이민족의 침략과 파편화된 권력들 사이의 투쟁이라는 대내외적인 폭력적 상황이 잦아들고 서유럽에 사회적 안정과 경제적 번영, 문화적 발전이 이루어지기 시작한 때였다. 이는 내세와 종말 이후의 세계에만 의의를 두었던 아우구스티누스적 세계관에서 차츰 벗어나 현실세계에 대해 긍정적인 태도를 형성하는 배경이 되었다. 하지만 동시에 이 시기는 앙드레 보셰(André Vauchez)가 지적하듯이 서유럽 사회 전반에 걸쳐 '자비심(애덕)의 혁명(révolution de la charité)' 또는 신앙심의 심화가 급격하게 이루어지기 시작한 때였다.[4] 예수의 언행에 대한 공감과 깊은 이해를 나타내는 표현이 급격히 늘었고, 이는 실제로 시토 수도회 창건이나 이단운동 같은 형태로 나타났다. 역설적으로 들리

---

4   André Vauchez, "Assistance et charité en occident, XIIIe~XVe siècles", Vera Barbagli Bagnoli, ed., *Domande e consumi, livelli e strutture nei secoli XII-XVIII* (Florence: 1978), pp. 151~162.

겠지만 이렇게 현실생활의 안정과 번영은 신앙생활의 심화 및 그리스도교에 대한 진지한 반성과 시대를 공유했다.

하지만 이러한 공유의 방식은 크게 서로 다른 두 가지 방식으로 나타났다. 먼저 현실의 번영과 안정을 구가하려는 사람들의 입장에서 중세 초기에 나타났던 현실생활과 신앙생활 사이의 대립적 이분법은 상보적인 이원성으로 대체되기 시작했다. 도덕적 자유의지의 긍정과 대도(代禱), 연옥, 면벌부(免罰符) 사이의 긴밀한 교리체계는 바로 이러한 분위기를 보여준다. 그러나 다른 한편으로 예수의 행적에 대한 깊은 성찰은 현세에서 누릴 수 있는 안정과 부를 철저하게 부정하며 그리스도교의 의미에 대해 깊이 반성하게끔 했다. 교황의 권력과 권위가 드높아지던 이 시기에 그리스도교를 가슴 깊이 받아들인 이 새로운 12세기의 그리스도교인들에게 신앙의 모델로 성서에 나타난 '가난한 예수'가 커다란 지지를 받기 시작했다.

이제 서유럽 중세 사회에서 빈곤과 빈민은 거부와 배척, 동정적인 자선 외에 세 번째 사회문화적 의미를 획득하게 되었는데, 이는 곧 '그리스도의 청빈(pauperes Christi)'이라는 말로 압축된다. 이는 다시 '그리스도 따르기(imitatio Christi)'라는 윤리적 실천과 결합되었고, 이에 청빈은 그리스도교인으로서 지켜야 할 최고의 규범으로 간주되기 시작했다. 이는 종교적 주체의 윤리적 결단을 수반하는 자발성을 전제한다는 점에서 어쩔 수 없이 처해 있던 기존의 빈곤과 다른 새로운 모습을 보여주었다. 자발적 청빈을 선택한 사람들 중 일부는 12세기 말 피에르 발데스(Pierre Valdès)처럼 이단 선고를 받는 경우도 있었지만, 또 다른 일부는 13세기 초에 교황의 허가 아래 대거 등장하기 시작한 탁발수도회에 들어가는 경우도 있었다. 거상의 아들이었지만 자발적 청빈을 선택한 아시시의 프란체스코는 이러한 새로운 빈곤 개념의 전형적인 모델로 남게 된다.

빈민에 대한 자선은 비단 성직자에게만 요구되는 것이 아니었으며 여건이 되는 그리스도교인이라면 누구나 마땅히 실천해야 할 덕목이었다. 따라서 세속에서 막대한 부와 권력을 가진 귀족과 부르주아들은 교회나 수도원을 매개로 이러한 자선과 보시를 베풀어야 사회적 인정을 받을 수 있었다. 이들이 교회와 수도원에 헌납한 재물이 과연 얼마나 빈자들의 구호활동에 실제로 사용되었는가와 별개로 교회와 세속권력자들 사이에는 자선활동을 매개로 한 상징적인 관계가 수립되었다. 이러한 관계에서 가장 주목할 만한 것은 바로 프랑스 왕 루이 9세(재위 1226~1270)의 활동이었다. 탁발수도회의 이상에 깊이 공감한 이 '성자왕'은 수도원의 빈민구호를 위한 다양한 재정을 후원했고 빈민을 위한 의식주 제공 및 세족식 등을 일종의 왕실 의례처럼 거행함으로써 빈민을 돌보는 그리스도교적인 왕의 모습을 당대인들에게 깊이 각인시켰다.[5]

사실 왕국 내 정의와 평화를 구현한다는 그리스도교적 이상에 따른 왕권의 이데올로기는 다른 무엇보다도 국왕이 빈민을 끌어안고 이들에게 자비로운 은혜를 베푸는 모습으로 제시되었다. 즉 왕 개인의 신앙심의 진실성과는 별개로 왕의 자선은 언제나 정치적인 효과를 발휘할 수밖에 없었다. 또한 왕이 왕국의 인민들을 보살핀다는 생각은 특히 최하층인 빈민들과의 관계를 통해 가장 극적으로 실현될 수 있

---

5   Bronislaw Geremek, *La Potence ou la pitié: L'Europe et les pauvres du Moyen Âge à nos jours*, 이성재 옮김, 《빈곤의 역사―교수대인가 연민인가》 (길, 2011), 12~13쪽. 루이 9세는 1297년에 그의 손자인 필리프 4세 치세 때 시성되었다.

었다. 성서의 전통에 기댄 수많은 '보감(speculum)'들은 13세기부터 왕들에게 빈민에 대한 자선, 동정(miséricorde), 시혜(libéralité), 겸양(humilité) 등과 같은 다양한 윤리적 덕목들을 끊임없이 가르치면서 왕 스스로도 금욕적 빈곤의 이상에 공감할 것을 주문했다.

국왕에게 조언을 하는 여러 보감들은 빈민과 관련하여 당대에 제기된 여러 정치적 문제들, 특히 조세와 사법제도를 바탕으로 축적된 국가 재정에 대해 여러 정치적 담론을 전개했다. 먼저 과세가 시작되던 14세기 초에는 무분별한 과세가 빈민을 양산하고 악화시키는 가렴주구의 정책이라는 주장이 제기되었다. 과세의 대의가 정착된 14세기 전반기에는 과세가 언제까지나 공익(bien publique)과 정치공동체(respublica)를 위해 사용되어야 좋은 통치라는 주장이 제기되었으며, 이러한 사례로 빈민에 대한 자선이 대표적으로 제시되었다. 또 왕은 탐욕과 낭비 사이에서 중용의 덕을 지키면서 빈민을 위해 재화를 올바르게 분배해야 하며, 국왕이 모아야 하는 것은 세금보다 인민의 사랑이어야 했다. 빈자들에 대한 재판에 대해서도 가혹한 처분을 내리지 말아야 하며, 각 지방의 지방관들이 탐관오리가 되지 않도록 늘 주의해야 한다고 했다.

이렇게 세속화된 자선의 이상에 따라 왕실 보시사제(aumônier du roi)의 중요성이 점차 부각되었다. 13세기 초에 등장한 보시사제는 14세기에 국왕 고해사제를 겸직하면서 궁정 내에서 중요한 직책으로 떠올랐다. 보시사제는 빈민구휼, 구호소 지원, 나바르 콜레주 기금 및 장학금 지원 등 가난한 사람들을 위해 사용될 왕실 재정을 총괄했으며 14세기 후반에 이르면 국왕 참사회 일원으로 성장하기 시작했다. 이러한 기금지원 외에도 보시사제는 국왕의 이름으로 구호시설을 창립하거나 국왕의 구호소 방문 활동을 관장했으며 그리스도교적 전통에 따라 병자와 빈자들에게 옷과 음식을 제공하는 활동을 조직했다. 국왕에게 자선은 이제 그리스도교적 가르침에 따라 일시적으로 이루어지는 단순하고 소박한 종교행사에 그치지 않고 왕국의 인민에 대한 사랑을 표현하고 재현하는 국가 업무로 바뀌었다. 왕권의 이 같은 자선활동의 유지야말로 전국에 걸친 과세를 바탕으로 하는 국가 재정이 공익을 위해 옳게 사용되는 가장 중요한 사례로 여겨졌다. 물론 이러한 왕권의 실천들은 빈곤 문제에 대한 사회적 해결책은 아니었다. 그것은 어디까지나 빈자들까지 끌어안는 이상적인 왕권의 모습을 보여주는 것이 목적이었다.[6]

이러한 분위기 속에서 빈민에 대한 자선과 구호는 단순한 인류애의 발현을 넘어 그리스도에 대한 존경의 차원으로 특권화되기도 했고 더 조직적인 형태를 띠기 시작했다. 12세기부터 서유럽 도시 각지에서는 도시당국과 교회의 협력 아래 다양한 종류의 빈민들을 보살펴주기 위한 전문적인 제도와 기관들이 생겨났다. 또한 자선과 구호소 운영권은 종교단체의 범위를 벗어나서 도시당국이나 왕권과 같은 세속권력으로 확대되기 시작했다.[7]

---

6   Xavier de La Selle, *Le service des âmes à la cour. Confesseurs et aumôniers des rois de France du XIIIe au XVe siècle* (Paris: 1995), pp. 161~254; P. Aladjidi, *Le Roi, père des pauvres*, cj. IV~VI.

7   P. Aladjidi, *Le Roi, père des pauvres*, pp. 35~50.

3. 구호소와 구빈원: 파리의 경우

1) 구호소의 증가

중세에 빈민을 위한 구호활동은 어떠했을까? 본격적인 의미의 구호소가 등장하기 이전에 빈민들은 어떠한 도움으로 생계를 이어갔을까? 산발적이고 일회적인 구걸과 자선 외에 한 지역에 정착한 빈민들에 대한 조직적인 구호활동은 여러 층위에서 이루어졌다. 친척, 교회, 동업조합이 바로 이러한 다양한 층위를 이루었다. 독거노인, 과부 또는 고아가 되었을 때 사촌 이상의 가족적 지원, 해당 교구를 담당하는 교회의 자선활동, 그리고 사망자 가족의 생계를 상부상조의 정신으로 책임지고자 하는 동업조합들이 바로 이러한 구호활동을 펼치는 중요한 세 층위를 구성했다. 이 같은 개별적인 사회적 관계망에 의한 구호활동 외에 12세기부터 병원(hospital)과 집단거주지(hotel)가 결합된 형태인 구호소가 등장했다. 물론 12세기 이전에도 자선을 위한 기관들이 있었지만 그 수는 손에 꼽을 정도로 적었으며 시설도 매우 열악했다.[8]

본격적인 구호소(또는 병원)의 설립은 신앙심의 혁명이 일어나고 있던 12세기에 본격적으로 이루어지기 시작했다(〈그림 1〉).[9] 중세에 가

---

[8]   650년경에 세워진 파리의 오텔디외(Hôtel-Dieu de Paris)는 중세 초에 등장한 대표적인 구호소였다.

[9]   이 글에서는 편의상 'hôpital'은 구호소로, 'maison-Dieu'는 구빈원으로 번역했다. 하지만 실제로 중세에는 이 두 용어 외에도 'hospice', 'aumônerie', 'ostellerie' 등이 등장한다. 이러한 용어들이 전문적인 기능에 따라 체계적으로 구분되어 사용된 것은 아니다. Christine Jéhanno, "Pauvereté et assistance à Paris au Moyen Âge", Boris Bove & Claude Gauvard, dir., Le Paris du Moyen Âge (Paris: Belin, 2014), p. 148.

장 인구가 많은 도시 중 하나였던 파리 시는 이러한 현상을 잘 보여준다. 먼저 파리 주교였던 모리스 드 쉴리(Maurice de Sully)가 기존에 있던 파리 오텔디외를 증축한 것을 시작으로 12세기에는 수녀들이 운영하는 생트카트린 구호소(hôpital Sainte-Catherine), 생트주느비에브 수도원에 소속된 마튀랭 구호소(hôpital des Mathurins), 생브누아 구호소(hôpital Saint-Benoît) 등이 설립되었다. 13세기 이후에는 더 많은 구호소와 구빈원들이 설립되었는데 빈민들에게 단순히 의식주만을 제공하는 것이 아니라 이들의 행실을 그리스도교적인 윤리에 따라 훈육하려는 시도가 등장했다. 예를 들어 후일 파리 주교가 되는 기욤 도베르뉴(Guillaume d'Auvergne)는 참사회원직에 있을 때 생활여건이 열악한 소녀 200명을 수용하기 위해 피유디외에생트마들렌 수녀원(couvent des Filles-Dieu et Sainte-Madeleine)을 설립하기도 했다. 13세기 중반에는 국왕 루이 9세 또한 루브르 성 근처에 300명의 맹인을 수용하여 돌볼 목적으로 '캥즈뱅(Les Quinze-Vingts: 15×20)'이라는 명칭의 구호소를 설립했다.

이 시기에 성직자들 다음으로 구호소 건립에 적극적으로 나선 계층은 도시 부르주아였다. 당시 막대한 재산을 모은 부르주아들은 구호소와 구빈원 설립 및 운영에 재정적인 기여를 아끼지 않았다. 일차적으로 그리스도교적인 윤리의 차원에서 부르주아들은 자선과 보시에 막대한 자금을 내놓음으로써 부유함이 초래하는 구원에 대한 불안감을 상쇄하고자 했다. 하지만 구호소와 구빈원은 최저생계를 보장하는 일종의 사회안전망 역할을 담당하기도 했다. 이는 소요나 폭동과 같이 도시 지배층을 위협하는 요인을 사전에 억제하는 성격을 띠었다.

1202년경에 부르주아인 빌렘 에파퀴올(Wilhem Effacuol)과 장 드라

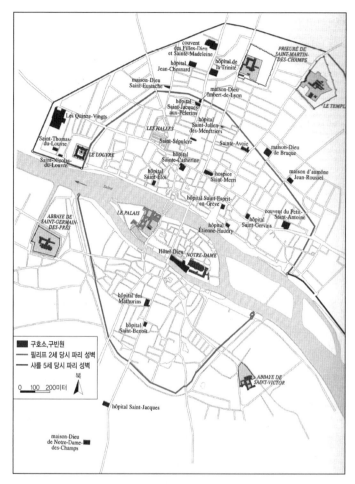

〈그림 1〉 중세 파리의 주요 구호소와 구빈원들[10]

---

10   Philippe Lorentz & Dany Sandron, *Atlas de Paris au Moyen Âge. Uspace urbain, habitat, société, religion, lieux de pouvoir* (Paris: Parigramme, 2006), p. 179.

팔레(Jean De La Paslée)가 당시 파리 성벽 바깥에 생드니 수도원으로 가는 길가에 순례자들에게 의식주를 제공하기 위한 트리니테 구호소(hôpital de la Trinité)를 설립했다. 이 밖에도 부르주아들의 지원으로 앵베르드리용 구호소(maison-Dieu Imbert-de-Lyon, 1316), 생쥘리앙데메네트리에 구호소(hôpital Saint-Julien-des- Ménétriers, 1330) 등이 세워졌다. 전형적인 빈민이라고는 할 수 없지만 성지 순례자는 신앙심의 차원에서 자발적으로 빈곤을 선택한 사람으로 간주되어 이들을 위한 구호소도 다수 설립되었다. 대표적으로 1317년에는 파리 부르주아들로 이루어진 생자크 동업조합이 산티아고(생자크) 데 콤포스텔라로 가는 순례자들을 위해 생자크오펠르랭 구호소(hôpital Jacques-aux-Pèlerins)를 설립했다.

나환자와 같이 특수한 병자를 치료하고 돌봐주기 위한 구호소 또한 등장했는데 이는 병자들을 돌본다는 의미에서 좀 더 적극적인 병원의 성격을 띠었다. 이러한 나병원(léproserie)은 12세기부터 설립되기 시작했고 주로 파리 시내에서 멀리 떨어진 외곽에 위치했다. 파리 외곽 북쪽 생드니 수도원으로 가는 길목에 자리 잡은 생라자르 나병원(léproserie de Saint-Lazare)[11]과 서남쪽의 생제르맹데프레에 있던 생토마 나병원(léproserie Saint- Thomas), 동남쪽에 위치한 샤르트뢰 나병원(léproserie des Chartreux) 등이 있었다.

---

11   생라자르 나병원에 대해서는 이성재, 〈프랑스 지방 도시의 빈민구제 정책과 병원 운영: 12~17세기 모(Meaux)의 사례〉, 《역사교육》 103 (2007), 256~258쪽 참조.

2) 구호소의 사례: 파리 오텔디외

그렇다면 실제 구호소의 구체적인 모습은 어떠할까? 아쉽게도 사료의 부족으로 12~13세기에 구호소들이 막 세워질 당시의 모습을 정확히 그려볼 수는 없다. 현재 역사가들은 14~15세기의 기록들을 바탕으로 중세 구호소의 모습을 그려볼 수밖에 없다.

먼저 구호소의 규모를 살펴보자. 14세기 파리에는 무려 60여 곳의 구호소 또는 구빈원이 있었는데 이는 비슷한 시기에 샹파뉴의 주도인 트루아를 훨씬 상회하는 수치였다. 파리 인구의 4분의 1 정도였던 트루아에 있는 구호소는 10분의 1 수준인 6개가 전부였으니 말이다. 파리 구호소들의 규모는 제각각이었던 것으로 보인다. 가장 큰 시테 섬의 오텔디외의 경우 1478년의 기록에 따르면 303개의 침대를 구비하고 있었고 500여 명을 수용할 수 있었다고 한다. 캥즈뱅의 경우에는 300여 명, 피유디외의 경우에는 200여 명을 수용할 수 있었다. 하지만 규모가 작은 경우에는 수용 인원이 100여 명 미만에 불과했다. 물론 이는 수용할 수 있는 인원이 그렇다는 것으로 실제로 인원이 꽉 차는 경우는 대기근과 전염병이 발생할 때를 제외하고는 드물었다. 규모가 큰 오텔디외에는 평상시에 100여 명의 병자와 빈민들을 수용하고 있었다. 하지만 실제로 간호 인력을 고려한다면 구호소 상황이 여유로웠던 것은 아니다.

구호소는 모든 병자와 빈민을 수용하는 일반 구호소와 특정한 병자나 빈민만을 받아들이는 전문적인 구호소로 구분되었다. 후자의 경우 예를 들어 생자크오펠르랭 구호소는 전적으로 순례자만을 위한 곳으로 간단한 숙식과 도시락만을 제공했으며 캥즈뱅 구호소는 맹인들만

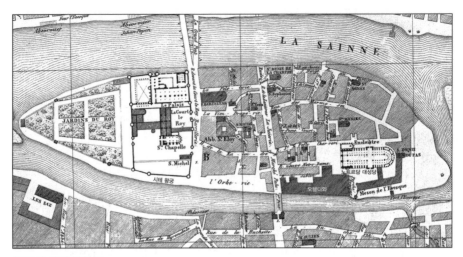

〈그림 2〉 중세 시테 섬

을, 생테스프리 구호소는 고아들만을 받아들였다.

　파리 시테 섬 우측 남쪽에 자리 잡은 오텔디외는 구호소의 구체적인 모습을 가장 잘 보여주는 곳이다. 바로 옆에 파리 교구의 중심인 노트르담 대성당이 위치해 있었고 같은 시테 섬 서쪽으로는 왕의 사적인 거처이자 공적 업무의 중심지인 시테 왕궁이 자리 잡고 있었다(〈그림 2〉). 그런만큼 오텔디외는 파리는 물론 프랑스를 대표하는 가장 규모가 큰 구호소로 12세기부터 왕권과 긴밀한 관계를 맺기 시작했다. 앞에서 지적했듯이 구호소 확충에 대한 관심과 재정 지원은 그리스도교적 실천을 통한 왕권의 정치적 정당성을 확보하는 데 매우 중요한 역할을 했다.

　650년경에 메로빙거 왕조 네우스트리아 왕 클로비스 2세 휘하에 있던 파리 주교 랑드리(Landry)가 재위하던 시기에 설립된 오텔디외는

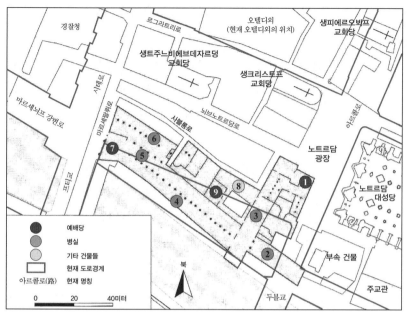

〈그림 3〉 파리 오텔디외의 구조[12]

① 생크리스토프 예배당(12세기 말 설립, 14세기 말 재건축) ② 생드니 병동(1195년 이전 필리프 2세가 설립) ③ 생토마 병동(1225년경 왕비 블랑슈 드 카스티야가 설립) ④ 요양 병동(연대 미상, 루이 9세가 설립) ⑤ 생루이 병동(연대 미상, 루이 9세가 설립) ⑥ 교황특사 병동(1531년 설립) ⑦ 생타녜스 예배당(1463년 재건축) ⑧ 구내식당 ⑨ 예배당

1165년 파리 주교 모리스 드 쉴리에 의해 재건축되어 본격적인 구호소 기능을 담당하기 시작했다. 이후 신앙심의 강화와 프랑스 왕권의 성장이 맞물리면서 프랑스 왕 필리프 2세(재위 1180~1223)와 루이 9세 치세에 오텔디외는 대규모로 확장되었다(〈그림 3〉).

파리 오텔디외로 통하는 입구는 모두 세 군데였다. 먼저 센 강에 면

---

12   P. Lorentz & D. Sandron, *Atlas de Paris au Moyen Âge*, p. 180.

한 곳에 문이 있어서 수로를 통해 구호소 운영에 필요한 물품들을 신속하게 공급받았다. 파리 좌안과 연결된 다리 쪽으로도 문이 나 있었지만 필요한 경우 드물게 개방되었고 대부분의 사람들은 노트르담 대성당 가까이에 있는 정문을 통해 드나들었다. 바로 이 정문에서 구호소에 대한 안내와 등록, 병동 배정이 이루어졌다. 이러한 업무는 일반적으로 병동 전체의 상황을 잘 알고 있고 병자나 빈민을 적절한 병동에 배정할 능력이 있는 수녀가 담당했다. 무엇보다 오텔디외는 치료를 목적으로 하는 병원의 성격이 강해서 병자만을 수용했는데 각종 부상은 물론 다양한 질병(흑사병, 백일해, 매독)을 가리지 않고 모두 수용하여 각각에게 특화된 병동을 배정했다. 그리하여 폭력사건으로 상처를 입은 사람이나 백주대낮에 길거리에서 부상자로 발견된 사람은 생드니 병동을 배정받았고, 회복 중인 사람 중 남성은 생토마 병동에, 여성은 생루이 병동으로 옮겨갔다. 하지만 이러한 배정의 기준은 흑사병이나 위급한 전염병으로 환자들이 넘쳐날 때는 제대로 지켜지기 힘들었다.

환자들은 오텔디외에 들어서면 먼저 고해성사를 하고 탈의와 목욕을 한 후 머리두건을 하고 알몸으로 침대에 누웠다. 침대는 혼자 쓰는 경우도 있지만 대부분 크기에 따라 둘 또는 3명이 함께 사용했다(〈그림 4〉). 이후 간호사 역할을 하는 수녀들의 보살핌과 치료를 받았다. 만약 전염병으로 인해 환자가 급증하면 더 많은 사람들이 침대를 함께 썼으며 나름대로의 위생조치에도 불구하고 이는 전염병을 더욱 확산시키는 원인이 되었다.

이렇게 12세기 중반에 시작된 신앙심의 심화 과정 속에서 빈민과 빈곤에 대한 자선과 지원은 종교적으로 긍정적인 의미를 확고히 다져나갔다. 중요한 점은 이러한 종교적 의미가 비종교적 영역에까지 널리

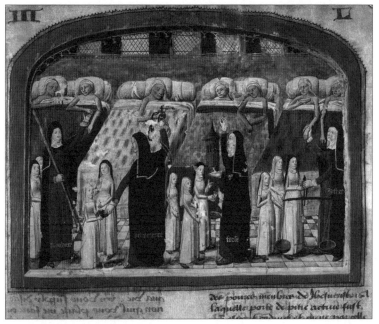

〈그림 4〉 오텔디외의 풍경

출처: 장 앙리,《실천적인 삶에 대한 책(*Livre de Vie Active*)》(1482)

확대되었다는 사실이다. 13세기 말까지 지속되던 사회적 안정과 경제 성장(A국면)은 종교문화의 확산 및 심화와 밀접한 상호관계를 맺었고 신앙심에 따른 여러 실천들에도 깊은 영향을 미쳤다. 종교적 담론과 덕목들이 정치, 경제, 사회, 문화 전 영역에 걸친 가장 중요한 기준으로 자리 잡으면서 빈민에 대한 자선, 빈곤에 대한 공감과 존경은 종교 이 외의 영역들(부르디외 식으로 말하면 '장'들)에서도 무시할 수 없는 쟁점이 되었다. 하지만 13세기 말부터 시작된 중세 말의 경제위기 및 사회구 조의 변화는 중세 성기의 빈곤 문제와 이에 대한 대응들을 다른 양상으로 변화시키기 시작했다.

4. 14세기 빈곤 문제의 성격 변화

잘 알려진 것처럼 1270~1280년대부터 중세 서유럽의 경제는 침체기를 지나 위기로 향하기 시작했다(B국면). 가장 큰 요인은 바로 개간사업을 통해 산술급수적으로 증가하던 경작지 확대가 종료되면서 기하급수로 증가하던 인구 증가에 큰 타격을 주기 시작했다는 점이다. 이미 13세기 중반 이후 1인당 농경지 보유 면적이 줄어들고 있는 상황에서 개간사업이 종료되어 곡식 생산량은 인구 증가를 따라잡지 못하게 되었다. 이러한 경제적 국면의 전환이 서유럽 전반에 걸친 현상이었다면 몇 가지 특수한 요인들은 프랑스의 상황을 더욱 악화시켰다. 1315년부터 1317년까지 이어진 북부 프랑스의 대흉작 사태와 14세기 초부터 지속된 국가전쟁(플랑드르와의 전쟁 및 백년전쟁), 그리고 이에 따른 각종 조세, 화폐개주로 인한 통화질서 문란 등은 안정적인 경제생활을 저해하는 요소들로 기능하면서 경제 상황을 악화시켰다.

이 같은 상황에서 14세기 초부터 프랑스는 만성적인 기근의 시대로 접어들기 시작했고 이에 따라 도시와 농촌 지역에서 경제적 궁핍에 시달리는 대규모의 서민들이 일정한 사회계층으로 자리 잡기 시작했다. 주로 자연재해 때문에 시기와 지역에 따라 발생하던 주기적 기근은 이제 일부 계층이 언제나 떠안게 되는 숙명 같은 것으로 변해갔다. 이러한 기근 현상은 단순히 일기 불순이나 자연재해로 인한 것만이 아니라 사회구조의 근본적인 변동에 크게 영향을 받은 것이었다. 곡물 생산량이 감소하는 시기에는 곡물에 대한 투기, 매점매석, 암거래가 등장하기 시작했고 도시는 막대한 자본을 바탕으로 농촌 지역의 곡식들을 집적하기 시작했다. 그 결과 수확량이 좋지 않아 곡식이 희소해지는 시기에는 곡식의 가격이 종종 천정부지로 치솟았고 도시에 집적된 곡물의 혜택을 받지 못한 계층에게 기근의 타격은 더욱 심각하게 몰아닥쳤다.[13]

이러한 모든 현상들은 바로 13세기 후반 이후 꾸준하게 발전한 화폐경제와도 밀접한 연관을 맺고 있었다. 화폐를 매개로 다량의 곡물들이 소수의 손에 집중되었고 또한 최하층인 노동빈민층에게 화폐를 통한 임금이 책정될 수 있었다. 14세기에 새롭게 등장한 이 '노동빈민층(pauvreté laborieuse)'은 기존의 빈민과는 전혀 다른 계층이었다. 먼저 이들은 사회의 특정계층을 이루었다는 점에서 중세 초기의 일반적인 예속인(약자)으로서의 빈민과도 달랐다. 다음으로 임금노동을 통해 최소한의 생계를 이어가고 있다는 점에서 12~13세기의 구걸 집단 및 주변인들(노동 기피자들과 노동 능력 결핍자들)과도 구별되었다. 이 노동빈민은 도시와 농촌 모두에 존재했으며 주로 최저생계비 수준의 화폐임금으로 생존을 꾸려나갔다. 그리고 이들의 등장과 더불어 '빈곤'의 의미론적 범주는 더욱더 경제적인 문제에 국한되기 시작했다.[14]

장기적인 경제침체 국면이 이어지던 14세기 전반기에 유럽은 예기치 못한 대재앙을 맞이하게 되었다. 13세기 말 아시아에서부터 서진한 흑사병이 흑해 지역에서 활동 중이던 제노바 상인들을 통해 1346년부

---

13   Michel Mollat, *Les Pauvres au Moyen Âge*, ch. IX.

14   브로니슬라프 게레멕, 《빈곤의 역사 —교수대인가 연민인가》, 72~91쪽.

터 사르데냐, 마르세유를 중심으로 급격하게 확산되었다. 1347년에 본격적으로 북상하기 시작한 흑사병은 1352년까지 유럽 전역을 휩쓸고 지나갔다. 흑사병에 대한 면역도 이에 대한 의학적 지식도 전무했던 유럽인들은 속절없이 죽어갔다. 특히나 반세기가 넘게 영양 결핍에 시달리던 농민들에게 그 타격은 대학살을 능가하는 전례 없는 급격한 인구 감소를 초래했다. 평균적으로 유럽 인구의 3분의 1 정도가 흑사병으로 사망했다고 이야기되지만 이는 인구 밀도가 낮아서 흑사병의 타격이 가장 적거나 전무했던 스칸디나비아 반도와 동유럽 지역까지 포함한 수치다. 중세 유럽에서 2000만이라는 가장 많은 인구를 자랑했던 프랑스의 경우 흑사병으로 인한 사망자 수는 지역마다 다르지만 평균적으로 2분의 1에서 3분의 2에 달했다.[15]

사망률 자체보다도 흑사병이 가져온 정신적·문화적 충격은 엄청났다. 도무지 원인을 알 수 없는 이 신의 형벌은 신분고하를 막론하고 신앙심 유무와 상관없이 많은 사람들을 죽음으로 몰아넣었다. 흑사병은 몇몇 사람들에게 조금씩 등장하고 있던 죽음에 대한 각성을 사회 전체로 전면화시켰다. 사회적인 차원에서는 유대인 대학살이나 채찍고행자 행렬 같은 끔찍한 사태와 더불어 농토 유기와 폐촌 증가로 인해 전국에 걸쳐 인구 공동화 현상이 등장했다. 인구가 갑자기 줄어들었고 토지는 주인이나 경작자가 없는 채로 방치되었다.

단기적인 차원에서 노동력의 감소와 토지의 증가는 대체적으로 살아남은 자들의 생활조건에 유리하게 작용했다. 임노동자의 임금이 올

---

15   Boris Bove, *Le Temps de la Guerre de Cent Ans 1328~1453* (Paris: 2009), pp. 282~288.

랐고 일부 농민들은 대토지를 소유할 수 있게 되어 부농(laboureur) 계층을 형성하게 되었다. 여전히 남아 있던 영주제와 농노제는 농노들에게 이전과 같은 강제력을 발휘하기 힘들었고, 이미 13세기 후반부터 시작된 농노해방을 더욱 가속화했다. 즉 인신을 구속하던 전형적인 중세 성기(11~13세기)의 영주제 및 농노제의 사회·경제구조가 해체되기 시작했고 이 틈으로 화폐경제가 침투하게 되었다.

사실 흑사병으로 인한 인구 급감과 이로 인한 상황 호전은 일시적인 현상에 불과했다. 먼저 잉글랜드와 지속된 전쟁은 전화(戰禍)로 인한 직접적인 피해는 물론이거니와 전쟁과 관련한 조세를 탄생시켰다. 그리하여 14세기 후반에 정착된 국가 조세는 왕국 전체에 걸쳐 경제 상황을 무겁게 짓누르고 있었고 경제 상황이 차츰 호전된다 하더라도 그 혜택은 주로 중앙의 국가 재정으로 유입되었다. 다른 한편으로 흑사병은 부랑자들을 양산했다. 흑사병을 피해 유랑하는 사람들도 있었지만 흑사병이 잦아든 이후에도 이미 폐촌이 된 마을로 돌아오는 사람은 드물었다. 통계적으로는 한 개인에게 돌아갈 수 있는 토지 면적이 증가했다고 하지만 살아남은 소수가 폐촌이 된 마을에서 계속해서 살아가기란 쉽지 않은 일이었다. 이들은 종종 도시나 건재한 농촌 지역으로 이주하여 임금노동자 계층에 편입되었다. 이 시기에는 농업 및 산업구조도 다양해졌다. 포도, 목축, 양모, 광산개발로 대변되는 농업 및 산업의 다각화가 이루어지기 시작했는데, 이는 점점 늘어나는 임금노동에 기반을 두고 있었다.

하지만 도시당국이나 왕정은 급증하는 인건비에 법적으로 제동을 걸어 임금 상승과 물가 상승을 억제하고자 했다. 또한 직물산업에서처럼 복잡한 생산공정은 노동의 분화와 임금의 차별화로 이어졌고, 이는 결국 비숙련 노동층을 중심으로 노동빈민층이 형성되는 상황을 만들었다. 중요한 점은 이 시기에 부랑자와 하층 임노동자를 명확하게 구분하기가 힘들어졌다는 것이다. 일거리의 유무에 따라 부랑자와 임노동자의 지위는 언제든지 바뀔 수 있었다. 즉 대규모의 노동빈민층은 언제 구걸하는 부랑자가 될지 모르는 상황이었다.

14세기 후반에 들어오면 정착한 자와 정착하지 못한 자, 노동하는 자와 노동 기피자의 구별이 비교적 명확했던 13세기까지의 상황은 더 이상 통용될 수 없었다. 하층 임금노동자가 구걸 부랑자로 전락할 수 있는 사회적 현실은 삶의 불안전성과 불확실성을 의미했다. 여기에 의식주에 걸친 최악의 생활조건과 영양 결핍 상태는 이들을 더욱 비참한 상태로 몰아넣었다.

이상과 같은 자선의 이상 및 실천과 더불어 14세기 중반에 들어와서 왕권 주변에서는 빈곤에 대한 새로운 담론들이 형성되고 있었다. 잠재적인 부랑자이자 임금노동자인 노동빈민층은 사회적으로 주변인들과 상당 부분 겹쳤고, 이들은 범죄 발생률의 증가와도 긴밀한 관계가 있는 것으로 파악되었다. 이에 따라 15세기에는 무조건적인 자선과 동정에 대해 회의하는 목소리가 커져가기 시작했다. 불행한 처지에 놓인 가엾은 존재라는 이유로 이들의 범죄를 관대하게 용서하는 사면장에 대한 비판이 등장했고, 빈자에게 동정과 정의 중 어떤 것을 우선적으로 적용해야 할지에 대한 논의가 전개되었다.

가련한 빈자에게는 가혹한 정의를 동정으로 누그러뜨려 적용해야 하는가? 아니면 동정은 천국에서나 구하고 지상에서는 우선 정의를 적용해야 하는가? 물론 이러한 담론이 자선과 구휼을 베푸는 왕의 이상과 실천에 큰 영향을 미친 것은 아니었지만 동정보다는 사회질서와 치안에 더 비중을 두는 입장의 일면을 보여준다는 점에서 의미심장하다. 빈자들은 이제 무조건적으로 그리스도교적 동정을 베풀어야 할 대상이 아니라 사회의 일원으로서 남들과 마찬가지로 동등하게 법치로 다스림을 받아야 할 존재였다.[16]

다른 한편 14세기 중반의 흑사병은 극심한 노동력 부족과 임금 상승 문제를 야기했다. 이는 노동을 금욕과 관련한 종교적 관점에서 생산과 관련한 사회적 관점으로 옮겨가게 했으며 13세기까지 암암리에 용인되던 빈민들의 노동 기피를 배척하는 정책이 등장하게 만들었다. 흑사병이 잦아든 후인 1351년 2월에 비록 파리 시에 국한되긴 했지만 신임 국왕 장 2세는 임금 및 물가 안정과 관련된 일련의 사회·경제정책을 반포했다. 그것은 1349년 잉글랜드에서 에드워드 3세가 반포한 '노동자 법령(Statutum serventibus)'에 뒤이어 나온 것이지만 좀 더 포괄적이면서도 세세한 부분까지 다루었다는 점에서 매우 의미심장하다.[17]

이 칙령은 왕국 전체에 걸친 급격한 경제 혼란을 수습하기 위해 왕정이 시도하고자 했던 일련의 광범위한 조치들을 담고 있었다. 생활에 필요한 의식주 관련 물품들은 물론이거니와 시장에서 거래되는 각종 물품들의 가격이 과도하게 오르지 않도록, 그리고 노동자의 임금이 너무 오르지 않도록 제한하는가 하면 특정 조합의 전통적 권리에 의

---

16   P. Aladjidi, *Le Roi, père des pauvres*, pp. 98~100.

17   이 칙령에 대한 종합적인 연구는 Robert Vivier, "Une crise économique au milieu du XIVe siècle. La première grande intervention de la royauté dans le domaine économique: ses causes", *Revue d'Histoire économique et sociale*, 8e année (1920), pp. 215~229; "La Grande ordonnance de février 1351: les mesures anticorporatives et la liberté du travail", *Revue historique*, t. 138 (sept.~déc., 1921), pp. 201~214.

한 생산 및 판매의 독과점을 방지하는 정책을 선포하고 있다. 즉 이 칙령이 추진하는 정책은 안정적인 고용주들을 억압하기 위한 것만도 아니고, 또 피고용 노동자들을 억압하기 위한 것만도 아니며, 궁극적으로는 전통적인 직종별 조합들을 생산주체로 설정하면서도 왕국 전체의 경제 질서에 왕권이 개입하여 조절하겠다는 왕정 관료기구의 의지를 반영하고 있다.[18] 이에 따르면 전통적인 조합의 권리도, 그리고 노동력 부족에 따른 임금 상승의 논리도 모두 제한될 수밖에 없으며 이는 고용주인 각 직종 조합원들에게나 피고용인인 노동자들에게나 모두 불만을 야기했으리라 짐작할 수 있다. 몇몇 사례를 제시하면 다음과 같다.

2조 파리 제빵업자와 제분업자의 빵에 대하여

(5항) 판매를 목적으로 파리와 파리 외곽에서 생산하는 빵과 관련된 업무와 관련하여, 파리 시장이나 샤틀레 감사관들 중 1인은 매년 제빵업자 종사자가 아닌 자들 중 시민 4인을 선발하여 아래에 기술된 빵과 관련된 칙령을 엄수할 것을 준수하도록 하며 이를 위반하는 모든 불만, 특혜, 또는 부당이득 사례가 발생하지 않도록 감시한다. 그리고 이들은 매주 두 번 파리와 파리 외곽의 빵집을 방문하여 칙령에 따른 기준을 충족하는지 무게, 구운 상태(덜 구워지거나 잘 구워지거나), 색(흰색이나 회갈색), 가격 등을 살펴본다. 만약 무게가 칙령에 부합하지 않는다면 색상이나 가격에 상관없이, 가차 없이(즉 한 가지 기준에라도 미달한다면), 이 빵을 생산한 화덕에서 구워진 모든 빵을 신에게 바

---

18   Robert Vivier, "La Grande ordonnance de février 1351", pp. 206~209.

친다. 즉 그 절반은 오텔디외의 빈민들에게, 나머지 절반은 캥즈뱅의 맹인 빈민들에게 무상 공급된다.[19]

여기에서 흥미로운 점은 이 왕령의 첫 부분에 언급되는 직종이 '걸인 (mendians)'이라는 점, 그리고 장 2세가 '걸인'과 '빈민(pauvres)'을 명확히 구분하고 있다는 점이다.[20] 전자가 노동을 기피하고 부랑생활을 하는 경멸스러운 자들로 노동 부과 대상이라면, 후자는 노동력을 상실하여 전통적인 그리스도교 윤리에 따른 자선을 받을 수밖에 없는 자들이다. 칙령 1조의 대상은 바로 이 걸인들이며, 2조의 가련하고 불쌍한 자들이라는 의미를 내포한 '빈민'은 칙령이 제시하는 기준을 어겨 몰수된 빵을 무상으로 제공받을 수 있는 자로 언급되고 있다.

잘 알려진 바와 같이 흑사병 이후 마을 공동체가 파괴되면서 늘어난 부랑걸인들은 왕국 전체에 걸쳐 심각한 사회질서 문제를 야기했다. 아직 14세기 말에 성행한 빈민들의 집단적 비적행위가 등장하기 전이지만 분명 이들은 일정 지역에 정착해서 생활하는 도시 주민이나 농촌 주민들에게는 낯설고 이질적인 존재로 여겨졌다. 이러한 상황과 관련하여 장 2세는 1351년 칙령에서 거리를 배회하는 자들에게 일자리를 주선할 것을, 그리고 일자리 주선 후에도 이들이 일을 하지 않고 나태한 생활을 할 경우 4일 동안 수감하도록 명했다. 수감 후에도 일을 하

---

19   *Ord.*, II, p. 351(번역은 한국어 문맥이 통하도록 의역했다).

20   이러한 구분이 16세기에 등장하는 '진정한 빈민'이라는 개념과 어떻게 이어지는지를 연구해보는 것도 흥미로울 것이다. '진정한 빈민'에 대해서는 이성재, 〈16~17세기 프랑스의 자선양식에 나타난 '진정한' 빈민에 대한 고찰〉, 《대구사학》 85 (2006), 97~126쪽.

지 않을 경우에는 이마에 인두로 표시를 하여 시에서 추방할 것을 강력히 표명했다. 아울러 이들에게는 그리스도교적 윤리에 따른 자선도 금지되었다. 신체 건강한 걸인은 구호소에서 하룻밤만 지낼 수 있으며 사제나 귀족, 부르주아 등은 이들에게 적선하지 못하도록 했다.[21]

이제 빈곤은 단순한 그리스도교적 윤리에 따른 자선의 대상에서 벗어나서 화폐와 노동(즉 살아 있는 노동과 죽어 있는 노동)을 핵심으로 하는 정치·경제 문제로 다루어지기 시작했다. 노동력 또는 노동 가능성이 기준이 되어 노동이 어려운 '빈민'은 여전히 그리스도교적인 자선의 보호를 받을 수 있었지만 노동이 가능한 '걸인'들은 노동 부과의 대상자로 분류되었다. 이렇듯 14세기 중반에 빈곤 문제는 노동 문제와 긴밀한 관계를 맺기 시작했다. 노동빈민이 증가하는 세상에서 노동 기피 빈민은 더욱 부정적으로 인식되었다. 심지어 샤를 5세의 측근이었던 니콜 오렘(Nicole Oresme)이나 에브라르 트레모공(Évrart de Trémaugon)은 탁발수도사들의 탁발행위마저도 성서를 근거로 맹렬히 비판했다. 그가 보기에 탁발수도에 의한 것이건 노동 기피에 의한 것이건 구걸행위는 더 이상 용납할 수 없는 사회적 척결 대상이었다. 성서에서도 낙원에서 추방당한 인간은 노동을 하며 살아가는 존재로 묘사되고 있지 않은가? 기도하는 자(oratores)나 싸우는 자(bellatores)가 아닌 이상 모든 사람들은 노동을 하는 자(laboratores)이며 마땅히 노동을 해야 한다. 이렇게 14세기는 13세기와 다른 기준을 요구했다.[22]

---

21   *Ord.*, II, pp. 352~353(1조 2~4항).

22   〈창세기〉,《공동번역 성서》, 3:19; Nicole Oresme, *Le Livre de politiques d'Aristote*, A. D. Menut, ed. (Philadelphia: 1970), p. 307; Évrart de Trémaugon, *Le songe du vergier*, t.2, M. Schnerb-Lièvre (Paris: 1982) p. 229.

노동 기피자에 대한 노동의 부과는 비단 왕정이나 그 측근들만의 입장은 아니었다. 왕국의 개혁을 추진한 1413년의 총신분회의에서 도출된 카보쉬앙 칙령 또한 노동 기피 빈민 척결과 노동 부과, 사회적 차원에서의 노동력 공급에 대해 단호한 태도를 보인다. 물론 이 같은 현상은 잉글랜드나 프랑스에 국한되지 않았으며 흑사병의 타격이 컸던 이베리아 반도의 왕국들(포르투갈, 카스티야, 아라곤) 및 독일 남부 지역(바이에른)에서도 동일하게 이루어졌다. 중요한 것은 이러한 법령이나 담론의 대상이 된 사회계층은 방랑과 임노동 사이에 위치한 노동빈민이라는 점이었다.[23] 권력자들에게 이들은 또한 사회질서를 흐트러뜨릴 위험을 지닌 잠재적 범죄자로 인식되었고, 이는 14세기부터 도시 거리의 치안활동 및 도시정비 사업의 등장과 발전으로 이어졌다. 물론 이러한 조치는 서유럽에서 최대 인구를 자랑하던 인구 10만 명의 파리를 중심으로 이루어졌지만 이는 곧 프랑스 각 지역의 주요 도시들로 전파되어나갔다.[24]

---

23 Robert Castel, *Les métamorphoses de la question sociale* (Paris: 1995[2010]), pp. 111~123; 이성재, 〈중세 말 근대 초에 나타난 유랑의 범죄화 과정〉, 《역사와 문화》 13 (2007), 34~55쪽.

24 Bronislaw Geremek, *Les marginaux parisiens aux XIVe et XVe siècles* (Paris: 1976), pp. 13~42; Katia Weidenfeld, *La police de la petite voirie à la fin du Moyen Âge* (Paris: 1996).

5. 자선에서 노동으로

지금까지 살펴본 바와 같이 중세 유럽에서 빈곤과 빈민의 사회적 의미는 12세기에서 14세기 사이에 여러 변화 과정을 거쳤다. 단순한 그리스도교적 자선 또는 거부의 대상이었던 빈곤과 빈민은 12세기 '자비심(애덕)의 혁명' 및 '그리스도 모방'이라는 흐름과 더불어 좀 더 진지한 신앙적 성찰의 대상이 되었다. 이는 곧 12~13세기 동안 정치, 경제, 사회 전 영역에 걸쳐 빈민에 대한 자선활동을 중요한 삶의 에토스로 자리 잡게 만들었다. 13세기까지 빈민은 단순히 경제적 차원으로 환원되지 않는 다양한 부류의 사람들을 지칭하는 말이었으며 이들은 흔히 종교적으로 또는 관습적으로 자선의 대상으로 여겨졌다. 여러 다양한 주변인들이 빈민층과 겹쳐졌지만 동정과 비난에 이르는 다양한 도덕적 평가에도 불구하고 사회적 차원의 조치들이 취해지는 경우는 드물었다.

하지만 13세기 말부터 진행된 경제위기 및 인구위기와 더불어 중세 프랑스 사회에서 이전 시기까지 지속되던 빈곤과 빈민에 대한 다양한 생각들이 급격하게 변화해나갔다. 14세기에 빈곤의 문제는 통치의 문제로 포섭되었으며 곧이어 노동의 문제와 긴밀한 관계를 맺기 시작했다. 이는 일차적으로 급격하게 줄어든 노동력 때문이기도 하지만 더 큰 문제는 사회적 차원에서의 부의 창출에 제동이 걸려서는 안 되는 정치적·사회적 요인이었다.

끝없는 전쟁 준비를 위한 국가 조세의 압박이 왕국의 인민들에게 상당한 부담을 주었다는 점은 의심할 바 없는 사실이다. 특히 프랑스 역사에서 1370년대는 왕국 전체에 걸친 일괄적인 조세가 탄생한 시기였다. 정치적으로 다양했던 봉건적인 지역사회들은 왕국을 커다란 테두리로 하는 국가 사회로 통합되어갔고 국가 전쟁과 국가 조세는 그 정치적 통합의 핵심 쟁점으로 기능했다. 이러한 상황에서 기사귀족층은 국가 전쟁의 전문가로 탈바꿈했고 비전투 계층에게는 조세 부담이 부과되었다.[25] 아울러 조세의 원천인 노동은 사회적으로 첨예한 문제로 부각되었다. 이는 달리 말해 빈곤에 대한 중세인들의 태도가 종교적·윤리적 가치평가의 기준에서 정치적·경제적 가치평가의 기준으로 변화해가기 시작했다는 것을 의미한다.

이러한 점에서 노동빈민이라는 존재는 전쟁과 조세를 원동력으로 삼는 국가체제로 접어들기 시작한 프랑스 왕국에 하나의 역설적인 지점이 된다. 이들이 고향에서 뿌리 뽑힌 채 삶의 터전을 마련하지 못하고 떠돌아다닐 수밖에 없는 사회적 조건은 바로 이 국가체제에 의해 조성된 것이었다. 하지만 국가체제는 다시 이들에게 조세 부과와 내적 질서 유지를 목적으로 노동을 명령했다. 노동이야말로 사회질서 유지를 위한 최고의 장치, 통치술이기 때문이었을까?[26] 어쨌든 이러한 상황에서 국왕의 자선행위와 의식들은 이데올로기적으로, 또 '사랑(애민)'의 이름으로 이 모순적인 지점들을 은폐하는 역할을 하는 듯이 보인다. 그러나 그 은폐막은 곧잘 찢어졌고 왕정은 이를 수시로 수선해야 했다.

---

25 성백용, 〈백년전쟁과 프랑스 귀족사회의 변화〉, 《프랑스사 연구》 34 (2016. 2), 5~31쪽.

26 여기에서 니체의 구절을 되새겨볼 필요가 있다. "노동을 바라볼 때, 현재 실제로 느껴지는 것은 그러한 노동이 최고의 경찰이라는 것, 노동은 각 사람을 억제하고 이성, 열망, 독립욕의 발전을 방해할 줄을 알고 있다는 것이다. (……) 사회는 노동을 통해 보다 안전해질 것이다." Friedrich Wilhelm Nietzsche, Morgenröthe, 박찬국 옮김, 《아침놀》(책세상, 2004), 129~130쪽.

참고문헌

1. 사료

Évrart de Trémaugon, *Le songe du vergier*, t. 2, M. Schnerb-Lièvre, ed. (Paris: CNRS, 1982).

Nicole Oresme, *Le Livre de politiques d'Aristote*, A. D. Menut, ed. (Philadelphia: 1970).

Laurière, E. de et Secousse, D.-Fr., *Ordonnance des Rois de France de la troisième race* (Paris: 1729).

2. 연구서와 논문

브로니슬라프 게레멕, 이성재 옮김, 《빈곤의 역사―교수대인가 연민인가》 (길, 2011).

성백용, 〈백년전쟁과 프랑스 귀족사회의 변화〉, 《프랑스사 연구》 34 (2016. 2).

이성재, 〈16~17세기 프랑스의 자선양식에 나타난 '진정한' 빈민에 대한 고찰〉, 《대구사학》 85 (2006).

이성재, 〈중세 말 근대 초에 나타난 유랑의 범죄화 과정〉, 《역사와 문화》 13 (2007).

이성재, 〈프랑스 지방 도시의 빈민구제 정책과 병원 운영: 12~17세기 모(Meaux)의 사례〉, 《역사교육》 103 (2007).

자크 르고프, 유희수 옮김, 《서양중세문명》 (문학과지성사, 2011).

프리드리히 니체, 박찬국 옮김, 《아침놀》 (책세상, 2004).

홍용진, 〈중세 '교회(Ecclesia)' 개념의 재파열: 프란체스코회 영성파―13세기 말~14세기 초 남부 프랑스의 경우〉, 《프랑스사연구》 32 (2015. 2).

Aladjidi, Priscille, *Le Roi, père des pauvres. France XIIIe~XVe siècle* (Rennes: PUR, 2008).

Bois, Guy, *Crise du féodalisme* (Paris: 1976).

Bois, Guy, *La grande dépression médiévale: XIVe~XVe siècles* (Paris: PUF: 2000).

Bove, Boris, *Le Temps de la Guerre de Cent Ans 1328~1453* (Paris, Belin: 2009).

Castel, Robert, *Les métamorphoses de la question sociale* (Paris: Gallimard[folio], 1995[2010]).

Geremek, Bronislaw, *Les marginaux parisiens aux XIVe et XVe siècles* (Paris, 1976).

Imbert, Jean, dir., *Histoire des hôpitaux en France* (Toulouse: Privat, 1982[1991]).

Jéhanno, Christine, "L'alimentation hospitalière à la fin du Moyen Âge. L'exemple de l'Hotel-Dieu de Paris", Gisela Drossbach, ed., *Hôpitaux au Moyen Âge et aux Temps modernes: France, Allemagne et Italie. Une histoire comparée* (München: R. Oldenbourg Verlag, 2007).

Jéhanno, Christine, "Pauvereté et assistance à Paris au Moyen Âge", Boris Bove & Claude Gauvard, dir., *Le Paris du Moyen Âge* (Paris: Belin, 2014).

Lorentz, Philippe & Dany Sandron, *Atlas de Paris au Moyen Âge. Uspace urbain, habitat, société, religion, lieux de pouvoir* (Paris: Parigramme, 2006).

Mollat, Michel, *Les Pauvres au Moyen Âge* (Paris: Editions Complexe, 1978[2006]).

Vaucehz, André, "Assistance et charité en occident, XIIIe~XVe siècles", Vera Barbagli Bagnoli, ed., *Domande e consumi, livelli e strutture nei secoli XII~ XVIII* (Florence: 1978).

Vivier, Robert, "Une crise économique au milieu du XIVe siècle. La première grande intervention de la royauté dans le domaine économique: ses causes", *Revue d'Histoire économique et sociale*, 8e année (1920).

Vivier, Robert, "La Grande ordonnance de février 1351: les mesures anticorpora-tives et la liberté du travail", *Revue historique*, t. 138(sept.~déc., 1921).

Weidenfeld, Katia, *La police de la petite voirie à la fin du Moyen Âge* (Paris: 1996).

3장

중세적 '자선'에서 근대적 '빈민구제'로

15~16세기 독일 지역 도시들

안상준

1. 도시정부와 빈민구제

'빈곤은 인간의 삶에 들어 있는 불가피한 요소'라는 그리스도교의 가르침은 오늘날에도 여전히 유효하다.[1] 예나 지금이나 사회는 불평등하고 빈곤은 항구적인 문제로 남아 있다. 어쩌면 인간은 빈곤 문제를 해결할 의지가 없는 것처럼 보인다. 아니면 빈곤은 해결되거나 극복해서

---

[1]　"너희는 반드시 손을 뻗어, 너희의 땅에서 사는 가난하고 궁핍한 친족을 도와주어라. 그렇다고 하여, 너희가 사는 땅에서 가난한 사람이 없어지지는 않겠지만, 이것은 내가 너희에게 내리는 명령이다."(〈신명기〉 15장 11절), "가난한 사람들은 언제나 너희 곁에 있겠지만 나는 너희와 언제까지나 함께 있지는 않을 것이다."(〈마태복음〉 26장 11절) M. R. Cohen, "Introduction: Poverty and Charity in Past Times", *Journal of Interdisciplinary History*, 35, 3 (2005), pp. 347~360.

는 안 되는 문제인지도 모르겠다. 빈부 격차가 없는, 그래서 만인이 행복을 누릴 수 있다고 상상하는 평등한 사회는 유토피아적 이상론에서 등장할 뿐 현실에서는 결코 실현될 수 없거나 용납될 수 없다고 여겨지기 때문이다. 빈곤을 극복하거나 퇴치하려는 노력이 없었던 것은 아니지만, 동서고금의 어느 사회든 빈곤의 근원적인 해결 대신 빈자와 부자가 공존하는 각각의 고유한 방식을 찾았다. 빈부의 공존 방식은 각 사회의 문화적 특성을 반영했고, 역사가들은 빈곤 문제 해결의 역사적·문화적 고유성에 관심을 가졌다.

유럽 사회의 빈곤 문제와 빈부의 공존 방식은 근대의 태동기에 거대한 전환을 경험했다.[2] 중세적·그리스도교적 세계관이 반영된 빈곤 문제는 이제 근대적·세속적 세계관이 투영되어 전혀 다른 방식으로 논의되었고, 교회를 대신하여 국가와 정부가 해결책을 모색하기 시작했다. 중세 사회에서 빈부의 공존 방식은 교회에 의해 결정되었다. 그리스도교는 빈곤은 신이 정한 질서의 일부라고 가르쳤고, '빈곤한 삶'에 종교적 가치를 부여했다. 사회 구성원은 '빈곤을 실천하는 자'에게 온정과 자선을 베풀어야 구원을 받을 수 있었다. 구원을 매개로 빈곤과 자선의 순환관계가 형성되었다. 이른바 '구원의 경제학'은 절대다수의 '빈곤의 평등'에 기초한 빈부의 공존 방식이었다.[3]

중세 말기부터 근대로 이행하는 시기에 유럽 전역에 걸친 화폐경제의 발달과 도시사회의 계층분화는 중세적 빈부의 공존 방식에 대해 근

---

2   허구생, 《빈곤의 역사, 복지의 역사》, (한울, 2002), 117~170쪽.

3   Bronislaw Geremek, *La Potence ou la pitié: L'Europe et les pauvres du Moyen Âge à nos jours*. 이성재 옮김, 《빈곤의 역사—교수대인가 연민인가》, (길, 2011), 29~53쪽.

본적인 문제를 제기하는 계기가 되었다. 초기 자본주의적 생산방식의 보급, 지배 엘리트의 생산수단 전유와 노동임금의 실질적인 하락은 유럽 사회에 '대중빈곤'을 초래했다. 다수의 농민은 토지를 잃었고, 일부 수공업자는 생산수단을 상실했다. 빈곤에 빠진 사람들은 일자리를 찾아서 또는 구걸하기 위해 도시로 몰려들었다. '대중빈곤'에 당면한 도시의 지배 엘리트는 빈곤 현상을 종교적인 차원을 벗어나 경제적·사회적 차원에서 '해결해야 하는 사회문제'로 바라보기 시작했다.

같은 맥락에서 '빈곤의 평등'을 유지했던 보편적 자선은 '합리적인 공공정책'의 대상으로 바뀌었다. 공공정책의 추동력은 도시 부르주아지의 이기주의였다. 도시의 부르주아들은 "이 많은 거지들을 우리가 내는 자선금으로 책임져야 하는가?"라고 불만을 토로하면서 합리적인 대책 또는 척결을 요구했다. 이에 따라 빈민을 관리하는 행정이 도시정부의 공적인 업무의 일부가 되었고, 빈민의 삶을 개선하거나 통제하거나 규제하려는 움직임이 법률적·행정적 차원에서 광범위하게 진행되었다. 특히 두드러지게 1520년대부터 도시정부가 주도하는 빈민구제에 관한 입법은 거대한 전환의 결과물이었다. 이제 빈부의 공존 방식을 결정하는 주도권은 교회로부터 지배 엘리트(=부자)들이 주도하는 도시정부로 넘어갔다.

이 글에서는 독일 도시의 사례를 통해 빈부의 근대적 공존 방식으로서 '빈민구제' 정책의 역사성을 규명하고자 한다. 이런 문제의식은 지금까지 여러 각도에서 조명되었다.[4] 사학사적 관점에서 최초의 관심은

4   L. Frohman, *Poor relief and welfare in Germany from the Reformation to World War I* (New York: Cambridge University Press, 2008), pp. 11~31; V. Hunecke, "Überlegungen zur Geschichte der Armut im vorindustriellen

빈민구제 개혁과 종교개혁의 연관성이었다. 19세기 프로테스탄트 계열의 역사가들은 빈민구제 개혁을 '종교적 관행을 바꾸는 포괄적인 종교개혁의 일부'로 평가했다.[5] 반면 가톨릭 계열의 역사가들은 중세 후기 이래 장기적인 사회 변화에 대응한 교회의 역사로 보며 교회의 자선이 결코 무차별적인 행위가 아니었다고 주장했다.[6] 이런 종교적 관점을 벗어나 20세기 사회사가들은 사회적·경제적 맥락에서 빈민구제 개혁을 '인구 증가, 사회적·경제적 구조 변동, 헌정 질서의 변화'에 대한 대응책으로 해석했다.[7] 이러한 해석의 연장선상에서 일부 역사가들은 근대 이행기에 나타나는 거대한 전환(초기 자본주의적 생산양식의 발달, 16세기의 가격혁명과 생활수준 하락, 도시 부르주아 사회의 형성 등) 속에서 양산되는 사회적 낙오자들에 대한 사회적 인식과 대응책으로 보았다.[8]

무엇보다도 16세기 빈민구제 개혁에 관한 최근의 연구들은 빈민구제를 '사회교화 프로그램의 일부'로 파악하는 경향이 우세하다. 그들의 견해에 따르면 빈민구제 개혁 프로그램이 빈민과 일탈자들을 주변화하고 공동체로부터 격리하는 데 초점을 맞추고 있기 때문에, 빈민구제는 빈민의 생존대책이라기보다 공공부조를 통한 사회 구성원 통제수

  Europa", *Geschichte und Gesellschaft*, 9 (1983), pp. 480~512; W. v, Hippel, *Armut, Unterschichten, Randgruppen in der Frühen Neuzeit* (München: Oldenbourg, 1995), pp. 44~53, 101~111.

5 G. Uhlhorn, *Die christliche Liebestätigkeit*, 2. Aufl. (Stuttgart: 1895).

6 F. Ehrle, *Beiträge zur Geschichte und Reform der Armenpflege* (Freiburg: 1881).

7 W. Abel, *Massenarmut und Hungerskrisen im vorindustriellen Europa. Versuch einer Synopsis* (Hamburg: 1974).

8 T. Fischer, *Städtische Armut und Armenfürsorge im 15. und 16. Jahrhundert* (Göttingen: 1979).

단의 성격이 강했다. 막스 베버가 인격적이고 도덕적인 영역에 속했던 자선행위가 관료적이고 합리적인 빈민구제로 전환되었다고 주장한 이래, 20세기 후반 역사학계는 이런 흐름에서 크게 벗어나지 않고 있다.[9] 이런 해석의 연장선상에서 일부 역사가들은 빈민구제 정책을 '사회를 위협하는 요소들에 대응하는 시당국의 합리적인 대책' 또는 '시당국의 세속권력 강화 수단'으로 파악했다.[10]

이러한 사학사적 검토를 바탕으로 먼저 빈민구제와 자선개혁의 전 단계로서 중세 사회의 빈곤과 자선에 관한 종교적 담론을 살펴볼 것이다. 다음으로 중세 후기 도시사회의 구조적 변동과 빈곤의 확산에 따른 시민의 빈곤과 자선에 대한 인식과 태도의 변화를 조명할 것이다. 마지막으로 빈민구제 정책의 구체적인 내용과 시행 과정을 분석하면서 근대적 사회부조의 출발점으로서 빈민구제에 담긴 역사적 의미를 도출해볼 것이다.

---

9 M. Weber, *Wirtschaft und Gesellschaft*, 5. Aufl. (Tübingen: 1972), pp. 348~367; O. Winckelmann, "Über die ältesten Armenordnungen der Reformationszeit", *Historische Vierteljahrschrift* 17 (1914/15), pp. 187~228; R. Jütte, *Obrigkeitliche Armenfürsorge in deutschen Reichstädten der frühen Neuzeit* (Köln: 1984); R. Jütte, *Poverty and Deviance in Early Modern Europe* (Cambridge: 1994), pp. 100~142.

10 N. Z. Davis, *Society and Culture in Early Modern France* (Cambridge: 1987), pp. 17~65; I. Bog, "Über Arme und Armenfürsorge in Oberdeutschland und in der Eidgenossenschaft im 15. und 16. Jahrhundert", *Jahrbuch für Fränkische Landesgeschicht*, 34/35 (1975), pp. 983~1001.

2. 자선과 구원의 경제학

서양 고대 사회는 빈곤에 대해 부정적이었다. 빈곤한 삶은 시민적 이상이나 윤리적 삶을 실현할 수 있는 기본 조건의 결여로 간주되었다. 시민적 이상은 곧 정치적 행위를 통한 공동체의 기여였고, 정치적 행위의 전제조건은 자유로운 삶, 즉 노동의무로부터 면제된 삶이었다. 그러나 빈곤은 불가피하게 인간의 저급한 행위인 노동을 요구했고, 노동은 정치활동 및 이를 위한 지적 탐구를 제약하는 요소였다. 따라서 상호규정적 관계인 빈곤과 노동은 노예와 부자유민의 속성이었다. 따라서 고대 사회의 사회적 질서에서 노동·빈곤에 예속된 빈민은 자유와 부를 누리는 자유민의 보호를 받는 노예나 피보호민의 존재로 살아갔다.[11]

그리스도교의 등장은 빈곤에 관한 인식의 혁명을 불러일으켰다. 교회는 빈곤과 자선에 종교적 가치를 부여하고, 부자와 빈민의 공존 윤리를 만들어냈다. 가난한 예수의 삶을 모델로 '빈곤한 삶'은 예찬의 대상이 되었고, 가난한 삶을 감내하는 사람들은 예수 그리스도의 현신으로 간주되었다. 하지만 종교적 빈곤이 찬양받는 가운데서도 현실의 빈곤은 하찮은 인간들이 겪는 비루한 삶으로 냉대받았다.

빈곤에 관한 중세 사회의 이중적 인식으로 '빈곤'은 실재와 이상이 혼재된 복잡한 개념이 되었다. 여기서 빈곤 상태(pauper, arm/poor)와 빈곤에 처한 사람(pauperes, Armen/the poor)의 의미를 중세 사회의 발전

11　O. G. Oexle, "Armut, Armutsbegriff und Armenfürsorge im Mittelalter", C. Sachsse & F. Tennstedt, eds., *Soziale Sicherheit und Soziale Diszplinierung* (Frankfurt: 1986), pp. 73~74.

과정에 조응하여 추적한 연구는 빈곤 개념을 이해하는 데 도움을 준다.[12] 의미 변화는 그에 상응하거나 대칭되는 개념에 비추어볼 때 명확하게 드러나기 때문이다. 중세 초기에 빈민은 신분제적 위계질서에서 하위에 있고 그래서 보호받아야 하는 사람 전체를 가리켰다. 따라서 빈민의 상대 개념은 위계질서의 상위자로서 권력자(potentiores, Mächtige/the powerful)였다. 점차 봉건적 신분제의 변질과 함께 기사(miles, Ritter/knights) 또는 무력을 소유한 자들이 지배 세력을 표상하면서 빈민은 이들과 대비되는 사회적 신분 개념으로 나타났다. 즉 중세 봉건적 신분질서가 형성되는 시기에 빈곤은 각자의 신분 기준에 부족한 어떤 '결핍 상태'를 가리켰다. 권리의 결핍, 노동력의 결핍, 사회적 평판의 결핍, 나아가 물질적 재화의 결핍 등이 특정인의 사회적 지위를 가리키던 속성이었다. 이러한 결핍으로부터 자유롭지 못하여 지위가 높은 사람으로부터 보호를 받아야 하는 모든 사람들이 중세 사료에서는 '불쌍한 사람들(arm lute, poor people)'로 지칭되었다.[13]

한편 중세 후기로 갈수록 빈민의 개념은 경제적 의미로 축소되는 경향이 짙어졌다. 빈민은 이제 경제적으로 우월한 부자(dives, Reiche/the rich)와 상반된 의미를 띠게 되었다. '독자적으로 생계를 이어갈 능력이 없고, 타인의 지원 없이는 자신과 가족의 생존을 유지할 수 없고, 많은

---

12   M. Mollat, "The Poor in the Middle Ages. The Experience of a Research Project", Th. Riis ed., *Aspects of poverty in early modern Europe* (Leiden: 1981), pp. 31f.; K. Bosl, "Potens und Pauper. Begriffsgeschichtliche Studien zur gesellschaftlichen Differenzierung im frühen Mittelalter und zum 'Pauperismus' des Hochmittelalters", O. Brunner, *Alteuropa und die moderne Gesellschaft* (Göttigen: 1963), pp. 60~87.

13   Fischer, *Städtische Armut und Armenfürsorge*, pp. 17~58; Oexle, "Armut, Armutsbegriff und Armenfürsorge", pp. 77~80.

경우 생존수단으로서 구걸을 위해 떠돌이 생활을 해야 하는' 경제적 약자라는 의미에서 '궁핍한 사람들(Bedürftige/the needy)'은 거지(Bettler/beggar)였다. 이들은 유랑하는 경우가 많았기 때문에 빈민, 거지, 유랑민(migrans, fahrendes Volk)은 같은 의미로 사용되었다.

'불쌍한 사람들'의 생존을 위해서는 강자의 보호와 자선이 필요했다. 스콜라 철학은 그리스도교적 빈부의 공존 윤리를 구원의 경제학(Heilsökonomie, economy of salvation)으로 설명했다. 그에 따르면 전지전능한 신은 모든 인간을 평등하게 만들었지만 부자와 빈자(=강자와 약자)를 구분했다. 빈부의 사회적 구도는 신의 질서로 규정되었다. 이런 불평등한 구조에서 빈민은 현실의 삶이 문제였고, 부자는 내세의 삶이 문제였다. 현실의 빈곤한 삶이든 부자들의 탐욕이든 사실상 신의 형벌로 여겨졌다. 그런데 신은 부자들에게 선행을 베풀 기회를 주어 빈민들을 현실의 고통스러운 질곡으로부터 구원하게 했다. 한편 부자들은 탐욕의 화신으로서 구원받을 자격이 없었다. 부자의 구원은 오직 자선을 통해서 가능했다. 자선가(=부자)를 위한 빈민의 기도(Fürbitte/intercession)가 그들을 구원의 길로 이끌었다. 자선은 구원을 매개로 빈부의 공존을 유지하는 수단이었다.[14]

구원의 경제학에 따르면 빈곤은 질서의 한 부분으로서 '당연한 상태'였고, 자선은 보편적·종교적 의무로서 구원을 위한 '개인의 덕목'이었다. 그런 맥락에서 부자의 자선은 결코 빈곤의 극복에 목적을 두지 않았고, 빈곤의 해소에 도움이 되지도 않았다. 자선이 전적으로 기부자의 자의적 판단에 따라 실행되었기 때문에, 자선금이 무계획적이고 무

14　　W. Fischer, *Armut in der Geschichte* (Göttingen: 1982), pp. 26~29.

차별적으로 분배되는 것은 당연했다. 이러한 무분별한 자선 관행 속에서 빈민들이 자선금을 한 푼이라도 얻기 위해서는 부지런히 구걸행위에 나서지 않을 수 없었다. 그렇게 중세 사회에 만연했던 구걸은 가난한 사람들이 생명을 연장하는 수단으로 용인되었다. 구원의 경제학에 기초한 이기적인 자선과 구걸에 대한 관용은 사회 구성원 각자의 위상을 규정하고 상호보완하는 중세적 연대의식을 보여주는 동시에, 자선은 기존 질서에 대한 불만과 저항을 무마하는 진통제가 되었다. 사람들이 빈곤을 불가피하게 겪는 질병 정도로 치부하던 분위기였기에 "세상의 부가 너무나 사악하게 분배되고 있다"는 라몬 룰(Lamon Llull)의 절규는 예외적이었다.[15]

중세 후기에 들어 자선의 분배 방식에 관한 공동체의 관심이 커졌다. 시민들이 직접 수혜자에게 부조기금을 지급하기도 했지만, 부조기금이 교회와 수도원 혹은 시 참사회에 의해 지급되는 경우도 많았다. 예를 들어 브라운슈바이크에서는 1년에 두 번 도시를 구성하는 여러 구역의 시청사 앞에서 빈민구제 기금이 분배되었다. 괴팅엔에서는 부유한 약제상이 집 한 채를 시에 기증함으로써 발생한 구호기금으로 해마다 일정한 양의 옷감과 신발이 빈민들에게 분배되었다. 1422년 하노버 시는 시민으로부터 80파운드를 기증받은 뒤 매년 4파운드의 연금을 그에게 지불하고 3파운드로 수난절 40일 동안 5명의 빈민에게 식사를 제공할 것을 약속했다.[16]

---

15   M. Mollat, *Die Armen im Mittelalter* (München: 1984), p. 199(재인용).

16   T. Fischer, "Armut, Bettler, Almosen. Die Anfänge städtischer Sozialfürsorge im ausgehenden Mittelalter", C. Meckseper, ed., *Stadt im Wandel*, 4. Band (Stuttgart: 1985), pp. 274~275.

수많은 유언과 축일기념 기금으로 빈민들을 위한 부조기금이 조성되었다. 세속의 재산 일부를 빈민을 위한 자선기금으로 내라는 교회의 권고는 자선을 권장하는 촉진제였다. 그러나 무엇보다도 자선이 원죄를 씻는 힘이 있다는 교리는 교회의 권고보다 훨씬 더 큰 효과를 발휘했다. 일례로 괴팅엔의 어느 시민은 해마다 5마르크를 기부하여 일부는 현금으로 일부는 의복으로 도시의 빈민들에게 분배하면서 그 대가로 그들에게 자신의 영혼을 위해 기도해달라고 요청했다. 당시 사람들은 기부 금액이 크면 클수록 속죄의 힘이 커진다고 믿었다.

자선금 수령자가 해야 할 일은 기증자를 위한 기도였다. 액수가 큰 유언장에서는 자선금 수령자의 의무 사항을 상세하게 적어놓기도 했다. 자선금 기부가 수령자에게는 물질적 혜택을 주고 기증자에게는 영혼의 안식을 주었다고 해도, 자선기금 운영은 현실적으로 도움이 절실하게 필요한 빈민들에게 양적으로나 질적으로나 매우 제한적인 범위에서 물질적 혜택을 줄 뿐이었다. 일단 대부분의 자선기금은 그리 많은 액수가 아니어서 빈민들에게 충분한 혜택이 돌아가지 못했다. 빈민의 고통이 기증의 동기가 되기는 했지만 기증을 통한 고통의 해소가 기증의 목적은 아니었다. 이것은 대부분의 빈민 자선기금이 정확한 용처를 명시하지 않았다는 점에서도 확인된다.

자선기금의 분배는 여러 장소에서 1년 중 여러 번에 나누어 실시되었다. 걸인들은 자신의 처지에 상관없이 돈이든 현물이든 일정한 양을 확보하는 데 혈안이 되었다. 기금을 분배하는 기관들 사이에도 일체 협약이 없어 계획적인 지원은 기대할 수 없었고 한 도시에서 필요한 지원의 규모를 파악하는 것도 불가능했다. 때문에 중세의 자선은 매우 제한적인 의미에서 빈민 부조의 성격을 띠었을 뿐이었다.[17]

또한 자선기금을 분배할 때 지원이 필요한 빈민과 빈민으로 가장하여 지원을 받는 사람을 엄격하게 구별하기 어려웠다. 이웃사랑의 이념에 따르면 자발적이고 직접적인 자비심의 발동은 그 어떤 통제보다도 가장 높은 가치를 지녔다. 걸인이 도움을 받아야 한다고 생각이 들면 지체하지 말아야 하고, 이때 마음의 부담을 주는 질문을 일절 던져서도 안 된다고 한다. 물론 사회 현실은 정반대로 흘러갔다. 자선기금의 적절한 분배가 점점 더 시급해지고 있었다. 구걸을 생계수단으로 삼는 사람들이 점점 늘어나서 정작 수혜를 받아야 할 사람들이 고통을 받는 사례가 늘었기 때문이다.

자선과 더불어 중세 사회에서 빈민들은 구빈원(Spital)에서 생존과 연명의 가능성을 찾았다. 원래 대부분의 구빈원은 교회에 의해 운영되었으나, 13세기 이후 시민들을 위한 빈민구제 기관의 하나가 되었다.[18] 중세 후기에 들어서 목적에 따라 빈민 수용소, 시민 요양원, 나환자 수용소, 전염병 환자 수용소로 분화되면서 구빈원은 병들고 늙은 빈민들을 보호하고 관리했다.[19] 비텐베르크 시는 14세기 초 이래 성령구빈원(Aller Heilige Spital)과 성십자가구빈원(Heiliges Kreuz Spital)을 운영했다. 특히 성령구빈원은 환자 간호와 노인 요양에서 큰 활약을 보여주었고, 만성질환자의 격리시설로도 활용되었다.[20] 구빈원에 들어가려면

---

17   Mollat, *Die Armen*, p. 41ff.

18   S. Reicke, *Das deutsche Spital und sein Recht im Mittelalter* (Stuttgart: 1932).

19   F. Rexroth, "Armenhäuser-eine neue Institution der sozialen Fürsorge im späten Mittelalter", M. Matheus, ed., *Funktions-und Strukturwandel spätmittelalterlicher Hospitäler im europäischen Vergleich* (Stuttgart: 2005), pp. 1~14.

20   H. Ludyga, *Obrigkeitliche Armenfürsorge im deutschen Reich vom Beginn der*

노화, 부상, 질병 등의 사유로 신체 능력이 현저하게 떨어져 노동이 불가능한 상태임을 입증해야 했다. 나아가 공동체의 규범과 교회의 규율을 준수하는 시민적 도덕성과 사회적 평판은 구빈원에 들어가기에 유리한 조건이었다. 그러나 중세 말에 이르면 시민들이 구빈원에서 노년을 보내기 위해 구빈원의 병상을 매입하면서 구빈원은 일종의 성직록으로 변질되기도 했다.[21]

3. 자선개혁의 새로운 담론

중세 후기 빈곤의 양상은 도시의 발달과 더불어 달라졌다. 화폐경제의 확산과 초기 자본주의적 생산방식의 도입에 따른 노동 과정의 분화는 농민과 도시 노동자의 삶을 궁지로 몰아넣었다. 흉작, 기근, 물가 폭등 같은 경제적 변수는 빈민들의 도시 집중을 부추겼다. 흑사병 이후 폐농과 폐촌이 현저히 늘었고, 토지를 이탈한 농민들은 부랑자가 되기 일쑤였다. 일자리를 찾는 실업자들, 전쟁의 참화를 입은 희생자들, 촌락에서 추방당한 사람들, 빚을 갚지 못해 도망 다니는 파산자들이 도시로 몰려들었다. 도시는 범죄로 기소당한 사람들과 새로운 삶을 찾아 숨어들어온 반란자들에게 좋은 은신처가 되었다. 도시의 다양한 공간들, 즉 선술집, 시장, 직업소개소, 교회 현관에서 열리는 다양한 행사 때 제공되는 의연금, 서커스단의 출현은 사람들이 모여드는 또 하나의

Frühen Neuzeit bis zum Ende des Dreißigjärigen Krieges 1495-1648 (Berlin: 2010), pp. 56~64.

21   Mollat, *Die Armen*, pp. 122~139; Reicke, *Das deutsche Spital*, pp. 141ff.

기회였다. 그렇게 "중세 도시는 빈민의 집결지였다."[22]

중세 후기 도시의 사회구조는 새로운 가치 척도에 따라 결정되었다. 봉건적 신분질서와 달리 도시 주민의 사회적 지위는 직업과 재산, 시민권의 소유 여부, 길드적인 사회생활의 참여 여부와 참여 정도로 결정되었다.[23] 도시의 상층부에는 봉건적 신분질서 속에서 영주로부터 독립한 하급의 토지귀족과 교역으로 쌓은 부를 바탕으로 도시의 토지 대부분을 소유한 부유한 상인들이 있었다. 그 아래에는 일정한 자격을 갖추고 독자적인 영업을 하는 독립 수공업자들이 있었다. 길드 운영권과 시민권을 소유한 독립 수공업자들은 길드와 상조회에서 요구하는 갖가지 군사적·사회적·종교적 임무를 수행할 수 있을 정도의 재산을 보유한 사람들로서 도시의 중간계층을 이루었다.[24] 이러한 신분의 기준을 충족하지 못하는 사람들은 하부계층으로서 가난한 사람들의 범주에 편입되었다. 따라서 도시에서 빈곤의 기준은 도시 중간계층의 길드적 삶의 이상을 실현하느냐에 달려 있었다.

중세 말 여러 도시들의 사회구조를 비교한 연구 결과를 보면 길드적 삶의 이상에 이르지 못한 주민은 도시 인구 가운데 상당한 비율을 차지했다. 예를 들어 독일 북부의 도시에서 인구의 절반 정도가 하층민

---

22 E. Maschke, "Die Unterschichten der mittelalterlichen Städte Deutschlands", E. Maschke & J. Sydow, eds., *Gesellschaftliche Unterschichten in den südwestdeutschen Städten* (Stuttgart: 1967), p. 48.

23 예를 들어 프랑크푸르트의 춘프트(Zunft) 투쟁(1359)이나 아우구스부르크의 조세 징수(1291)에서 재산의 차이에 따른 신분적 격차를 확인할 수 있다. F. Keutgen, *Urkunden zur Städtischen Verfassungsgeschichte* (Berlin: 1901), pp. 239, 265~267.

24 E. Maschke & J. Sydow, eds., *Städtische Mittelschichten* (Stuttgart: 1972).

으로 분류되었다. 1400년 브라운슈바이크 인구의 50퍼센트, 1460년 뤼베크 인구의 39퍼센트, 1482년 로스토크 인구의 56퍼센트, 1534년 슈트랄준트 인구의 46퍼센트가 중간층의 사회적 가치를 실현하지 못하는 주민으로 파악되었다.[25] 독일 중부 지역의 중심 도시 프랑크푸르트에서 1556년에 작성된 재산 등급에 따른 사회구조 현황을 보면 전체 인구의 70퍼센트가 최하 등급에 속했다.[26] 물론 이 수치들이 도시의 빈곤 현황을 그대로 보여주는 것은 아니다. 왜냐하면 이것은 신분 유지에 필요한 재화를 충분히 소유하지 못한 이차적 의미의 빈곤한 사람들이 전체 인구에서 차지하는 비율을 보여주기 때문이다. 일상적으로 생존의 위협을 받는 일차적 의미의 빈곤한 사람들의 비율은 이보다 낮았다.

식량 구입비의 비중이 높았다는 사실은 주거비와 의복비가 상대적으로 적었음을 암시한다. 수많은 자선기금에서 제공하는 의복이 빈민들의 의복 문제를 해결하는 데 큰 도움을 주었다고 알려져 있다. 그런 정황으로 미루어보면 평상시에 빈민들은 건강에 필요한 정도의 의복조차 갖추지 못했음을 짐작할 수 있다. 주거환경 역시 매우 열악했다. 1460년 뤼베크에서 납세 의무 가정의 4분의 1 이상이 위생이 열악한 지하실이나 골방에서 거주하고 있었다.[27] 영양 부족, 초라한 의복, 비좁고 지저분한 주거환경은 엄청난 희생을 몰고 오는 수많은 전염병의

25　J. Bohmbach, *Die Sozialstruktur Braunschweigs um 1400* (Hamburg: 1970), pp. 110ff.; A. v. Brandt, "Die gesellschaftliche Struktur des spätmittelalterlichen Lübeck", *Untersuchungen zur gesellschaftlichen Struktur der mittelalterlichen Städte in Europa* (Stuttgart: 1964), pp. 215~239.

26　Jütte, *Obrigkeitliche Armenfürsorge*, pp. 70~71.

27　Brandt, "Die gesellschaftliche Struktur Lübeck", p. 237.

온상이 되었다. 주기적으로 찾아오는 기근과 더불어 전염병이 휩쓸고 지나갔다. 빈곤의 악순환은 빈민들의 삶을 처절한 벼랑으로 내몰곤 했다.

임금노동에 전적으로 의존하거나 그때그때 이런저런 노동일을 하며 사는 사람들의 비율은 전체 인구의 3분의 1을 넘었던 것으로 알려진다. 이들 가운데 상당수를 차지하고 전체 인구로 보면 5분의 1이나 되는 사람들이 정기적인 식사와 충분한 식사량을 확보하지 못한 채 살아가는 결식 인구로 분류되었다.[28] 그러나 당시에는 이런 상태를 그저 담담하게 받아들였다. 위기가 닥쳐 정말 다급한 상황이 전개되었을 때 비로소 타인의 도움을 받았다. 이렇게 타인의 도움 없이 살기 힘든 사람들의 비율은 도시 인구의 약 10퍼센트 이내였다.[29]

절대빈곤의 상태에 놓인 사람들에게 노동의 기회는 각별한 의미를 띠었다. 14세기 중엽부터 급속히 진행되는 노동 분화로 말미암아 미숙련 임금노동자들의 노동의 질은 더욱 종속적인 상태로 추락했다. 무엇보다도 운송노동자와 일용노동자들이 절대빈곤 계층에서 가장 많은 수를 차지했다.[30] 그들의 사회적 상승은 중세 후기부터 거의 차단되었는데 길드가 수공업자의 자격 기준을 강화하고 길드 가입비를 인상했기 때문이다.

당시에 도시에서 고용 사정이 그다지 좋지 않았던 점을 감안하거나,

---

28   I. Bog, "Wachstumsprobleme der oberdeutschen Wirtschaft 1540~1618", F. Lütge, ed., *Wirtschaftliche und soziale Probleme der gewerblichen Entwicklung im 15.~16. und 19. Jahrhundert* (Stuttgart: 1968), pp. 44~89.

29   Fischer, *Städtische Armut*, pp. 57~58.

30   Jütte, *Obrigkeitliche Armenfürsorge*, p. 18.

식량 가격이 지속적으로 인상되었을 때 임금노동자 계층의 대다수가
경제위기에 빠질 위험이 농후했다. 1378년 피렌체에서 발생한 소모
공(Ciompi)의 봉기에서 터져나온 메시아적 주장은 당시 빈민들의 분
위기를 전해준다. "때가 오리라. 내가 더 이상 떠돌아다니며 구걸을 하
지 않아도 되는 때. 나는 남은 생애에 부자가 되기를 고대한다. 여러분
이 나와 하나가 된다면 여러분 역시 부자가 될 것이고, 우리들의 삶은
밝고 멋질 것이다."[31] 그들은 노동하는 대중이었지만 구걸로 살아가고
있었다. 14세기 피렌체 빈민 연구는 이미 불구, 재난 또는 단순한 게으
름만이 빈곤의 원인이 아니라, 부당한 임금의 결과 혹은 일자리 부족
으로 빈곤에 빠질 수 있음을 보여준다.[32]

빈곤의 서열체계에 포함된 모든 계층에서 절망적인 빈민들이 양산
되었다. 늙고 병든 사람들, 노동을 할 수 없는 사람과 일자리를 잃은 사
람들, 홀로 사는 여자들이 있었다. 이들은 타인의 도움을 요구할 수 있
었다는 점에서 노동하는 빈민들과 구별되었다. 그들은 자신이 거주하
는 거리에서 구걸을 할 수 있었고, 시당국과 길드에 도움을 요청할 수
있었다. 사회는 이들의 지원 요청을 정당한 것으로 승인함으로써 도시
공동체의 지원을 받을 자격이 있는 구성원임을 확인시켜주었다.[33]

1370년 뉘른베르크 시는 구걸 제한 조치를 발표했다. 시 참사회가
임명한 관리는 신청자의 생활실태를 조사하고, 시민 2~3인의 보증 선
서를 듣고 나서 구걸인식표를 발급했다. 외지에서 온 걸인은 원칙적으

31　Mollat, "The Poor in the Middle Ages", p. 34(재인용).

32　같은 글, p. 30.

33　G. Ratzinger, *Geschichte der kirchlichen Armenpflege*, 2. ed. (Freiburg: 1884);
　　G. Uhlhorn, *Die christliche Liebestätigkeit* (Stuttgart: 1882~1890).

로 구걸이 금지되었으나, 3일간 체류 허가를 내주었다.[34] 조례는 자선
의 수혜자를 도시에 거주하는 빈민들로 한정하려는 의도를 보였고, 시
당국은 외래 걸인들에게 매우 까다로운 조건을 요구했다. 조례를 통해
시당국은 세 가지 효과를 거두었다. 걸인의 규모를 줄여 공적 지원의
총량을 줄이고, 걸인을 분류하여 외래 걸인의 통제와 사회질서 유지가
수월해졌고, 더 나아가 구걸인식표는 빈민들의 수치심을 자극하여 불
만을 잠재우는 효과를 발휘했다.

   종교적 이념과 무관하게 15세기에도 지속적으로 여러 도시들이 구
걸행위를 규제하는 조치를 취했다. 브라운슈바이크 시의 형리들은 수
확기가 되면 시 참사회의 위임을 받아 일손이 필요한 경작지에 도시와
주변에서 배회하는 걸인들을 강제로 몰아넣었다.[35] 15세기 초 괴팅엔
시 참사회는 이방인이 시당국의 허락 없이 도시에서 구걸하는 행위를
금지했다.[36] 15세기 중반 이후 제국의 대표적인 도시들―빈(1442), 쾰
른(1446), 슈트라스부르크(1464), 뉘른베르크(1478)―은 불법적인 구
걸을 규제하는 구걸조례를 제정했다.[37] 1478년 뉘른베르크의 구걸조
례는 100여 년 전보다 훨씬 세밀한 내용을 담고 있다. 성직자의 구걸
사전신고제[38] 및 명부 작성으로 당국은 걸인의 규모와 상황을 쉽게 파

34   C. Sachße & F. Tennstedt, *Geschichte der Armenfürsorge in Deutschland*
      (Stuttgart: 1980), pp. 63~64.

35   A. Boldt, "Die Fürsorgepolitik des Braunschweiger Rates im 14. und 15.
      Jahrhundert", M. Garzmann, ed., *Rat und Verfassung im mittelalterlichen
      Braunschweig* (Braunschweig: 1986), pp. 22~31.

36   Fischer, "Armut, Bettler, Almosen," p. 277.

37   Sachße & Tennstedt, *Geschichte der Armenfürsorge*, pp. 63~80; Ludyga,
      Obrigkeitliche Armenfürsorge, pp. 107~114.

38   질병 때문에 성직자의 신분에 맞는 생계를 유지할 수 없거나 외부의 지원이 필요한 불

악할 수 있었다. 특히 빈민 가정의 아동에 관한 조항들이 눈에 띄는데, 조기에 빈민 아동을 가정으로부터 분리하여 노동교육을 받게 해서 빈곤의 사슬을 끊겠다는 의도였다.[39]

이러한 조례 제정에 이어 15세기 말에 이르면 비로소 도시들은 걸인의 상태를 지속적으로 변화시키는 계획적이고 지속적인 관리정책을 펴기 시작했다. 그 결과 구걸은 급격히 줄어들었고, 자선 분배는 특정 기구에 의해 정확한 수요 조사에 따라 필요한 빈민들에게 집행되었다. 1491년 뉘른베르크 시 참사회는 기근이 닥치면 빈민에게 빵, 소금, 버터, 생선, 고기, 채소, 포도주를 제공한다는 내용을 담은 구빈조치를 통과시켰다. 이 조치는 1501년부터 3년간 기근이 발생했을 때 실제로 시행되었다.[40]

도시들이 이런 조치를 취할 수밖에 없었던 배경에는 여러 요소가 작용했다. 15세기 후반 이래 대부분의 도시들은 경제위기와 그에 따른 정치위기를 겪고 있었다. 위기를 겪는 가운데 부유한 시민들의 상당수가 도시를 탈출하는 반면 농촌의 무산계급이 대거 도시로 이주하여 시민권을 획득했다. 이렇게 되자 도시의 사회구조가 흔들리게 되었다. 길드의 수공업자 계층은 밀려드는 미숙련 노동자들로 인해 자신들의 경제적·사회적 기득권이 위협받는다고 느꼈다. 생존의 위협을 피해서 도시로 몰려드는 농촌 출신 미숙련 노동자들은 두 가지 측면에서 난

쌍한 성직자임이 확인될 경우 탁발이 허용되나 시당국에 신고해야 했다.

39   J. Baader, *Nürnberger Polizeiordnungen aus dem 13. bis 15. Jahrhundert* (Stuttgart: 1861), pp. 316~320.

40   V. Groebner, *Ökonomie ohne Haus: zum Wirtschaften armer Leute in Nürnberg am Ende des 15. Jahrhunderts* (Göttingen: 1993), p. 15; Jütte, *Poverty and Deviance*, p. 97.

제였다. 하나는 노동을 회피하거나 거부한 채 구걸행위로 연명함으로써 도시의 걸인 인구를 크게 늘렸다는 점이고, 다른 하나는 도시 수공업 종사자들 가운데 아직 장인에 미치지 못하는 인력 및 단순 노동자들이 외부에서 온 미숙련 노동자들과 일자리를 놓고 경쟁하게 되었다는 점이다. 이런 상황에 처하자 도시 수공업자들은 도시를 뒤덮은 미숙련 노동자들과 떠돌이 걸인들에 대해 때로는 조심스럽게 방어하는 자세를 취하는 한편 때로는 적대적인 자세를 취했다. 이런 태도는 미숙련 노동자들의 길드 가입 규정을 매우 까다롭게 만들어 가입 자체를 엄격하게 통제하는 방향으로 작용했고, 나아가 치안 관련 법안을 만들어 길드에 가입하지 못한 가난한 실업자들과 빈민들을 잠재적 사회 불안 요인으로 간주하고 적극적으로 단속했다.[41]

15세기를 거치면서 길드 조합원들이 도시 행정에 적극적으로 참여하게 됨으로써 이러한 조치들은 상당한 효력을 거두었다. 시당국은 입법과 행정에서 더욱 강력한 권한(Obrigkeit)을 장악하여 공동체 구성원의 절대 복종을 이끌어냈다. 행정력을 강화하여 지금까지 소홀하게 다루어졌던 도시 치안 분야에서 시당국은 강력한 실천력을 확보했다. 자치도시의 시민으로서 권리와 평화를 유지하던 시 참사회의 전통적인 과제와 더불어 내부 질서의 확립과 도덕적 폐단의 일소를 주장하는 시당국에게 빈곤과 구걸 문제는 도시 행정의 집행력을 시험하는 좋은 기회가 되었다.

15세기 말 인문주의자들의 사회 비판적인 문헌들은 자선과 구걸

---

41   Fischer, *Städtische Armut*, pp. 181~182, 196~198; R. Endres, "Zünfte und
      Unterschichten als Elenmente der Instabilität in den Städten", P. Blickle, ed.,
      Revolte und Revolution in Europa (München: 1975), pp. 151~170.

에 내재된 문제점들을 지적했다. 무엇보다도 사회적 정체성을 상실한 뜨내기 위장 걸인들이 집중적인 비난의 대상이 되었다. 1510년에 출간되어 큰 인기를 끌었던 《유랑민에 관한 책(Liber Vagantorum)》에서는 각종 불법적인 구걸행위에 대처하는 방법이 상세하게 설명되어 있다. 브란트(Sebastian Brandt)의 《바보배(Narrenschiff)》(1494), 무르너(Murner)의 《바보들의 서약》(1512), 린크(Linck)의 《노동과 구걸》(1523) 및 수많은 속담과 격언에는 걸인을 비난하거나 풍자하는 논평들이 실렸다.[42]

16세기에 이르면 가톨릭 자선이론가들 사이에서도 인문주의자들이 공유하던 빈곤에 관한 비판적 인식이 퍼지기 시작했다. 종교개혁의 대표자들은 더욱 급진적인 주장을 제기했다. 루터는 온갖 종류의 구걸이 없어져야 한다고 강조하는 한편, 도시의 교구 공동체들이 빈민들에게 충분한 도움을 제공한다면 거리에서 구걸하는 행위는 저절로 사라질 것이라고 지적했다. 무엇보다도 선행이 영혼을 구제한다는 가톨릭 교리를 비판하고 기부자의 관점이 아닌 위기에 처한 빈민들의 관점에서 실질적인 도움이 되는 자선제도의 정착을 강조했다.[43]

---

[42] Sebastian Brandt, *Das Nerrenschiff*. 노성두 옮김, 《바보배》(안티쿠스, 2007); Sachße & Tennstedt, *Geschichte der Armenfürsorge*, pp. 49~63; Jütte, *Obrigkeitliche Armenfürsorge*, pp. 36~37.

[43] "우리가 당면한 가장 시급한 문제 가운데 하나는 그리스도교 세계에 만연한 구걸행위를 근절하는 것이다. (……) 시민들은 그들과 함께 도시에 거주하는 가난한 사람들에게 필요한 것을 제공해야 하지만, 순례자나 탁발수도승을 가장하여 구걸하는 외부에서 온 걸인들을 철저히 배제해야 한다. (……) 누가 진정한 자선을 받아야 할 대상자인지 분별하고, 시 참사회와 목사들에게 빈민에 관한 정보를 제공하는 감시인들을 두어야 할 것이다. (……) 부정과 기만으로 무질서를 조장하는 구걸행위가 선량한 사람들의 마음을 갉아먹고 있다." Sachße & Tennstedt, *Geschichte der Armenfürsorge*, p. 59.

4. 16세기 초 빈민구제 정책의 시행

16세기 초 유럽은 경제위기에 빠져 있었다. 유럽 전역에서 심각한 흉작이 반복적으로 일어났고, 흉작, 화재, 각종 재난으로 고통 받던 시절이었다. 인구는 이미 포화상태였고, 흉작에 따른 물가 폭등은 빈곤층의 생계를 위협했다.[44] 생활수준의 하락과 전염병은 악순환의 고리에 빠졌다. 전염병이라는 위협을 벗어난 생존자들은 빈곤의 나락으로 떨어졌다. 사회경제적 상황에 대한 빈곤층의 불만은 커졌고, 도시의 소요로 이어졌다.[45] 도시 인구의 상당수는 구걸로 연명했고, 이들과 더불어 외부로부터 밀려드는 걸인들은 도시 사회를 불안하게 만드는 중대한 요소로 간주되었다. 이런 상황에서 도시 정부는 14세기 후반 이래 치안 유지를 위해 지속적으로 펼치는 구걸 제한 조치를 넘어서는 광범위한 사회정책의 차원에서 빈민구제에 관한 법률을 정비하지 않을 수 없었다. 실제로 아우구스부르크는 1520년 7월부터 이듬해 3월까지 흑사병 창궐로 4000여 명이 사망하는 참상을 겪은 후에 빈민조례를 제정했고, 뉘른베르크는 제국회의를 앞두고 빈민들의 소요를 막

---

44   실증적인 연구 사례로는 D. Saalfeld, "Die Wandlungen der Preis-und Lohnstruktur während des 16. Jahrhunderts", W. Fischer, ed., *Beiträge zu Wirtschaftswachstum und Wirtschaftsstruktur im 16. und 19. Jahrhundert* (Berlin: 1971), pp. 9~28; 더 광범위한 맥락에서 논의한 연구서로는 W. Abel, *Agrarkrisen und Agrarkonjunktur. Eine Geschichte der Land-und Ernährungswirtschaft Mitteleuropas seit dem hohen Mittelalter* (Hamburg: 1966).

45   비텐베르크에서는 1511년과 1512년의 학생 소요가 유혈투쟁으로 확산되었고, 1520년에 시민과 학생 사이에 분규가 일어났다. Ludyga, *Obrigkeitliche Armenfürsorge*, pp. 58ff.

기 위해 새로운 빈민조례를 추진했다.[46]

1520년대에 독일 전역의 여러 도시들이 공동금고조례(Beutelordnung, Kastenordnung), 빈민조례(Armenordnung) 혹은 교회조례(Kirchenordnung)의 제정으로 새로운 빈민구제 정책을 시행했다.[47] 시당국은 교회, 수도원, 종교적 성격을 띤 형제회의 재산을 몰수하고, 무분별한 구걸을 금지하고, 공동구제기금(gemeine Almosen)을 마련하여 빈민들의 생계를 지원했다. 1525년 브레멘 시는 성모 마리아 교회에 빈민금고(Armenkiste)를 설치하여 거주 빈민들(Hausarme)들을 지원했다. 금고의 관리는 별도의 금고 관리인이 맡았다. 그들은 빈민들을 검증했고, 기금을 모으고 분배했고, 해당 교구의 토지와 재화를 관리했다.[48]

1528년 브라운슈바이크에서도 자선금 분배에 관한 새로운 규정을 제정했다. 이 규정의 제정에는 루터의 친구이며 비텐베르크 대학의 교수였던 부겐하겐(Johannes Bugenhagen)의 역할이 결정적이었다. 브라운슈바이크 시당국으로부터 의뢰를 받은 부겐하겐은 시 참사회, 교구 공동체, 길드와 함께 새로운 빈민부조 규정을 담은 교회 규정의 초안을 작성했다.[49] 이에 근거하여 시는 4개의 교구교회에 공동구제금고를

---

46 같은 책, pp. 94~97, 107~114.

47 비텐베르크(1520/21 Beutelordnung, 1522 Kirchenordnung), 아우구스부르크(1522 Armenordung), 뉘른베르크(1522 Armenordnung), 라이스니히(1523 Kastenordnung), 슈트라스부르크(1523 Armenordung), 위퍼른(1525 Armenordung). Jütte, *Poverty and Deviance*, p. 100~110.

48 E. Büttner, "Das Buch der 〈Armenkiste an Unser Lieben Frauen〉 zu Bremen (1525 bis 1580), seine Bedeutung und seine mutmaßliche Beziehung zu der Armenordnung in Ypern", *Archiv für Kulturgeschichte*, 12 (1916), pp. 345~362.

49 F. P. Lane, "Johannes Bugenhagen und die Armenfürsorge der Reforma-

설치했다. 토착 빈민, 수공업자, 임금노동자들이 금고의 지원을 받았다. 브라운슈바이크의 사례를 좇아 함부르크와 뤼베크 등 북독일의 도시들도 빈민부조 규정을 제정했다.

가톨릭 지역의 도시들도 구걸을 규제하고 새로운 자선 규정을 제정했다. 개혁조치 이면에는 신앙의 문제뿐만 아니라, 시당국의 질서 유지 정책의 목표와 빈민들에 대한 억압적 조치를 통해 자신들의 사회적 지위를 확보하려는 길드 수공업자들의 의지가 깔려 있었다. 이런 목표를 실현하기 위한 조치들은 3개의 다른 영역에서 전개되었다.[50]

먼저 시당국은 순전히 법률적인 관점에 따라 빈민을 분류했다. 빈민은 이제 시민권을 가진 도시 거주 빈민과 외래 걸인으로 구분되었다. 전자는 구제의 대상으로 지정된 반면, 후자는 배척과 탄압의 대상이 되었다. 빈민구제의 세속화는 엄격한 인구정책과 결부되어 있었다. 시당국은 가난한 이주자가 시민권을 획득하는 것을 의도적으로 방해했다. 시민권 신청 때 재산증명서를 제시하라고 요구하는 한편, 이주자들이 도시에 정착하는 기간 동안 도시 공동체로부터 구제받을 권리를 박탈했다. 이런 제약 조건은 이주자들로서는 감당하기 어려웠다.

이런 교활한 규제는 역풍을 불러들였다. 도시와 농촌의 관계는 악화되었고 구제받지 못한 걸인의 범죄가 증가했다. 수많은 걸인들이 불법적인 방법으로 도시로 진입하려고 시도하거나 범죄단체를 조직하여 농촌을 배회하면서 약탈을 일삼았다. 영방 당국이 치안입법을 강화하여 이런 사태에 대처하는 한편 시시때때로 영방과 영방을 넘나드는 걸

tionszeit", *Braunschweiges Jahrbuch*, vol. 64 (1983), pp. 147~156.

50 Fischer, *Städtische Armut*, pp. 284~290; Sachße & Tennstedt, *Geschichte der Armenfürsorge*, pp. 30~38; Jütte, *Obrigkeitliche Armenfürsorge*, pp. 331~344.

인들을 소탕하는 작전을 펴기도 했다.[51]

부조의 주도권을 장악한 시당국이 합리적인 부조를 실시하기 위해서는 부조의 원칙을 수립하는 일이 시급했다(합리화의 원칙).[52] 무엇보다도 빈곤 상태를 파악하는 업무를 담당할 독자적인 기관을 설립할 필요가 있었다. 빈민들을 효과적으로 선별하기 위한 통일적인 부조 기준의 설정이 절실했다. 또한 자선금의 모금과 분배를 합리적으로 조직하는 것이 필수과제였다.[53] 자선기금의 관리는 시 참사회와 교구 공동체가 번갈아 지명하는 자선관리사(Almosenpfleger)의 수중에 맡겨졌다. 자선관리사는 빈민들의 가산을 세심히 검토한 후 지원 여부를 결정했다. 그전까지 개인의 후원이든 교회의 후원이든 객관적인 기준 없이 외부로 드러난 개별 빈민의 겉모습에 따라 자선금이 분배되었다면, 이제는 주관적인 인상에 더해 객관적인 검증이 이루어졌던 것이다. 세속

---

51 예를 들어 취리히의 경우 종교개혁 시기부터 다음 세기 후반까지 무려 23회의 걸인사냥에 관한 문서를 남겼다. P. Wälchli, "Gedruckte Züricher Mandate zum Armenwesen von der Reformation bis 1675", *Zwingliana*, 35 (2008), pp. 101~115.

52 B. Pullan, "Catholics, Protestants, and the Poor in Early Modern Europe", *Journal of Interdisciplinary History*, 35, 3 (2005), pp. 441~456.

53 스위스 루체른의 빈민청이 작성한 빈민 통제를 위한 주요 현안은 다음과 같다. 자선금 분배의 중앙 통제(걸식 금지와 개인 자선 금지, 자선위원회의 지원금 분배, 주간 자선금 상한선 설정), 빈민 명단 작성과 과세, 재원 조달과 수요 조사(구빈원 초과 수입과 소비세, 분기별 회계 보고서 작성), 노동 불능자의 돌봄 강화, 빈곤 원인의 분석과 대책(수공업자 현황, 빈민의 세입 규정, 도박과 음주 금지, 귀향자 대책 등). S. Jäggi, "Das Luzerner Armenwesen in der frühen Neuzeit", H.-J. Gilomen, S. Guex & B. Studer, eds., *Von der Barmherzigkeit zur Sozialversicherung. Umbrüche und Kontinuitäten vom Spätmittelalter bis zum 20. Jahrhundert* (Zürich: 2002), pp. 105~115. 영국의 소도시 헤들리의 사례 연구 역시 자선기금 운용의 문제점을 논증한다. M. K. McIntosh, "Poverty, Charity, and Coercion in Elizabethan England", *Journal of Interdisciplinary History*, 35, 3 (2005), pp. 457~479.

정부의 개입에 의한 빈민부조 제도는 부조의 필요성이라는 기준 아래 어떤 조건이 충족되어야 하는지를 명확하게 밝혔다.

빈민의 노동의무는 후원받을 자격이 있는 거주 빈민을 선발하기 위한 일반적인 선별 기준의 핵심이었다. 노동 능력이 있다고 판명된 빈민은 자선금을 받을 수 없었다. 이런 기준에 따라 빈민은 여러 집단으로 세분되었다. 늙고 병든 노인은 지원 대상 1순위였다. 예전에는 노동으로 생계를 유지했으나 너무 늙어 일을 할 수 없거나 중병을 앓고 있어 일을 할 수 없는 신앙심이 깊은 빈민은 가능한 한 구빈원에서 관리되도록 했다. 다음으로 아내와 자식을 부양하는 빈민으로서 신앙심이 깊고 공익을 위해 봉사했지만 위기의 시기에 일자리를 잃고 이제는 부양 능력마저 상실한 빈민이 대상이었다. 특히 자식이 많은 가정과 계절노동자들이 이 집단에 속했다. 그들은 교구 공동체의 공동구제기금으로부터 지원을 받았다.

노동 기회, 노동 능력, 노동 소득의 관점으로 걸인을 분류하고 범주로 나눔으로써 공공부조의 필요성이 부각되고, 행정의 효율성이 요구되었다. 자선을 집행하는 행정기구가 정해진 기준에 따라 자선 수혜자를 선별함으로써 이전에 동질성이 없었던 걸인의 집단으로부터 기술적 의미에서 동질적인 빈민 계층이 생겨났다. 이들은 자선기금 수혜자임을 표시하는 배지를 부착하여 다른 사람들의 눈에 띄었다. 이 때문에 사회 정의를 세우려는 좋은 의도에서 시작되었지만 자선기금 수혜자들은 현실에서 차별대우를 받는 존재로 전락하고 만다.

그렇게 선별된 사람들에게 분배되는 물질적 부조는 교구 공동체마다 형식과 규모 면에서 상당한 차이를 보였다. 대다수의 코뮌은 교회, 수도원, 형제회에서 조성한 수많은 자선기금을 공동자선기금 혹은 공

동금고로 통합시켰다. 신교로 전환한 코뮌에서 특히 두드러지는 현상
이었다. 선별된 빈민들은 매주 자신이 속한 교구의 교회에서 구호금을
받을 수 있었다. 일부 도시에서는 구호금을 분배하는 특별한 건물이
있었다. 반면에 가톨릭 지역의 다른 도시들은 재정의 통합을 실시하지
않았다. 그들 역시 앞에서 말한 방식으로 지원 대상자를 선별했지만,
빈민들은 여전히 공동체 자체에서 구걸로 생계를 연명할 수 있었다.
근대 초기에 구걸은 일종의 삶의 방식이 되어 결코 근절되지 않았다.[54]

빈민들에게 제공된 부조가 생계를 유지하는 데 충분했는지의 여부
는 도시 또는 시기마다 제각각 다르게 판명될 수밖에 없다. 슈트라스
부르크의 사례는 이에 관한 비교적 상세한 정보를 제공한다.[55] 시는
1523년에 400명의 빈민에게 매주 16페니히의 부조금을 지급했다. 다
음 해에는 2페니히 상당의 빵을 매주 지급했고, 1526년에는 가구당 36
페니히에 해당하는 땔감을 동절기에 지급했다. 시의 지원과 개인의 부
조기금 그리고 교회 재산을 활용한 빈민 정책의 시행으로 빈민부조 개
혁 초기에는 빈민의 최저생계를 유지했던 것으로 보인다. 그러나 16세
기 내내 지속적으로 상승하는 물가와 실업률로 말미암아 시민들의 기
금 조성이 현저하게 줄면서 지원액과 지원 대상자의 수도 동반 하락했
다. 그와 더불어 구걸 금지 조치는 현실적으로 유지되기 어려웠다. 다
른 도시들도 사정은 비슷해서 16세기 중엽에는 유럽 대부분의 지역에
서 시당국의 치안 조치가 강화되는 한편, 걸인 추방과 걸인의 강제노
동 부과 같은 비인간적인 조치가 비일비재하게 실시되었다.

---

54   H. Bräuer, "Armut in Mitteleuropa 1600 bis 1800", S. Hahn, N. Lobner & C.
      Sedmak, eds., *Armut in Europa 1500~2000* (Innsbruck: 2010), pp. 27~31.

55   Fischer, *Städtische Armut*, pp. 264~270.

물론 이런 경향은 전혀 새로운 것이 아니었다. 처음부터 도시 정부의 고압적 조치에는 빈민 관리의 세속화와 개별화 경향과 더불어 빈민에 대한 교화와 통제가 밑바탕에 깔려 있었다. 노동 능력이 있지만 걸인 행세를 하는 부적격 빈민이 주된 교화의 대상이었다. 이들은 시민의 행동 규범을 무시하면서 살았기 때문에, 이들에게 강제로 부과된 노동의무는 빈민 정책의 주요한 요소였다. 물론 자선금 수혜자에게도 적절한 처신이 요구되었다. 수혜자 스스로 도박, 음주, 낭비, 나태 같은 부도덕한 생활 윤리를 극복하려고 할 때 공적 부조를 받을 권리를 인정했고, 도시 정부와 시민들은 더 적극적으로 근면, 검소, 경건 같은 노동윤리에 부합하는 덕목을 권장했다. 부적절한 처신을 고치지 않는 사람에게는 교화소에서 강도 높은 노동을 체험하는 벌이 부과되었다. 이제 노동은 생존을 위한 최소한의 자질인 동시에, 사회적 처벌 수단으로 활용되었다.

빈곤한 소외 계층을 사회로 돌려보내려는 조치로서 처벌 강화는 당국의 가부장적인 의무에서 비롯된 측면이 있다. 여기에는 당근과 채찍으로 선량한 시민으로 만들려는 의지가 담겨 있다.[56] 이때 선량한 시민은 자신의 노동으로 생계를 유지함으로써 도시의 자선기금에 부담을 주지 않는 사람을 지칭했다. 기본적으로 노동에 대한 긍정적인 생각이 깔려 있는데 이것은 길드 수공업적 중간계층에서 형성된 노동윤리와 맞닿아 있다. 근면, 검소, 절도, 청결 같은 미덕은 사회적으로 적절한 행위와 부적절한 행위를 구분하는 기준이 되었다. 중세에 빈곤, 시련, 고통이 신의 섭리로 이해되었다면 이제 사람들은 그러한 상태를 무능력한 인간이 초래한 결과로 간주했다. 그에 맞춰 교화와 노동 강제를 통해 그러한 상태를 극복하는 과정이 등장했다.

사회적 교화의 과정(Sozialdisziplinierung)은 16세기 이래 근대 사회가 형성되는 과정에서 빈곤 문제 해결에 상당한 영향을 미쳤던 것으로 보인다.[57] 물론 이 과정을 통해 빈곤이 어느 정도 해결되었는지 가늠하기는 어렵다. 그러나 사회교화론은 두 가지 문제점을 드러냈다. 하나는 일방적으로 사회현실을 이론적 틀에 맞추어 해석하는 오류다. 현실적으로 정책이 구현될 당시 구성원들의 다양한 생존방식과 연대에 기초한 자구 노력이 논의에서 배제되곤 한다. 또한 빈민구제 정책 실현과정에서 빈민과 부자 당사자들의 사회적 이해관계를 외면한 채 근대성의 관점에서만 해석하는 경향이 있다. 실제로 사회교화론으로는 지배 엘리트의 실질적 이득과 빈민 대중의 빈민구제에 대한 반응을 적절하게 파악할 수 없다.[58] 16세기 내내 만성적인 식량위기, 열악한 위생시설과 주거환경은 여전히 비경제적인 요인으로 발생한 걸인을 양산했다. 빈민 관리와 교육에도 불구하고 19세기까지 대중 빈곤은 유럽 사회 전반에 걸친 사회 현상으로 남아 있었다.

---

56   J. L. Vives, *De subventione pauperum*, ed. C. Matheeussen & T. Fantazzi (Leiden: 1987); Geremek, 《빈곤의 역사》, 230~236쪽; 황정욱, 〈J. L. 비베스의 《빈민구제론》의 역사적 의미〉, 《한국교회사학회지》 26 (2010), 233~284쪽.

57   G. Oestrich, "Strukturpolitik des europäischen Absolutismus", *Vierteljahrschrift für Sozial-und Wirtschaftsgeschichte*, 53 (1968), pp. 329~347.

58   M. Dinges, "Frühneuzeitliche Armenfürsorge als Sozialdisziplinierung? Probleme mit einem Konzept", *Geschichte und Gesellschaft*, 17 (1991), pp. 5~29; M. Dinges, "Aushandeln von Armut in der Frühen Neuzeit: Selbsthilfepotential, Bürgervorstellungen und Verwaltungslogiken", *Werkstatt Geschichte*, 10 (1995), pp. 7~15; Frohman, *Poor relief and welfare in Germany*, pp. 1~10; Hunecke, "Überlegungen zur Geschichte der Armut", pp. 482~484; M. H. D. van Leeuwen, "Logic of Charity: Poor Relief in Preindustrial Europe", *Journal of Interdisciplinary History*, 24/4 (1994), pp. 589~613.

5. 빈민 정책과 자본가 윤리

　서양 중세 사회는 빈곤과 자선에 관한 종교적 가치 부여로 부자와 빈민의 공존 윤리를 만들어냈다. 종교적 빈곤이 찬양받는 가운데서도 실재적 빈곤은 하위 신분이 겪는 비루한 삶으로 냉대를 받았다. 봉건적 사회 위계 속에서 빈민은 한편으로는 '물질적 결핍에 시달리는 자'를 의미했고, 다른 한편으로는 '하위 신분에 속한 사회적 약자'를 가리켰다. 스콜라 철학자들은 구원의 경제학에서 구원의 수단으로서 자선을 매개로 빈부의 공존 논리를 만들었다.

　중세 후기에 이르러 도시의 시민사회에서 빈부의 공존 윤리가 깨지기 시작했다. 시민들은 빈곤을 '당연한 상태'가 아닌 '사회문제'로 인식했고, 종교적 인류애의 실천 행위였던 자선 대신 빈민을 관리(통제)하기 위한 '공공정책'을 도입하기 시작했다. 이러한 인식과 태도의 전환은 '생존경쟁'에서 비롯되었다.

　빈민의 생존투쟁은 격화되었다. 쇄도하는 외래 걸인들의 자선 쟁취 경쟁은 거주 빈민의 생존을 위협했다. 여기에 더해 노동 소득의 지속적인 구매력 감소는 노동을 기피하고 차라리 구걸로 연명하려는 빈민을 양산했다. 측은한 걸인뿐만 아니라 위장 걸인들이 도시의 거리를 뒤덮었고, 그들의 행동은 거칠어졌고, 자선을 받는 태도는 더 이상 겸손하지 않았다. 완강하고 무례하고 폭력적인 빈민은 시민의 안전과 공공질서를 위협하는 사람들로 보였다. 적어도 도시민들 사이에서 빈곤은 더 이상 미덕으로 간주되지 않았다. 도시의 지배 엘리트들은 노동하지 않고 타인의 동정심에 의존하여 살아가려는 걸인들의 행태에 강한 거부감을 드러냈다.

15세기부터 시작된 빈민부조의 개혁은 1520년대부터 법적 기반을 갖추면서 체계적으로 시행되기 시작했다. 개혁의 핵심은 구걸 금지와 자선금 분배의 효율성이었다. 이런 목적을 달성하기 위해 도시는 빈민부조를 다루는 전담 부서를 두었고, 자선금 분배를 위한 기준을 마련했고, 기금 재정을 통합했고, 빈민의 자율적 재활을 돕는 교육을 실시했다. 무분별한 구걸을 막기 위해 외래 걸인을 차단하거나 추방하는 한편 구걸 허가제를 도입하여 양성화를 시도하기도 했다.

빈민 정책의 기본 성격은 배타적이고 통제적이었다. 도시에 사는 소수의 토착 빈민에게 혜택을 몰아주는 반면 다수의 빈민을 완전히 배제하는 전략은 빈민에 의한 사회 불안을 제거하고 그리스도교 공동체를 강화하는 장기적인 전망에서 기인한다. 또한 기본적으로 노동윤리에 기초한 빈민 정책은 교화와 통제를 통해 빈민을 잠재적인 노동력으로 활용하는 기회를 엿보는 동시에 빈민이 아닌 공동체 구성원에게도 노동윤리를 강제하는 사회적 통제수단으로 활용되었다. 궁극적으로 노동윤리의 강조를 통해 안정되고 통제 가능하고 누구나 부지런히 일하는 사회를 건설하려는 자본가의 윤리가 빈민 정책의 바탕에 깔려 있었다. 그렇지만 빈민 정책은 16세기 전환기에 도시 사회에 닥친 위기 상황에 대한 도시 정부의 긴급 대응책의 성격이 강했다. 종교개혁이 빈민구제의 개혁을 위한 기폭제가 되었음을 부인할 수 없지만, 신앙의 차이에 따른 빈민구제 정책의 차별성을 확인하기는 쉽지 않다. 이런 점에서 종교개혁과 빈민구제의 상관성은 재론의 여지가 많다.

참고문헌

1. 사료

Baader, J., *Nürnberger Polizeiordnungen aus dem 13. bis 15. Jahrhundert* (Stuttgart: 1861).

Keutgen, F., *Urkunden zur Städtischen Verfassungsgeschichte* (Berlin: 1901).

2. 연구서와 논문

브로니슬라프 게레멕, 이성재 옮김, 《빈곤의 역사》 (길, 2010).

제바스티안 브란트, 노성두 옮김, 《바보배》 (안티쿠스, 2007).

허구생, 《빈곤의 역사, 복지의 역사》 (한울, 2002).

황정욱, 〈J. L. 비베스의 《빈민구제론》의 역사적 의미〉, 《한국교회사학회지》 26 (2010).

Abel, W., *Massenarmut und Hungerskrisen im vorindustriellen Europa. Versuch einer Synopsis* (Hamburg: 1974).

Bog, I., "Über Arme und Armenfürsorge in Oberdeutschland und in der Eidgenossenschaft im 15. und 16. Jahrhundert", *Jahrbuch für Fränkische Landesgeschichte*, 34/35 (1975).

Bog, I., "Wachstumsprobleme der oberdeutschen Wirtschaft 1540~1618", F. Lütge, ed., *Wirtschaftliche und soziale Probleme der gewerblichen Entwicklung im 15.~16. und 19. Jahrhundert* (Stuttgart: 1968).

Bohmbach, J., *Die Sozialstruktur Braunschweigs um 1400* (Hamburg: 1970).

Bosl, K., "Potens und Pauper. Begriffsgeschichtliche Studien zur gesellschaftlichen Differenzierung im frühen Mittelalter und zum 'Pauperismus' des Hochmittelalters", Historisches Seminar der Universität Hamburg, ed., *Alteuropa und die moderne Gesellschaft* (Göttingen: 1963).

Brandt, A. v., "Die gesellschaftliche Struktur des spätmittelalterlichen Lübeck", T. Mayer, ed., *Untersuchungen zur gesellschaftlichen Struktur der mittelalterlichen Städte in Europa* (Stuttgart: 1964).

Bräuer, H., "Armut in Mitteleuropa 1600 bis 1800", S. Hahn, N. Lobner & C. Sedmak, eds., *Armut in Europa 1500~2000* (Innsbruck: 2010).

Büttner, E., "Das Buch der 〈Armenkiste an Unser Lieben Frauen〉 zu Bremen (1525 bis 1580), seine Bedeutung und seine mutmaßliche Beziehung zu der Armenordnung in Ypern", *Archiv für Kulturgeschichte*, 12 (1916).

Cohen, M. R., "Introduction: Poverty and Charity in Past Times", *Journal of Interdisciplinary History*, 35.3 (2005).

Davis, N. Z., *Society and Culture in Early Modern France* (Cambridge: 1987).

Dinges, M., "Aushandeln von Armut in der Frühen Neuzeit: Selbsthilfepotential, Bürgervorstellungen und Verwaltungslogiken", *Werkstatt Geschichte*, 10 (1995).

Dinges, M., "Frühneuzeitliche Armenfürsorge als Sozialdisziplinierung? Probleme mit einem Konzept", *Geschichte und Gesellschaft*, 17 (1991).

Ehrle, F., *Beiträge zur Geschichte und Reform der Armenpflege* (Freiburg: 1881).

Endres, R., "Zünfte und Unterschichten als Elenmente der Instabilität in den Städten", P. Blickle, ed., *Revolte und Revolution in Europa* (München: 1975).

Fischer, F., *Städtische Armut und Armenfürsorge im 15. und 16. Jahrhundert* (Göttingen: 1979).

Fischer, W., *Armut in der Geschichte* (Göttingen: 1982).

Frohman, L., *Poor relief and welfare in Germany from the Reformation to World War I* (New York: Cambridge University Press, 2008).

Groebner, V., *Ökonomie ohne Haus: zum Wirtschaften armer Leute in Nürnberg am Ende des 15. Jahrhunderts* (Göttingen: 1993).

Hippel, W. v., *Armut, Unterschichten, Randgruppen in der Frühen Neuzeit* (München: Oldenbourg, 1995).

Hunecke, V., "Überlegungen zur Geschichte der Armut im vorindustriellen Europa", *Geschichte und Gesellschaft*, 9 (1983).

Jäggi, S., "Das Luzerner Armenwesen in der frühen Neuzeit", H.-J. Gilomen, S. Guex & B. Studer, eds., *Von der Barmherzigkeit zur Sozialversicherung. Umbrüche und Kontinuitäten vom Spätmittelalter bis zum 20. Jahrhundert* (Zürich: 2002).

Jütte, R., *Poverty and Deviance in Early Modern Europe* (Cambridge: 1994).

Jütte, R., *Obrigkeitliche Armenfürsorge in deutschen Reichstädten der frühen Neuzeit* (Köln: 1984).

Lane, F. P., "Johannes Bugenhagen und die Armenfürsorge der Reformationszeit", *Braunschweiges Jahrbuch*, 64 (1983).

Leeuwen, M. H. D. van, "Logic of Charity: Poor Relief in Preindustrial Europe", *Journal of Interdisciplinary History*, 24/4 (1994).

Ludyga, H., *Obrigkeitliche Armenfürsorge im deutschen Reich vom Beginn der Frühen Neuzeit bis zum Ende des Dreißigjärigen Krieges 1495~1648* (Berlin, 2010).

Maschke, E., "Die Unterschichten der mittelalterlichen Städte Deutschlands", E. Maschke & J. Sydow, eds., *Gesellschaftliche Unterschichten in den südwestdeutschen Städten* (Stuttgart: 1967).

McIntosh, M. K., "Poverty, Charity, and Coercion in Elizabethan England", *Journal of Interdisciplinary History*, 35, 3 (2005).

Mollat, M., *Die Armen im Mittelalter* (München: 1984).

Mollat, M., "The Poor in the Middle Ages. The Experience of a Research Project", Th. Riis ed., *Aspects of poverty in early modern Europe* (Leiden: 1981).

Oestrich, G., "Strukturpolitik des europäischen Absolutismus", *Vierteljahrschrift für Sozial- und Wirtschaftsgeschichte*, 53 (1968).

Oexle, O. G., "Armut, Armutsbegriff und Armenfürsorge im Mittelalter", C. Sachsse & F. Tennstedt, eds., *Soziale Sicherheit und Soziale Diszplinierung* (Frankfurt: 1986).

Pullan, B., "Catholics, Protestants, and the Poor in Early Modern Europe", *Journal of Interdisciplinary History*, 35, 3 (2005).

Ratzinger, G., *Geschichte der kirchlichen Armenpflege*, 2. ed. (Freiburg: 1884).

Rexroth, F., "Armenhäuser-eine neue Institution der sozialen Fürsorge im späten Mittelalter", M. Matheus, ed., *Funktions-und Strukturwandel spätmittelalterlicher Hospitäler im europäischen Vergleich* (Stuttgart: 2005).

Reicke, S., *Das deutsche Spital und sein Recht im Mittelalter* (Stuttgart: 1932).

Saalfeld, D., "Die Wandlungen der Preis-und Lohnstruktur während des 16. Jahrhunderts", W. Fischer, ed., *Beiträge zu Wirtschaftswachstum und Wirtschaftsstruktur im 16. und 19. Jahrhundert* (Berlin: 1971).

Sachße, C. & F. Tennstedt, *Geschichte der Armenfürsorge in Deutschland* (Stuttgart: 1980).

Uhlhorn, G., *Die christliche Liebestätigkeit* (2. Aufl., Stuttgart: 1895).

Wälchli, P., "Gedruckte Züricher Mandate zum Armenwesen von der Reformation bis 1675", *Zwingliana*, 35 (2008).

Weber, M., *Wirtschaft und Gesellschaft* (5. Aufl., Tübingen: 1972).

Winckelmann, O., "Über die ältesten Armenordnungen der Reformationszeit", *Historische Vierteljahrschrift*, 17 (1914/15).

제2부

근대의 빈곤 퇴치와
예방 노력들

......

4장

근대 초기 영국의 빈민에 대한 노동 통제와 공공고용

허구생

1. 튜더 빈민법의 역사적 배경

서양 사회는 근대로 접어들면서 빈곤과 빈민에 대한 사회적 인식과 정책의 일대 전환기를 맞이했다. 빈민에 대한 사회적 책임과 세속 정부의 역할이 강조되었고, 노동 능력의 유무를 기준으로 사회적 지원을 받아야 할 빈민(deserving poor)과 그렇지 않은 빈민(undeserving poor)의 차별이 강조되었으며, 빈민 지원을 위한 합리적 시스템의 구축이 논의되었다. 그리고 영국에서 그 결정판으로 나타난 것이 튜더 빈민법이었다. 수십 년에 걸쳐 학자들은 '근대적 사회복지의 근간'이라고 불리는 튜더 빈민법의 제정 배경을 놓고 논쟁을 계속해왔다.

어떤 학자들은 가장 중요한 변화를 자선의 세속화라고 규정하고 그

원인을 프로테스탄티즘의 영향에서 찾았다. 가톨릭의 구원론은 인간의 자유의지를 인정하고 개인이 선행을 통해 자기 구원에 일정 부분 기여할 수 있다고 보았기에 자선이 구원 프로그램의 일부가 될 수 있었지만, 칼뱅의 예정설을 근간으로 하는 프로테스탄티즘의 구원론 안에서 자선은 설 자리를 잃어버렸고, 따라서 자선은 종교 영역을 떠나 세속화될 수밖에 없었다는 설명이다. 그 밖에 튜더 빈민법이 규정한 공공고용 및 교화소(correction house)에서의 강제노동 조항 등을 노동을 신의 소명으로 의무화한 칼뱅의 사상과 연관 짓는 견해도 있다.

또 어떤 학자들은 에라스무스를 중심으로 하는 16세기 인문주의자들의 사상에 주목했다. 이들의 연구는 에스파냐의 후안 비베스(Juan Luis Vives), 그리고 토머스 스타키(Thomas Starkey)와 리처드 모리슨(Richard Morison) 등 영국 인문주의자들까지 이어졌다. 이들은 특히 인문주의자들이 빈곤을 단순히 개인의 불운이나 윤리적 타락이 아닌 사회적 문제로 인식하고 세속 정부가 이에 적극적으로 개입하여 좋은 정책, 좋은 법을 통해 해결해야 할 문제라고 인식한 것을 높이 평가했다.[1]

서양의 16~17세기, 즉 근대 초기에 발생한 빈곤의 문제를, 중세 경제에서 초기 자본주의로 이행하는 단계에서, 그리고 농업이 지배하던 산업 단계에서 제조업과 상업의 비중이 비약적으로 증대하는 단계에서 발생한 경제적 현상으로 설명하는 학자들도 있다.[2] 이들은 임금노

---

[1] 새로운 구빈제도에 대한 에라스무스와 비베스의 영향력에 대해서 본격적으로 연구한 사람은 프랑스의 역사학자 바타용(Marcel Bataillon)이다. *Erasme et l'Espagne* (Librairie Droz: 1998)가 대표작이며 이 책은 원래 1937년에 출간되었다. 토머스 스타키와 리처드 모리슨에 대해서는 허구생, 《빈곤의 역사, 복지의 역사》(한울, 2002), 210~214쪽을 참고할 것.

[2] Bronislaw Geremek, Agnieszka Kolakowska, tr., *Poverty* (Oxford: 1994), pp.

동자가 크게 늘어난 상황에서 흉작이나 모직물 산업의 불황 등으로 임금노동자들이 대량해고되어 거리로 내몰리는 새로운 현상이 나타났으며, 이에 따라 불안정한 고용이 큰 사회적 문제로 대두되었음을 주목한다. 이들에 따르면, 빈곤 문제에 대한 새로운 사회적 인식과 튜더 빈민법 등 새로운 정책 방향의 설정은 이러한 경제적 현상에 대한 해결책이었다는 것이다.

논박이 치열하게 이루어지는 상황에서 튜더 빈민법의 배경이 무엇이라고 단정 짓기는 어렵다. 어떤 설명은 새로운 정책 사상의 출현에 방점을 찍고 있고, 어떤 설명은 새로이 나타난 경제적 현실에 주목하고 있다. 그런데 경제적·사회적 현실과 동떨어진 정책 사상이 독립적으로 존재할 리가 없고, 정책 사상이 없이 새로운 개념의 정책이 입법화되는 과정도 상상하기 어렵다. 또한 어떤 정책이, 또는 그 정책의 집행을 뒷받침할 법이 만들어졌다 해도 애초에 그것을 만들어낸 정책 사상이 의도한 대로 집행된다는 것을 의미하지도 않는다. 결국 그것은 현실의 문제이기 때문이다.

이 글은 튜더 빈민법이 다루려고 했던 '빈민 노동'의 문제를 ①공공고용 등 실업 빈민에 대한 일자리 마련이라는 측면과 ②노동 기피자에 대한 처벌로서의 강제노동으로 나누고, 정책 사상, 입법, 실제 적용이라는 세 범주에서 각각 소개하려고 한다.

대략적으로 세 범주의 활동을 시기적으로 구분해보면 정책 사상의 출현은 1530년대에서 1550년대, 입법은 1531년에서 1601년까지, 본격적인 적용은 빨리 잡아야 1570년대 이후가 될 것이다. 그러나 10여

9~12.

차례에 걸친 튜더 빈민법 입법 과정을 분석해보면, 각각의 범주들은 시기적으로 혼재하고 있다. 어떤 입법 과정에서는 정책 사상이 입법과 현실의 변화를 주도했다면, 어떤 경우에는 입법이 현실보다 거꾸로 퇴화하는 경우도 있었고, 어떤 경우에는 입법을 주도한 것이 정책 사상이 아니라 현실이기도 했다. 그러므로 이 글이 편의상 정책 사상, 입법, 실제 적용이라는 순서로 구성되어 있으나, 실제로는 진전과 후퇴가 교차되며 이루어진 과정임을 감안해서 읽을 필요가 있다.

2. 정책 사상의 전개

정책 사상의 존재 의미는 동시대인들에게 자신이 속한 사회가 안고 있는 문제가 무엇인지 인식할 수 있는 사고의 틀을 제공한다는 것이다. 따라서 역사상 존재했던 특정한 정책, 법 또는 제도의 본질과 형성 배경을 이해하기 위해서는 동시대에 존재했던 정책 사상을 살펴볼 필요가 있다. 그 사회에서 일어나는 경제적·사회적 변화의 내용도 간과할 수 없지만, 변화 그 자체보다는 여론 주도층이 그 변화를 어떻게 인식하는지가 정책 결정 과정에 더 큰 영향을 미치는 경우가 많기 때문이다.

중세 전성기에 이르러 자선은 '구원의 수단'으로 인식되었고 '가진 자의 의무'로 간주되었다. 비록 자신의 구원을 위해 자선을 행한다는 이기적 동기가 개입하기는 했으나 가난한 이웃에 대한 동정과 사랑이 전혀 없이 이루어지지는 않았을 것이다. 교회는 자선행위 그 자체보다 행하는 사람의 영혼이 얼마나 맑고 순수한지가 중요하다고 강조했다.[3] 이러한 상황에서 빈민의 육체적 상태, 즉 노동 능력의 유무는 사람들이 자선의 대상을 결정하는 데 중요한 변수가 아니었다. 중세 수도원이 빈민들의 노동력 유무와 상관없이 무차별적 자선을 행함으로써 결과적으로 직업적 걸인을 대량으로 양산했다는 비판을 받는 것도 이와 관련이 있다. 물론 경제 상황에 따라 여유 있는 사람들이 줄어들고, 빈민 수가 늘어나면, 노동 능력의 유무가 자선 대상을 선별하는 데 중요하게 작용하기도 했으나 지속적이고 일관적인 제도로 자리를 잡지는 못했다.[4]

변화가 일어난 것은 근대에 접어들면서부터였다. 16세기 유럽에서 '게으름'은 용납할 수 없는 사회적 병으로 인식되면서 당면한 개혁 대상으로 떠올랐다. 일하지 않고 게으름을 탐닉하는 사람은 공동체에 해로운 사악한 존재이며, 이들을 '사회적 위생(social hygiene)'의 차원에서 처벌함으로써 공동체의 병을 치유해야 한다는 공감대가 확산되었다.

그러나 영국의 몇몇 사회개혁가들에게 처벌은 '게으름'의 문제를 해결하는 유일한 방도가 아니었고 더구나 가장 효과적인 방법은 아니었다. 예를 들면, 리처드 모리슨은 '게으름'은 영국 사회가 당면한 문제이고 반드시 추방해야 할 사회악이지만 처벌이 능사는 아니라고 생각했다. 그는 직업교육을 대안으로 생각했다. 그는 당시 영국의 자원이 다른 대륙 국가와 비교하여 부족하지 않으므로, 일하려는 의지가 있고 약간의 실용적인 지식이 있으면 자신과 가족의 생계를 유지할 수 있는 '정직한 직업'을 찾는 것이 그렇게 어렵지 않은 상황이라고 진단했던

---

3   Michel Mollat, Arthur Goldhammer, tr., *The Poor in the Middle Ages: An Essay in Social History* (Oxford: 1986), p. 110.

4   허구생, 《빈곤의 역사, 복지의 역사》, 51~60쪽.

것이다.[5]

역시 인문주의자답게 교육을 중시했던 토머스 스타키는 특히 빈민 자녀에 대한 직업교육을 중요하게 생각했다. 그는 '게으름'이라는 공동체의 질병을 치유하는 가장 좋은 방법은 청소년들에게 기술을 습득하고 훈련하는 과정을 제공하는 것이라고 주장했다. 더 구체적으로 모든 사람은 자신의 자녀가 일곱 살이 되면 그 아이의 소질에 맞는 직업 분야에서 도제 훈련을 시키도록 법으로 강제해야 한다고 말했다.[6]

그런데 16세기 전반기에 활동하던 대부분의 개혁 성향의 지식인들은 '완전고용 시장'을 전제하고 있었다. 다시 말하면, 일하려는 의지와 직업에 필요한 일정한 지식만 갖춘다면 모든 사람들이 일자리를 가질 수 있다고 믿었다. 영국에서도 활동했던 에스파냐의 저명한 인문주의자 후안 비베스는 많은 제조업자들이 구인난을 호소하고 있다며 누구나 의지만 있다면 직업을 구할 수 있다고 보았다. 그는 시각 장애인도 마음만 있다면 악기를 연주할 수 있으며 노인도 신체적 능력에 맞는 일을 할 수 있다면서, 문제는 신체 결함이 아니라 '게으름'과 '마음 내켜 하지 않음'이라고 지적했다.[7] 세인트 저먼(Christopher St. German)이나 클레멘트 암스트롱(Clement Armstrong) 등 소수만이 비자발적 실업의

---

5   Richard Morison, "A Remedy for Sedition (1536)", D. S. Berkowitz, ed., *Humanist Scholarship and Public Order: Two Tracts on against the Pilgrimage of Grace* (Washington, London and Toronto: Folger Books, 1984), p. 135.

6   Thomas Starkey, T. F. Mayer, ed., *A Dialogue between Cardinal Pole and Thomas Lupset* (Royal Historical Society, 1989), pp. 152~154.

7   Juan L. Vives, *De Subventione Pauperum sive de humanis necessitatibus* (Bruges: 1523). 영어 번역은 F. R. Salter, ed., *Some Early Tracts on Poor Relief* (Methuen: 1926), pp. 14~15.

문제를 제기했다.

그러나 완전고용 시장을 전제하건 안 하건, 대부분의 개혁적 지식인들은 빈곤 문제를 해결하기 위해서는 정부가 좋은 정책을 펴서 사회적 기능을 정상적으로 작동하게 만드는 것이 우선이라고 생각했다. 빈곤 원인을 단순히 역병, 흉작 또는 '게으름' 등 개인의 도덕적 타락이라고 보기보다는 '좋은 정치'의 부재로 인해 사회적 기능이 정상적으로 작동하지 않았기 때문이라고 본 것이다. 이들은 정부가 적극적으로 나서서 빈곤의 원인을 분석하고, 희생자들을 구제하기 위한 방편을 마련해야 한다고 목소리를 높였다.

16세기 영국에서 활동한 지식인들이 분석한 빈곤의 원인은 다양했다. 예를 들면 활동 연대가 다르기는 하지만 인구 문제에 대한 스타키와 프랜시스 베이컨(Francis Bacon)의 진단은 달랐다. 스타키는 영국은 토지를 잘 관리해서 경작에 활용한다면 지금보다 많은 인구를 먹여 살릴 수 있다고 본 반면,[8] 베이컨은 인구가 자연자원이 제공하는 식량의 한계를 넘지 않도록 적절하게 유지되어야 한다고 생각했다.[9] 인플레이션이 가장 심각한 문제라고 생각한 사람들도 있었다. 예를 들면, 토머스 스미스(Thomas Smith)는 정부가 편법으로 발행하는 함량 미달의 불량화폐가 결과적으로 통화량을 늘려 인플레이션을 유발해서 서민경제에 고통을 주고 있다며 이의 중단을 촉구했다.[10]

빈곤의 원인은 이렇게 다양하게 분석되었지만, 빈곤이 필연적이라

---

8   Thomas Starkey, *Dialogue*, p. 75.

9   Francis Bacon, *The Works of Lord Bacon*, 2 vols (London: 1838), i, p. 272.

10   Thomas Smith, Mary Dewar, ed., *A Discourse of the Commonweal of this Realm of England* (The University Press of Virginia, 1969).

고 생각한 사람은 거의 없었다. 빈곤이 필연적이지 않다면 정부가 '좋은 정치', 다시 말해 올바른 법과 정책으로 풀어나가야 할 일이었다. 더 형평성 있는 경제적 분배정책을 촉구하는 사람들도 있었고, 임금과 생필품 가격을 더 적극적으로 통제해야 한다는 의견도 있었다. 노동을 공동체 구성원의 의무로 규정하고, 필요하면 노동을 강제해야 한다는 주장도 제기되었다. 16세기 중반에 활동했던 신교 성향의 개혁가 로버트 크롤리(Robert Crowley)는 노동 능력이 있는데도 노동을 거부하는 사람에게는 먹을 것을 주지 말아야 하며, 어떤 경우에든 자선을 베풀면 안 된다고 주장했다.[11]

여기에서 좀 더 유의해서 살펴보아야 할 것은 공공고용을 포함하여 정부 개입에 의한 고용 확대 방안이다. 예컨대 클레멘트 암스트롱으로 추정되는 팸플릿의 저자는 모든 사람이 일자리를 가질 수 있어야 한다며 다음과 같이 정부의 노력을 촉구했다. "현재 영국에는 농업이건 제조업이건 일자리가 없어서 놀고 있는 사람이 너무나 많다. 생계수단의 부재는 모든 사악함의 원인이다. 왜냐하면 그들이 할 수 있는 것은 구걸과 절도밖에 없기 때문이다. 결국 커먼웰스 공동체의 부는 구성원들의 노동으로부터 나오기 때문에 국가는 일자리를 늘리기 위해 노력을 경주해야 한다. 먼저 경작지를 늘려야 한다. 더 많은 사람이 경작에 참여하여 식량을 증산하느냐가 국부의 관건이다. 모직물 산업을 일으켜 외국에서 영국으로 유입되는 화폐의 양을 늘리고 더 많은 사람들에게 일자리를 주어야 한다. 더 많은 사람들이 모직물 생산업체에서 일한다

---

11   J. M. Cowper, ed., *Select Work of Robert Crowley* (E.E.T.S., 1872), pp. 11~12, 14~16; R. H. Tawney & Eileen Power, eds., *Tudor Economic Documents*, 3 vols. (London, New York, Toronto: 1924), iii, pp. 405~406.

면 생산비용이 절감되고 더 많은 상품을 외국에 팔 수 있을 것이다. 외국으로부터 상품을 과다하게 수입하면 국내 산업을 파괴하여 많은 사람들의 일자리를 뺏는다."[12]

암스트롱은 1538년에 쓴 글에서도 일자리를 얻지 못해 생계수단을 확보하지 못한 빈민들은 생존을 위해 구걸이나 절도를 할 수밖에 없을 것이라며 정부는 포고령을 내려 경작지를 인클로저 이전 수준까지 확대해야 하며, 이를 통해 비참하게 살고 있는 약 3만 명에게 일자리를 제공할 수 있다고 주장했다.[13]

후안 비베스는 앞에서 말한 바와 같이 본질적으로 완전고용이 가능하다고 생각했으나, 만의 하나 민간 부문에서 일자리가 부족하면, 정부가 도로, 교량, 공공건물 등의 공공사업을 벌여 일자리를 늘릴 수 있다고 주장함으로써 일찌감치 공공고용제도를 제안했다.[14] 세인트 저먼도 공공고용제도를 일찍이 주창한 사람인데 그는 "옷이 남루하여 절도나 강도를 저지를 사람으로 보이는지 아무도 고용해주지 않는다"라는 빈민들의 호소를 '비자발적 실업'의 원인으로 예시하기도 했다.

그의 이러한 견해는 20년 뒤 일반인들의 의견으로도 뒷받침되었다. 1552년 런던 시민들이 추밀원에 제출한 탄원서에 따르면, 수많은 걸인들이 생계를 유지하기 위해 일자리를 구하려 하지만 구직에 실패하고 있는데, 그 이유는 고용주들이 그들을 의심하거나 두려워하기 때문

---

12   "Howe to Reforme the Realme in Settyng Them to Werke and to Restore Tillage (c. 1535-6)", *Tudor Economic Documents*, iii, pp. 115~129.

13   "How the [Co]men people may be set aworke. An Order of a Comen Welth", *Letters and Papers*, Addenda, vol.1, pt. 2, pp. 470~471.

14   Juan L. Vives, *De Subventione Pauperum*, p. 14.

이라는 것이다. 그러므로 정부가 종합적인 고용 대책을 세워서 그들에게 일자리를 제공함으로써 노동력을 가진 빈민들이 구걸이나 절도가 아니라 공동체의 이익을 위해 살 수 있게 해달라는 것이었다. 탄원서는 또한 현재 런던에 빈민의 수가 많으므로 그들을 수용할 수 있는 큰 규모의 작업장(house of occupations)을 건립하여 그들에게 훈련 및 일자리를 제공해야 한다고 건의했다.[15]

토머스 스미스는 한 걸음 더 나아가 정부가 단순히 일자리를 제공하는 데 그치지 말고, 노동에 대한 적절한 보상을 보장하도록 정책적 뒷받침을 해야 한다고 주장했다. 노동에 대한 적절한 보상이 주어진다면 노동 의욕이 자연스럽게 생기겠지만 그렇지 않다면 누가 힘든 육체노동을 감내하겠느냐는 것이다. 노동을 법으로 강제한다고 해도 큰 효과가 없을 것이라고 보았다. 왜냐하면 법이 어떤 사람에게 고통을 줌으로써 특정한 행위를 하지 못하게 할 수는 있지만, 어떤 일을 열심히 하도록 의욕을 불러일으킬 수는 없기 때문이다.[16]

요약하면, 빈곤은 사회적 기능이 비정상적으로 작동하여 발생하는 것으로서 정부가 좋은 정책과 좋은 법을 통해서 치유할 수 있는 문제라는 것, 사람들이 모두 정직한 직업을 가지고 스스로 생계를 책임질 수 있도록 정부가 일자리를 늘리고 실업 빈민들에게는 공공고용을 통해 일자리를 직접 제공해야 한다는 것, 빈민 자녀들에게 직업교육을 실시하여 게으름의 병을 예방하고 장차 그들이 성인이 되었을 때 직업

---

15   Thomas Bowen, *Extracts from the Records and Court Books of Bridewell Hospital* (1798), Appendix, pp. 2~6; also printed in *Tudor Economic Documents*, ii, pp. 307~309.

16   Thomas Smith, *Discourse of the Commonweal*, pp. 60~61.

을 가질 수 있도록 해야 한다는 것 등이 16세기 영국에서 빈곤 문제를 해결하기 위한 정책 사상의 핵심 골자였다.

3. 튜더 빈민법의 제정

노동 능력이 있는 빈민과 그렇지 않은 빈민을 차별하기 시작한 것은 14세기부터였다. 그러나 영국에서 법에 의해 두 범주의 빈민을 차별한 것은 1531년이 처음이었다. 1531년에 제정된 빈민법은 노동 능력이 없는 빈민에게는 특정 지역 내에서 구걸을 할 수 있도록 허가하고, 노동 능력이 있는 빈민은 채찍형으로 처벌했는데, 발가벗겨 수레 끝에 묶어놓고 피를 흘릴 때까지 채찍질을 하고 출생지 또는 전 거주지로 돌려보내도록 규정했다. 노동 능력의 유무는 치안판사가 세심한 관찰에 의해 판별하도록 했다.[17]

1536년에는 더 중요한 입법이 이루어졌다. 1536년 의회에 제출된 빈민법 원안은 몇 가지 혁명적인 개념을 포함하고 있었다. 가장 중요한 것은 빈곤의 원인을 개인의 윤리적 타락으로만 돌리지 않고, 일자리를 구하려고 했으나 구하지 못한 이른바 비자발적 실업의 가능성을 명시한 것이다. 이것을 혁명적이라고 하는 것은 이전까지의 빈민 정책은 완전고용을 전제한 것이었는데, 이 법안은 일자리를 구하려고 해도 구하지 못해서 비자발적 실업이 발생할 수 있는 불완전 고용시장의 경제적 현실을 분명하게 인식하고 있기 때문이다. 또한 비자발적 실업

---

17   22 Henry VIII, c.12.

상태의 빈민에게 공공고용의 기회를 제공하는 것, 그리고 공공고용을 포함하는 빈민구제 비용의 재원을 마련하기 위해 강제적인 누진소득세를 신설한 것도 매우 획기적인 구상이었다.

당시 중앙정부의 예산이 왕령지 수입과 관세 등 비정기적인 세금으로 구성되어 있었으며, 원칙적으로 전쟁 등 비통상적인 지출이 발생하는 경우에 한해 의회의 동의를 받아 보조세(subsidy)라는 이름의 소득세를 징수할 수 있었던 때라는 점을 감안하면, 빈민구제를 위해 정기적인 소득세를 신설한다는 것은 혁명적인 발상이었다. 결과적으로 원안의 통과가 좌절된 이유 중 하나가 이 새로운 소득세 때문이었을 것이라는 해석이 힘을 얻는 것도 이것이 시대의 한계를 뛰어넘지 못할 정도로 '혁명적'이었기 때문이다.

이 빈민법 원안은 두 가지 자료를 참고하여 만든 것으로 추정되는데, 하나는 PRO 초안이고 다른 하나는 BL 초안이다. 각각 공문서 보관소(Public Record Office)[18]와 브리티시 도서관(British Library)에서 보관하고 있으므로 편의상 그렇게 이름을 붙인 것이다.

PRO 초안[19]은 1530년에서 1532년 사이에 작성된 것으로 보이며 작성자에 대해서는 약간의 논란이 있으나 세인트 저먼으로 보는 견해가 우세하다.[20] 초안의 골자는 새로운 상설 전담기구를 설치하고 노동능력이 있는 빈민들의 취업을 위해 도로 공사 등의 공공사업을 조직하

---

18 The Public Record Office는 2003년 The Historical Manuscripts Commission과 합해져서 The National Archives라는 새로운 기관이 되었다. 여기서는 편의상 계속해서 PRO 초안이라 부르기로 한다.

19 NA, SP6/7, art 14; printed in John Guy, *Christopher St. German on Chancery and Statute* (Seldon Society, 1985), pp. 133~135.

20 허구생,《근대초기의 영국》(한울, 2015), 196쪽의 각주 16을 참고하라.

고 관리하는 업무를 담당하게 한다는 것이었다. 공공사업이 착수되면 노동 능력이 있는데도 일자리나 다른 생계수단을 가지지 못한 빈민들은 의무적으로 참여해야 하며, 노동의 대가로서 적정한 임금과 음식을 지급받도록 했다. 또한 모든 가구를 대상으로 강제적인 소득세를 징수하고, 여기에 국왕의 희사금과 자발적 기부를 더하여 재원을 조성하도록 했다.

　BL 초안[21]은 PRO 초안과 핵심 내용에서는 큰 차이가 없지만 PRO 초안에 비해 훨씬 더 법안의 형식을 갖추었다. BL 초안은 1535년 가을경, 윌리엄 마셜이 PRO 초안을 참고해서 기초한 것으로 보이는데, 빈민이 비자발적 실업 상태에 봉착할 수 있는 가능성을 명시했고, 각 교구당 민생위원을 임명하여 빈민구제 업무와 빈민 자녀의 직업교육 알선을 맡도록 하는 내용을 포함시켰다.

　PRO 초안과 마찬가지로 노동 능력이 있는 비자발적 실업 빈민들을 항구·도로·수로 건설과 정비 등의 공공사업에 투입하고, 이들에게 임금을 지급하는 것 이외에 식사와 의료 혜택을 제공하도록 규정했다. 또한 이 사업의 재원은 누진적 소득세와 국왕의 희사금, 그리고 자발적 기부에 의해 조성하도록 했다. 그리고 이 사업을 추진할 상설기구를 중앙정부에 설치하도록 한 것도 PRO 초안과 같다. 다만, 소득세의 세율을 결정하지 못한 채 공란으로 남겨두었고, 누진소득세의 징수 연한을 1540년까지로 못박고 있는 점[22]으로 보아 PRO 초안의 입안자가

21　BL Royal, 18, c, vi.

22　이에 대해 다른 해석도 있다. 즉 종교개혁의 진전에 따라 국왕의 예산 수입이 급격하게 증가하는 상황이어서 1540년 이후에는 이 재원의 일부를 공공고용에 사용할 계획이었을 수도 있다는 것이다. 허구생, 《근대초기의 영국》, 198쪽.

이 신설 세금에 대한 의원들의 저항을 어떻게 최소화할 것인가에 대해 마지막까지 고심했음을 알 수 있다.

1536년 의회에 실제로 제출됐던 빈민법 원안은 남아 있지 않다. 그러나 당시 신성로마제국의 외교문서와 토머스 도싯 등의 기록으로 볼 때 BL 초안의 내용과 거의 차이가 없었을 것으로 추정된다.[23] 이 빈민법 원안은 의회 토의 과정에서 폐기되고 의회는 대체법안을 새로 작성하여 통과시켰다. 1536년 빈민법[24]은 원안에 있던 강제적 누진소득세와 공공고용 조항을 누락시킴으로써 원안의 혁명적 발상을 담지 못했다. 그럼에도 불구하고 여전히 비자발적 실업의 가능성을 인정했으며, 교구를 빈민 행정의 기본 단위로 확정했다. 또한 노동 능력이 있는 걸인을 채찍으로 처벌한 뒤에 연고지로 돌려보내 그곳의 지방당국으로 하여금 이들이 지속적인 노동행위를 통해 생계를 유지할 수 있도록 필요한 조치를 취할 것을 규정했다. 또한 5~14세의 빈민 자녀를 장인에게 보내 직업훈련을 받게 했다. 이들이 성년이 되었을 때 스스로 생계비를 벌 수 있도록 하려는 것이었다. 그러나 1536년의 법은 얼마 가지 않아 폐지되고 1531년의 법이 부활했다.

1547년에 만들어진 빈민법[25]은 노동 능력이 있는 빈민의 구걸행위를 범죄로 규정하여 후일 에드워드 6세가 이를 가리켜 '극단적'이라고 표현했을 정도로[26] 엄격하게 처벌하는 규정을 만들었다. 초범은 민간

---

23   BL Cotton, Cleopatra E, iv, fols. 131v~132v; *Letters and Papers, Foreign and Domestic, of the Reign of Henry VIII*, ed. by J. S. Brewer, Robert Henry Brodie and James Gardiner, 21 vols. (London: 1862~1910), x, nos. 494, 495.

24   27 Henry VIII, c.25.

25   1 Edward VI, c.3.

26   W. K. Jordan, ed., *The Chronicles and Political Papers of King Edward VI*

고용주 밑에서 2년간의 강제노동을, 누범에게는 무기한의 강제노동을 시키도록 규정했고, 누범 횟수에 따라 형량을 사형까지 높일 수 있도록 했다. 또한 빈민 자녀에게 직업교육을 실시할 것과 그 재원 마련을 위한 조직적인 기금 모집에 관하여 규정했다. 구걸 빈민에 대한 지나치게 엄격한 처벌 규정은 후일 '노예조항'으로 불리게 되었는데, 문제는 이 법이 당시 '좋은 공작' 또는 '빈민의 옹호자'로 칭송받던 섭정공 서머싯(Duke of Somerset) 치하에서 통과되었다는 점이다. 더구나 그의 핵심 참모 중 한 사람이었던 존 헤일스(John Hales)가 빈민 위주의 농업정책과 물가 관련 정책을 주도했으며, 빈민의 공공고용을 유도하는 정책을 입안했던 사실을 감안하면 의외의 사건으로 받아들여지기도 한다.

그러나 다른 각도에서 '노예조항'을 평가하는 관점도 있다. 당시 서머싯이 스스로 의회 개회연설에서 "신민들에게 좀 더 합당한 자유를 주기 위해 너무 엄격한 법률을 폐지하거나 완화해달라고" 당부했다는 점을 감안해보면 서머싯이나 그의 핵심 참모들이 '노예조항'을 그다지 가혹하다고 생각하지 않았을 가능성이 있다. 더구나 서머싯은 상원의원 신분으로 법안 심사 및 의결에 참여했으며 섭정공 자격으로 국왕을 대리하여 법안을 최종적으로 승인한 사람인데, 그가 '노예조항'에 문제가 있다고 생각했으면 이 조항은 법이 되지 못했을 것이다.

1547년 빈민법의 전문(前文)은 "커먼웰스의 적(敵)인 게으른 부랑인들을 사형, 채찍형, 감옥형 및 다른 신체적 형벌을 받게 하는 것이 마땅한 일이지만 그들에게 노동의 기회를 부여하여 커먼웰스에 봉사하도

(Cornell University Press, 1966), p. 8.

록 만드는 것이 훨씬 더 바람직하다"라고 선언하고 있다. 사실 범죄자에게 체형을 가하는 것보다 노동을 시키는 것이 더 바람직하다는 생각은 토머스 모어의 《유토피아》나 토머스 스타키의 《대화》에도 나오는 것이다. 16세기 영국에서 노동력 이외의 별다른 생계수단, 즉 토지·재산, 또는 사업체가 없는 사람, 즉 빈민의 실업 상태는 곧 범죄를 구성하는 것이었음을 감안하면 이 법은 이들 지식인들의 생각을 실제에 적용한 사례라고 볼 수도 있다. 여기에서 노동 기피자에 대한 무거운 처벌조항을, 범죄자들을 공공재원이 아닌 민간고용을 통해 노동에 종사하게 하려는 고육지책이라고 본다면, '노예조항'의 가혹성을 조금 다른 각도에서 해석할 수 있는 여지가 생긴다.[27]

그러나 한 가지 확실한 것은 1547년 법은 '비자발적 실업'이라는 경제적 현실에 대한 인식이 1530년대에 비해 현저하게 후퇴한 것이다. 여기에는 빈곤의 원인을 개인의 윤리적·도덕적 문제로 규정하는 서머싯 주변에 있던 지식인들의 관점이 적용된 것으로 보인다. 이 법은 3년 후인 1550년에 폐지되고 또다시 1531년 법이 부활했다.

1563년에 만들어진 엘리자베스 1세 시대의 첫 빈민법[28]은 빈민구제 재원과 관련하여 치안판사, 시장, 교구 민생위원들이 개인별 기부금액을 산정하고 조직적인 압력을 통해 징수하는 방안을 규정한 것이 특징인데, 오히려 빈민의 고용 문제를 핵심으로 다룬 것은 같은 해에 만들

---

27   C. S. L. Davies, "Slavery and Protector Somerset: the Vagrancy Act of 1547",
      Economic History Review, 2nd ser., vol. 19 (1966), pp. 545, 549; Paul Slack,
      "Social Policy and the Constrains of Government, 1547~1558", Jennifer Loach
      and Robert Tittler, eds., *The Mid-Tudor Polity* (London: 1980), p. 102.

28   5 Elizabeth, c3.

어진 장인법(丈人法)[29]이었다.

　장인법의 전문(前文)은 법의 제정 목적이 게으름을 추방하고, 농업을 진작하며, 흉작과 풍작의 모든 경우에 피고용인의 적절한 임금 수준을 보장하기 위한 것이라고 밝히고 있다. 장인법은 특정 직업군에서 일하는 임금 노동자들의 계약 기간을 최소 1년으로 규정했다. 만약 그 기간 중 노동을 거부하거나 계약 기간 종료 전에 작업장을 떠나는 경우 체포, 구금될 수 있었다.

　그런데 이보다 더 특기할 만한 것은 노동 능력이 있는 모든 사람들에게 노동을 의무화했다는 점이다. 예컨대 12~60세의 사람들로서 일자리가 없는 경우, 주위에 농장을 가진 사람이 그들의 노동력을 필요로 한다면 이를 거부할 수 없도록 규정했다. 또한 자기가 본래 속한 직업군에서 일자리 찾기에 실패한 모든 30세 이하의 미혼자는 치안판사가 다른 직업군에서 찾아준 일자리와 임금 조건을 거부할 수 없게 했다. 그러나 장인법은 모두 민간고용과 관련된 노동 문제를 다루고 있을 뿐, 민간에서 이들의 고용에 실패할 경우에 대해서는 아무런 방안도 제시하지 못했다.

　1572년 빈민법[30]은 모든 가구를 대상으로 강제적인 구빈세 제도를 도입했다. 1536년에 도입하려다 좌절됐던 바로 그 누진적 소득세를 기본으로 하는 제도다. 그러나 이는 노동 능력이 없는 빈민들의 구제가 주목적이었고, 노동 능력이 있는 빈민들과는 직접적인 관련이 없었다. 그러므로 1572년 빈민법에 엄격한 부랑인 처벌 규정이 포함된 것

29　5 Elizabeth, c.4.

30　14 Elizabeth, c.5.

은 어찌 보면 당연한 일이었다. 초범의 경우 재판이 열릴 때까지 구금하고, 유죄가 확정되면 채찍형과 함께 귀에 구멍을 뚫는 형벌을 부과하도록 했다. 재범은 중죄로 다루어졌다. 세 번째 유죄 확정 시에는 사형을 원칙으로 했다. 단, 초범과 재범에 한해 농장주 등 후견인이 나타나서 1~2년간 민간고용 계약을 맺으면 신체적 형벌을 유예할 수 있도록 했다. 1547년 법의 '노예조항'과 기본적인 생각을 공유하고 있음을 알 수 있다. 진일보한 것으로 평가할 수 있는 점은 노동 기피 부랑인과 구직에 실패한 비자발적 실업 노동자를 구분하여 후자에 대해서는 치안판사 재량으로 빈민구제 예산의 잉여 재원으로 공공고용을 실시할 수 있도록 했다는 것이다. 노인이나 장애인 중에서 부분적인 노동 능력을 가진 사람도 공공고용의 대상이 되었다.

이 공공고용에 대한 조항은 1576년에 좀 더 완성된 모습을 갖추었다. 1576년 빈민법[31]은 비자발적 실업의 문제를 인정하고 노동 능력이 있는 실업 빈민에게 일자리를 제공하는 방안을 법으로 규정한 것이다. 모든 도시와 자치읍 등이 공공고용을 위해 양모, 대마, 아마, 철 등의 일감을 비축할 것을 규정한 것이 그것이다. 치안판사가 필요하다고 판단하면, 도시와 자치읍뿐 아니라 마켓타운 같은 곳에서도 시행할 수 있었다. 이러한 프로그램은 런던과 노리치를 비롯한 많은 도시에서 이미 시도된 것으로 획기적인 발상이라고 볼 수는 없었다. 그러나 노리치를 제외하고는 대부분 실패했음에도 중앙정부가 이를 과감하게 도입하여 전국적으로 확대 시행한다는 의미는 있었다.

여기에서 1571년에 시행된 노리치의 공공고용제도를 살펴볼 필요

---

31   18 Elizabeth, c3.

가 있다. 시내에 작업장을 설치하여 빈민들을 수용했는데, 기간은 최소 21일로 정했다. 작업시간은 여름에는 아침 5시부터 저녁 8시까지, 겨울에는 아침 6시부터 저녁 7시 또는 7시 30분까지였으며 중간에 15분간의 기도 시간이 있었다. 남자는 맥아를 맷돌에 가는 작업을 했으며, 여자는 실을 잣거나 양털이나 천의 보풀을 세우는 작업을 했다.[32] 그러니까 1576년의 법은 이러한 지방제도를 참고하여 만든 것이다.

또한 1576년 법은 모든 카운티에 교화소를 설립할 것을 규정했다. 교화소는 다루기 힘든 불한당이나 공공고용을 거부한 사람들을 수용하여 강제노역을 시키기 위한 곳으로 강한 노동 강도와 엄격한 수용 환경을 유지하는 것은 물론 수용자들에게 때때로 체벌을 가함으로써 교화라는 수용 목적을 이루고자 했다.

1598년 빈민법[33]은 새로운 아이디어를 도입하기보다는 행정과 절차를 간소화하여 빈민 관련 업무를 효율적으로 추진할 수 있도록 법률을 보완 및 구체화한 것이 특징이다. 모든 빈민구제 행정을 4명의 민생위원과 교구교회 부제로 이루어진 교구당국에 맡기고 치안판사는 주로 감독권만을 행사하도록 했다. 교구의 주요 구빈 업무는 빈민 조사, 예산 책정 및 구빈세 징세, 노동 능력 없는 빈민의 구제, 빈민 자녀 도제수업 알선, 노동 능력 있는 빈민을 위한 일자리 마련, 공공고용을 위한 일감 재료 비축 등이었다.

치안판사는 각 교구의 민생위원을 임명하고 그들의 업무를 감독하는 역할을 맡았다. 치안판사의 업무 중 몇 가지 특기할 만한 것은 에스

---

[32] "Working Place at the Normans for men and women(1571)", *Tudor Economic Documents*, ii, pp. 319~320.

[33] 39&40 Elizabeth, c3, 39&40 Elizabeth, c.4.

파냐와의 전쟁에 참전했던 제대군인들에게 일자리를 마련해주는 것이었고, 이 책무를 수행하기 위해 해당 제대군인의 거주 교구에 대해 특별 징세권을 행사할 수 있었다.[34] 또한 어떤 특정교구 전체가 경제적 어려움에 처해서 구빈세 징세가 어렵다고 판단될 경우, 치안판사가 이 교구의 빈민구제 업무를 돕기 위해 다른 교구에서 징세권을 행사할 수 있도록 한 것도 특기할 만한 일이다.

1598년 빈민법은 또한 부랑 빈민의 처벌 절차를 대폭 간소화했다. 불한당, 부랑인, 그 밖에 노동 능력 있는 빈민의 구걸행위 등의 범죄를 처벌하기 위해서 재판을 할 필요가 없었다. 단순히 지방당국이 채찍형을 가하고, 출생지나 거주지 등 연고지로 돌려보내면 되었다. 위험하거나 구제불능인 부랑인들은 치안판사가 따로 관리하여 일자리를 가질 때까지 감옥에 가두고 노역을 부과하도록 했다. 치안판사는 또 누범자를 처형하거나 갤리선에서 무기한 노역하도록 처분할 권리를 가졌다. 이 밖에 1598년 법은 치안판사에게 관할 카운티에 1개 이상의 교화소를 짓도록 했고, 건립과 운영에 필요한 모든 조치를 취할 것을 규정했다.[35]

원래 1598년 빈민법은 한시적인 법으로 1601년에 거의 같은 내용으로 재입법되었다. 빈민들에게 일자리를 제공하는 절차가 약간 보완되었을 뿐이다. 1601년 빈민법[36]도 한시법이었으나 스튜어트 시대에 재입법 과정을 거쳐 공고화되었다. 다시 말하면 1598년 빈민법이 1834년에 신빈민법이 제정되기까지 200년이 넘도록 영국 빈민 정책

---

34   39&40 Elizabeth, c.17, 39&40 Elizabeth, c.21.

35   39&40 Elizabeth, c.5.

36   43 Elizabeth, c.2.

의 근간이 되었던 것이다.

4. 법과 현실 사이

1597년에 헨리 아트(Henry Arth)는 법이 제대로 시행되었다면 지금과 같이 많은 빈민이 극심한 고통을 겪는 일은 없을 것이라며, 노동 능력이 있는 사람들이 제대로 일을 하고 있는지, 생계를 유지할 정도의 임금을 받고 있는지, 노동을 기피하는 게으른 부랑 빈민들이 법에 따라 제대로 처벌받고 있는지를 조사해야 한다고 주장했다. 법이 있는 것과 법이 제대로 시행되는 것은 별개의 문제라는 인식이 여기에 깔려 있다.[37]

노동 능력이 있는 빈민들에게 일자리를 제공한다는 이른바 '노동' 조항은 엘리자베스 빈민법이 도입한 빈민구제제도 중 가장 실패한 것으로 간주하는 사람들도 있다. 국왕법정의 수석판사였던 매슈 헤일(Matthew Hale)이 1683년에 발표한 '빈민을 위한 대책에 관한 담화(Discourse Touching Provision for the Poor)'를 살펴보면 엘리자베스 빈민법은 제대로 시행되고 있지 못했음을 알 수 있다. 수석판사가 직접 나서서 '노동 조항'을 적극적으로 집행하는 것이 법이 추구하는 핵심적 가치를 실현하는 것이라고 강조하는 상황 자체가 법이 제대로 시행되지 못하는 상황을 반증한다는 해석이다. 그러나 지역별 편차가 심해서

---

37 "Provision for the Poore(c.1597)", *Tudor Economic Documents*, iii, pp. 448~449.

'실패'라고 단정 지을 수 없다는 의견도 있다.

현재 남아 있는 불완전한 기록에 의지하여 온전히 공공고용제도를 평가하는 것은 불가능하다. 특정 시기, 특정 지역의 경우는 유명무실했다고 보아도 무방할 정도다. 1597년 버킹엄셔의 117개 교구 중 빈민 고용을 보고한 곳은 2개 교구다. 1599년도 빈민구제 행정 기록이 남아 있는 에식스의 4개 교구 중 2개 교구가, 1606년 보고서를 제출한 워릭셔의 86개 교구 중 4개 교구만이 빈민 고용을 시행한 것으로 보고되었다.

반면 비교적 활발하게 운영된 것으로 볼 만한 기록도 있다. 1636년 7월, 기록이 남아 있는 노팅엄셔의 20개 교구 중 11개 교구가 각각 11파운드에서 50실링에 해당하는 일감을 비축하고 있었다. 또한 1637년 3월에는 보고서를 제출한 60개 교구 중 45개 교구가 노동 능력이 있는 빈민들에게 일자리를 제공했다. 이러한 기록들은 지역별, 시기별 편차가 있지만 공공고용제도가 실패했다고 단정 지을 수 없는 근거가 된다.[38]

빈민을 위한 일감 재료 비축은 노인, 장애인 등 노동 능력을 상실한 사람들이 아니라 실업 및 반실업 상태의 노동 능력 있는 빈민들에게 일자리를 제공하기 위한 것이었다. 혼인 여부와 관계없이 안정적인 일자리가 없어서 생계를 유지하기 어려운 성인 및 부모가 양육할 형편이 안 되는 빈민 자녀들도 그 대상이었다. 그들은 특별한 기술이 없어도 할 수 있고, 상품화되기 쉬운 것을 만드는 일에 투입되었다. 예를 들어

---

38   NA, SP16/329/63, 349/86; Steve Hindle, *On the Parish?: The Micro-Politics of Poor Relief in Rural England c.1550~1750* (Oxford: 2004), pp. 180~181.

리넨 실 짜는 일, 양털로 실을 잣는 일, 삼을 다발로 엮는 일 등이었다. 특히 리넨은 앞치마, 셔츠, 냅킨 등의 재료로 널리 사용되고 있어서 상품화가 용이했다. 스튜어트 시대 정부는 빈민 고용을 농업 분야에까지 확대하려고 했다. 민생위원들의 호응이 적어 성공을 거두지 못했다는 분석이 있는가 하면, 기록이 없을 뿐이지 최소 10퍼센트에 해당하는 농촌지역에서 빈민 고용제도가 안정적으로 시행되었을 것이라는 추정도 있다.

여기에서 1601년에 나온 교구 민생위원들을 위한 핸드북을 살펴볼 필요가 있다. 핸드북은 빈민들에게 익숙하지 않은 일을 시키지 말 것을 권고하고 있다. 그럴 경우 그들의 노동을 통해 거두어들이는 수익보다 교육에 들어가는 비용이 더 클 것이라는 이유였다. 또한 핸드북은 노동 참여 빈민들의 성별, 나이, 육체적 강도에 따라 노동의 양과 종류를 차별화할 것을 권고하고 있다.

핸드북은 또한 노동의 규율을 엄격하게 지켜야 하고, 특히 빈민들의 노동 능력과 생산성을 면밀하게 계산하여 일이 끝난 후 받을 보수를 각자가 예상할 수 있게 해야 한다고 강조하고 있다. 또한 빈민들이 생산한 상품은 반드시 팔아서 빈민들에게 보수로 지급되도록 관리해야 했다. 이 문제와 관련하여 헨리 아트의 증언은 구체적인 장면을 제공해준다. 그에 따르면 웨이크필드는 법이 잘 운영되어 구걸행위를 전혀 목격할 수 없었던 곳인데, 이곳의 작업장에서는 양모를 1파운드 방적할 때마다 임금 5~8펜스씩을 의무적으로 지급하도록 했다.[39]

---

39 "Provision for the Poore(c.1597)", *Tudor Economic Documents*, iii, pp. 449~450.

'노동' 조항이 제대로 지켜지지 못했다면 가장 근본적인 이유는 아마도 돈 문제였을 것이다. 일감 재료 비축과 노동자들에게 지불할 임금이 부족했을 것이라는 이야기다. 교구 고용제도의 대상이 되는 빈민의 수는 늘 유동적이었고, 예산 규모는 불확실했다. 거기에다 빈민법에는 노동에 참여한 빈민의 임금 수준에 대한 규정이 없어서 불확실성을 가중시켰다. 그리고 교구는 이러한 불확실성을 안고 제도를 운영하기에는 너무 작은 단위였다. 교구민들은 이 제도의 운영에 필요한 납세를 꺼렸고, 상인들은 이들 노동 빈민들의 임시적인 공동 고용주 겸 생산된 상품을 판매하는 입장이었지만 재료 값을 지불하려 하지 않았다. 적정한 일감이 비축될 수 없는 이유였다. 민생위원들은 교구민의 원망을 들으면서까지 '돈 많이 들고 비효율적인' 교구 고용제도를 운영할 생각이 없었다. 대신에 노동 능력이 없는 빈민구제에 집중하려는 경향이 있었다. 치안판사는 교구 감독권을 가지고 있었지만 어떤 교구가 이 제도의 운영을 태만하게 집행하고 있다고 판단하더라도 법적으로 강제할 권한이 없었다.

빈민 고용에 의해 생산된 상품도 이익을 내기 어려웠던 것 같다. 1607년 카우든에서 생산된 제품은 생산비용의 92퍼센트에 팔렸다. 영업비용 등을 빼더라도 8퍼센트의 적자를 본 것이다. 그러나 켄트의 크랜브룩 같은 곳에서는 17세기와 18세기에 걸쳐 지속적으로 빈민 고용을 실시하여 의류를 제조, 판매한 것으로 보아서 비교적 양호한 수지를 얻었을 것으로 추정된다. 이 점에서도 지역별 편차가 있었다는 뜻이다. 여기에서 놓치지 말아야 할 대목은 상당수의 교구들이 어느 정도 적자를 감수하더라도 빈민의 '게으름'을 추방하는 것이 궁극적으로 공동체의 이익에 합당하다고 여겨 제도의 취지에 공감하고 운영을 중단하지 않았다는 사실이다.

5. 절반의 성공: 빈민 자녀에 대한 직업교육

빈민 고용 분야에서 비교적 성공을 거둔 것으로 평가되는 것은 빈민
자녀에 대한 직업교육의 시행이다. 빈민 자녀들의 직업교육을 대안으
로 생각한 16세기의 전통은 17세기 후반 또는 그 이후까지 이어졌다.
그리고 그 저변에는 '게으름', '무질서', '무규율' 등을 빈곤층의 '하위문화'
의 속성으로 인식하고, 그것이 자녀들에게 대물림되어 재생산되는 것
을 방지해야 한다는 생각이 깔려 있었다. 매슈 헤일이 교구 민생위원
들에게 당부한 대목이 이러한 생각을 잘 대변하고 있다. "일자리가 있
어도 일 대신 구걸을 선택할 사람들이 있다. 만약 일을 해서 얻는 것이
구걸해서 얻는 것보다 낫다면 구걸을 그만둘 것이다. 빈민 자녀들에게
직업훈련을 시키면 부모의 구걸 습관과 격리될 수 있고, 적정한 조건
으로 노동할 수 있다는 실례를 보여주게 될 것이다."

하트퍼드셔(Hertfordshire)의 레이스턴(Layston)의 교구목사였던 알
렉산더 스트레인지(Alexander Strange)는 빈곤 가정의 자녀들은 게으
르게 양육될 수밖에 없고 나중에 성인이 된 이들을 받아들일 고용주는
없을 것이라며, 해결책은 오직 이들을 부모와 격리시켜 적절한 교육을
받게 하는 것이라고 역설했다.

여기에서 약간의 중복이 있다 하더라도 동시대인들의 생각을 조금
더 열거해볼 필요가 있다. 그만큼 빈민 자녀들의 직업교육에 대한 공
감대가 확산되고 있었음을 확인하기 위해서다. 윌리엄 퍼킨스(William

Perkins)는 구걸은 '게으름의 학교(a school of idleness)'이며, 교구가 실시하는 도제훈련은 '근면의 학교(a school of industry)'라며 빈곤층 자녀에 대한 직업훈련의 중요성을 강조했다. 앞에서 언급한 1601년 핸드북은 이렇게 적고 있다. "우리 시대에 빈곤층은 '어떻게 살아야 하는지'에 대해 아무런 생각 없이 결혼을 하고 아이들을 마구 낳는 바람에 이 세상은 인구가 늘고 가난해지고 있다. 자녀들은 축복이면서 부담이다. 따라서 빈곤층의 자녀들은 평생 정직한 직업을 가질 수 있도록 훈련받아야 한다. 그들의 부모들이 가난 때문에 그렇게 하지 못한다면 말이다."

17세기 초 레스터셔의 치안판사들에게 빈민 자녀들의 도제훈련은 단순히 자녀를 부모로부터 격리시키는 문제였다. '그렇게 함으로써 아이들은 일자리를 얻고, 적절한 교육을 받을 것이며, 부모로부터 물려받을 게으름과 무례함 등 치명적인 영향을 피할 수 있을 것'이라고 믿었다. 1622년 한 치안판사는 빈민층 자녀들에게 직조와 방적을 가르쳐야 한다면서, 만약 부모가 비용을 댈 수 없다면 교구가 교사의 보수를 대신 지불해야 한다고 주장했다.[40]

1630년대에 이르러 치안판사와 교구의 민생위원들은 이 제도의 긍정적 측면을 점차 이해하게 되었다. 빈곤층의 자녀들이 직업훈련을 통해 부모의 생활습관으로 체화된 '게으름'의 습관과 결별하고 '근면과 절약의 가치'를 익힐 뿐만 아니라, 장차 성인이 되어 적절한 임금을 받을 수 있는 기술을 습득함으로써 빈곤에서 벗어나게 하는 장점이 있다고 본 것이다. 더구나 이 제도는 빈곤 가정의 자녀 양육 부담을 경제적으

---

40   NA, SP16/193/89, 216/103; Steve Hindle, *On the Parish?*, p. 217.

로 나은 계층으로 분산시키는 '부담의 분배'라는 측면이 있었다.

그러나 빈곤층의 자녀들에게 직업훈련을 시킨다는 것이 빈곤 문제 해결과 관련하여 아무리 설득력이 있다 하더라도 현실적으로 많은 장애물에 부딪힐 수밖에 없었다. 가장 빈번하게 발생하는 문제는 동전의 양면과도 같았다. 한편으로는 정부 정책에 순응하지 않는 장인들이 그들을 도제로 받아들이길 꺼려했고, 다른 한편으로는 빈곤층 부모들이 어린 자식을 낯선 사람에게 보내 도제훈련을 받게 하는 것을 원하지 않았다.

17세기 영국에서 사회조직의 기본은 가구였다. 경제생활도 마찬가지였다. 가구경제에서 7~8세에 이른 자녀들은 모종의 생산활동에 참여하여 생계에 보탬이 될 것으로 기대되었다. 그런데 어떤 가정의 자녀들은 경제활동에 참여해서 가구경제에 기여하는가 하면, 어떤 가정의 자녀들은 그렇지 못해서 가구경제에 부담을 주었다. 그렇다면 엘리자베스 빈민법에서 정한 도제훈련의 대상은 누구인가? 법은 이를 정확하게 규정하지 않았다. 핸드북 등 당시의 행정지침에서는 부모로부터 제대로 양육받을 수 없는 자녀들이 대상이며, 이들은 남자 24세, 여자 21세에 이를 때까지 교구가 정해주는 곳에서 도제훈련을 받아야 한다고 서술하고 있다. 그러면서도 어떤 장인에게 맡길 것인지에 대해서는 애매하게 규정하고 있다.

빈민법은 빈곤층 자녀에 대한 도제훈련을 어느 당사자가 거부할 경우 당국이 이를 강제할 법적 권한을 명시적으로 부여하지 않았지만, 17세기 영국 법정은 대체로 그 강제력을 인정하는 경향이 있었다. 1631년에 전국의 치안판사들에게 전달된 《행정명령집(The Book of Orders)》은 찰스 1세 시대에 만들어진 지방행정과 관련된 중요한 문서인데, 여기에서 가장 중요하게 다루어진 문제 중 하나가 바로 빈민 자녀의 도제훈련에 관한 것이다. 이 명령집에 따르면 첫째, 모든 교구의 빈민 자녀들은 제조업 또는 농업 분야에서 도제훈련을 받아야 한다. 둘째, 이와 관련한 비용은 교구에서 부담한다. 셋째, 어떤 당사자라도 이를 거부하면 법에 의해 처벌한다.

그로부터 2년 뒤인 1633년에 국새상서 토머스 코번트리(Thomas Coventry)가 "이를 거부하는 사람들에게 엄격한 절차를 밟을 것"을 재차 지시한 것을 보면 논란이 종결되지 않았던 것 같다. 같은 해 국왕법정의 수석판사였던 로버트 히스(Robert Heath)는 노퍽 순회법정에서 제기된 논쟁과 관련하여, 법의 강제력은 빈민 자녀의 부모, 고용주(장인), 교구 담세자 모두에게 적용될 수 있으며, 특히 부모에 대해서는 감옥에 보내거나 교화소에 수용할 수 있다고 선언함으로써 재차 문제를 종결시키고자 했다.[41]

좀 더 편의적인 방법으로는 자녀의 도제훈련에 응하지 않는 부모를 교구의 빈민구제 대상에서 제외하는 경우도 있었다. 심지어 17세기 초반 런던의 빈곤층은 만약 자녀를 아메리카의 버지니아 식민지로 보내는 데 동의하지 않으면 앞으로 빈민구제 수당을 받지 못할 것이라는 경고를 들어야 했다.[42]

---

[41]   NA, SP16/255/46, T. G. Barnes, ed., *Somerset Assize Orders, 1629~1640* (Somerset Record Society, 65, Taunton, 1959), pp. 63~70; Steve Hindle, *On the Parish?*, pp. 198~199.

[42]   R. C. Johnson, "The Transportation of Vagrant Children from London to Virginia, 1618~1622", H. S. Reinmuth, ed., *Early Stuart Studies in Honour of David Harris Wilson* (Minneapolis: 1970), p. 142; Steve Hindle, *On the Parish?*, p. 197.

고용주, 즉 장인에게 빈민 자녀의 직업훈련을 맡길 것을 강제하는 문제는 부모의 경우보다 더 어려움이 있었던 것 같다. 그럼에도 불구하고 17세기 중반 무렵의 기록을 살펴보면 법정은 이들에 대해서도 비교적 충실하게 법의 강제력을 인정하려 했던 것으로 보인다. 실제로 1648년 솔즈베리 순회법정은 도제훈련 맡는 것을 거부한 장인을 감옥에 보내기도 했다.[43] 그러나 장인들에 대한 법의 강제력을 둘러싼 논란이 완전히 사라진 것은 1697년에 의회가 이를 인정하는 새로운 법을 만든 뒤였다. 새로운 법은 지역의 장인들이 교구에서 배정한 빈민 자녀 도제훈련을 거부하면 무거운 벌금을 부과할 수 있다고 명시했다.[44]

판사들은 왜 법의 강제력을 인정했을까? 짐작컨대, 첫째는 부모가 양육할 수 없는 자녀들을 도제훈련에 참여시키면 자녀들이 혜택을 받을 수 있기 때문이었다. 둘째, 빈민 가정에 지급되는 빈민구제 수당을 줄여줌으로써 결과적으로 담세자들의 부담을 덜어주는 긍정적 효과를 기대했을 것이다. 국새상서 프랜시스 베이컨은 판사들의 이런 판단을 적극 지지했으며, 도제훈련의 분야로 직물산업을 추천하기도 했다.[45]

공공고용과 마찬가지로 빈민 자녀들의 도제훈련이 얼마나 효율적으로 또는 지속적으로 시행되었는지에 대해서도 단적으로 이야기하기 어렵다. 그럼에도 불구하고 현재 전해지는 기록들을 분석해보면 지역별, 시기별 편차는 있지만 비교적 안정된 제도로 자리 잡아가고 있었

---

43   J. S. Cockburn, ed., *Western Circuit Assize Orders, 1629~1648: A Calendar* (Camden Society, 4th ser., 17, London: 1976), p. 286 (no.1198); Steve Hindle, *On the Parish?*, p. 201.

44   8&9 William III, c.30.

45   J. Spedding et al., eds., *The Works of Francis Bacon*, vol. xiii (London: 1857~1874), pp. 302~306.

던 것 같다. 예를 들면, 1619년 하트퍼드셔는 무려 1500명이 넘는 빈민 자녀들을 도제훈련에 배당했는데, 이는 카운티의 7~16세 청소년의 약 30퍼센트에 해당하는 숫자다. 또한 1633년 추밀원에 보고된 기록을 보면 지난 1년 사이 요크셔에서 도제훈련에 배당된 자녀들의 수는 무려 1627명에 이르렀다.[46]

가장 큰 문제는 빈민 자녀들에게 작업장을 배정한 뒤에 사후관리가 제대로 이루어지지 못한 점이다. 예를 들면 바로 위에서 언급한 바와 같이 하트퍼드셔에서 1619년에 도제훈련에 배정되었던 빈민 자녀들을 5년 후인 1624년에 조사해보니 이들 대부분이 작업장을 이탈하여 귀가했음이 드러났다. 이들이 작업장을 이탈한 이유는 무엇이었을까? 첫째는 고용주, 즉 자녀들의 훈련을 맡은 장인의 책임이다. 이 제도를 운영하는 데 있어서 가장 큰 난제는 자발적으로 빈민 자녀를 받아들이려고 하는 장인이 많지 않았던 것이다. 장인들은 아이들이 게으르고 정직하지 못하며 도벽 등의 습관이 있다면서 아이들을 맡기를 꺼려했다. 처벌이나 다른 불이익을 두려워해서 도제훈련을 반강제적으로 떠맡은 장인들 중에는 아이들을 학대하거나 심지어 아이들이 작업장을 무단이탈하도록 종용하거나 방조하는 경우도 있었다.[47]

두 번째 문제는 부모들이었다. 부모들은 어쩔 수 없이 아이들의 도제훈련에 동의했지만, 장인이 아이들을 거칠게 다루는 모습을 보고서

---

46   NA, SP16/259/88; Steve Hindle, *On the Parish?*, pp. 206~207.

47   M. G. Davies, *The Enforcement of English Apprenticeship, 1563~1642: A Study in Applied Mercantilism* (Cambridge, Mass.: 1956), p. 211; T. G. Barnes, *Somerset, 1625~40: A County's Government during the Personal Rule* (Cambridge, Mass.: 1961), p. 186; Steve Hindle, *On the Parish?*, pp. 208~209.

는 아이들로 하여금 일부러 버릇없이 굴거나 하여 쫓겨나도록 만드는 경우가 많았다. 빈민 자녀의 작업장 이탈은 한동안 치안판사와 교구 관리들을 끊임없이 괴롭히던 문제였으나 시간이 지나면서 긍정적인 측면이 부정적인 측면을 능가하기 시작했다.

빈민 자녀들의 직업훈련 제도가 안정적으로 운영되기 시작했다는 평가를 받는 1630년대를 기준으로 볼 때, 도제로 취업한 빈민 자녀들은 남자가 약 70퍼센트, 여자가 30퍼센트 정도를 차지했다. 이는 여자아이들의 경우 어릴 때부터 실잣기나 편물 등 가내수공업에 종사함으로써 가구경제에 이바지할 수 있었고, 또 부모들이 자신들의 보호가 미치지 못하는 곳으로 딸을 보내려고 하지 않았기 때문으로 분석된다.[48]

치안판사나 교구 관리들이 신경 쓴 것은 아이들의 성별보다 나이였던 것 같다. 교육의 영향을 잘 흡수할 수 있는 감수성을 중요시했기 때문이다. 《민생위원들을 위한 지침서(An Ease for Overseers of the Poore)》는 "나무의 잔가지가 초록일 때 가장 잘 구부려지듯이, 빈민 자녀들도 어릴 때가 가장 적합하다"라고 쓰고 있다.[49] 치안판사들이 생각하는 최적의 나이는 일곱 살이었다. 이때가 게으름이나 다른 사악함에 오염되지 않은 연령이라고 보았기 때문이다. 그러나 실제로 빈곤층 자녀들이 도제훈련에 돌입한 연령은 아홉 살 무렵이었던 것으로 추정되며 여자

---

48 P. Sharpe, "Poor Children as Apprentices in Colyton, 1598~1830", *Continuity and Change*, 6 (1991), pp. 256~259; Steve Hindle, *On the Parish?*, pp. 212~213.

49 *An Ease for Overseers of the Poore*, p. 27.

아이들이 남자아이보다 조금 더 빨랐던 것 같다.[50]

6. 도덕적 타락과 경제적 효용: 빈민을 보는 사회적 태도

"도둑질을 한다, 게으르고 일을 싫어한다, 성적으로 헤프다, 자신의 삶을 향상시키려는 의지가 없다" 등등 빈민을 도덕적으로 타락한 집단 또는 잠재적 범죄집단으로 보는 사회적 시선은 빈민에 대한 억압적 또는 낙인화(stigmatization) 정책의 심리적 동기로 작용했다. 주류사회의 규범에 합당하지 않은 주변집단의 행위양태를 부정적으로 보고 법적 제재나 집단적 경멸의 대상으로 규정하는 전통은 중세 말 이후 특히 '노동 능력이 있는 빈민들'에게 집중되었다.

16세기 들어 새로운 관점이 나타났다. 빈곤을 하나의 경제적 현실로 인식하면서 비자발적 실업의 존재를 확인하기 시작한 것이다. 정부가 이러한 경제적 현실을 타개하기 위해 적극적으로 개입해야 한다는 목소리가 나왔다. 농업과 제조업 등 산업을 진작시켜 일자리를 늘리고, 일자리가 없는 빈민들을 위해 정부가 공공고용을 시행해야 한다는 주장도 제기되었다. 1536년에 공공고용을 주요 내용으로 하는 의회 입법이 시도되었으나 실효를 거두지 못하고 그 후 70년 동안 10여 차례의 입법 과정을 거쳐 1598년에야 공공고용에 대한 법적 토대가 마련되었다.

그럼에도 불구하고 빈민에 대한 불신, 빈민의 도덕적 타락에 대한

---

50   NA, SP16/310/65; Steve Hindle, *On the Parish?*, pp. 213~214.

경계는 상당 기간 끈질긴 생명력을 가지고 지속되었다. 19세기 영국에서는 노동 능력을 가진 빈민들은 모두 '부끄러워할 줄 모르는 뻔뻔스러운 집단'으로 매도당하는 경향이 있었다. 복지에 의존하는 빈민들이 주제도 모르고 일찍 결혼해서 자녀를 출산하는 것이나 오락을 즐기는 행태는 16세기와 마찬가지로 도덕적 불감증, 나아가 사회악으로 규정되기도 했다. 16세기에서 18세기에 이르는 기간 동안 공공고용이라는 당근과 노동 기피자에 대한 처벌 및 교화소 수용이라는 채찍은 원칙적으로는 확실하게 구별되어 시행되어야 했지만 실제로는 그 경계가 모호한 경우가 많았으며, 이 모호성이야말로 18세기의 악명 높은 공공작업장, 그리고 1834년 신빈민법에서 규정한 '원내구제의 원칙'을 낳게 한 근본적인 이유였다.

빈민을 경제적 효용의 대상으로 인식하는 것도 오래된 사회적 태도다. 사회를 유기체적인 존재로 인식한 플라톤의 철학적 전통을 이어받아 중세와 근대 초기에도 계층 간의 상호협력적인 조화와 균형을 강조하면서 생산을 담당하는 노동자 계층의 경제적 기능을 중시했던 것이다. 따지고 보면 중세 영주들이 경제적 곤경에 처한 농노들을 보호한 행위에도 이러한 경제적 인식이 작용한 것이고, 영국의 장인법 또한 기본적으로 노동인력 부족을 극복하기 위한 방편으로 만들어진 것이다. 이러한 관점에서 볼 때 비자발적 실업 상태이건 노동 기피자이건, 노동 능력이 있는 빈민들이 일을 하지 않는다는 것은 노동계층의 사회적 기능이 정상적으로 작동하지 않고 있는 것이며, 이들의 경제적 효용이 활성화되지 못한 상태인 것이다. 튜더 빈민법의 공공고용 조항과 강제노동 조항은 이러한 비정상적인 상황을 정상으로 되돌리려는 시도였다.

노동 능력이 있는 빈민들에게 적용된 튜더 빈민법의 원칙은 엄밀히 말하면 빈곤으로부터의 구제가 아니라 생존수단이 결핍된 상태로부터의 구제였다. 생존수단이란 곧 일자리를 의미하며, 튜더 빈민법은 노동 능력이 있는 빈민들에게 공공고용을 통해 일자리를 제공하도록 규정했던 것이다. 그런데 문제는 앞에서 살펴본 바와 같이 공공고용이 현실적으로 여의치 않았다는 점이다. 어찌 보면 영국에서 공공고용이 좀 더 안정적인 제도로 자리 잡은 것은 1723년의 공공작업장 법(Workhouse Test Act 또는 Knatchbull's Act) 이후였다. 이 법은 교구의 민생위원 등 교구 관리들에게 공공작업장을 설치할 수 있는 권한을 주고 민간사업자와 계약을 맺어 이를 운영할 수 있게 했다. 더 효율적이고 경제적인 운영을 위해 필요하다면 다른 교구와 연대할 수도 있었다.

공공작업장은 노동 기피자에게 강제노역을 부과하던 교화소와는 분명히 기능이 달랐지만 런던의 브라이드웰(Bridewell)과 마찬가지로 빈민들에게 도덕성 교화 기능을 제공할 것으로 기대되었다. 다시 말하면 공공작업장이 원활하게 기능하게 되면 빈민들이 생산적 노동에 참여하여 국가 경제에 기여함과 동시에 그들의 도덕적 타락도 막아줄 것이라는 기대였고, 그 기대에는 빈민에 대한 오랜 사회적 태도 두 가지가 모두 작용했다는 의미다. 그리고 작업장의 열악한 노동조건과 생활 환경은 그러한 기대가 반영된 증거였다. 일반인들이 공공작업장을 계속해서 브라이드웰 또는 교화소라고 부른 것도 같은 이유였다. 이러한 전통은 신빈민법을 통해 19세기까지 끈질기게 이어졌다.

우리는 근대 초기 영국에서 공공고용제도가 얼마나 효율적으로 운영되었는지 현재 남아 있는 기록만 가지고는 충분한 이야기할 수 없다. 그럼에도 불구하고 분명한 점은 앞에서 말한 빈민에 대한 두 가지 상반되는 사회적 시각이 근대 초기의 공공고용제도 운영에도 적지 않은 영향을 미쳤다는 것이다. 이러한 태도들이 구빈제도의 운영에 지속적으로 영향을 미쳤다는 사실은 18세기 이후의 기록을 통해서도 충분히 확인할 수 있기 때문이다. 빈민들에 대한 주류사회의 사회적 태도가 때로는 공공고용제도를 긍정적인 방향에서, 때로는 부정적인 방향에서 끌고 갔다는 점에서, 오늘날 우리 사회에서 논의되고 있는 생산적 복지와 관련하여 시사하는 바가 적지 않다.

참고문헌

1. 사료

Bacon, Francis, *Works of Sir Francis Bacon*, ed. by James Spedding, Robert Leslie Ellis and Douglas Denon Heath, 7vols. (London: 1859~1870).

Bacon, Francis, *The Works of Lord Bacon*, 2 vols. (London: 1838).

Barnes, T. G., ed., *Somerset Assize Orders, 1629~1640* (Somerset Record Society, 65, Taunton, 1959).

Brewer, J. S., Robert Henry Brodie, eds., *Letters and Papers, Foreign and Domestic, of the Reign of Henry VIII*, 21 vols. (London: 1862~1910).

Calendar of State Papers, Spanish (London: 1862~1954).

Crowley, Robert, *Select Work of Robert Crowley*, ed. by J. M. Cowper (E.E.T.S., 1872).

Jordan, W. K., ed., *The Chronicles and Political Papers of King Edward VI* (Cornell University Press, 1966).

J. S. Cockburn, ed., *Western Circuit Assize Orders, 1629~1648: A Calendar* (Camden Society, 4th ser., 17, London: 1976).

Morison, Richard, A Remedy for Sedition (1536), ed. by D. S. Berkowitz, *Humanist Scholarship and Public Order: Two Tracts on against the Pilgrimage of Grace* (Washington, London and Toronto: Folger Books, 1984).

Smith, Thomas, *A Discourse of the Commonweal of this Realm of England*, ed. by Mary Dewar (The University Press of Virginia, 1969).

Starkey, Thomas, *A Dialogue between Cardinal Pole and Thomas Lupset*, ed. by T. F. Mayer (Royal Historical Society, 1989).

Tawney, R. H. & Eileen Power, eds., *Tudor Economic Documents*, 3 vols. (London, New York, Toronto: 1924).

Vives, Juan L., *De Subventione Pauperum sive de humanis necessitatibus* (Bruges: 1523), F. R. Salter, ed., *Some Early Tracts on Poor Relief* (Methuen: 1926).

2. 연구서와 논문

허구생, 《빈곤의 역사, 복지의 역사》 (한울, 2002).

허구생, 《근대초기의 영국》 (한울, 2015).

Barnes, T. G., *Somerset, 1625~40: A County's Government during the Personal Rule* (Cambridge, Mass.: 1961).

Davies, C. S. L., "Slavery and Protector Somerset: the Vagrancy Act of 1547", *Economic History Review*, 2nd ser., vol. 19 (1966).

Davies, M. G., *The Enforcement of English Apprenticeship, 1563~1642: A Study in Applied Mercantilism* (Cambridge, Mass.: 1956).

Geremek, Bronislaw, Agnieszka Kolakowska, tr., *Poverty* (Oxford: 1994).

Guy, John, *Christopher St. German on Chancery and Statute* (Seldon Society, 1985).

Hindle, Steve, *On the Parish?: The Micro-Politics of Poor Relief in Rural England c.1550~1750* (Oxford: 2004).

Johnson, R. C., "The Transportation of Vagrant Children from London to Virginia, 1618~1622", H. S. Reinmuth, ed., *Early Stuart Studies in Honour of David Harris Wilson* (Minneapolis: 1970).

Mollat, Michel, Arthur Goldhammer, tr., *The Poor in the Middle Ages: An Essay in Social History* (Oxford: 1986).

Sharpe, P., "Poor Children as Apprentices in Colyton, 1598~1830", *Continuity and Change*, 6 (1991).

Slack, Paul, "Social Policy and the Constrains of Government, 1547~58", Jennifer Loach & Robert Tittler, eds., *The Mid-Tudor Polity* (London: 1980).

5장

근대 초기 프랑스의
빈민 감금 정책에 나타난 종교성

이성재

1. 빈민 '대감금'에 대한 재평가

1656년 파리에 종합병원(Hôpital général)[1]이 설립되었고, 이때부

---

[1] 파리의 종합병원은 5개의 병원으로 구성되었다. 우선 행정사무국이 있던 연민병원 (Pitié)은 주로 어린 소녀들과 아동들을 수용했다. 1663년에 그곳에는 1300명이 수용 되었는데 그중 236명이 침상에 누운 환자였고, 687명이 노동을 했으며, 351명의 소 녀와 120명의 소년이 교육을 받았다. 둘째로, 살페트리에르(Salpêtrière)는 여성들 만 수용했다. 이 병원은 463개의 침대를 가지고 있었고 이후에는 추가 건물들과 창녀 를 위한 교정의 집도 건설되었다. 1666년에 2300명의 빈민 여성이 수감되었고, 1679 년에는 거의 4000명에 육박했다. 상이군인을 위한 보호소였던 비세트르(Bicêtre)는 1000~1400명의 빈민 남성을 수용했다. 사보느리(Savonnerie)는 취학 연령의 소년 들을 위한 곳이었고, 스키피온(Maison Scipion)은 임산부와 신생아를 위한 곳이었다. Bronislaw Geremek, *La Potence ou la Pitié* (Paris: 1987), p. 284. 이를 보면 당 시의 Hôpital을 의사가 환자를 치료하는 장소로 규정하는 것은 무리가 있음을 알 수

터 빈민에 대한 대규모의 감금조치가 실시되었다는 사실은 많은 역사가들의 관심을 받아왔다. 이에 대한 기존의 지배적인 해석은 16세기에 도시 차원에서 이루어지던 빈민에 대한 강압적 조치들이 17세기에 접어들면 중앙정부 차원에서 좀 더 체계적으로 발전하게 되었다는 것이었다. 레옹 랄르망(Léon Lallemand), 크리스티앙 폴트르(Christian Paultre), 브로니슬라프 게레멕(Bronislaw Geremek), 로베르 쥐트(Robert Jütte) 등의 연구는 한결같이 16~17세기의 빈민에 대한 태도가 매우 부정적으로 변화했다는 점과 빈민부조 정책의 세속화를 강조하면서 그 귀결점으로 앞서 언급한 종합병원의 창설을 들고 있다.[2] 실제로 그들이 근거로 제시했던 정부의 여러 법령들에 나타난 강제노동, 채찍질, 낙인, 심지어 사형 등은 빈민에 대한 조치가 매우 가혹했음을 보여준다.[3] 즉 이들 연구자들은 빈민에 대한 부정적 인식의 확산 결과로서 빈민 정책이 성직자들에게서 세속기관으로 이전되었다는 것을 강조하고 있다. 미셸 푸코(Michel Foucault) 역시 자신의 책《광기의 역사

있다. 교육, 의료, 노동, 감금, 부조 등의 다양한 역할을 이 기관이 맡고 있었다. 따라서 이에 합당한 용어를 한국어에서 찾기는 매우 힘들다. 원음 그대로 '오피탈'이라고 하더라도 현재의 병원과 혼동될 수 있기 때문이다. 이에 필자는 병원이라는 용어를 그대로 사용하고 대신 이 의미를 근대 초에 사용할 경우에는 앞서 언급한 다양한 역할을 포괄하는 방식을 채택하고자 한다.

2   Léon Lallemand, *Histoire de la charité*, vol. 4 (Paris: 1902~1912); Christian Paultre, *De la répression du vagabondage en France sous l'Ancien Régime* (Genève: Slatkine-Mégorios, 1975); Bronislaw Geremek, *La Potence ou la Pitié* (Paris, 1987); Robert Jütte, *Poverty and Deviance in Early Modern Europe* (Cambridge, 1994).

3   빈민뿐만 아니라 빈민에게 적선을 행한 사람도 처벌을 받았다. 실제로 신분의 고하를 막론하고 거리나 교회에서 보시를 하는 행위는 벌금형에 처한다는 규정을 파리 고등법원의 법령(1535년 2월 5일)에서 확인할 수 있다. Bronislaw Geremek, *La Potence ou la Pitié*, p. 193.

(*Histoire de la folie à l'âge classique*)》[4]에서 파리 전체 인구의 약 1퍼센트[5]가 종합병원에 수감되어 있었다고 말하면서 당시 사회가 비이성(광인)을 사회로부터 배제시키려고 노력했음을 강조했다.

이에 대해 비판적 입장에 있는 연구들은 정부의 조치와 달리 당시에 성직자들이 자선활동을 꾸준히 전개하고 있었으며, 빈민에 대한 인식도 중세의 긍정적인 이미지를 그대로 유지했다고 주장한다. 캐트린 노르버그(Kathryn Norberg)는 1660~1814년의 그르노블에 대한 연구를 바탕으로 마들렌회(Ordre de la Madeleine)와 고아회(Ordre des Orphelins) 같은 여성 자녀회들의 자선활동이 중세적 심성의 연장선에서 이루어졌음을 밝혔다.[6] 또한 바바라 디펜도르프(Barbara B. Diefendorf)의 연구는 17세기의 대감금(Grand Renfermement) 시대에 마담 아카리(Madame Acarie), 마르게리트 드 실리(Marguerite de Silly), 루이즈 드 마리약(Louise de Marillac) 같은 여성들이 뱅상 드 폴(Vincent de Paul)과 함께 지속적인 부조를 전개하고 있었음을 보여주며, 더 나아가 당시 여성들의 자선활동은 그들이 능력을 펼쳐 보일 수 있는 사회적 공간의 확보라는 측면에서 의의가 있다고 지적했다.[7] 이와 더불

---

4   Michel Foucault, *Histoire de la folie à l'âge classique* (Paris: 1972). 김부용 옮김, 《광기의 역사》(인간사랑, 1991), 2장을 참조하라.

5   이 수치에 대해서는 부연 설명할 필요가 있다. 푸코는 약 6000명이 종합병원에 수감되어 있다고 했지만 당시 파리 인구가 대략 40만 명으로 추산되기 때문에 1퍼센트라고 정확히 말할 수는 없을 듯하다. 그리고 게레멕은 17세기 말 종합병원에는 약 1만 명이 수감되어 있었다고 말했다. 종합해보면 파리 전체 인구의 1.5~2.5퍼센트가 이곳에 수감되어 있었다고 조심스럽게 말할 수 있을 것이다.

6   Kathryn Norberg, *Rich and Poor in Grenoble, 1608~1814* (Berkeley: 1985).

7   Barbara B. Diefendorf, *From Penitence to Charity: Pious Women and the Catholic Reformation in Paris* (Oxford: 2004).

〈그림 1〉 살페트리에르 전경

어 종합병원의 억압적 성격에 대한 비판도 제기되었다. 마리-클로드 디네-르콩트(Marie-Claude Dinet-Lecomte)는 블루아 지역에 관한 연구를 통해 "만약 종합병원이 18세기와 20세기의 몇몇 철학자들이 말한 것처럼 정말 끔찍한 감옥이었다고 한다면 왜 그들이 이곳에 들어가기 위해 노력했는지, 특히 빈민들의 35퍼센트가 거부당하고 거의 70퍼센트에 이르는 사람들이 즉시 입원하지 못했다는 사실을 이해하기 어렵다"[8]라고 말했다.

그러나 이처럼 빈민에 대한 태도를 상반되게 다룬 연구들은 각각 한쪽 측면만을 강조한다는 한계를 지니고 있다. 우선 전자는 대부분 정부의 공식문서들을 편협하게 해석하면서 중세와 근대의 단절성을 너무 크게 부각시켰다. 즉 정부의 법령 모두를 빈민에 대한 억압적 측면

---

8   Marie-Claude Dinet-Lecomte, "Recherche sur la clientèle hospitalière aux XVIIe et XVIIIe siècles: L'exemple de Blois", *Revue d'histoire moderne et contemporaine*, tome 33 (Juillet~Septembre, 1986), pp. 368~370.

〈그림 2〉 비세트르 전경

에서만 바라봄으로써 빈민에 대한 이미지가 급격하게 변화했다는 점
만을 강조하고 있는 것이다. 후자의 연구들 역시 한계를 보이는데 그
것은 개인적 자선의 연속성에 대한 지나친 강조로 인해 마치 정부의
대감금 정책에서 성직자들의 참여가 배제되었다는 인상을 준다는 점
이다. 이는 실제로 대감금 정책에 깊숙이 간여했던 몇몇 성직자들의
활동을 과소평가했다는 문제점을 안고 있다.[9]

이 글에서는 우선 감금으로 대표되는 새로운 빈곤 정책이 전자의 주
장과 같이 빈민을 억압하기 위한 것이 아니라 빈민을 '위한' 정책이었
음을 개인적 자선의 지속과 법령의 종교성을 통해 지적하고자 한다.
이를 통해 우리는 대감금의 근본적 의도가 중세와의 단절을 바탕으로
해서 나타난 것이 아니었음을 확인할 수 있을 것이다. 다음으로는 병
원 설립을 통한 감금 정책이 성직자를 배제한 세속화의 과정이 아니라

---

9   바바라 디펜도르프는 당시의 대감금이 전통적인 그리스도교적 정책과 상반되는 것이
     아니라 상호보완 관계였다고 주장했지만 주로 여성의 자선활동에 초점을 맞추고 있
     어 실제로 성직자들의 활동에 대한 분석은 소홀하다.

〈그림 3〉 파리 오텔디외

빈곤 문제를 해결하기 위한 사회 전체의 문제였음을 지적할 것이다. 특히 성사회(Compagnie de Saint-Sacrement)의 활동은 성속의 구별이 큰 의미가 없음을 보여주는 사례가 될 것이다. 마지막으로 가톨릭 성직자들의 종합병원에 대한 태도를 살펴봄으로써 감금 정책을 바라보는 성직자들의 다양한 시각을 살펴볼 것이다.[10] 특히 이 부분에서 강조하고자 하는 것은 대감금에 찬성했던 사람들이나 반대했던 사람들 모두 같은 종교적 의도에서 빈민을 돕고자 했다는 점이다. 이를 통해 대

---

10   참고로 빈민부조 정책에 대한 신교와 구교의 차이는 여기에서 다루지 않을 것이다. 왜냐하면 파리, 리옹, 오를레앙 등의 개별 도시들에 대한 연구에 따르면 당시 종교적 차이를 가진 인사들이 빈곤 문제를 해결하기 위해 공동의 노력을 보였기 때문이다. 이에 대해서는 이성재, 〈근대적 빈민부조 정책의 탄생: 16세기 프랑스 도시의 부조 정책을 중심으로〉, 서울대학교 석사학위 논문, 1999의 4장을 참조하라.

감금을 중세와 근대를 가르는 하나의 기준점으로 파악하는 것은 지나친 해석일 수 있음을 지적하고자 한다.

2. 개인적 자선의 지속과 법령의 종교성

필리프 사시에(Philippe Sassier)는 자신의 저서 《빈민의 선한 사용(*Du bon usage des pauvres*)》에서 "16세기부터 사회의 세속화(laïcisation de la société)를 통해 빈곤이 정치적 주제가 되었다"[11]라고 말했다. 즉 빈곤은 더 이상 '추상적' 혹은 '신학적'인 문제가 아니라 정부에 의해 관찰되고 묘사되어야 하는 구체적인 대상이 되었다는 것이다. 그러나 이 문제에 답하기 위해서는 감금과 관련된 정치적 현실을 좀 더 살펴보아야만 한다. 즉 정부의 빈곤 문제를 해결하려는 노력이 16세기와 17세기를 통해 계속되었다는 점은 명확하지만 그에 대한 해석은 달라질 수 있기 때문이다.

1) 개인적 자선

우선 지적할 수 있는 것은 국왕이 빈민에 대한 호의적인 태도를 보이면서 개인적인 자선을 지속적으로 하고 있다는 점이다. 이는 16~17세기의 공적 부조를 강조해왔던 기존의 견해와는 다른 모습을 보여준

---

11   Philippe Sassier, *Du bon usage des pauvres: histoire d'un thème politique XVIe~XXe siècles* (Paris: 1990), pp. 10, 62.

다. 1537년 7월 25일에 프랑수아 1세는 1200리브르를 시립병원인 오텔디외(Hôtel-Dieu)에 기부하면서 "빈민들의 부양을 위해, 그리고 나의 건강과 안녕을 위해 기도해달라"고 요구했다.[12] 1539년 3월 14일에도 그는 수납총관 장 라게트(Jean Laguette)에게 명하여 2000리브르를 파리 오텔디외에 보시함으로써 그곳의 빈민들이 포도주를 마시는 데 도움을 주고 싶다고 말했다.[13] 또한 1542년에는 900리브르가 왕의 이름으로 재무관 장 뒤발(Jean Duval)에 의해 이 병원에 제공되었으며, 1543년에는 1200리브르, 1544년에는 2000리브르, 그리고 앙리 2세 시대였던 1554년에는 500리브르를 희사하는 등 국왕의 개인적인 자선이 지속적으로 이루어졌다.[14] 1603년에 앙리 4세는 빈민 아동들에게 지대한 관심을 보인다. 그는 13벌의 옷을 13명의 빈민 아동에게 주기 위해 150리브르를, 그들의 식사를 위해서 30솔을, 그리고 이발사에게 6리브르를 제공하면서 그들의 발을 씻기고 머리를 깎아주라고 명했다.[15]

둘째로, 성직자와 세속인들 역시 이러한 형태의 개인적 자선을 계속해서 행했다는 점이다. 실제로 1536년에 프랑수아 1세는 각 교구의 '수치로 인한 빈민들(Pauvres honteux)'[16]을 위해 주임신부들이 그들

---

12   Archives de l'Assistance Publique, Compte de 1537, 52e reg; Marcel Fosseyeux,
     "L'Assistance Parisienne au milieu du XVIe siècle", *Mémoires de la Société de
     l'histoire de Paris et de l'Ile-de-France*, tome XLIII (1916), p. 95에서 재인용.

13   Michel Félibien, *Histoire de la Ville de Paris*, tome IV (Paris: 1725), pp. 696~
     697.

14   Marcel Fosseyeux, "L'Assistance Parisienne au milieu du XVIe siècle", pp. 95~
     96.

15   BN, ms. fr. 8133.

16   이 용어는 정확히 '부끄러워 자신이 빈민임을 드러내기를 꺼리는 자들'이라고 해야 맛

의 집을 가가호호 방문하여 도와줄 것을 명했다.[17] 또한 1596년 파리
시 자치회는 빈민의 부양을 위해 4월에서 8월 사이에 72만 7427개의
빵을 지급하기로 결정했다.[18] 또한 각 교구에 있는 자선소(Bureau de
Charité)에서는 매주 일요일 교구의 빈곤한 사람들에게 빵과 의복을 지
급했다. 수혜자들은 엄격한 거주 조건과 선행을 살펴서 성직자들에 의
해 선택되었다. 거주 조건과 별도로 신체적 불구와 과부는 무조건적인
부조 대상이 되었다. 그러나 자선소의 기록이 거의 남아 있지 않아서
얼마나 많은 사람들이 이러한 부조의 혜택을 받았는지는 확실하지 않
다. 예를 들면 망드에서는 약 100명의 빈민이 일주일에 두 번씩 한 끼
의 식사를 제공받았다고 한다.[19] 그러나 교구의 이런 사업은 자금 부
족으로 인해 제한된 성공으로 끝나는 경우가 많았다. 이 외에도 1699
년에 그르노블의 주교는 경건한 신자들과 연대하여 자선전당포(prêt
charitable)를 설립하고 빈민에게 이자 없이 빌려주었다고 한다.[20]

2) 병원 설립

개별적으로 빈민을 위한 병원을 설립한 예도 이 시기에 빈번하게 나

겠지만 이 글에서는 원뜻을 살려 '수치로 인한 빈민'이라고 표현했다. 더 자세한 내용
은 이성재, 〈16~17세기 프랑스의 자선양식에 나타난 '진정한' 빈민에 대한 고찰〉, 《대
구사학》 85호(2006)를 참조하라.

17 Alexandre Monnier, *Histoire de l'Assistance publique dans les temps anciens
    et modernes* (Paris: 1866), p. 307.

18 Henri de Carsalade du Pont, *La municipalité parisienne à l'époque d'Henri
    IV* (Paris: 1971), p. 155.

19 Robert Jütte, *Poverty and Deviance*, p. 131.

20 같은 책, p. 132.

타났다. 파리의 약제사였으며 이후 카트린 드 메디시스의 대신이 되었던 니콜라 우엘(Nicolas Houël)[21]은 1576년에 '그리스도교 자선의 집'[22]을 파리 근교의 생마르셀에 창설한다. 이 건물 내에는 예배당, 환자 치료소, 자선의 방 같은 부속 건물들이 있었으며, 빈민과 전쟁에서 부상당한 군인들을 수용하고 그들을 보살피는 일을 했다. 우엘은 특히 고아들을 데려다가 종교 교육과 간단한 의학 교육을 실시했으며, 이러한 그의 노력에는 앙리 3세와 앙리 4세의 지원도 크게 기여했다.[23]

그의 구체적인 자선의 의지는 1579년의 4월 8일과 9일에 걸친 대홍수 때 잘 드러난다. 그는 당시 생마르셀의 피해 규모가 100만 에퀴를 넘는다고 기록하면서 이 홍수로 인해 많은 사람들이 죽고 빈민이 크게 늘었다고 썼다.[24] 우엘은 이러한 상황을 극복하기 위해서는 더 많은 사람들의 자선이 필요하지만 종교적 신심이 부족한 구두쇠가 많다고 말했다. 따라서 그는 '그리스도교 자선의 집'에 두 가지 기적이 발생했다

---

21 그가 '자선의 가족(Famille de la Charité)'이라는 이단 조직에 속해 있었다는 주장도 있지만 확실하지는 않다. 자세한 사항은 Frances Amelia Yates, *Astrée: Le symbolisme impérial au XVIe siécle* (Paris, 1989), pp. 376~385를 참조하라.

22 이 병원의 명칭은 사료에 따라 조금 상이하게 나타난다. 자선병원(Hôpital de la Charité), 자선의 집(Maison de la Charité)이 그것인데 가장 공식적으로 쓰인 명칭은 '그리스도교 자선의 집(Maison de la Charié Chrétienne)'이다.

23 Henri de Carsalade du Pont, *La municipalité parisienne*, p. 160.

24 BNF, [MFICHE 8-LK7-6819], Nicolas Houël, *Amble discours de ce qui est nouvellement survenu és faulxbourgs S. Marcel, lez Paris* (Paris: 1579), p. 9, 참고로 약학사협회(Société d'histoire de la Pharmacie)에 따르면 사망자 수는 약 25~60명, 부상자 수는 40명, 침수가옥 12채 그리고 물질적 피해는 4만~6만 에퀴로, 피해 규모에서 차이를 보인다(1에퀴는 14세기부터 1640년까지 약 3리브르였다(http://www.treasurerealm.com/coinpapers/dictionary/E.html). 그리고 그리스도교 자선의 집에 밀어닥친 물 높이도 4~5미터라고 적고 있어 차이가 나타난다(http://www.shp-asso.org/index.php?PAGE=houel&id=).

고 적으면서 사람들의 자선을 촉구했다. 우선 당시에 '그리스도교 자선의 집'에서 자고 있던 21명의 아동이 2피에(1피에는 약 32.4센티미터) 높이의 물이 밀어닥쳤지만 살아남았으며, 두 번째 기적으로는 7피에 높이의 물이 건물 내의 부속 예배당으로 밀어닥쳐 창문이 깨졌지만 예수의 십자가 그림은 멀쩡했다고 말했다.[25] 물론 이 주장을 곧이곧대로 믿을 수는 없지만, 그가 매우 종교적 신심이 깊은 사람이었다는 것과 개인적인 자선을 사람들에게 요구하고 있었음은 어렵지 않게 확인할 수 있다.

우엘 이외에도 노트르담 애덕수녀회(Filles hospitalières de la Charité Notre-Dame)의 창설자 프랑수아즈 드라크루아(Françoise de la Croix)는 1624년에 보주 광장 부근에 병든 부인과 소녀들을 위한 병원을 설립했으며, 같은 해에 파리 고등법원장이었던 앙투안 세기에(Antoine Séguier) 역시 상-피유 병원(Hôpital de Cent-Filles)을 상시에 거리에 창설하여 6~7세의 고아 소녀들을 받아들였고 소녀들이 25세가 될 때까지 교육을 시켰다.[26]

불치병 환자들을 위한 병원이었던 앵퀴라블(Incurables)[27]도 당시 성직자들의 개인적 자선을 보여주는 사례다. 이 병원이 설립되는 데는 세 사람이 노력했다. 우선 샤티옹의 수도원장이었던 프랑수아 줄레(François Joulet)는 1625년 11월 11일 유언장에서 파리의 오텔디외에 재산을 기증하면서 파리 혹은 파리 근교에 불치병 환자들을 위

---

25   Nicolas Houël, *Amble discours*, pp. 12~13.

26   Bernard Violle, *Paris, son Eglise et ses églises*, tome II (Paris: 1982), p. 391.

27   현재 파리 세브르가에 있는 라에넥(Laënnec) 병원이 앵퀴라블 병원의 후신이다.

한 병원을 세우라고 요구한다.[28] 이후 파리 최고재판소 판사였던 자크르 브레(Jacques le Bret)의 부인 마르게리트 루이에(Marguerite Rouillé)는 샤이요에 소유하고 있던 건물과 토지 그리고 628리브르의 연납금을 시립병원에 기증하면서 불치병에 걸린 빈민들을 위한 병원 건립을 요구했다. 앵퀴라블이 현실화된 것은 로슈푸코 추기경(Cardinal de la Rochefoucauld)이 주도적인 노력을 한 1634년이었다. 그는 파리 오텔디외의 행정가였던 피에르 생토(Pierre Sainctot)와 많은 정부 인사들을 통해 이 병원의 설립 인가를 받아냈다. 그리고 그는 약 1만 1400리브르를 이 병원의 설립을 위해 기증했다.[29]

지방에서도 빈민을 위한 병원이 지속적으로 생겨났다. 한 예로 랑그도크의 베지에 시에서는 이 도시의 주교였던 클레망 드 봉시(Clément de Bonsy)가 1647년에 생요제프 자선의 집(Maison de la Charité Saint-Joseph)을 창설했다. 이 기관은 노인, 소녀, 아동들을 보살피고 교육시킴으로써 그들을 구걸에서 벗어나게 하는 데 기여했다.[30] 이런 사례들을 보면 빈민을 가두고 강제노동을 시키는 억압적인 태도를 찾아보기 어려우며 많은 개인적 자선활동이 정부의 승인 아래 전개되었음을 확인할 수 있다.

---

28 Ernest Coyecque, *Les inscriptions de l'hôpital de la Charité* (Nogent-le-Rotrou: 1890), pp. 3~6.

29 Archives de l'Assistance Publique, *Collection de Documents pour servir à l'histoire des hôpitaux de Paris*, commencée sus les auspices de M. Michel Möring, continuée par M. E. Peyron, Publiée par M. Brièle, tome I (Paris: 1887), p. 75; Joseph Bergin, *Cardinal de la Rochefoucauld: Leadership and Reform in the French Church* (New Haven and London: 1987), p. 122.

30 Christian Paultre, *De la répression du vagabondage*, p. 273.

물론 정부가 이러한 개별적인 병원의 창설을 방임한 것은 아니었다. 종합병원이 창설된 지 1년이 지난 1657년 3월 27일의 고등법원 문서에 따르면 마리 부아댕(Marie Boisdin)이라는 사기꾼 여자가 병원을 세우고는 자선금을 착복한 사건이 있었다. 그 여자는 자신이 예전에 연주창에 걸렸는데 현재는 다 나았다고 말하면서 이 병에 걸린 빈민 고아들을 병원에 받아들였다. 병원은 생로슈 교회 근처의 생토노레 거리에 있었다. 그녀는 병원 문 앞에 헌금함을 두어 주민들에게 자선금을 거두어들였다.[31] 이 사건을 통해 이러한 병원을 쉽게 설립할 수 있었고, 많은 사람들이 이러한 기관에 보시했다는 사실을 알 수 있다. 즉 세속 당국이 빈민 문제를 전담했던 것은 아니었다. 부아댕이 체포된 이유는 그녀가 이 기관을 설립했기 때문이 아니라 교회와 주민들로부터 받은 돈을 착복했기 때문이었다.

3) 관련 법령

억압적 내용을 가진 법령으로 평가받는 문서들을 통해서도 우리는 빈곤에 대한 전통적 요소들이 여전히 큰 영향을 끼치고 있었음을 확인할 수 있다. 예를 들어 1656년 종합병원의 설립을 명하는 법령은 "우리는 이 불쌍한 걸인들을 예수의 살아 있는 신체로 여길 것이며, 결코 국가의 쓸모없는 존재들로 생각하지는 않을 것이다"라고 서두에서 언급

---

31   BNF, [F-20223], *Arrest de la Cour de Parlement, du 27 Mars 1657 contre Marie Boisdin, par lequel defenses luy sont faites de se qualifier Directrice du pretendu Hospital des Escroüellez*, &c, pp. 73~75.

하고 있다.[32] 또한 1661년의 국왕 명령에서도 빈민을 예수로 본다는 언급이 나오며, 더 나아가 이 법령에는 이러한 감금이 통치 질서를 위한 것이 아니라 단지 자선을 위한 동기에서 비롯되었음을 명백히 밝히고 있다. 게다가 이 문서는 빈민 노동에서도 그들 각자의 건강 상태에 따라 일한다는 점을 명시함으로써 노동이 강제적으로 이루어지지 않았다는 사실을 보여준다.[33]

1662년의 종합병원 설립을 위한 국왕 포고에서도 '빈민의 부양'과 버림받은 걸인들을 돕는 것은 그들의 구원을 위한 것이라고 표현하고 있으며 어떤 억압적 언급도 찾아볼 수 없다.[34] 이런 사례는 정신적 측면에만 국한되지 않았다. 실제로 1665년에 '직물산업을 왕국 전역과 여타 도시들의 병원에 설치하기 위한 파리 종합병원의 의견서'는 "파리의 종합병원에서 제공되는 것보다 더 편하고, 더 안락하고, 더 유용한 것을 바랄 수 없을 것이다"라고 설명하고 있다.[35] 이는 빈민을 위한 물질적 자선이 종합병원에서 행해지고 있음을 잘 보여준다.

종합병원에서의 노동은 세 가지 방식으로 운영되었다. 일부는 병원에 의해 경영되었고, 일부는 동업자에 의해 경영되었으며, 나머지 일부는 병원과 계약을 맺은 상인과 제조업자들에게 임대되었다. 빈민들

---

32 Bernard Violle, *Paris, son Eglise*, tome II, p. 402.

33 BNF, [4-Z LE SENNE-2552(1)], *Edict du Roy, Portant Establissement de l'Hospital General, pour le renfermement des Pauvres mendians de la Ville & Faux-bourgs de Paris* (1661), p. 5.

34 BN. ms. fr 23612 f° 633, *Déclaration du Roy pour l'establissement d'un Hospital général dans les villes et gros bourgs du royaume* (Juin 1662).

35 BNF, [4-R PIECE 570], *Mémoire de l'Hospital General de Paris, Pour establier aux Hospitaux des autres Villes, & en tous les lieux du Royaume, les Manufactures du gros & du fin Tricot* (1665), p. 1.

의 임금에서 3분의 2는 병원 운영에 사용되었다. 그럼에도 종합병원은 어떤 이윤도 얻지 못했다. 1666년에 한 작가가 쓴 글에 따르면 이러한 제조활동으로는 병원 유지 비용을 감당하는 데에도 충분하지 않으며 실질적인 수입도 없다고 한다.

다시 말해 강제노동은 수익성이 없으며 병원의 운영을 위해서는 추가적 부담이 필요했다는 것이다. 그러나 이 사실이 당국의 활동을 방해한 것으로 보이지는 않는다. 왜냐하면 이 제도는 노동의 경제적 이득을 얻기 위한 것이 아니라 빈민들에게 노동의 중요성을 가르치려는 것이었기 때문이다. 따라서 1666년의 한 기록은 이러한 활동 결과를 다음과 같이 말하고 있다. "많은 빈민들이 노동에 애착을 갖기 시작했고, 모든 사람들이 깨끗해졌다고 말할 수 있다. 그러나 종종 그들의 게으르고 악의적인 습성은 책임자들의 선한 의도와 관리자의 봉사를 무력하게 만들기도 했다."[36] 물론 이러한 법령들의 내용만으로 당시의 감금이 인간적이었다고 볼 수는 없을 것이다. 그럼에도 감금의 근본적인 목적은 빈민을 구제함으로써 사회의 안정을 확립하려는 것이었지, 빈민을 억압하거나 혹은 그들을 통해 이윤을 얻고자 했던 것은 아니었음을 확인할 수 있다.

3. 빈민 감금의 종교성

이전 시기와의 지속성은 중앙정부와 교회 권력과의 관계에서도 찾

---

36 Bronislaw Geremek, *La Potence ou la Pitié*, p. 285.

아볼 수 있다. 결론부터 말하자면 이 시기의 감금 정책은 교회 권력의 배제를 의도하고 있지 않으며, 더 나아가 일부 성직자들은 대감금을 빈민 문제의 근본적인 해결책으로 보고 적극적으로 참여했다는 것이다. 기존의 연구가 대감금의 정책을 세속화의 맥락에서만 파악한 것은 바로 이 점에서 오류를 범하고 있는 것이다.

실제로 1656년 파리 종합병원의 설립을 규정하는 법령은 빈민들의 상황을 다음과 같이 밝히고 있다. "그들 중에는 결혼도 하지 않고 함께 사는 사람들이 있으며, 그들의 아이들 대부분은 영세도 받지 않고 있다. 그들은 종교에 대한 무지, 성사의 경멸, 온갖 종류의 끊임없는 타락을 습관화한 채 살아가고 있다."[37] 이 때문에 법령은 감금이 빈민의 영혼을 구제하기 위한 도시 엘리트 전체의 열망에서 나온 정책이라는 것을 명시하고 있다. 다시 말하면 빈민들에게 종교적 신심을 불어넣음으로써 구걸이라는 악습으로부터 벗어나게 하는 것이 감금 정책의 목적이라는 것이다. 또한 1657년 4월 12일 고등법원의 법령은 종합병원의 설립이 교회와 공공을 위한 것이며 실제로 빈민의 물질적 부양과 구원을 위한 것임을 밝히고 있다.[38] 1661년의 국왕 명령 역시 빈민의 영혼을 위해서는 성직자의 역할이 매우 중요하다고 강조했으며, 더 나아가 1673년에 파리 대주교였던 프랑수아 드 아를레(François de Harlay)는

---

[37]   BNF, [4-Z LE SENNE-2552(1)], *Edict du Roy, Portant Establissement de l'Hospital General*, p. 4.

[38]   BNF, [F-20223], "Arrest de la Cour de Parlement du 12 Avril 1657. Faisant defenses à toutes personnes d'imprimer, vendre, ny debiter aucune chose concernant l'Hospital general", *Edict du Roy, portant establissement de l'hospital general, pour le renfermement des pauvres mandians de la ville & faux-bourgs de Paris* (1657), pp. 79~80.

국왕의 명에 의해 종합병원 책임자로 임명되었다.[39] 1676년에 출간된 《파리의 종합병원(*L'Hospital général de Paris*)》은 좀 더 구체적으로 대주교와 22명의 성직자들이 정기적으로 이곳에서 빈민들을 위한 교리 교육을 담당했음을 보여준다. 빈민들은 매일 미사에 참석해야 하고 일주일에 세 번씩 자신의 종교적 태도에 대해서 상담해야 했으며, 일하는 동안에도 계속해서 종교적인 지침 사항을 기억하고 있어야 했다.[40]

1544년에 창설된 대빈민국(Grand Bureau des Pauvres)이 실패한 이유에 대해 종교적 동기가 부족했다는 비판이 16세기에 꾸준히 제기되었다는 사실도 성직자들의 적극적 참여 의사를 잘 보여준다.[41] 특히 17세기에 이 문제에 관심을 가졌던 집단으로 성사회를 들 수 있다. 1629년 앙리 드 레비(Henri de Levis)에 의해 창설된 이 협회는 파리를 기점으로 지방에 약 60여 개의 분회를 두었는데 이 단체의 주된 관심은 '자선의 조직화와 빈민의 도덕적 상태 개선'에 있었다. 귀족, 고위 관리, 성직자(약 41퍼센트로 추산)로 구성된 성사회는 성원들의 높은 사회적 위치 때문에 재정 문제를 어느 정도 해결할 수 있었다. 그들에게 악은 근본적으로 무질서였으며 여기에는 사육제, 불경죄, 신비적 계시론, 매

---

39   BNF, [R-7663], *Declaration du Roy, par laquelle Monsieur l'Archevesque de Paris est nommé l'un des chefs l'Hospital* (29 avril 1673).

40   BNF, [8-Z LE SENNE-12814(1)], *L'Hospital général de Paris* (Paris: 1676), pp. 6~7.

41   Timothy J. McHugh, "Hôpital Général, the parisian elites and crown social policy during the reign of Louis XIV", *French History*, vol. 15, no. 3 (september 2001), pp. 237~238.

춘, 결투 같은 온갖 방탕한 행동이 포함되었다.[42] 실제로《성사회 연보 (Annales de la Compagnie)》에 '무질서(désordre)'라는 단어가 빈번하게 언급되는 것도 이런 맥락에서 이해할 수 있다. 그들은 자선사업의 근간은 자기희생, 명상 그리고 기도이며, 이를 위해서는 전국에 많은 병원을 세워야 한다고 생각했다. 성사회가 파리, 오를레앙, 마르세유, 앙굴렘에서 종합병원의 창설에 크게 기여했다는 사실은 이를 잘 보여준다.[43]

이처럼 종합병원의 창설은 자선과 공공질서를 조화시키려는 방법의 하나였다고 볼 수 있다. 감금은 전통적 자선과 연속성을 가진 빈민 부조 정책으로서 단순히 억압을 목표로 한 것이 아니라 도덕적 교화의 의도를 명백히 하고 있었던 것이다. 실제로 당시 종합병원을 지지했던 사람들은 감금을 감옥의 이미지보다는 종교적 경건성을 띤 수도원의 이미지를 가졌다는 사실도 이와 관련이 있다. 따라서 병원 내에서 빈민들에게 부과된 노동 역시 이 같은 맥락에서 해석할 수 있다. 즉 노동이 수도사들에게도 필수적인 미덕이었듯이 종합병원의 노동은 빈민에게 종교적 신심을 부과하기 위한 시도였던 것이다.

---

42   Emanuel Chill, "Religion and Mendicity in Seventeenth-Century France", *International Review of Social History*, no. 7 (1962), pp. 421~423.

43   Georg'ann Cattelona "Regulation of female sexuality: the Hôpital du Refuge in Marseille, 1640~1789", Ph. D. Indiana University (1991), p. 47.

4. 빈민 감금에 대한 다양한 시각

1) 이브 드파리

이제 남은 문제는 감금에 대한 성직자들의 다양한 시각과 그 근간에 깔린 빈민에 대한 태도다. 우선 들 수 있는 인물은 카푸친회 수도사였던 이브 드파리(Yves de Paris, 1588~1678)다. 그는 빈민을 병원에 가두는 것에 대해 강하게 비판했던 사람으로서 감금은 인간의 자유를 제약하는 행위라고 생각했다. 그에게 자유는 먹을 양식보다도 더 중요한 것이었고 감금 자체는 매우 자연스럽지 못한 행동이었다. 그는 이에 대한 분노를 다음과 같이 표명했다.

> 빈민을 가두는 것은 항상 가혹한 행위이며 그들의 궁핍을 범죄로 파악하는 것이다. 감금은 그들을 돕는 것이 아니라 그들의 빈곤을 증가시키는 행동이다. 감금당한 채 죽은 짐승들을 보면 자유가 목숨보다도 더 소중한 것임을 알 수 있다. 자유를 갈망하는 인간은 그들을 묶어놓은 쇠사슬로부터 벗어나기 위해 팔과 다리를 자르기도 하고 목숨을 버리면서까지 감옥에서 도망치고자 한다.[44]

그에게 자선은 인간 본성과 밀접하게 연결된 문제였다. 즉 인간은 자신과 유사한 존재를 도우려는 본능이 있다는 것이다. 따라서 그는

---

44   BNF, [MFICHE D-10568], Yves de Paris, *Les Oeuvres de Misericorde* (Paris: 1661), p. 298.

빈곤 문제의 근본적인 해결책은 감금 같은 인위적인 조치가 아니라, 이웃에 대한 사랑을 기반으로 한 자연스러운 부조 활동의 지속적인 전개라고 생각했다.

병원에 대한 그의 관점은 우리 현대인이 생각하는 것과 유사하다. 즉 병원은 자유를 제약하고 노동을 시키는 감금 기관이 아니라 병든 빈민을 치료하는 공간이었다. 이 외에도 그는 병원에 대해 또 하나의 기능을 첨가했는데 그것은 병원이 가난한 아동을 위한 교육기관으로서의 역할을 해야 한다는 점이다. 그는 아동에 대한 사랑과 빈민에 대한 사랑이 이 공간에서 결합될 수 있다고 생각했다. 아동에 대한 사랑이 자연스러운 사랑인 것처럼 빈민에 대한 부조 역시 자연스러운 것이었다. 실제로 그는 아동은 부모에게 속한 것이 아니라 국가에 속한 것이라고 주장하면서, 당시 빈민 아동을 이용한 앵벌이와 같은 사회문제를 해결하기 위해서는 병원이 이들을 수용하여 교리 교육을 시켜야 한다고 보았다.[45] 물론 그는 대기근의 시기에는 일시적이긴 하지만 빈민을 감금하는 것을 인정했다. 하지만 이것 역시 빈민이 도둑이 될 우려 때문이기는 하지만 일시적으로만 허용해야 한다고 말했다.

2) 앙투안 고도

이브 드파리와 달리 감금에 대한 열렬한 지지자로는 그라스의 주교이며 성사회의 일원이었던 앙투안 고도(Antoine Godeau, 1605~1672)를 들 수 있다. 이는 그의 저작《종합병원 설립에 대한 담론(*Discours sur*

---

45   같은 글, p. 312.

*l'establissement de l'Hospital Général)*에 잘 나타나 있다.[46] 그는 이 책의 서두에서 종합병원의 설립 이유를 '신의 영광을 위해서', '빈민의 구원을 위해서' 그리고 '공공의 편의를 위해서'라고 규정했다.

우선 그는 성경의 정신은 자기희생에 있으며, 부는 성서의 정신에 반하는 것이라고 말한다.[47] 더 나아가 빈민에게 자선하지 않는 행위는 이기주의의 표현이며 이것은 큰 죄라고 규정한다. 그는 가난이 성서의 정신에서 매우 중요한 요소임에도 불구하고 가난한 사람들에 대한 처우가 너무나 형편없다고 말하면서 죽음의 시대라고 한탄한다. 고도는 계속해서 "빈곤은 그리스도교의 꽃이며 예수의 사랑과 환희다. (……) 천국은 그들의 것이다. (……) 그들은 예수의 몸이다"[48]라고 말하면서 빈민에 대한 중세적 심성을 강하게 드러냈다.

그러나 그는 단순히 신학적 이론에만 머물지 않았다. 현실에서 파리 빈민의 대다수가 그처럼 신성한 것은 아니었기 때문이다. 많은 빈민들이 영세를 받지 않았고 그리스도교인이 아닌 사람도 있었다. 그들은 신에게 기도를 드리지 않았으며, 다른 사람들이 기도하는 것을 방해하기도 했다. 고도가 가장 안타까워했던 것은 그들이 종교에 대해 무지하다는 것이었다. 따라서 그는 이 문제를 종합병원의 창설을 통해 해결하려고 했다. 감금의 목적이 빈민을 억압하려는 것이 아니라 종교 교육의 일환으로 고려되었던 것이다.

그럼에도 감금 조치를 반대하는 사람들이 여전히 존재했다. 따라

---

46   BNF, [MFICHE R-37411], Antoine Godeau, *Discours sur l'establissement de l'Hospital Général, fondé à Paris par le Roy en l'année 1657* (Paris: 1657).

47   같은 글, p. 7.

48   같은 글, p. 16.

서 고도는 현재의 감금 정책이 '빈민을 신성한 것으로 생각'하기 때문에 나온 조치라고 말하면서 종합병원이 구걸을 근절하기 위한 기관임을 강조했다. 그리고 이 기관의 설립으로 인해 많은 자선이 가능하다고 생각했다. 즉 신의 섭리가 이러한 감금 정책을 가능하게 해주었다는 것이다. 그는 이렇게 말했다.

> 종합병원의 설립에 의해 사람들은 빈곤의 성스러움을 간직할 수 있었다. 이를 통해 빈민들이 저지르는 가증스러운 죄를 멈추게 할 수 있었다. 병원을 통해 우리는 빈민들의 정열, 권위, 근면을 발견했다. (……) 신은 이러한 시도가 우리가 사는 이 시대에 완성되기를 원하신다. 이러한 지혜와 선행을 비난할 수 있는가? 빈민의 타락을 그대로 놓아둘 수는 없다. 그들을 그리스도교의 삶으로 이끌어야 한다.[49]

그의 종합병원에 대한 찬양은 1665년의 의견서와 마찬가지로 그곳이 무척 안락한 공간이라는 점과 연결된다. 그는 이렇게 말했다. "빈민이 감금된 곳은 좋은 장소이며 공간도 넓다. 공기는 깨끗하다. 거주지는 안락하다. 먹을 것도 있다. 모든 것이 참을 만한 그들의 감옥이다. 허락을 받으면 그들은 외출을 할 수도 있다. 다른 종교 수도원은 더 좁고 어둡고 불편하지 않은가? 종합병원보다 더 자유로운 곳은 없다. 배급도 공평하게 이루어진다."[50]

그는 또한 파리의 모든 부자들에게 종합병원을 위한 자선을 해야 한

---

49   같은 글, p. 34.
50   같은 글, pp. 52~53.

다고 역설했다. "당신들은 빈민의 신음소리가 들리지 않습니까? 당신의 심장은 그들의 불행을 느끼지 못합니까? (……) 어떤 사람이 모든 것을 가지면 다른 사람은 하나도 가지지 못합니다. 초기에 재산은 공동이었지만 부자들이 빈민을 돕도록 만들기 위해 분배가 불공평해졌습니다. 따라서 자선은 의무입니다."[51] 고도가 생각했던 종합병원은 근본적으로 빈곤에 대한 찬양을 기반으로 하고 있었음을 어렵지 않게 짐작할 수 있다. 빈민에 대한 억압적 측면으로서의 대감금이라는 이미지는 그의 사상에서는 찾아보기 힘들다.

3) 뱅상 드폴

앞에서 언급한 두 성직자와 달리 뱅상 드폴(Vincent de Paul, 1581~1660)은 감금에 대한 인식을 바꾼 사람으로 주목받을 만하다. 1656년에 종합병원이 창설되었을 때 그는 이렇게 말했다. "이제 파리에서 구걸이 사라질 것이며 모든 빈민을 깨끗한 공간에 모이게 함으로써 부양과 교육을 동시에 할 수 있게 되었다. 이는 매우 힘들지만 위대한 사업이며 신의 은총 덕분에 가능한 일이다. (……) 국왕과 고등법원이 이를 지지하고 있으며 성직자들과 애덕부녀회도 파리 대주교의 커다란 행복 아래에서 이를 돕고자 한다."[52]

당시 뱅상의 글은 그가 얼마나 종합병원에 대해 큰 기대를 걸고 있었는지를 보여준다. 그는 종합병원을 통해 좀 더 조직적이고 자비로운

---

51 같은 글, pp. 82~84.

52 BNF, [MFICHE 8-R-14120], Arthur Loth, *La Charité catholique en France avant la Révolution* (Tours: 1896), p. 136.

방식으로 빈민을 도울 수 있다고 생각했다. 실제로 당시 빈민의 수는 계속 급증하고 있었고 교회는 이에 대해 효과적으로 대응하지 못하고 있었다. 이 때문에 당시 뱅상 드폴의 눈에 종합병원의 창설은 '가난한 그리스도(*Pauperes Christi*)'의 이상을 실현하기 위한 의도로 비쳤다.

그러나 뱅상 드폴은 이후 종합병원에서 성직자들의 참여가 종교적인 차원으로만 한정되고 있다고 판단하고 우려를 표명한다. 그는 "선량한 우리 주님이 원하는 것이 무엇인지를 충분히 알 수 없다"라고 하면서 감금 정책에 대한 기대를 접었다.[53] 그는 또한 감금의 대상이 단지 도시에 거주하던 빈민들로만 제한된 점에 문제를 제기했다. 실제로 당시에 외지 걸인들은 추방되었는데 이는 감금 정책의 한계라고 그는 생각했다. 빈민을 신성한 존재로 바라보았던 뱅상 드폴에게 이러한 선별적 수용은 납득하기 어려웠을 것이다. 이후 그는 애덕부인회와 함께 독자적으로 자선활동을 전개해나간다. 그러나 그가 입장을 선회한 것은 종합병원의 창설 정신을 반대해서라기보다는 오히려 병원의 한계를 보완하려는 노력 때문이라고 할 수 있다.

이처럼 당시의 성직자들은 감금 정책에 대해 다양한 의견을 피력했다. 이는 감금에 대한 지지와 우려가 혼재된 상태였음을 보여준다. 그러나 대감금에 대한 이러한 생각의 차이에도 불구하고 그들이 빈민에 대한 성스러운 이미지를 여전히 간직하고 있었으며, 이를 바탕으로 자선활동을 추진하고자 했음을 알 수 있다.

정리하면 당시 종합병원과 관련해서는 대략 세 가지 흐름이 있었다.

---

53   Jean-Pierre Gutton, *La Société et les Pauvres*, p. 144에서 재인용(아쉽지만 귀통은 원문의 출처를 밝히지 않았다).

우선 빈민에 대한 신성한 이미지를 지닌 채 개인적 자선을 통해 이들을 돕고자 한 부류가 있었다. 이브 드파리와 뱅상 드폴이 대표적이다. 물론 전자는 신학적 차원에 좀 더 무게를 두는 저작을 발표했던 이론가인 반면에, 후자는 애덕부인회와 함께 개인적 자선을 전개했던 실천가다. 두 번째로, 고도의 경우는 방법에 있어 앞의 두 인물과 차이를 보인다. 즉 그는 감금을 통해 빈민을 신성한 이미지로 돌려놓을 수 있다고 판단했다. 이는 성사회의 활동과 같은 맥락에 있다. 세 번째는 기존의 연구에서 강조했던, 빈민을 가두고 강제노동을 시키려는 시도였다. 중상주의자 바르텔레미 드라페마(Barthélemy de Laffemas)[54]가 대표적이다. 그러나 앞에서 언급했듯이 이것의 실효성과 현실 적용성은 매우 의심스럽게 여겨졌다.[55]

5. 종합병원: 빈민을 위한 기관

이제 대감금이라는 현상을 우리는 기존의 시각과 조금 다르게 볼 수

---

[54]　16세기 말에 드라페마는 2개의 공적마을의 창조를 통해 남녀를 구분하여 감금하고 강제노동을 시키고자 했으며 빈민의 작업장을 국부의 원천 혹은 '근면학교'로 간주했다.

[55]　억압적인 감금의 모습은 18세기 중엽 이후에 나타난 것으로 보이는데, 왜냐하면 이 시기에 병원에 대한 빈민의 저항이 사료에 나타나기 때문이다. 18세기의 파리 경찰 문서를 연구한 아를레트 파르주는 민중이 걸인을 잡으려는 경찰에게 폭력을 행사했다는 기록을 보여준다. 1758년에 250명의 도로 포장공들이 경찰의 손으로부터 걸인들을 구출해주는 사건이 일어났으며, 1789년 9월 초에 파리의 군중들은 감옥과 종합병원으로 쳐들어가기도 했다는 것이다. Arlette Farge, "Le mendiant, un marginal? (Les résistance aux archers de l'Hôpital dans le Paris du XVIIIe siècle)", *Les marginaux et les exclus dans l'histoire* (Paris: 1979).

〈그림 4〉 뱅상 드폴과 애덕부인회

있게 되었다. 우선 대감금은 단순히 빈민을 억압하기 위한 세속 기관의 시도가 아니었다는 점이다. 실제로 국왕이 개인적 자선을 계속 베풀었으며, 많은 법령에서 빈민에 대한 긍정적 이미지를 찾아볼 수 있다. 또한 종합병원의 창설 과정에 성직자들이 참여했다는 사실도 지적해야 한다. 그들은 빈민을 사회의 위험으로 보지 않았으며 오히려 빈민을 배제하려는 시도가 사회를 더 위태롭게 만들었다고 보았다. 이는 종합병원의 의도가 '빈민을 위해서'라는 전제에서 출발했다는 것을 밝혀준다. 특히 성사회가 주장했던 종교 교육의 강화를 통한 빈민의 주변화(marginalisation) 방지는 이런 맥락에서 이해할 수 있다. 마지막으로 성직자들의 감금에 대한 의견이 상충되고 있음에도 불구하고 그 근본에는 여전히 중세적인 신성한 빈민의 이미지가 자리 잡고 있음을 확인할 수 있다. 빈민을 가두고 노동을 시키는 것 그리고 빈민에게 개별적 자선을 통해 음식과 돈을 제공하는 행위는 빈민에 대한 연민을 바탕으로 그들을 사회 안으로 끌어들이기 위한 노력의 일환이었던 것이다.

참고문헌

1. 사료

Archives de l'Assistance Publique, Compte de 1537, 52e reg.

Archives de l'Assistance Publique, *Collection de Documents pour servir à l'histoire des hôpitaux de Paris*, commencée sus les auspices de M. Michel Möring, continuée par M. E. Peyron, Publiée par M. Brièle, tome I (Paris: 1887).

BN. ms. fr 23612 f° 633, *Déclaration du Roy pour l'establissement d'un Hospital général dans les villes et gros bourgs du royaume* (Juin 1662).

BN, ms. fr. 8133.

BNF, [4-R PIECE 570], *Mémoire de l'Hospital General de Paris, Pour establir aux Hospitaux des autres Villes, & en tous les lieux du Royaume, les Manufactures du gros & du fin Tricot* (1665).

BNF, [4-Z LE SENNE-2552(1)], *Edict du Roy, Portant Establissement de l'Hospital General, pour le renfermement des Pauvres mendians de la Ville & Faux-bourgs de Paris* (1661).

BNF, [8-Z LE SENNE-12814(1)], *L'Hospital général de Paris* (Paris, 1676).

BNF, [F-20223], *Arrest de la Cour de Parlement, du 27 Mars 1657 contre Marie Boisdin, par lequel defenses luy sont faites de se qualifier Directrice du pretendu Hospital des Escroüellez, &c.*

BNF, [F-20223], "Arrest de la Cour de Parlement du 12 Avril 1657. Faisant defenses à toutes personnes d'imprimer, vendre, ny debiter aucune chose concernant l'Hospital general", *Edict du Roy, portant establissement de l'hospital general, pour le renfermement des pauvres mandians de la ville & faux-bourgs de Paris* (1657).

BNF, [MFICHE 8-LK7-6819], Nicolas Houël, *Amble discours de ce qui est nouvellement survenu és faulxbourgs S. Marcel, lez Paris* (Paris: 1579).

BNF, [MFICHE 8-R-14120], *Arthur Loth, La Charité catholique en France avant la Révolution* (Tours: 1896).

BNF, [MFICHE D-10568], Yves de Paris, *Les Oeuvres de Misericorde* (Paris: 1661).

BNF, [MFICHE R-37411], Antoine Godeau, *Discours sur l'establissement de l'Hospital Général, fondé à Paris par le Roy en l'année 1657* (Paris: 1657).

BNF, [R-7663], *Declaration du Roy, par laquelle Monsieur l'Archevesque de Paris est nommé l'un des chefs l'Hospital* (29 Avril 1673).

2. 연구서와 논문

브로니슬라프 게레멕, 이성재 옮김, 《빈곤의 역사》 (길, 2010).

미셸 푸코, 김부용 옮김, 《광기의 역사》 (인간사랑, 1991).

이성재, 〈근대적 빈민부조 정책의 탄생: 16세기 프랑스 도시의 부조 정책을 중심으로〉, 서울대학교 석사학위 논문 (1999).

이성재, 〈16~17세기 프랑스의 자선양식에 나타난 '진정한' 빈민에 대한 고찰〉, 《대구사학》 85호 (2006).

Bergin, Joseph, *Cardinal de la Rochefoucauld: Leadership and Reform in the French Church* (New Haven: Yale University Press, 1987).

Carsalade du Pont, Henri de, *La municipalité parisienne à l'époque d'Henri IV*, (Paris: Editions Cujas, 1971).

Chill, Emanuel, "Religion and Mendicity in Seventeenth-Century France", *International Review of Social History*, no. 7 (1962).

Coyecque, Ernest, *Les inscriptions de l'hôpital de la Charité* (Impr. de Daupeley-Gouverneur, 1890).

Diefendorf, Barbara B., *From Penitence to Charity: Pious Women and the Catholic Reformation in Paris* (Oxford: Oxford University Press, 2004).

Dinet-Lecomte, Marie-Claude, "Recherche sur la clientèle hospitalière aux XVIIᵉ et XVIIIᵉ siècles: L'exemple de Blois", *Revue d'histoire moderne et contemporaine*, tome 33 (Juillet~Septembre, 1986).

Farge, Arlette, "Le mendiant, un marginal? (Les résistance aux archers de l'Hôpital dans le Paris du XVIIIᵉ siècle)", *Les marginaux et les exclus dans l'histoire* (Paris: Union Général d'Editions, 1979).

Félibien, Michel, *Histoire de la Ville de Paris*, tome IV (Paris: Guillaume Desprez et Jean Desprez, 1725).

Fosseyeux, Marcel, "L'Assistance Parisienne au milieu du XVIᵉ siècle", *Mémoires de la Société de l'histoire de Paris et de l'Ile-de-France*, tome XLIII (1916).

Georg'ann, Cattelona, "Regulation of female sexuality: the Hôpital du Refuge in Marseille, 1640~1789" (Ph. D. Indiana University, 1991).

Gutton, Jean-Pierre, *La société et les pauvres: l'exemple de la généralité de Lyon (1534~1789)* (Paris: Société d'édition Les belles lettres, 1971).

Jütte, Robert, *Poverty and Deviance in Early Modern Europe* (Cambridge: Cambridge University Press, 1994).

Lallemand, Léon, *Histoire de la charité*, vol. 4 (Paris: A. Picard, 1902~1912).

McHugh, Timothy J., "Hôpital Général, the parisian elites and crown social policy during the reign of Louis XIV", *French History*, vol. 15, no. 3 (September 2001).

Monnier, Alexandre, *Histoire de l'Assistance publique dans les temps anciens et modernes* (Paris: Librairie de Guillaumin, 1866).

Norberg, Kathryn, *Rich and Poor in Grenoble, 1608~1814* (Oakland: University of California Press, 1985).

Paultre, Christian, *De la répression du vagabondage en France sous l'Ancien Régime* (Geneva: Slatkine-Mégorios, 1975).

Sassier, Philippe, *Du bon usage des pauvres: histoire d'un thème politique XVIe~ XXe siècles* (Paris: Fayard, 1990).

Violle, Bernard, *Paris, son Eglise et ses églises*, tome II (Paris: Cerf, 1982).

Yates, Frances Amelia, *Astrée: Le symbolisme impérial au XVIe siècle* (Paris: Belin, 1989).

http://www.treasurerealm.com/coinpapers/dictionary/E.html.

http://www.shp-asso.org/index.php?PAGE=houel&id=.

6장

20세기 전환기 영국의 도움길드와
신자선의 개념

박찬영

1. 복지국가로의 전환기 '빈곤'과 '자선' 논의

18세기 후반 영국에서는 빈민세가 빠르게 증가하고 있었다. 그 결과 1801년 구빈지출은 1760년에 비해 약 3배나 높은 수치를 보였고, 1818년이 되면 1760년의 6배에 달했다.[1] 이러한 상황에서 영국 사회는 18세기 말부터 좀 더 체계적인 측정 방법을 이용하여 빈곤과 빈민을 규정하려는 노력을 기울이기 시작했다. 그러나 주로 종교적·윤리적 측면에서 빈곤 문제를 가늠하며, 교구 단위 기반의 빈민법이 확립된

---

[1] Karl de Schweinitz, *England's Road to Social Security*. 남찬섭 옮김, 《영국 사회복지 발달사》(인간과복지, 2001), 201~202쪽.

오랜 전통 속에서 고아, 노령자, 병자들은 구호의 대상으로 받아들여졌지만, '신체 멀쩡한' 성인들의 빈곤 문제에 대해서는 사실상 19세기 중후반까지도 제대로 된 인식이 확립되지 못했다. 1834년 개정빈민법(The poor Law amendment Act, 혹은 신빈민법)의 주요 목적 또한 열등처우의 원칙을 내세워 노동 가능한 빈민에 대한 원외구제를 억제함으로써 빈민세의 부담을 경감하려는 것이었다.

이후 19세기 말에 좀 더 과학적인 조사 방법에 기반한 빈곤 연구의 지평이 열리게 되었다. 대표적으로는 수입과 지출의 관계, 생활과 고용에 대한 통계적 방법을 활용한 찰스 부스(Charles Booth)의 '런던 시민의 노동과 삶'에 대한 사회 조사(1886), 최저생활비에 입각한 빈곤선을 산정하고 요크를 대상으로 빈곤 문제를 측정한 시봄 라운트리(B. Seebohm Rowntree)의 연구(1899)가 발표되었다.[2] 이를 계기로 30퍼센트에 육박하는 상당수의 시민이 빈곤에 시달리고 있다는 사실이 알려졌으며, 빈곤과 빈민을 규정하는 과학적 근거가 제시되었다. 이와 함께 보어전쟁을 위한 신체검사에서 밝혀진 열악한 청년들의 보건상태는 장기에 걸친 빈곤이 가져오는 결과에 대해 사회적 경각심을 불러일으켰다. 이러한 분위기 속에서 종합적인 사회복지에 대한 요구와 '복지국가' 확립의 필요성에 대한 논의가 본격적으로 이루어졌다.[3]

19세기 말에서 20세기 초는 영국 사회사의 전환기라는 데에는 별

---

2   Charles Booth, *Life and Labour of the People in London* (London: Macmillan and Co. Ltd, 1904); B. Seebohm Rowntree, *Poverty: A Study of Town Life* (Second ed. London: 1902).

3   K. Laybourn, "The Guild of Help and the changing face of Edwardian philanthropy", *Urban History*, vol. 20, no. 1 (1993), pp. 46~51.

이견이 없을 것이다. 영국 복지국가의 역사에서도 대개 1870년대 중반부터 1914년까지의 기간이 주의 깊게 다루어졌고, 이 시기를 중심으로 복지국가의 성립 배경과 요인에 관한 다양한 논의가 지속되어왔다.[4] 이러한 논의들 속에서 학문적 관심이 집중된 주제는 주로 사회정책의 수립 과정이었으며, 반면 자선이라는 분야는 복지국가로의 진화과정 속에 들어 있는 퇴화적인 요소로 간주될 뿐 그 자체가 진화의 주체로 인식되지 못했다. 자선 영역은 대체로 빅토리아 시대에 걸쳐 계속되어온 사적 부문에서의 노력의 결정판이자 그 총합으로서, 빅토리아 시대의 옷을 그대로 입은 채로 자유주의 개혁과 복지국가의 도래를 맞이하는 모습으로 그려지곤 했기 때문이다. 따라서 복지국가의 도래를 알리는 자유주의 개혁을 논의하면서조차도 굳이 빅토리아기 자선과 에드워드기 자선을 명확히 구분하는 것은 별 의미가 없는 것처럼 생각되곤 했다.

　이처럼 에드워드 시대라는 전환기의 자선에 뚜렷한 정체성을 부여

4　복지국가로의 전환을 주도한 주체와 관련해서는, 참정권 보유자로 편입되기 시작한 노동자들이 적극적으로 사회문제에 대한 국가의 개입을 요구하기 시작했다는 논의에서부터, 중산층이 산업적 이해를 극대화하기 위해 주도적으로 빈민 문제 해결에 직접 나섰다는 논의, 혹은 이와 정반대로 정부와 핵심 정치가들이 국가 주도의 복지정책을 이끌었고 사업장에서 복지 문제를 총괄하는 입장이었던 산업가들은 오히려 그것을 견제했다는 논의가 있다. 이 외에도 전반적인 사회 사상의 변화와 그 영향에 주목하기도 하고, 다른 한편으로는 자선을 비롯한 사적 영역이 실패했음을 인정하는 여론이 형성되면서 정부도 이를 인식하고 복지국가로 전환하기 시작했다고 보기도 한다. P. Thane, "The Working Class and State Welfare in Britain, 1880~1914", *The Historical Journal*, vol. 27, no. 4 (1984), pp. 877~900; J. Melling, "Welfare Capitalism and the Origins of Welfare States: British Industry, Work place Welfare and Social-Reform C. 1870~1914", *Social History*, vol. 17 (1992), pp. 453~478; K. Laybourn, ed. *Modern Britain since 1906: A Reader* (London: 1999), pp. 6~13.

하지 못함으로써 이 시기 자선의 역할과 자체 개혁의 움직임, 사회정책 수립 과정 사이의 상호작용 등이 제대로 조명받지 못한 것이 사실이다. 그러나 대체로 1차 세계대전 이전까지 유럽 전역에서 '자선'은 빈민의 구제에 있어 여전히 매우 주요한 역할을 수행하고 있었다. 특히 영국은 '자선' 영역이 어느 나라보다도 발전한 국가였다. 1880년대 런던에만 700여 개가 넘는 자선단체가 있었으며, 이들의 지출은 정부 등 공공 영역의 예산을 넘어서는 정도였다. 그러므로 복지국가로의 전환기 영국의 빈곤 문제 및 빈민에 대한 인식과 대처 방안의 변화를 이해하기 위해서는 그 자선 분야가 어떻게 변화하였는지를 알아보는 것이 여전히 중요하다. 특히 세기 전환기에서 세계대전으로 이어지는 핵심 시기인 에드워드기 자선 분야 내부의 변동과 그 독자적인 특색을 적극적으로 논의할 필요가 있다.

에드워드기 자선이 복지국가를 야기한 하나의 요인에 그치지 않고, 전환기적 성격의 '신자선(the New philanthropy)'의 정체성을 가진다는 사실을 부각시키고, 나아가 그 대표기관을 통해 '신자선' 개념을 구체적으로 제시하려는 움직임은 1980년대부터 본격화된 도움길드(the Guild of Help)에 관한 연구에서 비롯되었다.[5] 도움길드에 대한 오랜 무관심은 도움길드와 동시대에 경쟁하며 이른바 '과학적' 자선조직단체를 대표한 빅토리아 자선의 대표격인 자선조직협회(The Charity Organisation Society, 이하 자선협회)에 대한 연구 성과와는 극명하게 대

---

5 그 시조격인 무어의 1977년 논문이 발간되기 이전까지만 해도 도움길드에 관한 연구는 거의 전무하다시피 하여, 도움길드를 본격적으로 다룬 경우는 고사하고, 이를 언급한 연구마저 단 두 편에 불과할 정도였다. J. M. Moore, "Social work and Social welfare: the Organisation of Philanthropic Resources in Britain 1900~1914", *Journal of British Studies*, vol. 16, no. 2 (1977), pp. 84~104.

립하는 부분이다. 자선협회라는 막강한 그늘에 가려진 길드의 존재를 알리기 위해 초기 길드 연구자들이 택한 방법은 먼저 자선협회와 길드를 적극적으로 비교함으로써, 후자의 차별성을 설명하는 것이었다.

관련 연구가 진행되면서 런던을 주요 기반으로 하는 자선협회와 구별하여 도움길드를 북부 산업 도시를 대표하는 자선기관으로 강조하는 경향이 생겼다. 이는 1980년대에 영국 노동계급의 성격을 다룬 연구들과 관련하여 런던 숙련공들의 문화와 대비되는 북부 공장 노동자들의 문화에 대한 관심이 커진 학계의 분위기와도 관련이 있었다.[6] 1990년대 중반을 지나면서는 레이번을 중심으로 길드를 전국 단위의 운동으로 인식했고, 브래드퍼드 길드는 단순히 최초의 길드가 아닌 도움길드 운동의 선도자로 부각되었다. 그는 도움길드의 현존 자료를 수집하여 정리하는 한편, 다른 개별 길드에 대한 여러 편의 연구와 협동 연구들을 주관했다.[7] 특히 1994년에 길드 연구를 정리하는 단행본이

---

6   대표적 연구는 카힐과 조비트의 브래드퍼드 도움길드(the Bradford Guild of Help)에 관한 연구다. 이들은 첫 도움길드가 설립된 브래드퍼드의 사회적 상황을 강조하면서 도움길드를 북부 도시의 전형적인 자선조직 단체로 묘사했고, 이러한 논의는 핼리팩스길드, 볼턴길드에 대한 후속 연구들로 인해 더욱 강화되었다. M. Cahill & T. Jowitt, "the New philanthropy: the emergence of the Bradford city Guild of Help", *Journal of Social Policy*, vol. 9 no. 3 (1980), pp. 359~382; M. Cahill & T. Jowitt, "The Bradford Guild of Help Papers", *History Workshop Journal*, vol. 15, no. 1 (1983), p. 151.

7   Keith Laybourn & Kevin McPhillips, *A Listing of the surviving records of the Guild of Help, and some related organisations connected with the development of the "New Philanthropy" of the Edwardian age* (Huddersfield: University of Huddersfield, 1994): 23개 중 11개가 북부 도시들(볼턴, 브래드퍼드, 번리, 체스터*, 에클스, 핼리팩스, 해러게이트, 허더즈필드, 맨체스터, 미들즈브러, 선덜랜드)이며, 이 외에 중부와 남부 도시들(크로이던, 더들리*, 레치워스, 스태퍼드 , 워링턴, 렉섬, 벡스힐*, 브리스틀*, 풀, 레딩, 사우스엔드)이 있다. *표시는 주요 길드 자료를

출간되고 일련의 연구들이 뒤따르면서, 길드를 개별적 기관이 아닌 전국적 운동의 역사로 제시할 수 있는 토대를 마련했다.[8]

그렇다면 '신자선'이란 무엇인가? 신자선이 지향하는 바는 무엇이었으며, 그 참여자들은 누구인가? 또 이들은 빈곤과 빈민에 대해 어떤 방식으로 접근했으며, 그 담론과 행동은 기존의 태도와 어떻게 차별화되는가? 과연 에드워드 시대의 신자선을 기존의 빅토리아 시대의 자선과 구분 혹은 구별할 수 있을 것인가? 만약 그렇다면, 구체적으로 어떤 측면에서 그러하며, 그것이 복지국가로의 전환기에 어떠한 역할을 했는가? 이 글에서는 1904년부터 설립되기 시작한 도움길드라는 새로운 자선조직 단체의 설립과 발전, 활동을 검토함으로써 이들이 지향했던 '신자선'의 의미와 한계를 살펴보고자 한다.

보유한 17개 도시에 포함되지 않음.

[8]   K. Laybourn, *The Guild of Help and the Changing Face of Edwardian Philanthropy: The Guild of Help, Voluntary Work and the State, 1904~1919* (The Edwin Mellen Press, 1994); K. Laybourn, "The Guild of Help and the changing face", pp. 43~60; Keith Laybourn, *Social Conditions, Status and Community, C. 1860~1920* (Thrup, Stroud, Gloucestershire: Alan Sutton, 1997); S. C. Robertson, "Providing a friend: Bolton Guild of Help, the Poor and the problem of poverty, 1905~1914, Ph. D. Thesis (Huddersfield University, 1997); F. Bolam, "Working class life in Bradford c. 1900~20: the philanthropic, political and personal responses to poverty with particular reference to women and children", Ph. D. Thesis, Huddersfield University (2000).

2. '자선'에서 '도움'으로: 브래드퍼드 도움길드의 설립

도움길드 운동은 1904년에 브래드퍼드 첫 길드가 설립된 이래 빠르게 확산되어, 불과 1, 2년 사이에 25개로 늘어났으며, 1910년까지 전국에 61개의 길드가 설립되었다. 도움길드는 주로 잉글랜드 북부, 특히 북서부 중심의 유력한 자선단체로 기능하기 시작하여 점차 중부로 확산되었고, 20세기 첫 10년 동안 회원 수에서 자선협회를 능가하는 대표적인 에드워드 시대의 유력 자선단체가 되었다.

먼저, '새로운 자선의 실현'이라는 목표 아래 브래드퍼드에 설립된 최초의 도움길드의 설립 과정에서 눈에 띄는 점은 명칭이다. 길드는 '자선(charity)'이나 '구호(relief)' 대신 '도움(help)'이라는 단어를 넣어 '도움길드(the Guild of Help)'라는 이름을 만들었다. 이 명칭은 도움길드가 도시의 복지에 관심이 있는 시민이나 공공기관, 민간단체 모두에게 열려 있다는 의지를 반영한 것이었다.[9] 결국 '신자선'을 이루기 위해서 자선이라는 이름을 피해간 셈이다. 재미있게도 길드의 명칭에 대한 고민은 1909년 왕립조사위원회 다수 보고서의 그 유명한 빈민법의 명칭 개정 제안과 닮아 있다. 이는 빈민법(the Poor-Laws)이 주는 거부감과 부정적 이미지만큼이나 '자선'이라는 용어 또한 일반 대중에게 부정적으로 각인될 수 있음을 인정하는 것이다.[10]

---

9   *Report of the Royal Commission on the Poor laws and the Relief of Distress, Minutes of Evidence, British Parliamentary Papers (BPP),* 1910 [Cd 5608] LXXIX, p. 967; Walter Milledge, "Guild of Help", *Charity Organisation Review*. Moore, "Social work and Social welfare", p. 91에서 재인용.

10   *Report of the Royal Commission on the Poor laws and the Relief of Distress, BPP,* 1909 [Cd. 4499] XXXVII.1, pp. 131~132.

1900년대 초가 되면 이미 '자선'에 대한 전반적인 불신과 함께, 런던을 제외한 다수의 지역에서 '자선협회(COS)'라는 기관에 대한 문제의식 혹은 구체적 반감이 표현되기 시작했다. 1910년 스태퍼드에서 도움길드의 설립 논의 과정에서 한 지역 신문에 실린 투고에서는 이 지역의 자선협회 활동에 대한 비판의 목소리와 함께 도움길드 설립을 그 대안으로서 환영한다는 우호적인 여론의 분위기를 읽을 수 있다.

> 저는 무엇보다도 도움길드가 기존의 구호단체들을 조직하는 것에만 집중하고 (사실 전 이 부분이 제일 중요하다고 봅니다만) 직접적인 구호 활동은 전혀 안 할 것을 약속한다는 가정하에 그 건립을 고려할 의향이 충분히 있습니다. 저뿐만 아니라 우리 고장의 다른 자선단체들도 같은 견해입니다. 그동안 이 고장에서 수년간 활동하다가 결국은 석탄이나 나눠주는 구호품 배급소로 전락해버린, 이른바 자선협회로 불리는 단체와 도움길드가 대동소이하다는 식의 귀사의 보도는 길드 설립의 목적을 제대로 이해하지 못한 결과입니다.[11]

도움길드 설립을 추진하는 입장에서 이러한 상황은 다소 유리한 입지를 제공했을 것이다. 실제로 브래드퍼드 길드 원년에 도움길드 설립 지원과 관련하여 문의해온 53개의 지역 중 28곳은 이미 자선협회가 있는 지역이었고, 대부분 자기 지역의 자선협회 활동에 만족하지 못하는 상황이었다. 사실상 런던 이외의 지역, 특히 북부 지역의 자선협회 활동은 매우 실망스러운 수준이었다. 길드 운동이 한창 성장하던 1908

---

11   Lionel Lambert, "To the Editor", *Stafford Chronicle* (7 November 1910).

년을 기준으로 보면 북부 전체에 자선협회 지부의 수가 33개였음에 비해 회원은 500여 명에 지나지 않았다. 이는 같은 시기까지 북부에 건립된 25개의 지부에서 약 5000명의 회원을 확보한 도움길드와는 비교할 수 없는 수치였다.[12]

신자선의 두 번째 특징은 바로 그 북부 도시와의 상관성이다. 이는 구시대의 상징인 자선협회의 런던 중심주의와 비교하여 설명할 수 있다. 자선협회는 '자선구호의 조직과 구걸 금지를 위한 협회(the Society for Organising Charitable Relief and Repressing Mendicity)'라는 다소 긴 이름으로 1869년 런던에 설립되었으며 설립 직후부터 자선협회라고 불리며 빠르게 명성을 얻었다.

19세기 후반에 들어서자 신빈민법 행정의 부당함과 가혹함을 비난하는 여론이 고조되고, 다양한 박애 활동이 나타났다. 특히 1860년에서 1861년으로 넘어가는 겨울에는 혹독한 날씨와 함께 빈민의 수가 급증했고, 이들 중 상당수가 빈민법의 구호를 받지 못하는 사태가 발생하면서 자선활동이 폭발적으로 늘어났다. 이후 면화기근과 1866년의 극심한 경기침체를 겪으면서, 실업과 빈곤이 다시 급격히 심화되었고, 자선 등 민간단체의 활동이 재차 증가했다.[13] 그리고 이처럼 자선단체가 난립하면서 빈민 행정과의 협력이 부재한 상황에서, 중복 수혜 같은 문제점이 발견되는 등 자선활동의 증가에도 불구하고 여전히 빈곤 문제의 해결은 요원해 보였다.

런던의 경우, 도시 빈민의 동부 집중과 함께 이 지역의 빈민세 부담

---

12   E.W. Wakefield, "The Growth of Charity Organisation in the North of England", *Charity Organisation Review*, XXIV. (July, 1908), pp. 39~40.

13   Schweinitz, *England's Road*, pp. 245~258.

이 가중되고 중산층이 이탈하면서 동서를 가르는 지역적 양분화가 강화되는 식으로 전형적인 대도시 빈민 문제의 온상이 되었다.[14] 이는 19세기 전반을 통해 논의되었던 빈민세 부담 문제의 실례를 여실히 보여주었다. 해당 구의 빈민원이 자기 지역의 빈민세를 전적으로 책임지는 상황에서 동부 지역에서는 빈민층이 늘고 빈민세 부담이 높아지는 가운데 이를 부담할 부유한 지역민들이 대거 이탈하는 초유의 사태가 발생한 것이다.[15] 1860년대를 관통하는 일련의 과정을 겪으면서 1860년대 말에는 런던을 중심으로 공적 구빈제도와 민간의 자선활동 운영 전반에 대한 대대적인 반성과 비판이 제기되었다. 그리고 이처럼 런던의 복잡한 상황 속에서 "기존의 자선단체들에게 좀 더 지혜롭고 효율적인 구호활동 체계를 제공"하려는 목적으로 자선협회(COS)가 설립되었던 것이다.

이에 반해 도움길드의 설립은 1900년대 초 북부 도시의 상황과 직결되어 있다. 브래드퍼드에서는 1890년부터 계속된 경기침체로 인해 주요 산업인 직물업이 고전을 겪으면서 그 폐해가 매우 컸으며, 지역 인구의 약 4분의 1 이상이 그 영향을 받을 정도였다.[16] 시의회는 노동부(Labour Bureau)를 설립하여 실업자 등록 명부를 만드는 등의 노력을 기울였으나, 1905년까지 여기에 등록한 4300여 명에 달하는 실업

---

14 존스는 1861년대를 런던의 지역적 양분화가 사실상 완결되었다고 보았으며 부유한 사람들의 이탈 및 지역구에 기반한 빈민세 부담의 문제를 논의한 바 있다. S. G. Jones, *Outcast London: A Study in the Relationship between Classes in Victorian Cities* (Oxford: Clarendon Press, 1971), pp. 249~250.

15 같은 책, pp. 244~247.

16 Cahill & Jowitt, "the New philanthropy", p. 370.

자 대부분에게 일자리를 제공하지 못하는 형편이었다.[17]

여기에 정치적으로도 독립노동당(the Independent Labour Party)의 고향답게 1900년부터 브래드퍼드 노동당의 주도로 자유당 의원이 대다수인 시의회에 빈민 문제를 적극적으로 해결하도록 촉구하는 분위기였다. 도움길드는 이 같은 북부 지역의 주요 산업의 위기와 대규모 실업 사태에 대한 시 차원에서의 대응책이었다. 1903년 브래드퍼드 시장의 발의에 따라 자선 부문의 협력을 주도하는 새로운 단체의 설립을 위한 발기위원회가 조직되었다.[18] 그리고 1년여의 논의 끝에 빈민법과 일치하는 4개의 구획을 바탕으로, 그 아래 각각 10개의 지구를 두는 브래드퍼드 시 도움길드(the Bradford City Guild of Help)가 설립되었다.[19]

3. 도움길드 설립 목표와 엘버펠트 체제

길드는 세 가지 설립 목표를 표명했다. 첫째, '도우미(helpers)'를 조직하여 빈민 가정을 방문하고 조사 기록을 보고하도록 함으로써 사회의 "가장 어두운 구석"까지 사회사업의 손길이 닿도록 한다. 둘째, 길드가 하나의 정보센터로 기능하며 여러 자선활동을 총괄적으로 조직한다. 마지막으로 사립 단체와 관공서가 협력관계를 맺고 이를 통해 사회사

---

17   Laybourn, "The Guild of Help and the changing face", pp. 46~47.

18   요크 연구로 알려진 시봄 라운트리는 브래드퍼드 도움길드의 설립 위원이었다.

19   Cahill & Jowitt, "the New philanthropy", p. 372.

업이 원활하게 제공되도록 한다.[20] 이상의 길드의 설립 목표 중 첫 번째와 두 번째는 일견 자선협회의 구자선과 일맥상통하는 것처럼 보인다.

먼저 첫 번째 목표와 관련해서, 자선협회에서도 엄격하게 훈련된 자선 봉사자로 하여금 빈곤 가정을 방문하게 하고, 구호 지원자가 수혜자로서의 도덕적 자격을 갖추었는지를 심사한 후, 이들의 독립심을 침해하지 않을 만큼의 적절한 구호를 제공하도록 하는 체제였다.[21] 그리고 이러한 자선협회의 활동은 빅토리아 시대를 지배한 이른바 '과학적 자선'이라고 불리며 20세기까지도 계속되고 있었다. 그러나 도움길드의 경우, '도우미'들은 단순히 훈련된 전문적 사회 봉사자라기보다는 '시민의식으로 무장한 지역사회의 일꾼'이라고 강조했다. 일례로 설립 초기 도움길드 앞에 '시(City)'를 붙여 브래드퍼드 시 도움길드(Bradford City Guild of Help)라고 부르도록 했는데, 이는 시민의 적극적인 참여를 독려하기 위한 것으로서, 자선 대신 '도움길드'라는 이름을 선택한 것만큼이나 중요하게 간주되었다.[22] 도움길드는 '도우미' 활동에 노동자를 포함하는 지역사회 전 계층의 참여를 독려했으며, 설립 초기에는 길드 운영위원들이 노조회의에 직접 참석하여 길드의 설립 의도를 알리기도 했다. 결과적으로 첫 길드가 무려 450명의 회원을 확보하면서 설립되었고, 630여 명 규모의 맨체스터 도움길드, 280여 명이 참여한 핼리팩스 도움길드 등도 그 뒤를 이었다. 길드의 적극적인 회원 확보 노력에 힘입어 시민들은 (실제로 노동계급의 비율이 얼마나 되었는가는 별개

---

20   Laybourn, "The Guild of Help and the changing face", p. 44.

21   Octavia Hill, "Co-operation with the Poor Law", *Charity Organisation Reporter* (11 November, 1874), p. 321.

22   Cahill & Jowitt, "the New philanthropy", pp. 372~373.

로) 도움길드를 좀 더 '민주적'으로 인식하게 되었으며, '자선'에 대한 노동계급의 거부감을 덜 수 있었을 것이다.[23]

두 번째 목표와 관련해서는 기존의 자선협회 또한 설립 의도에서도 밝혔듯이, 처음부터 엄격한 지침을 세우고 기존의 자선단체를 규제, 조직하는 것을 목표로 했다. 무엇보다 자선협회에서는 찰스 로크(Charles Loch)를 비롯한 당대 유명 개혁가들이 다수 활동했고, 이들을 통해 사회정책 부문에서도 상당한 정도의 정치적 발언권을 가졌다. 자선협회는 주로 런던 중심의 아성을 공고하게 유지하면서, 지방에 지부가 설립되면 런던 중앙본부의 원칙과 규제에 따르도록 지도했다. 이에 반해 도움길드는 1908년에 전국도움길드회의(National Conference of Guild of Help)가 소집된 후에도 대체적인 설립 목적에 동의한 각 지역의 도움길드에 대해 그 자율성을 보장하면서, 각각을 하나의 독립적인 기관으로 존중했다. 전국도움길드회의는 급격한 초기 성장과 함께 1908년에 처음 소집되었는데, 그 자율적 태도에 힘입어 가입 도시가 더 늘어나면서 1911년에는 71개의 길드와 8000여 명의 회원을 확보한 전국도움길드협회(National Association of Guilds of Help)가 정식으로 발족하게 되었다. 이로써 불과 5년여 만에 도움길드는 전국망을 가진 운동으로 조직되었다. 이 과정에서 각 지역의 도움길드와 지역당국과의 관계도 해당 지역의 여건이나 길드의 규모에 따라 다양해졌는데, 대체로 공공 영역과의 협력이라는 틀 안에서 그 융통성이 용인되었다.

세 번째 목표야말로 도움길드의 가장 중요한 목표이자 기존의 자선

---

23   *Report to the President of the Local Government Board on the Guild of Help in England, BPP*, 1911 [Cd.5664] XXXII. 633, p. 16.

활동과 구별되는 신자선 개념의 핵심적인 요소인데, 그 차별성을 잘 설명해주는 것이 바로 엘버펠트 체제에 대한 논의다. 엘버펠트 체제는 1853년 독일 북부 산업도시인 엘버펠트에서 도입되어 1914년까지 대다수 독일 도시에 확산된 빈민구호 체제로서, 주로 자원봉사자들로 구성되는 친교(우애)방문 활동이 그 핵심이라고 할 수 있다. 먼저, 시당국이 구 단위로 자원봉사자들을 임명하면, 이들은 시정(市政)이 보장하는 재량권을 가지고 공식적으로 가정방문을 함으로써, 자기 구 지역의 빈민 행정을 책임지도록 하는 제도다. 이 체제는 19세기 중반 급격한 산업화와 도시화, 그리고 유입 인구 증가와 함께 찾아온 실업 문제를 타개하기 위한 조처로 시작되었다. 따라서 최대의 관심사는 노동시장이었으며, 이주노동자들의 훈련과 취업 알선이 주요 활동 목표였다.[24]

엘버펠트 체제는 시정의 권위를 기반으로 하는 지역 공동체의 책임의식과 자율성이라는 시민정신을 반영하는 제도로 간주되며, 1875년 이후 영국의 정책 수립자들과 사상가들 사이에 비상한 관심을 받았다.[25] 특히 신자선을 표방하는 도움길드의 역할 모델로서 그 설립과정

---

24 엘버펠트 체제의 역사적 배경에 관해서는 Y. S. Hong, *Welfare, Modernity and Weimar State 1919~33* (Princeton: Princeton University Press, 1998), pp. 16~36 참조. 더 상세한 활동 내역과 근대 독일의 빈민 행정에서 엘버펠트 제도가 가지는 의미에 대해서는 G. Steinmetz, *Regulating the Social: the Welfare State and local Politics in imperial Germany* (Princeton, 1993), Chapter. 6, pp. 149~187 참조.

25 영국에서 엘버펠트에 관한 본격적인 정부 조사는 1870년대 지방정부청 수립 후 1880년대를 지나면서 계속되었다. 그에 대한 언급은 또한 실업 문제 및 그 해결 방안에 관련한 정부 조사에서부터 1900년대 초 서터(J. Sutter) 같은 자선가들의 저술, 1909년 빈민법 왕립조사위원회 보고서 등에서 다루어졌다. *Reports to Local Government Board by Secretary of State for Foreign Affairs, with Introductory Remarks by A. Doyle, Local Government Inspector, BPP,* 1875 [C.1255] LXV.1, pp.

에 적잖은 영향을 주었다. 브래드퍼드의 경우, 일찍이 1890년 자선협회가 개최한 찰스 로크의 엘버펠트 체제에 관한 보고서 발표회, 이듬해 옥스퍼드에서 열린 엘버펠트 체제를 다룬 자선협회 회의에 대표를 파견했다. 1903년 시장의 발의안에서도 "엘버펠트와 같은" 제도가 필요하다는 언급이 있으며, 설립 직후 지역 신문에 그 관련성을 설명하는 기사가 실린 점, 또 발기위원 중 절반 정도가 독일 태생이라는 점도 엘버펠트와의 관련성을 보여주는 근거로 지적된다.[26]

홍미로운 점은 엘버펠트가 이처럼 자선협회와 도움길드 관련자 모두에게 각별한 관심의 대상이었음에도 불구하고, 그 유용성 및 수용 방법에서는 두 기관이 서로 상반된 입장이었다는 것이다. 먼저 자선협회는 엘버펠트의 전문적인 훈련을 받은 방문자 운용에 주목했으며, 이들이 자원봉사자라는 사실 또한 성공의 핵심으로 강조했다.[27] 기본적으로 자선협회에서도 빈민법으로 대표되는 공공 영역과 자선단체가 담당하는 사적 영역을 구분하여, 전자는 구제불능의 빈민들을, 후자는 '도움 받을 가치가 있는(deserving)' 개인들의 구제를 전담한다는 원칙을 가지고 있었다. 따라서 '도움 받을 가치가 없는(undeserving)' 사람들에게 자선구호가 돌아가지 않도록 하는 것이 관건이었다.

344~365(350~379); Julie Sutter, *Britain's next campaign* (London: R. Brimley Johnson, Third Edition, 1904); *Reports upon the Elberfeld Poor Law system and German Workmen's Colonies, BPP*, 1888 [C.5341] LXXX, p. 313.

26   The Bradford Guild of Help, *Minutes*, 1903~6; "Beginning", *Yorkshire Daily Observer* (21 September, 1904).

27   1870년대 자선협회에서 엘버펠트 체제에 대한 인식은 자선협회의 방문자들과 빈민법 관리와의 연계 활동에서 부분적으로 시도해볼 만한 유용한 활동 방법의 제공원으로 한정되어 있다. O. Hill, "The Elberfeld System in London", *Charity Organisation Reporter* (4 November, 1874), p. 317.

이에 반해 도움길드는 엘버펠트 내 방문자의 활동이 궁극적으로 '공공기관과의 연계'와 그 '유기적 협력관계'에 기반했다는 점과 이들이 자원봉사자였음에도 불구하고 공무원에 상응하는 권위를 행사했다는 점에 주목했다. 그리고 이러한 엘버펠트의 빈민 행정이야말로 기본적으로 실업 등 산업도시의 구조적 문제에 대한 지역사회의 책임을 인정하고, 그 부담을 나누려는 효율적인 제도로 판단했다. 여기에서 방문자들이 자원봉사자라는 사실은 지역사회의 책임감과 지역민의 참여 의지를 증명하는 것으로서, 시민의식을 고취시킬 수 있는 유용한 기제로 간주했다. 이처럼 엘버펠트 체제는 도움길드의 모토이자 신자선의 정체성을 이루는 핵심 부분으로서 '공적 영역과의 협력'이라는 중요한 기반을 제공했다.

4. 공공 분야와의 관계: 환경(결정)론과 예방 논의

애초 "적선 대신 일자리를"이라는 구호를 내세우고 실업 문제를 주요 현안으로 삼았던 엘버펠트처럼, 도움길드도 비록 그 구호의 수위는 "적선이 아니라 친구"로 낮추었으나 실업 문제는 가장 중요한 현안 중 하나였다. 실업 문제에 대한 인식은 길드 활동과 그 정체성, 신자선의 개념에서 매우 중요한 요소였다. 무엇보다 길드가 주장하는 신자선의 원리 중 하나인 공공기관과의 연계 필요성에 있어서 실업 문제가 그 결정적인 요인이 되었기 때문이다. 이는 또한 길드 운동이 쉽게 타 지역에서 호응을 얻으면서 전국 운동으로 빠르게 확산된 요인이었다. 실제로 몇몇 지역에서는 도움길드 설립을 지역 실업위원회에서 직접 건의했고, 설립 후에는 위원회들이 보유하고 있던 실업자 명단을 도움길드에게 넘겨주기도 했다. 사회주의 정당과 시의회에서 소집한 실업위원회가 곧바로 도움길드의 설립으로 이어진 볼턴 길드의 경우가 그 단적인 예라고 할 수 있다.[28]

도움길드 운동이 빈곤을 개인의 도덕적 실패의 결과로 보는 '개인주의적인 입장'으로부터 빈곤을 사회의 구조적 문제로 인식하는 '환경주의적 입장'으로 옮겨가는, 이른바 '자선 분야의 전환기'를 대표한다고 보는 길드 연구자들의 논의는 바로 이처럼 브래드퍼드에서부터 볼턴에 이르는 북부 도시의 도움길드 설립 과정과 실업 문제에 주목한다. 전술했듯이 이들은 직접적으로 지역의 실업 문제를 해결하기 위해 지역 공동체의 자원을 모으려는 지역당국에 의해 설립이 추진되었으며, 이는 바로 경기침체와 실업을 구조적 요인으로 보고 그에 대한 지역사회의 책임을 인정한 것이라고 보는 것이다.[29]

연구자들은 또한 길드의 주요 활동이 바로 빈민들에게 일자리를 제공하는 것이었다는 점에 주목한다. 실제로 길드는 해당 지역에서 직업소개소의 역할을 했으며, 자체적으로 작업실을 운영하거나 실업기금을 모으기도 했다. 기존 연구자들에게는 실업 구제를 위한 길드의 제반 활동이야말로 실업의 사회적 책임을 인정한 증거이자 '도움 받을 자격이 있는' 빈민과 '도움 받을 자격이 없는' 빈민의 구분이라는 전형적인 빈민의 도덕적 책임론을 폐기하는 것으로 여겨졌다.[30] 실업은 개인

---

28 K. Laybourn, *The evolution of British social policy and the welfare state, c. 1800~1993* (Keele: Keele University Press, 1995), pp. 36~37.

29 같은 책, pp. 38~43.

30 Laybourn, *The Guild of Help 1904~1919*, p. 199.

의 책임이라기보다 일자리를 제공하지 못한 사회공동체의 책임이므로 실업자들은 지역당국과 자선단체의 구분 없이 함께 구제해야 할 대상이라는 것이다.

그러나 길드의 활동 내역을 더 상세히 검토해보면, 환경주의라는 길드의 이른바 신자선적 이념이 온전히 이행되었는가에 대해 의문을 가지게 된다. 무엇보다 길드 주도로 일자리를 제공하는 경우에 수혜자들에게는 일정한 도덕적 수준이 여전히 요구되었던 것으로 보이기 때문이다. 실제로 길드의 조사관들은 일자리 알선을 원하는 가정을 방문하여 가정환경과 가족들의 도덕성을 심사했고 그들의 최종 평가에 따라 일자리 제공 여부는 물론 일자리의 종류, 취업 시기, 지속 기간 등이 결정되었다. 또한 전국적인 대규모 실업이 야기한 빈곤 문제를 해결하려는 과정에서 여러 한계를 경험한 도움길드의 관련자들은 순전히 실업 때문에 발생한 빈곤 문제를 자선 분야에 떠넘겨서는 안 된다고 공공연히 주장하기도 했다.[31]

도움길드의 이러한 입장은 빈곤의 환경론이기보다는 '실업'의 환경론에 가깝다고 볼 수 있으며, 개인의 도덕적 책임을 극복했다기보다는 실업 문제의 구조적 원인에 주목하면서, 실업으로 인한 빈민들에 관한 한 특별한 조처를 강구하고자 하는 것이었다. 즉 실업 관련 활동이 빈곤의 환경론으로의 전환을 증명하는, 즉 그 전환의 결과라기보다는, 실업 관련 활동으로 인해 점점 빈곤의 환경론을 이해하는 방향으로 움직이기 시작했음을 보여준다고 할 수 있다.[32]

---

31 *Report to the President of the Local Government Board on the Guild of Help in England*, 1911 [Cd.5664] XXXII. 633, p. 7 (639).

32 슈타인메츠(Steinmetz)는 엘버펠트 체제에는 이른바 '암묵적 원칙'이 있는데 그것은

도움길드와 공공 영역의 관계 설정과 협력에 대해 좀 더 유용한 시각을 제공해주는 것은 '예방' 논의다. 공공 영역과의 협력 여부와 관계없이 빅토리아, 에드워드 시대의 자선 분야 전반에 걸쳐 예방론은 대체로 폭넓게 받아들여졌다.[33] 예방론은 빈곤이라는 사회문제를 '치유'하기보다는 '예방'하고자 하는 활동이나 인식인데, 이러한 예방 논의는 자선협회가 엘버펠트 체제를 실험적으로 도입하는 과정에서 비교적 명확하게 언급되고 있으며, 공공 영역과의 협력에 관한 자선협회와 길드의 견해 차이를 잘 보여준다.

먼저 엘버펠트에 관한 1890년대 보고서에서 로크는 예방 활동은 자선단체가 전담할 때 가장 효과적이며 빈민법은 최후의 순간까지 관여하지 말아야 하며, 결국은 빈민법과 자선의 구분이 더 명백한 영국에서 독일보다 더 큰 성과를 얻게 될 것이라고 주장했다.[34] 로크의 견해를 잘 보여주는 사례는 1870년대 매릴번에서의 엘버펠트 체제 실험이다. 여기서 옥타비아 힐(Octavia Hill)은 그 성과에 만족하면서 이른바 '런던 속의 엘버펠트 체제'가 성공적이며, 자선협회에서 빈곤을 '치료'하는 것보다는 직업 찾아주기, 이주시키기, 대여금 지급하기 등을 통해 빈곤을 '예방'하는 데 주력하는, 이른바 엘버펠트식의 활동이 더 큰 성과를 거둘 것이라고 적었다.

결국 여기에서 자선협회의 실험은 그 체제의 온전한 도입이 아니라,

바로 경제적으로 유용한 실업자(가용 노동자)를 전통적인 빈민과 구별하여, 특별히 너그럽게 처우해준다는 것이라고 지적한다. Steinmetz, *Regulating the Social*, pp. 158~160.

33   D. Owen, *English Philanthropy, 1660~1960* (Oxford: 1965), p. 354.

34   Loch, *Reports upon the Elberfeld Poor Law system and German Workmen's Colonies, BPP*, 1888 [C.5341] LXXX, p. 88.

엘버펠트 방문자들의 활동 일부를 모방, 차용하는 데 그치는 것이며, 여기에서 힐이 말하는 예방은 빈민화, 즉 '빈민법의 대상으로 추락하는 것'의 예방, 구체적으로는 '빈민법의 빵 맛을 보지 못하도록' 하는 조처들이었다.[35] 따라서 자원봉사자들은 빈민 관리들과 소통은 하지만, 어디까지나 그들이 다루는 사람들은 이른바 자선의 대상인 '자격 있는 (deserving)' 빈민, 즉 아직 빈민화(pauperism)의 단계에 이르지 않은 단순빈곤(destitution)의 단계에 있는 사람들에 한정된다.[36]

1909년 왕립조사위원회의 소수 보고서에서 웹 부부는 이러한 자선 협회식의 예방론을 비판하면서, 이를 이른바 '초기 빅토리아 시대적' 개념으로 지칭했다. "폐결핵 환자에게 병원 빈자리를 알아봐주어 입원시켜주는 식의 도움 (……) 그러다가 종국에는 환자는 죽고, 이미 같은 병에 전염되어버린 그의 가족을 도와서 시신을 매장해주는 일" 따위를 하는 것은 의미가 없다고 비판했다.[37] 웹은, 참다운 '예방'적 조처는 지방당국과 자원봉사 단체가 완전한 연계를 이룰 때에만 가능하다고 주장했다. 이를 위해서는 먼저 '자격 있는' 빈민과 '자격 없는' 빈민의 구분을 없애야 하며, 자선단체 혹은 봉사단체는 '손길이나 주의가 필요한 모든 경우에 참여'해야 한다고 말했다. 여기에서 예방은 '빈민화'를 예방하는 것이 아니라, '가난함과 궁핍함'을 예방하는 것이다.

---

35 O. Hill, "The Elberfeld System in London", *Charity Organisation Reporter* (4 November 1874), p. 31.

36 O. Hill, "Co-operation with the Poor Law", *Charity Organisation Reporter* (11 November 1874), p. 321.

37 Sidney Webb, and Beatrice Webb, *English Poor Law Policy, English local government,* vol. 10 (London: Frank Cass, 1910, reprinted 1963), p. 308.

예컨대 같은 폐결핵 환자의 경우, 지방 보건당국이 더 적극적으로 질병 예방 캠페인을 벌였더라면 발병을 막을 수 있었을 것이다. 노동계급의 주거환경을 위생적으로 지도하고, 그래서 그 동네에 햇볕도 잘 들고 공기도 좋아졌더라면, 또 병자들을 적극적으로 찾아나서서 환자가 구호를 요청하기 전에, 그 병(폐결핵)의 치료가 가능한 초기 단계에 발견되었더라면, 곤궁함이 생기기 전에, 가족이 다 전염되기 전에 (……) 그 가정을 정기적으로 관찰하고 전국 직업소개소를 통해 적당한 일자리를 찾아주었더라면 (예방할 수 있었을 거라는) 말이다. 그러나 이러한 모든 것이 (지금의 체제에서는) 자원봉사 단체의 힘이 미칠 수 없는 영역이 아닌가. 왜냐하면 이러한 조처를 할 수 있는 단계에는 빈민 당국이 이들의 사정을 모르고 있을 것이기 때문이다.[38]

바로 이러한 이유에서 웹은 자선단체와 자원봉사 단체의 활동 범위를 빈민구호에만 묶는 식의 제한을 없애야 한다고 주장했다. 전문 의료관 밑에서 모성 학교회, 간호협회원들이 긴밀한 연계를 맺고 관리 활동을 보조하는 식으로, 공직에 있는 전문 관리들의 지침과 감독 아래 자원봉사 단체들이 그를 보완하는 역할을 해야 한다는 것이다. 여기에서 웹이 그 '진정한 예방 활동'을 담당할 단체로 지목한 것이 바로 도움길드였다. 도움길드야말로 "다수 보고서의 견해를 깨고," 지역당국의 여러 부서와 긴밀하게 협력하고, 각 지역의 자원봉사 단체들을 조직함으로써, "인간적"이고 "예방적" 활동에 나서줄 것으로 기대했던 것

---

38   같은 책, p. 309.

이다.[39]

물론 길드가 실제 활동에서 웹의 이러한 기대에 얼마나 부응했는지는 별개의 문제다. 다만 웹 부부와 같은 당대 연구자들 역시 자선협회와 다수 보고서, 빅토리아 시기의 구자선을 동일시하고, 대외적으로 공공기관과의 연계를 내세운 도움길드를 소수 보고서의 견해와 연관 짓고 있음을 알 수 있다.[40] 그리고 한편으로 이것은 각각 자선협회와 도움길드에 대한 당대의 인식을 보여주는 모습이기도 하다. 여기에서 바로 도움길드야말로 공공 영역과 적극적으로 협력할 의향과 역량을 가진 신자선의 주체로 인식되고 있는 것이다. 실제로 도움길드와 공공 영역과의 연계를 평가한다면 대략 자선협회와 엘버펠트의 중간쯤에 위치한다고 볼 수 있을 것이다. 도움길드는 엘버펠트처럼 시정의 한 부분으로 편입되어 있지는 않았지만, 반면에 엘버펠트 체계와 유사하게 훈련된 방문자들을 다수 확보했으며, 그들의 활동 과정에서 지역 당국과 적극적으로 협력하고 그 지도를 받아야 할 필요성을 인정했기 때문이다.

5. 방문자들

두 기관의 행정력의 차이를 넘어서 런던 중심, 고도로 훈련된 방문

---

39   같은 책, p. 311.

40   자선협회, 도움길드와 다수 보고서, 소수 보고서의 관계에 대해서는 Lewis, *The voluntary sector, the state and social work in Britain: Charity Organisation Society/Family Welfare Association since 1869* (London: 1995), p. 77.

자들만을 신뢰하는 자선협회는 대체로 "귀족주의적이고 금권주의적인" 이미지를 가지고 있었다. 이에 비해 자선협회보다 훨씬 많은 수의 도우미 방문자들을 확보하면서 설립된 도움길드는 상대적으로 '민주적'인 이미지로 인식되었으며, 노동계급이 기존의 '자선'에 대해 가지고 있던 거부감을 덜 수 있었다. 도움길드가 대중적 인기를 끌었던 요인 중 하나는 바로 도우미 확보 과정에서 나타난 노동계급에 대한 적극적인 구애 활동이었다.[41]

그러나 일반적으로 알려진 바와 달리 실제로는 레딩, 브래드퍼드, 볼턴, 풀, 핼리팩스 등 대부분의 도움길드에서 노동자 참여는 비교적 소수에 지나지 않았던 것으로 보인다.[42] 유일한 예외는 노동계급의 참여가 약 과반수에 달했던 판위스였다. 전반적으로 도움길드 참여자는 대부분 중간계급이었다.[43] 여성들의 경우에도 주로 도움길드에 관여하고 있는 주요 가문, 혹은 가족 단위의 참여로 인해 인도된 경향을 뚜렷이 보였으며, 사실상 도움길드는 도우미의 상당수를 바로 이러한 중산계급 여성에 의존하는 형편이었다. 따라서 도움길드의 지지 기반은 일반적으로 알려진 것만큼 계급을 망라한 형태라기보다는, 오히려 성별을 망라한 형태라고 할 수 있다.[44]

---

41 *Report of the Local Government Board on the Guilds of Help in England,* BPP, p. 16.

42 브래드퍼드의 경우 초기 독립노동당원 일부가 회원으로 참여했으나, 곧 이에 대한 반론이 제기되었다. 도움길드에 대한 사회주의자들의 의혹에 대해서는 Cahill & Jowitt, "the New philanthropy", p. 377 참조.

43 도움길드 회원들의 계급 구성에 대해서는 Laybourn, *The Guild of Help 1904~1919*, Chapter. 3 참조.

44 *Report of the Local Government Board on the Guilds of Help in England,* BPP, p. 5; Margaret Brasnett, *Voluntary Social Action, A history of the*

일각에서는 새로운 자선을 수행하기 위해 도우미를 모두 남자로 충원해야 한다는 여론도 있었다.[45] 이러한 주장의 이면에는 시가 보장하는 재량권과 권위를 행사하려면 남성이어야 하며 이들 남성 방문자를 통해서만 시당국과 진정한 협력이 가능할 것이라는 전제가 있었다. 여기에서 여성은 '구자선'의 부정적 이미지를 가지는 것으로 간주되었다. 자선협회의 경우에도, 이미 1870년대부터 여성 방문자들을 모집, 훈련했으나, 미숙한 여성 방문자들에 대한 우려와 질시는 흔히 있는 일이었다.[46] 그러나 남성으로만 구성된 방문자 운영체계라는 제안은 애초부터 수용될 수 없었다. 첫 도움길드였던 브래드퍼드의 경우만 보더라도, 방문자 다수를 여성으로 충원함으로써 비로소 400명이 넘는 규모의 운영체계를 마련할 수 있었다. 결국 여성 도우미들이 '신자선'의 참신성에는 큰 도움이 안 되더라도, 충분한 수의 도우미 확보라는 신자선의 당면 과제를 해결하기 위해서는 여성의 참여가 필수적이었던 셈이다.[47]

이후에 설립된 다른 도움길드들도 대체로 같은 선택을 따랐다. 1906

National council of Social Service 1919~1969 (London: 1969), p. 6.

45 대표적인 논객으로 줄리 서터(Julie Sutter)는 《데일리 메일(*Daily Mail*)》의 "영국의 다음 캠페인(Britain's next campaign)"이라는 기고문에서 '남성 방문자'의 필요성을 역설했다. 이는 후에 같은 제목의 단행본으로 출간되었다. J. Sutter, *Britain's next campaign* (London: R. Brimley Johnson, Third Edition 1904), pp. 25~31.

46 J. R. Green, *Stray Studies in Pauperism in the East of London* (1887): R. G. Walton, *Women in Social Work* (London: Routlege & Kegan Paul, 1975), p. 57 에서 재인용.

47 S. Robertson, "Terrible scourge of consumption is amongst us: the Guild of Help, voluntarism and the problem of tuberculosis in Edwardian Bolton", in Keith Laybourn, ed., *Social Conditions, Status and Community, C. 1860~1920* (Thrup, Stroud, Gloucestershire: Alan Sutton, 1997), pp. 45~65.

년에 브래드퍼드 길드에서 남성과 여성의 비율은 152 대 222였으며, 1908년 볼턴에서는 146 대 238의 비율을 보였고, 이들 여성 참여자의 50퍼센트, 60퍼센트가 비혼 여성이었다.[48]

도움길드의 방문 체계 또한 이 같은 방문자들의 성별 구성에 맞추어 조정되었으며, 전반적으로 방문 활동에서 방문자의 권한이 대폭 제한되었다. 방문자들은 방문이 허가된 경우에만 방문하고, 구호 지원은 방문자가 아니라 빈민법 관리를 통해야 하며, 방문자들이 모든 정보를 모아 지부장에게 제출한 뒤 그의 심사와 지시에 따라 방문 대상과 지원 여부가 결정되었다. 당연히 방문자들은 담당 사례에 대해 직접 심사하거나 결정권을 행사하지 못했다. 결과적으로는 '다정한 친구'를 표방한 도움길드 방문자의 활동은 구자선의 전형적인 가정방문 조사와는 일견 구분되는 것처럼 보였지만, 그렇다고 해서 방문자들의 재량권이 이전보다 근본적으로 개선된 것은 아니었다. 무엇보다 도움길드 운영체제에서 여성 참여자의 역할은 여전히 제한된 방문 활동에만 머물렀으며, 그보다 높은 지도적 직위로 진출하는 경우는 드물었다. 이들은 자선단체 내의 권위주의적 계서제에서 벗어나지 못한 채, 오히려 도움길드가 새로운 방문 규칙을 지키기 위해 마련한 한층 더 조직적인 감독 체제를 따라야만 했다. 이로써 도움길드는 빅토리아 시대를 대표하는 기존 자선단체들의 가장 전형적인 특성을 공유하게 된 셈이었다.

---

48   The Bradford City Guild of Help, *Help*, vol. 1 (6 March 1906); County Borough of Bolton Guild of Help, *Third Annual Report* (8 November 1908).

6. 에드워드기 신자선의 정체성: 혼합경제와 도움길드 운동의 이상과 현실

에드워드 시대의 자선은 빅토리아 시대의 자선과 세계대전 전후의 자선 사이에 끼어 그 자체로는 조명을 받지 못한 채, 빅토리아 자선과 합쳐져서 다루어지거나, 혹은 전쟁을 전후한 전국적인 규모의 자발적 구호운동에 가려지는 경향이 있었다.[49] 그러나 1차 세계대전 이후에 사적 영역 내의 궁극적인 변화의 단초는 기실 세계대전이 발발하기 10여 년 전부터 감지되었다. 바로 이 시기에 도움길드 운동은 자선의 변화를 추구하며 에드워드 시기의 새로운 자선을 표방했다.

도움길드는 20세기 초 런던 이외의 지역에서 처음으로 전문적인 사회사업을 추진하기 시작했으며, 체계적인 빈민구호 사업을 확립하고 노동계급 등 전 시민의 참여를 장려하며, 공적 구호와 사적 구호의 도덕적 구분을 철폐함으로써 공적 영역과 사적 영역 간의 협력관계를 이루고자 했다. 도움길드 운동은 특히 자선협회로 대표되는 빅토리아식 자선을 극복하고 사적 영역과 공적 영역과의 적극적 교류를 지향하며 전국적 조직으로 확장되면서 에드워드 시대의 대표적인 자선단체가 되었다.

자선협회(COS)가 1860년대 런던의 빈곤 증대 및 빈민세의 심각한

---

49 세계대전기의 자선 및 구호활동에 대해서는 Simon Fowler, "War Charity Begins at Home," *History Today* (September 1999), pp. 17~23; Elizabeth Macadam, *The new philanthropy: a study of the relations between the statutory and voluntary Social Service, 1919~1969* (London: 1969); G. Finlayson, "A Moving Frontier: Voluntarism and the State in British Social Welfare 1911~1949", *Twentieth Century British History*, vol. I, no. 2 (1990), pp. 183~206.

불균형과 그에 따른 사회 전복의 위협이라는 급박한 분위기에서 설립되었다면, 도움길드는 북부 산업도시를 기반으로 하며, 1900년대 초 불황에 따른 실업 증가라는, 주기적이고 구조적인 현상에 근거하고 있었다. 여기에서 자선협회는 자선의 순수성과 전문성을 유지하면서 국가가 사적 영역을 침해하는 것을 막고 그 자리를 온전히 지켜내려는 입장, 즉 자선 영역의 순수함을 지킴으로써 그만의 가치를 인정받고 그 역할을 해내자는 입장이었다면, '신자선'의 기수인 도움길드는 국가 주도의 복지 정책에 동의하고, 사적 영역으로서 공적 영역과 적극적으로 협력하고 그 행정에 참여함으로써, 자선을 국가주도의 정책 속으로 섞어내자는 입장이었다고 할 수 있다.

이러한 '신자선'의 내용은 앞에서 설명했듯이 대부분 자선협회(COS)와의 미묘한 차이나 동질성에 기반을 두고 있다. 이 글에서는 그중에서도 공적 영역과의 협력이 '신자선'의 핵심적인 부분임을 재차 확인했으며, 특히 이를 도움길드의 실업 관련 구호활동, 예방론, 그리고 방문자들을 통해 되짚어보았다. 도움길드는 무엇보다 실업 문제를 통해 지역사회의 책임을 인식했고, 지역당국이라는 공공 영역과 협력할 뿐 아니라, 더 나아가 국가 주도의 실업 정책에 대한 요구를 개진하기도 했다. 1909년 빈민법 조사위원회의 소수 보고서에서도 엿보이듯이 이러한 도움길드의 시각은 스스로를 차세대의 대안적 자선단체로 자리매김하게 만들었다. 그러나 빈곤에 대한 그들의 시각은 개인의 도덕적 책임론을 완전히 극복했다기보다는 주로 실업 문제에 국한하여 '환경 결정론'을 향해 천천히 방향을 바꾸는 단계에 머물러 있었다. 또한 활동의 핵심적 역할을 맡았던 방문자의 선정과 구성, 그 운영에서도 '신자선'의 혁신성에 미치지 못하는 답보 상태에 머물기도 했다.

도움길드 운동은 이러한 이상과 현실의 간극을 채 해결하기도 전에, 1차 세계대전의 소용돌이 속에 휘말리게 되어 이내 그 독립적 정체성을 포기하게 된다. 도움길드 운동은 1915년부터 국가적 요구에 부응하여 새로운 전국 단위의 자선조직 운동인 사회복지 운동(Social Welfare Movement), 자선협회(COS)와 협력하게 되었고, 1919년에는 국가적 차원에서 사적 영역과 공공 영역의 연계를 주도하는 전국사회사업회(National Council of Social Service)로 통합되면서 그 역사를 끝맺음했다.

그러나 이러한 최종 통합 과정만을 가지고 도움길드의 신자선으로서의 역할을 평가하는 것은 오해의 여지가 있다. 도움길드는 창립한 지 약 5년여 만에 전국적 기관으로 발돋움하며, 규모 면에서 단숨에 자선협회의 아성을 위협하는 인상적인 성장을 보였다. 그리고 전면전이라는 미증유의 폭풍이 영국 사회의 모든 것을 삼켜버리게 될 무렵, 도움길드는 그 활동 범위와 자기정체성을 막 확립해나가려는 단계에 있었다. 따라서 전쟁 중 도움길드의 전국운동 합류와 통합은 실패를 자인하는 것이라기보다는 에드워드 시대의 자선이라는 소명과 시민정신이라는 가치로부터 전쟁이 요구하는 전국적인 국가 자원 재편의 요구에 길을 내어준 '선택'이었던 셈이다.

실로 도움길드 운동의 원칙과 활동은 20세기 초 영국 사회사업 발전에 중요한 기반을 제공했다. 20세기 초를 기점으로 영국의 사회정책이 괄목할 만한 변혁을 이루면서, 행정적 측면에서는 중앙과 지역, 공공기관과 민간기관의 긴밀한 공조와 협력이 요구되었다. 도움길드는 이러한 시기에 시민정신의 고양과 함께 지역공동체의 자산을 효율적이고 자발적으로 복지체제에 운용될 수 있도록 나섰던 에드워드 시대의 대표적인 주요 자선단체로 기능했다. 그들은 빈민법, 실업 문제, 위생법, 교육법 행정과 관련하여 지역당국과의 적극적인 협력을 환영하고 그 길을 적극적으로 모색했다. 이러한 활동을 통해 지역민의 복지는 사적 영역뿐 아니라 공공 영역, 나아가 국가의 영역이 되어야 한다는 것을 인정하고, 에드워드 시대에 국가 주도의 사회복지를 자선 공동체가 받아들일 수 있도록 함으로써, 영국 복지제도 특유의 혼합경제(mixed economy)를 형성해나가는 데 기여했다. 이 도움길드의 짧지만 괄목할 만한 역사는 빅토리아 시기와 전후 세대 사이에 자리 잡은 에드워드 시기의 전환기적 특성을 그대로 반영하고 있다.

참고문헌

1. 사료

Booth, Charles, *Life and Labour of the People in London* (London: Macmillan and Co. Ltd, 1904).

County Borough of Bolton Guild of Help, *Third Annual Report* (8 November 1908).

Hill, Octavia, "Co-operation with the Poor Law", *Charity Organisation Reporter* (11 November 1874).

Hill, Octavia, "The Elberfeld System in London", *Charity Organisation Reporter* (4 November 1874).

Wakefield, E. W., "The Growth of Charity Organisation in the North of England", *Charity Organisation Review*, XXIV. (July 1908).

Lambert, Lionel, "To the Editor", *Stafford Chronicle* (7 November 1910).

Reports to Local Government Board by Secretary of State for Foreign Affairs, with Introductory Remarks by A. Doyle, *Local Government Inspector. British Parliamentary Papers*, 1875 [C.1255] LXV.

Reports upon the Elberfeld Poor Law system and German Workmen's Colonies. British Parliamentary Papers, 1888 [C.5341] LXXX.

Report of the Royal Commission on the Poor laws and the Relief of Distress. Minutes of Evidence. British Parliamentary Papers, 1910 [Cd.5608] LXXIX.

Report of the Royal Commission on the Poor laws and the Relief of Distress. British Parliamentary Papers, 1909 [Cd.4499] XXXVII.1.

Report to the President of the Local Government Board on the Guild of Help in England. British Parliamentary Papers, 1911 [Cd.5664] XXXII. 633.

Rowntree, B. S., *Poverty: A Study of Town Life* (London: Second ed. 1902).

Sutter, Julie, *Britain's next campaign* (London: R. Brimley Johnson, Third Edition 1904).

Webb, S., and Webb, B., *English Poor Law Policy, English local government,* vol. 10 (London: Frank Cass, 1910, reprinted 1963).

2. 연구서와 논문

칼 드 슈바이니츠, 남찬섭 옮김,《영국 사회복지 발달사》(인간과복지, 2001).

Brasnett, Margaret, *Voluntary Social Action, A history of the National council of Social Service 1919~1969* (London: 1969).

Cahill, Michael, and Tony Jowitt, "The New Philanthropy: The Emergence of the Bradford City Guild of Help", *Journal of Social Policy*, vol. 9, no. 03 (1980).

Finlayson, G., "A Moving Frontier: Voluntarism and the State in British Social Welfare 1911~1949", *Twentieth Century British History*, vol. I, no. 2 (1990).

Hong, Y. S., *Welfare, Modernity and Weimar State 1919~33* (Princeton: Princeton University Press, 1998).

Jones, S. G., *Outcast London: A Study in the Relationship between Classes in Victorian Cities* (Oxford: Clarendon Press, 1971).

Laybourn, K., "The Guild of Help and the changing face of Edwardian philanthropy", *Urban History*, vol. 20, no. 1 (1993).

Laybourn, Keith, *The evolution of British social policy and the welfare state, c. 1800~1993* (Keele: Keele University Press, 1995).

Laybourn, K., *The Guild of Help and the Changing Face of Edwardian Philanthropy; The Guild of Help, Voluntary Work and the State, 1904~1919* (London: The Edwin Mellen Press, 1994).

Laybourn, K., ed., *Social Conditions, Status and Community, C. 1860~1920* (Thrup, Stroud, Gloucestershire: Alan Sutton, 1997).

Lewis, J., *The voluntary sector, the state and social work in Britain: Charity Organisation Society/Family Welfare Association since 1869* (London: 1995).

Moore, J. M., "Social work and Social welfare: the Organisation of Philanthropic Resources in Britain 1900~1914", *Journal of British Studies*, vol. 16, no. 2 (1977).

Owen, D., *English Philanthropy, 1660~1960* (Oxford: 1965).

Robertson, S. C., "Providing a friend: Bolton Guild of Help, the Poor and the problem of poverty, 1905~1914", Ph.D. Thesis Huddersfield University (1997).

Steinmetz, G., *Regulating the Social: the Welfare State and local Politics in imperial Germany* (Princeton: 1993).

Walton, R. G., *Women in Social Work* (London: Routlege & Kegan Paul, 1975).

제3부

빈곤과 사회적 약자: 여성, 인종, 노년

제정 러시아 말기 상트페테르부르크의 빈민층 여성과 성매매

기계형

아주 먼 옛날, 철로가 있기 오래전에, 큰 남부 도시의 가장 변두리의 야마라는 마을에 대대로 관청과 귀족의 마부들이 살았다. (……) 19세기 말에는 야마 마을에 2개의 거리—큰 야마, 작은 야마 거리가 있었는데 (……) 거리의 다른 한쪽에 특별히 매음굴이 있었다. 개인 집은 대여섯 채가 남았는데, 거기에는 선술집, 흑맥주집, 그리고 야마의 매춘부들에게 필요한 물건을 대는 잡화점이 있었다. 30개 남짓한 시설의 (……) 삶과 도덕과 관습의 형태는 거의 똑같다. (……) 짧은 일시적 사랑을 위해 (……) 사치스러운 가구의 호사스러운 방에, 비교적 야한 옷을 입은, 선별된 다소 예쁜 여자들이 있다.[1]

1. 빈곤과 성매매의 오랜 관계

역사 속에서 가장 오래된 직업의 하나이자, 사회적 행위의 한 예로서 매춘은 제정 러시아 말기 사회사와 여성사에서 독특한 의미를 지닌다.[2] 무엇보다도 매춘은 농노제 폐지 이후 큰 변화를 겪고 있던 러시아 사회를 비추는 거울로서, 특히 빈민 문제와 연결되었다. 농노제 폐지 이후 농민층의 도시 유입, 무엇보다도 러시아제국의 수도 상트페테르부르크의 뒷골목, 선술집, 빈민굴, 매음굴에 그 모습을 드러낸 수많은 빈민들은 도시민의 관심을 끌었다.[3] 급속하게 진행된 이농현상과 1880~1890년대 국가 주도의 산업화 과정에 제대로 안착하지 못하고 도시 빈민으로 전락한 농민들의 문제는 당대인들에게 큰 충격으로 다가왔다. 오랫동안 전쟁터에 나가 부역의무를 하느라 자신의 분여지를 잃은 병사들과 병사의 아내들, 기댈 집도 토지도 없는 농민, 영락한 영세지주, 전직 하급 관리, 그리고 그들의 가족이 수도로 이주했다. 농민

---

1   알렉산드르 쿠프린의 소설 《구멍(Яма)》은 1915년 상트페테르부르크에서 처음으로 출간되었다. 이 글에서는 2011년판을 인용했다. А. И. Куприн, *Яма* (Москва: Азбука, 2011), c. 8.

2   오줴고프 사전에서는 매춘(проституция)에 대해 "여성들이 자신의 몸을 파는 행위"로 쓰고 있다. С. Ожегов, *Словарь русского языка* (Москва: Сов. энциклопедия, 1978), c. 572. 한편 《대소비에트백과사전》에서는 "사회적 일탈행위의 모습" 그리고 "역사적으로 적대적 사회계급에서 나타나는 사회적 현상"으로 정의하고 있다. *Большая Советская Энциклопедия* (Москва: Сов. энциклопедия, 1969~1978), проституция 항목 참조. 이 글에서는 문맥상 여성을 지칭할 경우 그리고 사회문화적 담론의 대상이 될 경우 '매춘'으로 번역했다. 구매자와 판매자, 운영자가 포함된 경우 매매춘, 자본주의 사회에서 성관계 자체를 위한 매매를 의미하는 경우 '성매매'를 사용한다. 따라서 두 용어가 혼용되는 경우도 있을 것이다.

3   А. Энгельгардт, *Из деревни: 12 писем: 1872~1887* (СПб., 1999).

의 빈민화 현상은 새로운 사회를 만들어갈 변혁의 주요 행위자에 대한 기대와 전망을 가지고 있던 당대의 인민주의 경향 지식인들이나 마르크스주의자들뿐 아니라, 차르 전제정의 온존과 체제 안정을 바라는 정부 관리들의 관심을 끌었다.

특히 빈민 여성은 종종 매춘과 연결되는 것으로 보였기 때문에 사회 각계의 주목을 끌었다. 의사들은 매춘 여성의 임질이나 매독 같은 성병의 확산을 막는 근대적 의료시설 확충과 의학적 관심을 구체화할 수 있는 기회로 보았으며, 법률가들은 알코올 중독, 자살, 살인 같은 사회적 일탈 현상과 증가일로에 있던 여성 관련 범죄와 매춘이 연결되는 맥락을 차단하기 위해 이 문제에 골몰했다. 여성 활동가들은 여성의 열악한 노동조건, 빈곤, 알코올 중독과 매춘의 밀접한 연관성을 강조하고, 여성 불평등의 해소와 공창제 폐지를 주장했다. 한편 농노제 폐지 이후 사회적 이동 가능성이 늘어난 하층계급에 대한 통제의 필요성을 느낀 정부 관리들에게 매춘은 농민 여성과 하층민의 낮은 성도덕을 뒷받침해주는 증거가 되었고, 매춘은 젠더 규범이나 윤리를 파괴하고 사회 안정을 뒤흔들 수 있는 문제로 간주되었다.[4]

흥미롭게도 19세기 후반 20세기 초 당대인들에게 엄청난 파급력을 미친 매춘 문제가 역사가들의 학문적 관심을 끈 것은 비교적 최근의 일이다. 구소련 시대에 매춘은 성병, 알코올 중독, 약물 중독, 자살 같은 사회적 일탈로 간주되어 거의 연구되지 않았다. 베벨(August Bebel)의 고전적인 저작《여성론》에서 제시되었듯이, 애정이 없는 정략적 결

---

4   К. И. Ануфриев, *Нищенство и борьба с ним Материалы для подготовительной комиссии для разработки вопроса по реорганизации борьбы с нищенством в Санкт Петербурге* (СПб, 1913), с. 77~78.

혼에 기초하는 부르주아나 궁핍과 기아에 내몰려 결혼하기 어려운 프롤레타리아나 모두 매매춘에 관여하게 되는 타락한 자본주의 사회와 달리, 사회주의 체제에서 성매매는 반드시 근절될 것으로 예상되었다. "소련에는 결코 매춘이 없다"라고 선언하는 상황에서 연구자들은 이 주제를 다룰 필요를 크게 느끼지 않았다.

그렇지만 연구가 아예 없었던 것은 아니다. 1960년대에 탈 스탈린운동과 '해빙'의 분위기 속에서 사회학자 스미르노프는 처음으로 반사회적 행동과 그 정치적 성격에 관심을 가졌으나, 사회적일 뿐 아니라 심리적이며, 때로는 정신적 특성을 반영하는 일탈의 복합적인 현상을 제대로 설명하지 못했다.[5] 소련 해체 이후 '일상생활' 연구의 문제의식에서, 연구자들은 매춘이 그 사회의 성도덕과 윤리, 그리고 섹슈얼리티에 대한 사회의 의식과 문화적 성격을 고스란히 보여주는 주제로 인식하면서, 이에 대한 심도 있는 연구에 착수했다. 중요한 성과물로는 19세기 중엽의 러시아 공창제도에서부터 스탈린 시대까지 총망라하여 성매매의 지속성과 국가권력과의 상관성 문제를 보여주는 레비나와 슈카롭스키의 연구,[6] 러시아 성매매의 역사를 유럽의 다른 지역들에서도 나타난 보편적 차원으로 바라보며 17세기부터 러시아 혁명 직전까지를 분석한 일류호프의 연구를 들 수 있다.[7]

---

5   Г. Л. Смирнов, *Советский человек: формирование социалистического типа личности* (Москва: Издательство политической литературы, 1971; 3-е изд. 1981)

6   Н. Б. Лебина, М. В. Шкаровский, *Проституция в Петербурге: 40-е гг. XIX в.-40-е гг. XX в.*, (Москва, Прогресс-Академия, 1994).

7   А. А. Ильюхов, *Проституция в России с XVII до 1917 года* (Москва: Новый хронограф, 2008).

한편 구미 학계에서는 1980년대 이후 러시아 젠더사 연구 축적의 결과, 식자층의 관점에서 본 가부장제의 희생자이자 피해자가 아니라 자기 삶의 전략을 가진 여성들의 삶과 태도를 재평가하는 가운데, 매춘 문제도 재검토되었다. 스타이티스는 자유주의, 니힐리즘, 볼셰비즘의 틀 안에서 매춘과 그에 대한 해결책이 어떻게 다른지 제시한다.[8] 엥겔스타인은 19세기의 법의식 및 형사법의 적용에서 젠더적 차별이 이루어지며 특히 매춘 여성에게 엄격하게 적용되었던 법절차를 분석했다.[9] 엥겔은 매춘 여성을 담당한 법학자 및 의사들의 설문조사 분석을 통해 가장 영락하고 주변적 위치에 있던 농촌 여성들이 성매매 시장에 연루되는 경향이 있음을 밝혔다.[10] 베른슈타인은 러시아의 성매매 문제를 19세기 중반 이후 유럽의 전반적인 상황과 같은 맥락에 놓고, 성매매에 대한 공적 담론과 실제, 그리고 국가의 규제라는 상관관계를 잘 보여준다. 그는 1843년 니콜라이 1세의 공창제 도입 및 성매매 규제는 프랑스, 영국, 프로이센이 취한 조치들의 모방이며, 나아가 도시화와 산업화 시기에 하층민을 통제하기 위한 차르 정부의 한 방책이었음을 논증했다.[11]

그렇다면 빈민층 여성은 누구인가? 1897년 제국의 인구조사에서 드

---

8   R. Stites, "Prostitution and Society in Pre-Revolutionary Russia", *Jahr-bicher für Geschichte Osteuropas,* vol. 31, no. 3 (1983), pp. 348~364.

9   L. Engelstein, "Gender and the Juridical Subject: Prostitution and Rape in Nineteenth-Century Russian Criminal Codes", *Journal of Modern History* 60 (1988), pp. 458~495.

10   B. A. Engel, "St. Petersburg Prostitutes in the Late Nineteenth Century: A Personal and Social Profile", *The Russian Review* 48 (1989).

11   L. Bernstein, *Sonia's Daughters: Prostitutes and Their Regulation in Imperial Russia* (Los Angeles and London: University of California Press, 1995).

러나듯이 주민에 대한 분류는 신분에 기초했기 때문에, 빈민층 여성을 개념화하는 작업은 빈민의 개념화만큼이나 어렵다. 그렇지만 1843년 러시아의 공창제 도입은 성병 검사를 매개로 성매매 여성들에 대한 면밀한 통제와 조사를 동반함으로써, 그들을 하나의 집단으로서 연구할 수 있게 해준다.

따라서 이 글에서는 제정 러시아 말기 매춘 여성들에 대한 분석을 통해 빈곤과의 상관성을 밝히고자 한다. 푸슈카료바는 러시아 여성사를 정리하며 매춘이 지닌 독특한 의미를 잘 지적한 바 있다.[12] 19~20세기 여성사에서 가장 중요한 연구 주제 가운데 하나는 젠더의 시각에서 '결핍과 빈곤'의 역사를 재검토하는 작업으로서, 연구자들은 자녀 유기, 유아 살해, 알코올 중독, 매춘과 같이 일탈로 설명되는 여성의 사회적 행위에 주목해왔다.[13]

이러한 문제의식을 바탕으로, 이를 러시아 매춘 연구의 틀 안에서 엥겔의 문제의식을 좀 더 확대시키고자 한다. 주로 농노제 폐지 이후부터 20세기 초까지 도시의 빈민화 현상과 당대의 사회담론에 나타난 매춘에 집중하여 살펴볼 것이다.[14]

---

12 Н. Л. Пушкарёва, *Русская женщина: история и современность. два века изучения "женской темы" русской и зарубежной наукой, 1800~2000: материалы к библиографии*, (Москва: Ладомир, 2002), с. 101.

13 R. Stites, "Prostitution and Society in Pre-Revolutionary Russia", *Jahr-bicher fiir Geschichte Osteuropas,* vol. 31, no. 3 (1983), pp. 348~364; L. Engelstein, "Gender and the Juridical Subject: Prostitution and Rape in Nineteenth-Century Russian Criminal Codes", pp. 458~495.

14 물론 러시아의 매춘 연구는 19세기 말 20세기 초의 산업구조 변화, 정부의 의료 및 보건정책, 범죄 및 일탈 현상의 증가율, 가족의 안정성 하락, 이농현상과 이주의 양상, 사회구조의 변화, 제국 내의 러시아인 이외에 다른 민족들의 삶의 양식 등 많은 관련 연구를 종합적으로 포괄해야 할 정도로 총체적인 접근이 요구되는 주제다. 이 글에서는

2. 빈민의 범죄화

1) 빈민과 사회적 담론

러시아에서 빈민은 러시아정교의 영향 아래 오랫동안 정신적, 도덕적, 물질적으로 가난한 사람들을 지칭했을 뿐만 아니라, 순례자이자 경험이 많은 인간으로서 자신이 가본 곳에 대한 흥미로운 이야기를 전해주는 이야기꾼으로 받아들여졌다. 그렇지만 19세기 중엽에 빈민에 대한 이런 전통적 견해는 차츰 바뀌게 된다. 가난한 사람에 대한 담론이 형성되던 주요 공간은 사회소설의 형태를 띤 문학작품 속이었다. 조금 더 이른 시기에 카람진(Н. М. Карамзин)의《가여운 리자》(1792)와 도스토옙스키(Ф. М. Достоевский)의《가난한 사람들》(1846)에 등장하는 여주인공 바르바라의 경우처럼 빈민이 소설의 중요한 소재로 다뤄지기는 했지만, 그것은 하나의 사회적 계층으로서의 빈민이라기보다는 빈곤의 '상상' 혹은 '추상화된 빈민'으로 해석될 수 있을 만큼 작가에 의해 요청된 인물들이었다.[15] 그래서《가난한 사람들》의 여주인공 바르바라 도브로셀로바와 문관의 말단 서기 마카르 제부슈킨 사이에 오간 편지글에 등장하는 가난 또는 빈곤은 그리스도교적, 윤리적 의미를 포함한다.

이러한 다양한 교차 지점을 면밀하게 고려하지는 못하며, 부득이하게도 식자층의 시각이 반영되었다는 점을 밝힌다.

15   D. Herman, *Poverty of the Imagination: Nineteenth-century Russian Literature about the Poor* (Illinois: Northwestern University Press, 2001).

도대체 당신은 어떻게 된 거죠? 하느님까지 잊어버리셨나요? (⋯⋯) 이런 말을 듣는 저의 심정이 어떻겠어요? 당신은 현관에 쓰러져서 밤을 새우셨다지요? 그 말을 들었을 때 제 마음이 얼마나 아팠는지 아시나요? 제발 저를 생각해서라도 그런 행동은 말아주세요. 왜냐하면 저는 당신 한 분만을 위해 살아가고 있으며, 언제까지나 당신 곁을 떠나지 않을 거니까요. 자꾸만 불행해지지 말고 꿋꿋이 견뎌주세요. '가난은 죄가 아니다'라는 말을 명심하시고요. 그렇다고 부끄러워하지는 마세요. (고딕체는 필자 강조. 이하 동일)[16]

그런데 농노제 폐지를 전후하여 다양한 사회계층의 빈민들이(물론 농민이 주를 이루지만) 수도로 쏟아져 들어오면서 그들의 누추한 모습이 도시민들의 시야에 들어오자, 가난은 사뭇 다르게 받아들여진다. 도스토옙스키는 《죄와 벌》(1866)에서 말단 관리에서 빈민으로 추락하여 이제는 어린 딸 소냐가 매춘을 해서 벌어오는 돈으로 간신히 연명하는 술주정뱅이 마르멜라도프의 입을 통해 가난을 구체적으로 묘사했다.

가난은 죄가 아니라는 말은 진리요. 나도 술에 취하는 것이 선행이 아니라는 것을 잘 알고 있어요. 아니, 그 편이 더 진리일 것이오. 하지만 굶어 죽을 정도로 가난하고 보면, 그야말로 몹시 구차하게 되면 이건 죄악이란 말이오. 보통 가난 속에서는 선천적인 고결함을 그대로 보존할 수 있지만, 몹시 구차하게 되고 나면 누구나 그럴 수는 없거든요. 구차하게 되면 이미 인간 사회에서 몽둥이로 두들겨 맞아 쫓겨나는 정도가

---

16   표도르 도스토옙스키, 석영중 옮김, 《가난한 사람들》(열린책들, 2010). 바르바라가 마카르에게 보낸 8월 14일자 편지.

아니라 비로 쓸어냄을 당하는 거요. 모욕이 한층 뼈에 사무치도록 말이오. 그러나 그럴 수밖에 없는 얘기요. 구차한 상태가 되고 보면 첫째로 자기 자신을 모욕하고 싶어지니까요. 그래서 결국 술을 찾게 되는 거죠![17]

두 인용문에서 나타나듯이, 《가난한 사람들》에서는 가난(빈곤)이 죄가 아니었지만, 《죄와 벌》에서는 모욕이 뼈에 사무치는 추악한 죄악이된다. 사회상을 철저히 반영하는 도스토옙스키의 소설은 1860년대 이후 러시아 사회의 변화와 그 맥락을 보여주는 단서가 된다. 다양한 사람들이 빈민집단에 포함되기 시작했는데, 국가 농노와 지주 농노 등 농노 출신, 소시민 가운데 극빈층에 포함되는 사람 들이 나타났다. 우선 상트페테르부르크의 경찰 보고서에 직업적 걸인으로 분류된 사람들은 농민 출신이 대부분이었고(1897년 74.6퍼센트, 1910년 75.6퍼센트), 그다음으로는 소시민층이 자리를 차지했다(1897년 18.6퍼센트, 1910년 0.1퍼센트). 영세지주에서 걸인으로 전락한 경우도 있었다. 인종적으로는 러시아인 이외에 핀란드인, 유대인이 있었으며, 그들 빈민은 주로 수도 인근의 상트페테르부르크 주의 농촌 지역 출신들이었고(1897년 32.4퍼센트, 1910년 17.3퍼센트), 그외에 트베리 주, 노브고로드 주, 비텝스크 주, 프스코프 주 등 인근의 주에서 온 사람이 많았다.[18]

민속학자이자 작가이자 여행가로서 당대인들의 일상적 삶을 묘사했

---

17   표도르 도스토옙스키, 홍대화 옮김, 《죄와 벌》 상권 (열린책들, 2009), 23쪽.

18   В. В. Яковлев(ред.), *Три века Санкт-Петербурга. Энциклопедия.* Том 2. *Девятнадцатый век.* Книга 4. М-О(СПб.: Филологический факультет Санкт-Петербургского гос. университета, 2005), с. 589.

던 빈민 연구자 막시모프(С. В. Максимов)는 19세기 후반의 빈민을 크게 두 부류로 나누었다. 즉 극빈의 상태로 "일할 힘이 없는 걸인"과 "결핍의 상태는 아니지만 걸인"으로, 그는 빈민 문제의 해결이 경제적인 문제에만 국한된 것이 아님을 시사했으나 빈민의 개념을 정의한 것은 아니었다.[19] 몰락한 농노의 비참한 생활상을 고발하며 사회적인 문제로 제기했던 인민주의적 경향의 엥겔가르트의 저작 이후, 19세기 말에 이르면 빈민 문제에 대한 학문적 연구가 이루어졌다.[20]

또한 빈민 문제에 대한 방대한 경험적 연구가 축적되었는데, 오를로프(В. Орлов)와 야코벤코(В. Яковенко) 등 인민주의적 경향의 젬스트보 통계학자들에 의해 집대성되었다. 농민들에 대한 방대한 설문조사를 바탕으로 한 이 자료들은 지방행정 개혁의 차원에서 이루어진 행정자료에 가깝기 때문에 빈민들이 자신의 비밀을 은폐하거나 조사자들과의 관련을 꺼리는 등의 이유로 빈민에 대한 총체적 결론을 얻기는 어려웠다.

20세기 초에 스토파니(А. М. Стопани)는 1913년의 연구에서 노동자들의 소득과 소비를 분석함으로써, 모스크바 도시 빈민의 실체에 다가갔다. 도시 빈민은 가장 낮은 소득집단(1년에 250루블 이하), 즉 생리적 필요를 충족하는 데 소득의 4분의 3을 쓰는 집단으로 분류

---

19   *Там же*, с. 588~590.

20   소로킨(П. Сорокин), 플레롭스키(В. Берви-Флеровского), 베르자예프(Н. Бердяев) 등이 농민과 노동자의 열악한 상황에 집중했으며, 코스토마로프(Н. Костомаров), 샤포프(А. Щапов), 보체츠카로프(Н.Бочечкаров), 보로노프(М. Воронов), 레비토프(А. Левитов) 등 역사학자와 사회학자들이 러시아의 빈민화 현상을 사회적 문제로 인식하고 빈곤의 원인, 양상, 퇴치를 위한 조치 등에 관심을 가졌다.

한 바 있다.[21] 상트페테르부르크도 이와 크게 다르지 않았다. 예컨대 1907~1908년 상트페테르부르크 노동자의 지출비는 주거비(집세, 연료 등) 20.7퍼센트, 식비 48.8퍼센트, 의복·신발 12.2퍼센트 등이었는데, 기본 식생활비가 지출의 대부분(81.7퍼센트)을 차지했다.[22] 그렇지만 제정 러시아 시기의 빈곤의 구체적 수치와 기준에 대해서는 여전히 전체적인 그림을 얻기 어려우며, 빈민에 대한 정의도 쉽지 않다.

상황이 이러하다 보니 빈민 여성의 실체에 접근하는 것은 더 어려울 수밖에 없다. 그러나 빈민의 남녀 분포에 대한 경찰 보고서에 따르면, 1882~1887년에 남성이 64퍼센트, 여성이 36퍼센트였으며, 1910년에는 남성 79.8퍼센트, 여성 20.2퍼센트였다. 연령 분포는 22~55세가 65퍼센트를 차지했다.[23] 이는 일정 수의 여성들이 빈민 집단의 대열에 들어섰다는 의미다. 남녀 임금 격차를 통해서도 여성이 도시 빈민의 상당수를 차지했음을 알 수 있다. 1917년 러시아 혁명 이전에 남성 산업 노동자의 하루 평균임금이 1루블 20코페이카인 데 비해 여성 노동자는 45~85코페이카에 그쳤으며, 여성 노동자가 대다수인 방직업의 경우에 남성 노동자는 70코페이카, 여성 노동자는 30~50코페이카를 받았다는 점을 고려하면,[24] 도시 빈민 가운데 여성이 차지하는 비중이 적지 않았음을 유추할 수 있다.

---

21   А. В. Ахметова, "Тексты Московских нищих", *Этнографическое обозрение*, №3(2007), с. 40-52.

22   Б. Н. Миронов, *Благосостояние населения и революции в империи России: XVIII - начало XX века*. 2-е изд., испр., доп (Москва: Весь мир, 2012), с. 414.

23   В. В. Яковлев(ред.), *Три века Санкт-Петербурга. Энциклопедия*. с. 588.

24   R. Stites, "Prostitution and Society in Pre-Revolutionary Russia", p. 163.

2) 성매매와 사회적 담론

상트페테르부르크의 매춘 여성에 관한 기록은 이미 오래전부터 나타난다. 차르 정부는 공식적으로 매춘을 금지했으나, 알렉세이 황제(1629~1676)가 1649년 법령에서 "거리와 골목에 매춘부가 없도록" 지시했다는 기록과, 1728년에 수도 상트페테르부르크에 유곽이 있었다는 기록으로 보아 매춘이 성행했음을 유추할 수 있다. 물론 그것이 일시적으로 매춘이 이루어지던 선술집인지 아니면 직업적인 매춘 여성이 있는 매음굴인지는 정확하지 않다. 단 상층부 귀족을 상대하며 드레스덴 출신의 외국인 여성들이 영업하는 비밀 유곽에 대한 기록이 1753년에 등장하고,[25] 상트페테르부르크가 철저히 남성들의 도시로 건설되기 시작했다는 점은 매매춘의 출현에 영향을 미쳤을 것이다.

1704년 황제의 칙령에 의해 매년 새로운 수도 건설에 석공, 벽돌공, 목수 등 2만 4000명의 일꾼들이 차출되었고, 1710년대에는 새로운 칙령에 의해 상인과 수공업자, 일부 귀족들이 강제적으로 이주해온 이후에도 오랫동안 상트페테르부르크는 남성 노동력이 지배적인 곳이었다. 실제로 상트페테르부르크는 여성 비율이 1800년에 30퍼센트, 1825년에 28.5퍼센트, 1843년에 32.4퍼센트, 1853년에 31.9퍼센트였을 정도로 남녀성비가 불균형한 곳이었다.[26] 또 항구도시라는 특징도 매춘의 성행에 한몫했을 것이다.

---

25   Н. Б. Лебина, М. В. Шкаровский, *Проституция в Петербурге: 40-е гг. XIX в.-40-е гг. XX в.*, с. 40.

26   Борис Пиотровский(ред.), *Санкт-Петербург. Петроград. Ленинград: Энциклопедический справочник* (Москва, 1992), с. 417.

1843년에 정부가 입장을 바꿔 성매매를 통제하기로 한 것은 무엇보다 임질과 매독 등 성병의 확산을 막기 위해서였다. 차르 정부는 내무부 산하에 의료-경찰위원회를 설치하고 이 기구를 통해 공창 운영을 감독했다. 이제 매춘 여성은 통행증을 경찰에 맡기고 정기적으로 성병 검사를 받아야 하는 '티켓 매춘부(Билетные девицы)'로 다루어졌다. 일단 이러한 시스템에 등록되면 공창 여성 통행증을 돌려받을 가능성이 희박해지며, 그런 점에서 공창제도의 도입은 매춘을 이들 여성들의 영속적인 직업으로 확정짓는 계기가 되었다. 일명 '노란 딱지'를 받은 매춘 여성들은 일주일에 두 번 성병 검사를 받았으며, 티켓을 소지하지 않으면 벌금을 물었다.[27]

당시에 성매매 여성에 대한 사회적 관심은 다양한 방향에서 이루어졌다. 우선 역사학자이자 저널리스트이며 작가였던 샤슈코프(C. C. Шашков)는 고대국가 키예프루시 때부터 1860년대까지의 매춘의 역사를 서술했는데, 흥미 위주의 부정확성에도 불구하고 생생하게 묘사되어 향후 러시아 사회에 매춘 관련 담론을 이끌어냈다는 점에서 획기적이다.[28]

가장 적극적인 관심을 보인 곳은 의료계였다. 매춘시장의 확대는 그들에게 매우 중요한 문제였는데, 공창제도의 도입은 의학적 검사를 조직하는 문제와 특히 성병에 대한 지식을 필요로 했기 때문이다. 여기에 참여한 의사들은 매춘 여성의 치료와 그들의 운명을 심사숙고한 사

---

27 '노란 딱지'라는 별명의 기원은 분명하지 않지만, 흰색 종이가 노랗게 변색되어서 붙여진 이름일 가능성이 높다.

28 С. С. Шашков, *Исторические судьбы женщин, детоубиство и проституция* (СПб., 1873): http://kraeved.lib.tomsk.ru/page/20/

회실천가들이기도 했다. 성병 조사와 치료는 주로 수도의 칼린킨스카야 병원에서 행해졌다. 처음에는 성병과 피부질환을 앓는 여성들을 대상으로 하다가 나중에는 임산부까지 포함했다.[29] 특히 이 병원은 접수할 때 통행증을 요구하지 않았기 때문에 성병에 걸린 여성이 쉽게 찾을 수 있었고, 볼스키, 슈페르크, 쿨네프 등 유명한 의사들이 이곳에 근무하고 있었다. 의사들은 매춘에 대해 일치된 견해를 보이지 않았던 것 같다. 예컨대 러시아 성병학의 초석을 마련한 타르놉스키(B. M. Тарновский)는 매춘 규제를 주장했는데, 그의 목표는 매춘을 의학적, 행정적으로 통제할 수 있는 기구를 건립하고 지원하는 것이었다.[30] 표도로프(A. И. Федоров)와 슈튜르메르(К. Л. Штюрмер)는 의료-경찰위원회 위원으로 참여하면서 매춘 여성들을 대상으로 한 설문조사를 바탕으로 많은 글을 남겼다.[31]

한편 포크롭스카야(M. И. Покровсая)와 드렌텔른(Е. С. Дрентельн), 벤토빈(Б. И. Бентовин)은 공창제 폐지를 주장하면서 매춘에 대한 국가의 개입을 반대했다. 특히 포크롭스카야는 자유주의적 부르주아 여성운동과 일정한 거리를 두면서 진보적 여성운동의 전면에 서 있었

---

29 1762년에 치료 및 교정을 위해 설립된 이곳의 원래 이름은 칼린킨스키 교정시설 및 병원(Калинкинский исправительный дом с госпиталем при нем)이었다.

30 타르놉스키는 1868년부터 상트페테르부르크 의학-외과학술원에서 근무했으며, 1885년에 유럽에서 최초로 매독 및 피부학회를 조직했다. B. M. Тарновский, *Проституция и аболиционизм* (СПб., 1888); B. M. Тарновский, *Потребители проституции* (СПб., 1890).

31 의료-경찰위원회에 참여한 의사들의 시각은 다음을 참조하라. A. И. Федоров, *Очерк врачебно-полицейского надзора за проституцией в Петербурге* (СПб., 1897); К. Л. Штюрмер, "Проституция в городах", *Труды высочайше разрешенного съезда по обсуждению мер борьбы с сифилисом* (СПб., 1897).

다. 아울러 유명한 의학박사이자 성병학의 권위자였던 오브즈넨코(П. Е. Обозненко) 역시 상트페테르부르크의 성매매 여성들의 사회적 재건 과정에 관한 역사 개론서를 출간하여 당시 공창제 폐지의 이론적 토대를 제공했다.[32]

법학자들도 매춘 여성들에 대한 높은 관심을 표명했다. 실제로 1843년부터 운영된 공창제도의 합법성 여부를 따지는 일은 단순하지 않았다. 왜냐하면 1845년의 형법개혁, 1864년의 사법개혁을 통해 러시아 사법제도의 형식적 제도화는 이루어졌으나, 실제로 성매매 여성과 관련한 성범죄 사건이 발생했을 때 그들이 이러한 사법제도의 대상이 될 수 있는지는 법의 적용에서 다르게 나타났기 때문이다.[33] 또한 매춘 여성이 영업을 접고 예전의 신분으로 돌아가고자 할 때, 법이 보장해줄 필요성이 있었다. 법학자들은 이 문제를 심사숙고했지만, 일단 공창의 제도적 망에 걸린 여성은 현실적으로 빠져나가기가 어려웠다. 보로비티노프, 데류쥔스키, 엘리스트라토프, 코니, 마르굴리스 등은 이러한 문제를 논의했다.

법학자들 사이에서도 시각이 완전히 일치하지는 않았지만, 20세기

---

32 공창제 폐지론자들의 주장은 다음을 참조하라. М. И. Покровская, Борьба с проституцией (СПб., 1902); М. И. Покровская, О жертвах общественного темперамент, (СПб., 1902); М. И. Покровская, Врачебно-полицейский надзор за проституцией способствует вырождению народа (СПб., 1902); Е. С. Дрентельн, О проституции с точки зрения динамики жизни (М., 1908); Б. И. Бентовин, Торгующие телом Очерки современной проституции (СПб., 1910); П. Е. Обозненко, Поднадзорная проституция Санкт-Петербурга по данным Врачебно-полттейского комитета и Калинкинской больницы (СПб., 1896).

33 B. A. Engel, "St. Petersburg Prostitutes in the Late Nineteenth Century: A Personal and Social Profile", pp. 43~44.

초 혁명의 분위기에 동조했던 젊은 세대가 대거 참여했고, 범죄자 및 매춘 여성을 위해 사건을 맡기도 했다. 대다수의 법학자들은 공창제 폐지를 주장했다. 리하초프(А. Лихачёв)는 1880~1890년대에 상트페테르부르크 배심재판의 검사로서, 그리고 코슈코(А. Ф. Кошко)는 20세기 초에 형사법정에서 중심 역할을 담당했다.[34] 이러한 법학자들의 활동에 대해 엥겔스타인이 분석한 바 있듯이, 형사사건에서 법의 적용 대상은 남성이었고, 여성은 농노제 폐지 이후 가부장적 질서에 균열이 일어나던 시점에도 여전히 자율성이 제한되었으며, 가부장적 속박의 무게는 줄어들지 않았다.[35]

중요한 점은 사회 담론 안에서 빈민층 여성과 매춘 여성이 함께 결합했다는 사실이다. 가난은 죄가 아니라고 여겨지던 사회적 지형은 1860년대를 지나면서 모멸감을 불러일으키는 것으로 바뀌었다. 오랫동안 남성의 도시였던 상트페테르부르크는 1880~1890년대부터 남녀 성비가 균형을 맞추기 시작했는데, 이는 농촌의 가난한 여성들이 일자리를 찾아 상경하여 노동자, 하녀, 재봉사, 상점 판매원 등의 서비스직에 참여한 결과였다. 남녀 인구의 비율은 1880년대~1900년대에 이르

---

34 법조계 인사들의 시각에 대해서는 다음을 참조하라. М. М. Боровитинов, "Правовое регулирование проституции в Российской империи", *Труды Первого Всероссийского съезда по борьбе с торгом женщинами* (СПб., 1911); В. И. Дерюжинский, *Международный конгресс по борьбе с торгом женщинами* (СПб., 1914); А. И. Елистратов, *О закреплении женщин и проституции* (Казань, 1903); А. Ф. Кони, "О задачах российского Общества защиты женщин в борьбе с проституцией", *Право*, No. 13 (1901); М. С. Маргулис, *Регламентация и свободная проституция* (СПб., 1903).

35 L. Engelstein, "Gender and the Juridical Subject: Prostitution and Rape in Nineteenth-Century Russian Criminal Codes", pp. 494~495.

면 대략 55 대 45가 되었다. 산업화의 동력이 남성들뿐만 아니라 여성들까지 도시로 끌어들였기 때문이다.[36] 그러나 가난한 여성들은 언제라도 해고될 수 있었으며, '추악한' 빈곤 상태에 빠져 값싼 방을 찾아 선술집을 드나들면서 결국 매춘의 올가미에 걸려들기 쉬웠다. 도시 빈민 가운데 다수를 차지하는 여성들은 정부가 공창제도를 시행한 후 얼마 되지 않아 사회적 통제의 대상이 되기 시작했다.

3. 공창의 구조화와 매춘의 다양한 양상

1) 공창의 구조화와 매춘 여성의 분류

상트페테르부르크에서 최초의 공식적인 유곽, 또는 프랑스풍으로 부르자면 보르델(bordel)은 1843년부터 운영되었다. 5월에 설립된 의료-경찰위원회는 총 400명의 성매매 여성이 있다고 밝혔다.[37] 이 위원회에 등록된 여성들의 성매매는 합법적이었는데, 그들은 통행증 대신에 그 유명한 노란 딱지를 받았다. 내무부 장관 페롭스키(Л. А. Перовский) 백작은 매춘 여성들을 특정 시설로 집중시킬 필요가 있다고 여겼고, 이에 따라 1844년 5월 29일 유곽 소유주와 거주자를 대상으로 하는 규칙들이 승인되었다. 이 규칙들은 별다른 수정 없이 1861년까지 유지되었는데, 이때 '매춘표(Табель о проституции)'라는 제목

---

36   *Санкт-Петербург. Петроград. Ленинград*, с. 418.

37   Н. Б. Лебина, М. В. Шкаровский, *Проституция в Петербурге: 40-е гг. XIX в.-40-е гг. XX в.*, с. 20.

에 특수시설물 관련 추가 사항이 포함되었다. 그렇지만 기본적으로는 1843년에 만들어진 규정이 20세기 초까지 준수되었다고 봐야 한다.

1861년 규칙에서 비로소 유곽의 장소가 지정되었는데, 교회나 교육 시설로부터 약 300미터 이상 떨어진 곳이어야 했고, 낮 시간에 유곽의 창문은 커튼으로 닫는 것이 요구되었다. 그렇지만 도시가 계속 확대되면서 많은 유곽이 도시의 중심에 나타나기 시작했다. 우선 유곽은 경찰의 허가 없이는 영업할 수 없으며(1조), 30~60세의 여성만 개점 허가를 받을 수 있고(2조), 16세 이하의 여성은 유곽에 들어갈 수 없었다 (8조). 특히 유곽 주인은 매춘 여성의 위생과 문서를 관리 통제할 의무와, 시설에서 질서를 유지할 의무가 있었다. 화대의 계산에 대해서도 명시했는데 4분의 3은 유곽 주인이, 4분의 1은 당사자에게 돌아간다.[38]

하지만 당대인들의 관찰에 따르면, 포주들은 매춘 여성을 노예처럼 부렸을 뿐만 아니라 치장에 필요한 옷과 화장품을 3배 이상의 가격으로 팔았기 때문에, 매춘 여성은 나날이 늘어가는 빚을 갚지 못해 매음굴을 벗어나는 것이 불가능했다. 복잡한 상황을 통제하기 위해 의료- 경찰위원회는 유곽에 임금 장부를 도입하기도 했는데 별로 실효성이 없었다. 왜냐하면 포주의 가장 중요한 의무는 의료- 경찰위원회에 성매매 여성을 등록하고 성병 검사를 받게 하는 것이었기 때문에 다른 사안은 중요하게 다루어지지 않았다.[39] 공창제도가 도입된 초기의 1840~1860 년대에 상트페테르부르크의 유곽은 주로 '포획'의 방식으로 거리의 여성들을 한곳에 몰아넣은 것이었다.

---

38   А. А. Ильюхов, *Проституция в России с XVII до 1917 года*, с. 42~43.

39   Н. Б. Лебина, М. В. Шкаровский, *Проституция в Петербурге: 40-е гг. XIX в.-40-е гг. XX в.*, с. 21.

또한 규칙은 유곽 여성들의 행실을 엄격하게 규제했다. 여성들은 개인 위생을 준수해야 했으며, 포주는 일주일에 두 번 의료검사를 준비할 의무가 있었다. 유곽 여성은 모두 개인용 부인과기구 세트를 소지하고 있어야 했는데, 가장 화대가 저렴한 매춘 여성의 경우 국비로 구입한 부인과기구를 사용할 수 있었다. 문제는 의료검사 과정에서 성병이 옮는다는 점이었으며, 대부분 심한 모멸감을 동반했다. 성매매 합법화 조치 이후, 수도에서는 공창이 급속도로 증가했다. 의료-경찰위원회의 보고에 따르면 1852년에는 152개의 유곽에서 884명의 여성이, 1879년에 이르면 206개의 유곽에서 1528명의 여성이 영업을 하는 것으로 나타났다.[40]

이에 따라 유곽이 등급으로 나뉘고 공창의 구조화가 나타났다. 값싼 유곽의 경우는 성매매 여성들의 노동조건도 열악하기 마련이었다. 도스토옙스키의 소설 《죄와 벌》에 등장하는 센나야 광장, 타이로프 골목에 조성된 매음굴의 70퍼센트는 말단 관리, 상인, 수공업자, 노동자 등 도시의 하층민이 주로 드나들었다. 도스토옙스키는 소설에서 다음과 같이 묘사했다.

> 그는 광장을 지나 작은 골목에 (……) 들어섰다. 이곳에는 선술집과 잡다한 음식점으로 가득 찬 큰 건물이 있었다. 그곳에는 (……) 머리에 아무것도 쓰지 않고, 옷 한 장만 달랑 걸친 여인들이 쏟아져 나오고 있었다. 이들은 인도 위에 주로 1층의 입구 옆에 군데군데 모여 있었는데, 그곳에서 두 계단만 내려가면 여러 가지 재미를 볼 수 있는

---

40   А. И. Федоров, *Очерк врачебно-полицейского надзора за проституцией в Петербурге*, с. 10.

유흥장이 있었다. 이때 거기 어디에선가 무언가를 두들기며 왁자지껄하게 떠드는 소리가 거리까지 크게 울려나오고 있었는데, 기타를 치고 노래를 부르는 소리가 아주 흥겨워 보였다. 한 떼의 여인들이 입구에도 모여 있었다. 어떤 이들은 계단에, 또 어떤 이들은 인도에 앉아 있었고, 서서 이야기를 나누는 이들도 있었다. (……) 라스콜니코프는 잔뜩 무리를 지어 서 있는 여인들 옆에 멈춰 섰다. (……) 이들은 모두 옥양목으로 만든 옷차림에 양가죽으로 만든 단화를 신고, 머리에는 아무것도 쓰지 않았다. 어떤 이들은 마흔이 넘어 보였고, 또 어떤 이들은 열일곱쯤 되어 보였지만, 거의 모두들 맞아서 눈가에 시꺼먼 멍이 들어 있었다.[41]

라스콜니코프가 전당포 노파를 살해한 후에 거리를 배회하다가 들어선 센나야 광장의 좁은 골목 안에 위치한 유곽이 도시의 빈민굴 주변에 펼쳐진 모습을 상상할 수 있게 해준다. 특히 센나야 광장에서 영업을 한 '말린니크'라는 이름의 유곽에는 많은 고객이 들끓었는데, 화대가 50코페이카에 불과해서 도시 하층민이 많이 찾았다.[42] 한편 성매매 여성들의 삶을 가까이에서 체험한 포크롭스카야는 그들의 운명에 대해 자세히 전해주는데, 그녀는 1899년에 칼린킨스카야 병원에서 매독 환자들을 상대로 문진을 하고 상담해주었는데 그 경험을 여러 차례 글로 남겼을 뿐만 아니라, 공식적인 석상에서 그 실태를 고발했다. 그녀는 자신의 연구에서 11년 동안 유곽을 전전한 스물다섯 살의 여성의

---

41   《죄와 벌》상권, 119~120쪽.

42   Н. Б. Лебина, М. В. Шкаровский, *Проституция в Петербурге: 40-е гг. XIX в.-40-е гг. XX в.*, с. 25.

이야기를 생생하게 묘사했다. 여성은 처음에 2루블짜리 유곽에서 영업을 시작했고, 성병에 걸리자 30코페이카짜리 유곽으로 옮겨갔다. 그녀는 이곳에서 하루에 최소한 15~20명을 상대해야 했고, 포주는 그녀에게 매번 4잔의 보드카를 주었다. 이러한 상황에서 성매매 여성은 쉽게 알코올 중독자가 되었다.[43] 앞의 인용문에서 언급되었듯이, 매춘업소 주변에는 유흥장과 가게들이 늘어서 있어 매춘 여성은 알코올 중독에 쉽게 빠져들었는데, 포주들과 기둥서방들이 이를 더욱 조장했던 것으로 보인다.

그런데 19세기 말에 이르면 외형적으로 유곽의 수가 줄어들기 시작했다. 의료-경찰위원회 위원으로서 설문조사 작업에 참여했던 표도로프에 따르면, 1883년에 상트페테르부르크에는 146개의 공창이 남아 있었고, 1889년에 82개, 1897년에 69개로 감소했다.[44] 1889년의 같은 조사에 따르면 82개 유곽의 화대는 비싼 곳은 4루블 정도, 27개는 1~2루블 정도, 51개는 30~50코페이카였다. 그러나 유곽의 편차뿐만 아니라, 매춘이 비밀리에 행해지는 일이 늘었음을 지적해야 한다. 우선, 특별한 고객을 상대하는 고급 유곽이 있었는데, 1889년 조사에서 2개는 1840년대부터, 14개는 20년 이상, 47개는 10년 이상 된 곳이었다. 그곳은 성매매 여성의 인종적 특징부터 서비스의 내용에 이르기까지 차이가 났다. 원래 화대의 인상 여부는 의료-경찰위원회의 소관이었다.

---

43 R. Bisha, J. M. Gheith, C. C. Holden & W. G. Wagner, *Russian Women, 1698-1917: Experience and Expression, an Anthology of Sources* (Bloomington: Indiana University Press, 2002), pp. 360~361.

44 А. И. Федоров, *Очерк врачебно-полицейского надзора за проституцией в Петербурге*, с. 6, с. 45.

상트페테르부르크에서 적정 가격은 1회에 3~5루블, 밤에는 5~15루블, 서비스에 따라 25루블까지 허용되었다.[45]

요컨대 19세기 말에 '노란 딱지'를 소지한 성매매 여성들을 일반화한다면, 평균 나이는 24세이며, 절반 이상이 매독 같은 성병을 앓았거나 앓고 있었으며, 20세기로 넘어오면 평균 25세에 최소한 6~7년 동안 매춘업에 종사했고, 1~2번 성병에 걸려 치료를 받았으며, 1회 평균 30코페이카~1루블 50코페이카의 화대를 받았다. 그들은 적어도 국가에 의해 동선이 파악되는 범주에 속했다.

다음으로 비밀 매춘을 지적해야 한다. 19세기 후반으로 갈수록 의사, 법률가, 여성 활동가 들이 공창 폐지를 거세게 요구했으며, 이는 영국, 프랑스, 독일 등에서도 일반적으로 나타난 현상이었다. 비밀 매춘이 확산될수록 공창제 폐지를 주장하는 목소리가 커졌다고 단언할 수는 없으나, 공창제도의 법적 테두리 바깥에서 비밀 매춘이 다시 증가했다는 점을 부정할 수 없다. 당대의 연구자들은 다른 범주의 성매매 여성, 즉 '무기명 매춘부' 또는 '단독 매춘부'의 존재에 대해 전해준다. 의료-경찰위원회의 추산에 따르면 이러한 여성의 수는 1852년에 약 200명, 1854년에 407명, 1864년에 1067명이었다.[46] 다시 말해 차르 정부가 공창제를 공식화했음에도 비밀 매춘이 여전히 존재했으며 시간이 지날수록 더 증가했다는 것이다.

또한 〈표 1〉에서 확인할 수 있듯이, 유곽의 매춘 여성이든 '단독' 매춘 여성이든 간에 여성들은 매춘업으로 전환하기 직전까지 다양한 형태

---

45   *Там же*, с. 45.

46   *Там же*, с. 5.

〈표 1〉 매춘업에 종사하기 이전의 직업   (단위 : %)

이전의 직업과 거주 상황	총계	공창	단독
부모와 함께 거주	22.7	23.4	22.1
결혼하여 남편과 거주	1.7	1.4	2
부양을 떠맡음	2	2.4	1.7
하녀	45	47.2	43.2
가정교사, 유모	1.3	1.6	1
담배 판매인	0.7	0.3	1
다양한 수공업	1.6	0.4	2.6
세탁부	1.4	1.1	1.7
날품팔이 일용노동자	2.4	1.1	3.7
빵 판매원	1.3	1.4	1.2
공장 노동자	3.7	4	3.4
재봉사	8.4	8.2	8.6
기타	1.1	1	1.1
일정한 일이 없음	6.4	6.3	6.4

출처: 1889년 13차 러시아의 매춘 통계. A. A. Ильюхов (2008), p. 219.

의 노동에 고용되어 있었다. 또한 공창이든 단독이든 매춘 여성의 거
의 절반이 매춘업 종사 직전에 하녀 생활을 했다. 아울러 중요한 점은
'단독 매춘부'로 등록된 여성들은 사회에서 가장 밑바닥 계층에 속했다
는 것이다. 또한 단독 매춘 여성의 경우 날품팔이 일용노동자 또는 공
장 노동자로 일한 경험이 7.1퍼센트에 이르렀다. 그들은 대부분 안정
적인 거주지가 없었고, 선술집 같은 곳을 오가며 병사, 평민, 뜨내기 들
에게 병을 퍼뜨리는 것으로 알려졌다. 그렇지만 이농 현상과 도시화
의 파고가 커졌기 때문에 매춘 여성을 통제하는 문제는 상당히 복잡해
졌다. 무엇보다도 상트페테르부르크의 인구가 폭발적으로 늘어나면서

매춘 여성을 통제하려는 정부의 노력을 어렵게 만들었다.

표트르 대제가 1703년부터 네바 강가의 늪지와 소택 위에 새로운 도시를 건설하기 시작한 지 12년이 지난 1725년경에 상트페테르부르크의 인구는 약 4만 명에 불과했다. 그 후 예카테리나 2세의 치세를 거치면서 빠른 속도로 증가하기 시작했으며(1764년에는 15만 명, 치세 후기인 1784년에는 19만 2000명), 19세기 초에는 22만 명이 되었다. 이것은 표트르 대제 당대와 비교하면 인구가 7배 이상 증가한 것이다. 또한 농노제 폐지 이후에 산업화와 함께 인구가 크게 늘었는데, 19세기 전반기와 비교하면 다시 5배가 증가했다. 즉 1890년에 상트페테르부르크의 인구는 100만여 명에 이르렀고, 1912년에는 200만여 명으로 증가했다.[47] 인구 증가의 양상은 모스크바에서도 비슷하게 나타났다.[48]

도시 인구의 급속한 증가로 주택 문제가 심각해지자 여러 진보 단체들은 도시로 유입된 주민들에게 값싼 숙박시설을 제공할 방안을 모색했다. 1860~1880년대의 여성 활동가였던 안나 필로소포바(А. П. Философова)는 '상트페테르부르크 숙박 및 기타 원조 제공회'를 설립했는데, 특히 일자리를 찾아 수도로 이주한 여성들에게 관심을 기울였다. 그 여성들은 집이나 호텔을 구하지 못해, 숙식을 제공하는 값싼 선술집에 묵으면서 결국 성매매의 길로 빠져들고, 의료-경찰위원회 요원들의 매서운 눈에 걸리기 쉬웠기 때문이었다. 1880년대에는 수도에 400개 이상의 선술집이 있었는데, 항구도시답게 런던, 파리, 샌프란시스코 등의 화려한 간판을 달고 이미 한 세기 전부터 영업을 해오던 곳

---

47   *Санкт-Петербург. Петроград. Ленинград*, с. 417.

48   А. Г. Рашин, *Население России за 100 лет* (Москва, Государственное статистическое издательство, 1956), с. 90.

도 있었다. 말단 관리, 상인, 점원 등은 '평범한' 선술집에 묵었고, 날품팔이 노동자, 마부 등은 '지저분한' 술집에 묵었다. 이러한 선술집은 경력이 있는 매춘 여성들을 고용하고 있었다.

2) 매춘 여성들의 다양한 양상

값싼 선술집으로 성매매 여성이 몰리는 것은 당연한 일이었다. 여성 숙박객은 통행증을 도둑맞거나 부랑자 구역에서 경찰 요원에게 체포되는 일이 많았다. 그러면 자연스럽게 성매매 여성 목록에 들어가게 된다. 종종 유곽의 기둥서방들이 여성 숙박객의 통행증을 훔쳤다가 그 여성이 경찰에 잡히면 꺼내왔는데, 그런 다음에는 그 여성을 회유해서 결국에는 유곽으로 넘기게 된다. 보통 이러한 수순을 밟기 때문에, 위원회에서는 그런 여성들을 성매매 여성으로 짐작하고 포함시켰으며, 통행증 대신에 무기명의 표를 지급했다. 이런 여성들은 공창제도 밖에 있었으며, 낮에 술이나 음식찌꺼기를 찾아 이리저리 선술집을 배회하다가 밤이 되면 헛간이나 층계 밑, 시궁창 같은 곳에서 발견되곤 했다.[49]

또한 썩은 과일을 팔면서 성매매를 해서 '썩은 고목'이라고 불리는 여성들도 있었다. 1860~1880년대에 이들은 뱌젬스키 돔에서 머물렀다. 원래 이 건물은 1850년대에 뱌젬스키 공이 살다가 외국으로 떠나면서 임대로 넘겼는데, 머지않아 모스콥스키 대로에서 가장 유명한 빈민굴

---

49   Н. Б. Лебина, М. В. Шкаровский, *Проституция в Петербурге: 40-е гг. XIX в.-40-е гг. XX в.*, с. 32.

이 되었다. 이곳은 당대인들에게 가장 지저분하고 가장 값싼 '단독 매춘 여성'이 있는 곳으로 알려졌는데, 그들은 감시를 받으면서 자신의 직업을 숨기지 않았다. 그렇지만 19세기에 가장 열악한 상황에서 합법화된 성매매를 하는 여성들은 간이 야간숙소 출신이었다. 모스크바에서는 이미 1864년에 시두마(의회)에서 설립이 논의되었고 1879년에는 곤차르느이 골목에 모로조프 야간숙소가 건립되었는데, 4개의 건물에 최대 4000~5000명을 수용할 수 있는 규모였다. 상트페테르부르크에서는 1860년대 말과 1870년대 초에 경찰에 의해 설립 문제가 발의되었다. 원래 상트페테르부르크에 만들어진 최초의 야간숙소는 1873년에 유명한 박애주의자 자세츠카야(Ю. Д. Засецкая)가 네바 강변의 가장 큰 운하인 오브보드느이에 설립한 것이었다. 1881년에는 야간숙소협회가 발족하여, 빈민을 위한 숙소 제공 문제가 논의되었다. 1895년까지 수도 곳곳에 야간숙소 14개가 지어졌고, 1910년에는 총 34개까지 늘어났다.[50]

하지만 이러한 건물의 규모나 위생 상태는 일반적으로 열악했으며, 매춘 여성 중에서도 가장 밑바닥에 있는 여성들이 여성 숙소와 이곳을 왕래하면서 영업을 했다. 1860~1880년대에 주거시설의 부족은 앞에서도 지적했지만 농촌에서 온 여성들이 매춘의 길로 빠질 수밖에 없는 원인의 하나였다. 여성들은 모자 제조공, 재봉사, 공장 노동자가 되었는데, 여러 명이 함께 쓰는 방의 한구석을 임대하는 것도 어려웠다. 의료-경찰위원회의 보고서, 조사서, 설문조사 등에는 열악한 상황에서

---

50   Энциклопедический словарь Брокгауза и Ефрона(ЭСБЕ), Санкт-Петербург, 1890~1907 Ночлежные дома 항목: http://ru.wikisource.org/wiki/.

성매매의 길로 들어서는 여성들에 대한 이야기가 상세하게 적혀 있다. 가장 저렴한 방을 찾았다는 사실만으로도 의료-경찰위원회의 레이더에 포착되어 성매매 여성으로 간주되곤 했다.

그리하여 1860년대부터 상트페테르부르크에서는 경찰 보고서에 보통 '소굴(притон)'로 기록된 건물들에 대한 등록이 시작되었는데, 1871년에 그 수가 30개였다. 부분적으로 '단독' 매춘 여성은 공창으로 간주되지는 않았던 이러한 곳에서 거주했다.[51] 여성들은 좀 더 많은 자유를 누리면서 거리에서 영업을 했으며, 방으로 고객을 데려왔다. 이러한 시설의 주인은 이런 여성들에게 숙식을 보장했고, 그 외에 일주일에 한 번 의사에게 검사를 받도록 관리할 의무가 있었다. 1870년대에 의료-경찰위원회는 이 같은 '단독' 매춘 여성을 위한 성병 검사 장소로 세 곳을 지정했는데, 그 방은 로쮀스트벤스카야, 나르브스카야, 페테르부르크스카야 경찰서 안에 있었으며, 성병이 확인된 여성은 칼린킨스카야 병원으로 보내졌다. 그러나 그들은 공창에 매이지 않았기 때문에 성병 검사를 쉽게 피할 수 있었고, 그리하여 수가 점점 증가하여 1879년에 2064명, 1883년에 3463명에 이르렀다. 19세기 말에 이르면 '노란 딱지' 성매매 여성의 수는 감소한 대신에 비밀 매춘 여성의 수가 증가했다. 이는 느슨해진 성도덕과 공창제 폐지 여론이 중요한 원인으로 지적할 수 있다.

19세기 말에 이를수록 '단독' 매춘 여성들은 공창의 여성들보다 건강하다는 내용의 신문 광고를 내보내는 등의 다양한 전략을 폈다. 처음

---

51 А. И. Федоров, *Очерк врачебно-полицейского надзора за проституцией в Петербурге*, с. 6.

에는 하층 여성들이 대부분이었지만 점차 몰락한 소시민과 영세지주 출신의 여성이 비밀 매춘 여성이 되는 경우도 있었다. 그리하여 1910년에 공창의 '노란 딱지' 소지자가 32개의 유곽에 총 322명이 등록되었다면, '단독' 매춘 여성은 2500명이 넘었지만 공식적인 시설은 달랑 2개의 '소굴'만 등록되어 있었다. 따라서 '단독' 성매매 여성들이 직접 거리로 나섰을 것이라는 추측을 할 수 있다.

19세기 말에 '단독' 매춘 여성들은 공원, 레스토랑, 카페 등에서 호객행위를 했다. 그들은 보통 고객을 자신의 방으로 데려갔는데, 1860~1880년대에 공창들이 늘어서 있던 로줴스트벤스카야 거리, 센나야 광장, 타이로프 골목 등에는 이제 '단독' 성매매 여성들이 임대한 건물들이 즐비했다. 1908년 의료-경찰위원회 보고에 따르면, 한 건물 안에 방을 3개 이상 임대하지 못하도록 규정했지만 지켜지지 않았다.[52]

그러나 차르 정부는 계속해서 의료-경찰위원회를 통해 성매매 여성들을 통제하려고 했다. 그들은 공창의 성매매 여성들과 달리 포주나 기둥서방의 감시나 통제를 받지 않았고 합법적으로 성매매를 할 수 있었지만, 다른 한편으로는 공창의 고객을 빼앗아와야 했기 때문에 훨씬 더 위험에 노출되었다.

1914년 1차 세계대전 전야에 공창에 등록된 매춘 여성의 수는 상당히 감소하여 2279명으로 보고되었는데, 그 이유는 등록하지 않고 영업하는 '단독' 성매매 여성이 늘었기 때문이다. 또한 '노란 딱지'와 '무기명' 양쪽 어디에도 속하지 않으면서 한층 비밀리에 행해진 성매매까지 고려한다면, 성매매의 규모는 더 컸을 것이다. 의료-경찰위원회의 보

---

52 А. А. Ильюхов, *Проституция в России с XVII до 1917 года*, с. 217.

고에 따르면 1914년에 등록하지 않고 성매매를 한 여성은 804명이며, '1차 여성 매춘 반대투쟁대회'에 따르면 약 4만 명으로 추산되었다. 게다가 더 은밀하게 이루어지는 아동 매춘의 확산도 심각한 문제였다.[53]

의료-경찰위원회가 성매매 여성들을 끊임없이 통제하려 했던 것은 매독과 성병의 확산을 막기 위해서였다. 이는 1843년에 공창이 처음 도입되었을 때부터 강조되었던 목표다. 그러나 실제 소득이 있었는가? 정부는 공창제를 도입한 후 러시아 전역에서 성매매가 줄었다고 주장했지만, 앞에서 보았듯이 단독 성매매 여성들을 고려하면 매춘은 더 증가했다. 성매매 여성들은 자주 '매독의 전달자'로서 위험하게 여겨졌는데 실제로 1910년에 매독에 걸린 성매매 여성은 52.7퍼센트에서 1914년에 76.1퍼센트로 증가했다.[54]

상트페테르부르크의 매춘 여성들은 농촌에서 일을 찾아 도시로 온 경우가 많았다. 표도로프가 1897년에 146명의 매춘 여성에 대한 의료-경찰위원회의 통계 자료를 기초로 작성한 표는 19세기 말 상트페테르부르크 성매매 여성들의 상황을 잘 보여준다. 19세기 말에 농촌 소녀는 40~50퍼센트를 차지했고, 1914년에는 거의 70퍼센트에 이르렀다. 그들은 대부분 미혼이었으며, 성매매 이전의 직업은 하녀, 재봉사, 재단사 등이었다.[55](251쪽 〈부록〉 참조) 한편 오브즈넨코의 연구에 따르면 성매매 여성의 41.8퍼센트는 빈곤 때문에 매춘에 종사하게 되었

---

53   *Там же*, с. 216~217.

54   Н. Б. Лебина, М. В. Шкаровский, *Проституция в Петербурге: 40-е гг. XIX в.-40-е гг. XX в.*, p. 50.

55   А. И. Федоров, *Очерк врачебно-полицейского надзора за проституцией в Петербурге*, с. 7~8.

7장 제정 러시아 말기 상트페테르부르크의 빈민층 여성과 성매매 **247**

〈표 2〉 매춘업 종사의 이유 (단위 : 명, %)

매춘업에 종사한 이유	수	비율
가난과 빈곤 때문에	1348	32
일자리를 찾지 못해서	364	8.6
본인이 원해서	765	18.1
어리석음과 짧은 생각에서	81	1.9
친구가 매춘업에 종사에서	304	7.2
애인과의 불화 때문에	128	3
게으름 때문에	331	7.8
알코올 중독	88	2
즐거운 삶을 추구하느라	74	1.8
부모 또는 남편과의 불화 때문에	34	0.8

출처: Обозненко, П.Е. (1896), pp. 23~24를 재구성.

다고 인터뷰에서 대답했다. 또 18.1퍼센트는 자발적인 선택, 7퍼센트
는 매춘에 먼저 뛰어든 친구를 쫓아서, 7.8퍼센트는 게으름 때문이라
고 응답했다. 그리고 강요에 의한 매춘은 0.5퍼센트에 불과했다. 더구
나 시간이 흐를수록 경제적 요인보다는 개인적, 심리적 요인이 작용했
음을 볼 수 있는데, 이것은 사회 분화가 더욱 빨라지기 시작했으며, 그
에 따라 매춘의 동기도 매우 다양해졌음을 보여주는 예라고 할 수 있
다.[56]

---

[56]   Н. Б. Лебина, М. В. Шкаровский, *Проституция в Петербурге: 40-е гг. XIX в.-
40-е гг. XX в.*, с. 54.

4. 필요악인가? 철폐할 것인가?

이 글에서는 여성 빈민층과 매춘 여성의 상관성, 차르 정부의 공창제도 도입과 실행, 매춘 여성의 다양한 양상 등을 검토하는 가운데, 특히 정부가 섹슈얼리티를 사회 통제와 규제의 대상으로 삼고 하층의 빈민 여성을 통해 구체화했음을 살펴보았다. 19세기 제정 러시아 사회에서 매춘은 1843년 공창제 관련 법령에 기초했다는 점에서 법적인 문제이며, 급속도로 증가하는 성병을 예방하고 치료한다는 점에서 의료상의 주제였으며, 도시 빈민층을 광범위하게 끌어들인다는 점에서 잠정적으로 심각한 사회적·경제적 문제였다. 처음에 공창제도를 통한 국가의 매춘 통제와 개입에 대해 별다른 사회적 대응이 없었으나, 사회개혁의 요구가 컸던 1860년대에 들어서자 매춘은 공적 담론의 주제가되었다. 문제는 정부의 설명에 따르자면 공창제가 성매매 여성을 등록시켜 고립시키고 악행을 근절한다는 취지임에도 불구하고, 시간이 흐를수록 성병은 줄어들기는커녕 확대일로에 있었고 매춘 여성의 수도 증가했다는 점이다.

19세기 말 사회적 담론 안에서 매춘은 자주 빈곤과 연결되었다. 빈곤과 섹스는 "매춘의 부모"로서 빈곤의 해결 없이는 매춘 문제도 해결하기 어렵다는 주장이 개진되고, 매춘의 고리를 끊는 방안으로 공창제도의 철폐와 가난의 구제, 여성 교육이 주장되었다. 반면에 국가가 감시하고 검사하는 공창제도는 부도덕의 안전밸브로서 타락과 질병의확산을 방지하기 위해 반드시 필요한 조치라는 주장과 함께, 공창제찬성 세력은 대안이 없다는 점을 들어 정부를 옹호했다. 포크롭스카야는 더 적극적으로 가난한 여성들의 삶을 개선하고, 아동·빈민·매춘의 악순환의 고리를 끊기 위한 방안을 모색하는 과정에서 궁극적인 해결은 여성 불평등의 해소에 있다는 결론에 이른다.[57] 더 나아가 사회주의 계열의 진보 진영에서는 매춘이 자본주의 철폐와 함께 폐지될 수 있다는 믿음을 고수했다.

결론적으로 매춘과 공창제를 둘러싸고 필요악인가 철폐할 것인가의 주장이 개진되는 다른 한편에서 매춘 여성들은 자신들만의 방식으로 대응했다. 빈민 여성과 매춘 여성에 대한 통제는 정부가 의도한 대로 작동하지 않았으며, 많은 여성들이 그러한 통제로부터 벗어나고자 했다. 공창에 등록하지 않은 여성들은 단독으로 다니면서 성병 검사를 피하려 했다. 결국 매춘 여성의 선택적인 성병 검사는 이미 예견된 결과였으며, 여성 빈민층과 매춘 여성의 존재는 러시아 차르 전제정의 균열을 보여주는 상징적 메타포였다고 할 수 있다.

---

[57] 여성운동가들의 공창 폐지운동에 관한 연구는 곧 간행될 필자의 후속 논문을 참고하기 바란다. 여성활동가들은 예컨대 '성 마리아 막달레나의 집' 같은 쉼터를 통해 매춘 여성을 계도하고 직업훈련을 제공하는 자선활동, 매춘옹호 세력에 대한 철저한 보이콧과 강력한 공창제 폐지운동, 그리고 마지막으로 참정권 운동을 통해, 매춘 해결에 앞섰다. 우리는 자선운동에 집중하는 '러시아여성보호회'부터 전투적인 여성 조직인 '여성평등동맹'에 이르기까지 여성들 사이에서도 다양한 입장이 있음을 확인하게 되는데, 1908년 1차 전러시아여성대회보고서(Труды Первого Всероссийского женского съезда при русском женском обществе), 1910년 여성의 성매매와의 투쟁을 위한 전러시아대회보고서(Труды Первого Всероссийского съезда по борьбе с торгом женщинами) 등에서 그러한 차이가 엿보인다.

참고문헌

1. 사료

Ануфриев, К. И. *Нищенство и борьба с ним Материалы для подготовительной комиссии для разработки вопроса по реорганизации борьбы с нищенством в Санкт-Петербурге* (СПб, 1913).

Куприн, А. И. *Яма* (СПб, 1915).

Обозненко, П. Е. *Поднадзорная проституция Санкт-Петербурга по данным Врачебно-полттейского комитета и Калинкинской больницы* (СПб, 1896).

Покровсая, М. И. *Борьба с проституцией* (СПб, 1902).

Федоров, А. И. *Очерк врачебно-полицейского надзора за проституцией в Петербурге* (СПб, 1897).

Энгельгардт, Александр, *Из деревни: 12 писем, 1872~1887* (СПб.: Наука, 1999).

2. 연구서와 논문

아우구스트 베벨, 이순예 옮김, 《여성론》 (까치, 1990).

이규식, 〈제정 러시아의 빈민굴 - 모스크바와 뻬쩨르부르그를 중심으로〉, 《러시아연구》 제3권.

이성숙, 《여성, 섹슈얼리티, 국가》 (책세상, 2009).

정현백, 〈근대국가와 성매매 여성 - 20세기 전환기 독일을 중심으로〉, 《사림》 제34호.

표도르 도스토옙스키, 석영중 옮김, 《가난한 사람들》 (열린책들, 2010).

표도르 도스토옙스키, 홍대화 옮김, 《죄와 벌》 (열린책들, 2009).

Ахметова, А. В. "Тексты Московских нищих", *Этнографическое обозрение*, № 3(2007).

Ильюхов, А. А., *Проституция в России с XVII до 1917 года* (Москва: Новый хронограф, 2008).

Лебина, Н. Б., Шкаровский, М. В., *Проституция в Петербурге: 40-е гг. XIX в.-40-е гг. XX в.* (Москва: Прогресс-Академия, 1994).

Миронов, Б. Н., *Благосостояние населения и революции в имперской России: XVIII - начало XX века* (Москва: Весь мир, 2012).

Пушкарёва, Н. Л., *Русская женщина: история и современность. два века изучения "женской темы" русской и зарубежной наукой, 1800~2000: материалы к библиографии* (Москва: Ладомир, 2002).

Рашин, А. Г., *Население России за 100 лет (1813-1913): Статистические очерки*, Под редакцией академика С. Г. Струмилина (Москва: Государственное статистическое издательство, 1956).

Смирнов, Г. Л. *Советский человек: формирование социалистического типа личности* (Москва: Издательство политической литературы, 1971; 3-е изд. 1981)

Bernstein, Laurie, *Sonia's Daughters: Prostitutes and Their Regulation in Imperial Russia* (Los Angeles and London: University of California Press, 1995).

Bisha, Robin, Gheith, Jehanne M., Holden, Christine C. & Wagner, William, G., ed., *Russian Women, 1698~1917: Experience and Expression, an Anthology of Sources* (Bloomington: Indiana University Press, 2002).

Engel, Barbara Alpern, "St. Petersburg Prostitutes in the Late Nineteenth Century: A Personal and Social Profile," *The Russian Review* 48 (1989).

Engelstein, Laura, "Gender and the Juridical Subject: Prostitution and Rape in Nineteenth-Century Russian Criminal Codes", *Journal of Modern History* 60 (1988).

Engelstein, Laura, *The Keys to Happiness: Sex and the Search for Modernity in Fin-de-siècle Russia* (Ithaca, New York: Cornell University Press, 1994).

Herman, David, *Poverty of the Imagination: Nineteenth-century Russian Literature about the Poor* (Illinois: Northwestern University Press, 2001).

Stites, Richard, "Prostitution and Society in Pre-Revolutionary Russia", *Jahr-bicher fiir Geschichte Osteuropas,* vol. 31, no. 3 (1983).

3. 사전

Ожегов, С. *Словарь русского языка*, Изд.12-е (Москва: Сов. энциклопедия, 1978).

Прохоров, А. М. (ред.), *Большая Советская Энциклопедия* (Москва: Сов. энциклопедия, 1969-1978).

Яковлев, В. В. (ред.), *Три века Санкт-Петербурга. Энциклопедия. Том 2. Девятнадцатый век.* Книга 4. М-О (СПб.: Филологический факультет Санкт-Петербургского гос. университета, 2005).

〈부록〉 1897년 상트페테르부르크 매춘 여성 통계

신분	나이 및 직업		부모 생존 여부 및 경제조건	매 춘	최초 성경험 나이 및 강제 여부		매춘의 이유
소시민	17	재봉사	가난	6	16	의대생	적은 급료
소시민	16	부모와 거주	가난	1	15	장인	친구의 꼬임
농민	20	하녀	부× 모○	6	20	모름	실직
농민	21	레이스공	부모×	–	16	상인 아들	즐거운 삶
농민	27	하녀	모○	16	18	요리사	어리석음
소시민	21	하녀	부모×	–	18	사진기사	손쉬운 삶
소시민	29	재봉사	부모×		20	장교	가난
농민	21	모자 제조공	모○	2	18	엔지니어	본인 희망
농민	24	재봉사	부모×	–	16	점원	실직
소시민	34	남편과 살았음		16	–	남편	가정 파탄
소시민	17	모○			10	–	손쉬운 일
농민	21	재봉사	부모○	2	17	–	손쉬운 일
군인 딸	16	하녀	부모×	–	15	–	자의에 의해
농민	20	재봉사	부모○(가난)	8	17	–	실연, 실직
소시민	22	재봉사	부모×	–	17	대학생	생계수단 부재
농민	22	재봉사	부모○	6	18	전신원	실직
농민	22	하녀	부모×	–	17	–	손쉬운 일
농민	24	하녀	부모×(8세)		18	군인	자의에 의해
농민	18	하녀	부모×	–	15	강제로	실직
농민	25	하녀	가난	–	19	자의로	본인 희망
농민	22	부모× (숙모 밑에서 성장)		–	17	자의로	친구의 꼬임
농민	32	하녀	부모×			강제로	본인 희망
농민	22	하녀	모○	6	11	강제로	본인 희망
농민	37	담배공장	부모×	–	14	강제로	더 나은 일
농민	18	하녀	부모○(가난)	2	16	강제로	실직
소시민	34	보모	부모×	–	21	강제로	가난
소시민	20	담배 제조공	부모×	–	14	노동자	가난
소시민	22	재봉사	모○(가난)	1	15	장교	가난
농민	27	세탁부	부모×	–	11	–	가난
농민	28	공장	부모×	–	17	–	실연
소시민	20	가게 점원	부○ 모×	–	16	상인 아들	가난
소시민	20	재봉사	부×, 모○	–	18	대학생	실직
농민	16	자수공	부모×	–	14	장인	가난

신분	나이 및 직업		부모 생존 여부 및 경제조건	매 춘	최초 성경험 나이 및 강제 여부		매춘의 이유
군인 아내	40	남편과 살았음		–	20	장인	가족 파산
소시민	21	모와 거주		3	17	장교	본인 바람
농민	27	요리사	부모×	–	17	식당 주인	가난
농민	37	담배공	부모×	–	14	강제로	더 나은 일
소시민	27	속옷 재봉사	부모×	–	18	점원	생계수단 부재
농민	37	18세에 매춘	아동기에 첩		16	하인	가난
농민	31	8세에 매춘	14세부터 첩		15	관리	남편과 불화
소시민	24	부친 사망 후 18세부터 첩살이			17	공장 관리자	주인의 사망
농민	24	보모	부모 없음	–	19	자의로	실직
농민	18	친구의 꼬임에 매춘 2년간 종사			13	강제로	가난
농민	26	하녀	부모○ 가난	8	18	자의로	돈벌이
소시민	24	하녀	부모×(14세 고아)		18	상인	어리석음
소시민	23	양말공	부모×	–	20	자의로	허약한 건강
농민	24	하녀	부모×	–	19	강제로	실직
농민	32	하녀	모○(하녀)		16	자의로	가난
소시민	23	남편과 살았음		–	16	남편	가난
소시민	22	하녀	부모×	–	17	자의로	돈벌이
농민	19	하녀	모○(가난)		16	자의로	실연
농민	21	하녀	부모○(가난)		18	자의로	실직
농민	23	하녀	모○(친척집 거주)		18	자의로	가난
농민	21	하녀	12세에 납치 당함		14	시종	실직
소시민	18	첩	모○(부유함)	2	15	자의로	쉬운 삶
농민	22	하녀	12세부터 하녀		11	군인	본인 바람
농민	28	하녀	–	–	15	자의로	알코올 중독 시작
유기아	19	하녀	–	–	16	군서기	실직
귀족	16	무직	부모○(극빈)		14	강제로	극도가난
농민	22	재봉사	모○	6	17	상인 아들	가난
농민	17	방직공	모○	3	15	자의로	알코올 중독 시작
농민	35	하녀	부모×	–	20	자의로	본인 바람
소시민	25	보모	부모×	–	20	이복오빠	즐거운 삶
소시민	18	모 밑에서 성장		–	14	자의로	가난
카자키	27	남편 사망 후 첩			16	자의로	실직
농민	19	하녀	부모×		15	자의로	실직

신분		나이 및 직업	부모 생존 여부 및 경제조건	매춘	최초 성경험 나이 및 강제 여부		매춘의 이유
소시민	24	하녀	부모×(고아)		22	자의로	본인 바람
귀족	18	부모와 함께	사망	–	15	변호사	가난
소시민	44	20년 매춘	부모×, 사망		14	하인	가난
소시민	26	8년 매춘	부모×(고아)	10	15	강제로	첩살이 거부
농민	21	은행	모○		20	자의로	돈벌이
농민	28	9년 매춘	부모×	–	17	자의로	돈벌이
소시민	23	6년 매춘	부모×	–	16	자의로	일이 없어서
소시민	29	부모 밑에서 성장		–	19	장교	잘못 알고서
소시민	16	하녀	부모×	–	16	강제로	일이 없어서
농민	24	하녀	모○	7	17	강제로	실직
군인 딸	21	첩	모○	4	14	자의로	손쉬운 일
소시민	24	8년 매춘	부모○, 부자	8	15	자의로	경솔함
군인 딸	20	재봉사	모○, 가난	3	17	자의로	친구의 꼬임
군인 딸	23	재봉사	부○	12	18	자의로	이유 없음
농민	22	속옷 재봉사	모○	–	16	자의로	즐거운 삶
농민	18	유모	부모×	–	15	자의로	실직
농민	25	시골 거주	부모×	–	11	자의로	본인 희망
농민	23	재봉사	부모×	–	16	강제로	친구의 꼬임
농민	26	11년 매춘	부모×(11세 고아)		15	자의로	즐거운 삶
농민	31	7년 매춘	부모×	–	21	노동자	알코올 중독, 권태
농민	19	2년 매춘	14세에 상경		16	장인	가난
소시민	23	6년 매춘	8세에 상경		16	여관 종업원	본인 바람
농민	21	사무원	부모○, 가난	4	20	자의로	즐거운 삶
농민	25	하녀	부모×	–	15	사랑해서	실직
소시민	33	하녀	모름	–	17	자의로	원해서
소시민	21	부모○, 가난 (에스토니아)		5	15	자의로	즐거운 삶
소시민	22	3년 매춘	부모○ (비엔나)		18	자의로	유혹
농민	21	재봉사	고아		15	강제로	가난의 비애
농민	30	5년 매춘	12세에 과부가 됨		16	남편	가난과 실직
소시민	23	부모○, 시골 거주 (라트비아)		3	15	자의로	본인 바람
귀족	25	혼자 살았음	사망	–	14	25세 장교	살기 위해
농민	19	3년 매춘	사망	–	15	자의로	본인 바람
귀족	23	부모 사망 후 자신의 돈으로		–	18	장교 30세	본인 바람
소시민	22	부모○, 가난 (에스토니아)		2	17	자의	가난

신분		나이 및 직업	부모 생존 여부 및 경제조건	매춘	최초 성경험 나이 및 강제 여부		매춘의 이유
농민	21	하녀	부모×	–	18	자의로	순결 잃어
군인 딸	27	하녀	부모×	–	12	중학생	본인 바람
농민	21	하녀	부모×	–	17	브로커	실연
소시민	32	12년 매춘, 부모× (핀란드)	–	18	자의로	기술 없어
소시민	32	재봉사	부모×	–	18	자의로	돈벌이
소시민	25	하녀	모○, 시골	11	15	교사	가난
소시민	27	남편과 거주	모름 (헝가리)	–	19	타인	비방 때문에
소시민	23	모자 제조공	부모×	–	18	자의로	적은 임금
소시민	28	하녀, 부모○ (프로이센)	9	17	자의로	본인 바람
소시민	39	19년 매춘	사망	–	18	자의로	본인 바람
소시민	25	재봉사	모름, 사생아		25	속아서	어리석음
소시민	20	재봉사, 부모× (에스토니아)	–	19	자의로	손쉬운 삶
농민	19	모자 제조공	부모○	5	18	술주정뱅이	음주 후에
귀족	25	8년 매춘	부모×	–	15	강제로	적은 임금
농민	25	세탁부	부모○	9	20	자의로	친구의 꼬임
소시민	27	매춘	사망 (핀란드)	15	17	점원 30세	손쉬운 일
소시민	24	하녀, 부모○, 가난 (핀란드)	12	20	노동자	어리석음
군인 딸	18	재봉사	사망	2	15	점원 24세	일하기 싫어서
소시민	22	재봉사	사망	–	16	상인, 24세	손쉬운 일
농민	23	하녀	13세에 고아		10	강제동거	본인 바람
소시민	19	코르셋 제조공	부○	–	16	자의로	손쉬운 일
소시민	22	부모 밑에 성장, 모○ (라트비아)		17	자의로	즐거운 삶
농민	23	하녀	부모○ 시골	5	17	강제로	가난
소시민	20	여공	사망	11	18	장인	가난
농민	30	하녀	사망	15	16	강제로	가난
소시민	17	부모 밑에서	부모×	–	14	자의로	손쉬운 일
농민	26	재봉사, 부모× (에스토니아)	–	19	기사	가난
농민	17	구두 제조공	모○, 요리사	2	15	장인	실연
농민	6	하녀	모○	8	18	자의로	즐거운 삶
농민	19	재봉사	사망		15	강제로	친구의 꼬임
소시민	25	첩	부모×	–	15	자의로	첩으로 가서
소시민	25	속옷 재봉사	부○	13	19	자의로	유혹
소시민	25	재봉사	부모○	16	11	자의로	일이 없어서
농민	24	하녀	모○	8	22	강제로	원해서

신분	나이 및 직업		부모 생존 여부 및 경제조건	매 춘	최초 성경험 나이 및 강제 여부		매춘의 이유
소시민	20	모자 제조공	모○	8	15	자의로	어리석음
소시민	34	하녀	사망	–	15	장인	실직
농민	25	8년 매춘	부모×	–	15	자의로	손쉬운 일
농민	19	꽃장사	부모×(고아)	11	15	자의로	친구의 꼬임
농민	26	하녀	모○	8	19	자의로	실직
농민	24	하녀	부모○	8	16	자의로	가난
농민	28	하녀	사망	16	15	대학생	가난
소시민	24	첩, 재봉사	모○	12	18	자의로	일이 없어서
소시민	24	첩	사망	–	18	기사, 28세	가난
소시민	26	요리사	사망	–	19	하인, 30세	돈이 없어서
소시민	20	재봉사	부모○	6	16	자의로	본인 바람
소시민	23	재봉사	부모○	1	19	점원, 25세	일이 없어서

출처: Федоров, А. И. 1897 Очерк врачебно-полицейского надзора за проституцией в Петербурге, СПб. 표를 변형해 작성.

8장

20세기 초 필라델피아의 인종 분리와 흑인 빈민 주거 문제

박진빈

1. 흑인 대이동 시대의 희망

19세기 말부터 본격화된 산업화와 인구 급증으로 인해 미국의 대도시들은 인구 과밀화와 제반 시설 낙후라는 문제에 직면했다. 급성장의 부작용으로 생긴 여러 가지 도시 문제들이 새로운 관심을 끌었고, 의식 있는 시민들은 이를 극복해야 할 대상으로 인식하게 되었다. 혁신주의(Progressive) 개혁가들이 시정부 행정을 통해, 또는 사적인 조직을 통해 도시 빈민 문제에 접근하기 시작한 것이 바로 이때부터다. 개혁가들은 빈민가 주거지의 안전과 위생 문제를 개선하기 위해 노력했고, 새로운 주택을 공급할 방법을 모색하기도 했다.

왜 시민 개혁가들이 빈민의 문제에 팔 걷어붙이고 앞장섰던 것일까?

그 이유는 미국에 아직 정부 차원의 사회복지제도가 마련되어 있지 않았기 때문이다. 미국의 사회정책 수립은 비스마르크 때로 거슬러 올라가는 유럽의 예에 비하면 상대적으로 늦은 것이었고, 대체로 의식주 문제는 개인적인 차원에서 해결하고 개인들 사이의 관계에서 상업을 통해 구축해야 할 부분이라고 생각되었다. 이렇게 정부의 시장 개입이 극도로 꺼려졌던 탓에 연방정부 차원의 본격적인 주거정책은 뉴딜 시기에야 시작되었고 그것의 확대 시행은 2차 세계대전 이후에야 가능했다.[1]

정부가 직접 나서서 본격적인 정책을 마련하기 전에 도시의 빈민은 어떤 위험과 도전에 맞서야 했을까? 이 글에서는 20세기 초반 필라델피아 흑인의 주거 문제를 중심으로 당시 미국 도시에서 대표적인 빈민 집단들의 사례를 살펴보고자 한다. 20세기 초 미국에서는 흑인 인구의 대규모 이동이 있었다. 1차 세계대전이라는 사회변동기에 남부를 떠나 북부 대도시로 이주하는, 전례 없는 일이 벌어졌기 때문이다. 북부 도시들은 이들에게 더 나은 기회와 평등을 제공한다는 점에서 매력적

1   뉴딜 시기 주거정책에 대해서는 Gail Radford, *Modern Housing for America: Policy Struggles in the New Deal Era* (Chicago: University of Chicago Press, 1996)이 자주 인용되며, 1940~1950년대 슬럼화와 도시 재생사업에 관해서는 Arnold Hirsch, *Making the Second Ghetto: Race and Housing in Chicago, 1940~1960* (Chicago: University of Chicago Press, 1983); John Bauman, *Public Housing, Race and Renewal: Urban Planning in Philadelphia, 1920~1974* (Philadelphia: Temple University Press, 1987); Robert Caro, *The Power Broker: Robert Mosses and the Fall of New York* (New York: Vintage, 1974); Thomas Sugrue, *The Origins of the Urban Crisis: Race and Inequality in Postwar Detroit* (Princeton: Princeton University Press, 2005) 등이 대표적이다.

인 목적지였다.[2] 필라델피아 역시 그러한 목적지 가운데 하나였으며, 개신교 중에서도 개방적이고 포용적인 퀘이커교도들에 의해 개척되어 '우애의 도시(City of Brotherly Love)'라는 별칭까지 얻은 도시였다. 따라서 많은 흑인들이 기대를 안고 이 도시로 가서 정착했다.

그렇다면 과연 이들은 필라델피아에서 어떤 생활을 했을까? 새로 도착한 흑인들은 과연 꿈꾸던 삶을 살았을까? 사실 이 전망이 어두울 수밖에 없는 몇 가지 조건이 이미 갖추어져 있었다. 우선 남부를 떠난 흑인은 대개 도시 생활의 경험이 없는 농촌 출신 빈민이었고, 자원이나 능력을 가지고 있지 않은 경우가 많았다. 또한 유럽에서 온 노동 인력도 넘쳐나서 도시는 이미 포화 상태였고, 충분한 거주지나 기반시설이 갖추어지지 않았다. 이러한 상황에서 도시의 가장 열악한 구역에 둥지를 틀게 된 흑인들은 어떤 상태로 거주하게 되었을까? 그리고 이들은 삶의 질을 개선하기 위해 어떤 노력을 기울였으며, 필라델피아 시는 빈민의 주거 문제 개선을 위해 어떤 대책을 마련하게 될까?[3]

---

2 이 시기 도시 흑인 빈민에 관한 연구는 흑인 인구가 많았던 시카고와 디트로이트 등에 집중되어 있다. 그중 가장 대표적인 연구인 《희망의 땅》은 시카고로 이주한 역경을 헤치고 정착하는 과정을 추적했는데, 주거 문제보다는 노동 문제에 집중하고 있다. 다양한 이민 집단들이 디트로이트에서 노동계층으로 변화해가는 문제를 다룬 《변화하는 불평등의 얼굴》은 여러 집단 가운데에서도 가장 늦게 도착해서 가장 차별받는 흑인의 지위에 대해 논했다. James Grossman, *Land of Hope: Chicago, Black Southerners, and the Great Migration* (Chicago: Chicago University Press, 1989); Oliver Zunz, *The Changing Face of Inequality: Urbanization, Industrialization and Immigrants to Detroit, 1880~1920* (Chicago: University of Chicago Press, 1982).

3 20세기 초 필라델피아의 흑인 생활상에 관해서는 대표적인 연구로 꼽을 만한 것이 없고, 미출간 박사학위 논문 두 편이 확인된다. 이 논문 가운데 찰스 애슐리 하디의 연구는 흑인의 자의식 성장과 변화에 초점을 맞춘 것으로 대이동을 기점으로 필라델피아 흑인이 스스로 삶을 개척하고 더 나은 생활조건을 만든 성과에 주목한다. 그 과정

2. 필라델피아의 주택 운동과 흑인

필라델피아는 대이주 전에도 수많은 흑인이 거주하고 있었고, 이미 19세기 말에 흑인의 성공 사례와 흑인 중산층의 출현이 언급될 정도로 흑인의 중심지였다. 1897년에 니그로 역사회(Negro Historical Society)가 창설되어 흑인에게 자의식과 자부심을 심어주는 노력을 시작했다. 또한 흑인 주간지 《필라델피아 트리뷴(Philadelphia Tribune)》이 창간되어, 20세기 초에 매주 2만 부 정도를 찍어내고 있었다. 후일 신흑인운동, 할렘 르네상스의 정신적 지주로 일컬어지는 알랜 로크(Alain Locke)는 필라델피아에서 고등학교를 마치고 1907년에 흑인 최초의 로즈(Rhodes) 장학생이 되는 쾌거를 달성했다. 또한 필라델피아 출신으로 하버드 법대를 졸업한 후 변호사로 활약하다가 민권운동가로 유명해지게 되는 레이먼드 알렉산더(Raymond Pace Alexander)는 필라델피아 대학 최초의 흑인 여성 박사인 세이디 태너 모젤(Sadie Tanner Mossell)과 결혼하여 명문 가문을 만들기도 했다.[4]

그러나 후일 민권운동의 대부가 될 흑인 학자 듀보이스(W. E. B.

에서 주거환경 개선이나 주택 구입을 위한 노력이 다루어지며, 생존한 흑인들을 인터뷰한 자료를 바탕으로 서술하고 있어 사료로서도 가치가 높다. 존 서덜랜드의 논문은 필라델피아 혁신주의 개혁운동에 관한 것으로, 개혁가들이 주거환경을 포함하여 흑인의 삶의 질을 개선하기 위해 어떤 노력을 기울였는지 서술하고 있다. 하지만 개혁가들의 활동을 주로 다루고 있어, 흑인의 입장이나 전략이 두드러져 보이지는 않는다. Charles Ashley Hardy III, *Race and Opportunity: Black Philadelphia during the Era of the Great Migration, 1916~1930* (PhD Dissertation, Temple University, 1990); John Sutherland, *A City of Homes: Philadelphia Slums and Reformers, 1880~1918* (PhD Dissertation, Temple University, 1973).

4 Hardy, *Race and Opportunity*, pp. 2~4.

DuBois)의 중요한 책,《필라델피아 니그로》는 비참한 흑인 게토의 형성을 증언한다. 이 책은 듀보이스가 1896년에 펜실베이니아 대학 사회학과의 연구교수로 1년간 고용되어 필라델피아 시내의 악명 높은 제7선거구에 대한 사회조사를 벌인 결과물인데, 사회과학적·통계학적 지역 조사지의 초기 저작으로 손꼽힌다. 듀보이스는 여기서 흑인들의 열악한 생활을 가감 없이 드러냈다. 좁고 습하고 어두운 골목길, 진흙탕의 비위생적 뒷골목, 쓰러지기 일보직전인 판잣집, 그런 집에 감지 덕지 얹혀사는 세살이가 바로 흑인의 현실이었다.[5]

듀보이스가 보여준 것은 단지 열악한 생활환경뿐만이 아니었다. 듀보이스는 흑인의 직업과 학력 등을 조사했고, 그들과 인터뷰한 내용까지 상세하게 정리했다. 그의 연구 결과는 흑인은 직업 선택의 자유가 적으며, 항상 차별받고 분리되어 있다고 느끼며, 그러한 이유로 자신의 피부색을 혐오하면서 살고 있음을 보여주었다. 패배감과 분노에 찬 흑인들의 상황을 백인 이웃은 전혀 인지하지 못하고 있다는 사실은 이 도시가 얼마나 분리되어 있는지를 증명했다.

이러한 상황에서도 1차 세계대전으로 필라델피아에 일자리가 늘자, 남부 흑인이 대규모로 이주해오기 시작했다. 도심지에서 불과 10킬로미터 떨어진 곳에 있는 태양조선소(Sun Shipbuilding and Dry Dock Company)는 1916년부터 수천 개의 일손을 필요로 했다. 군납용 차량을 제조하는 볼드윈사(Baldwin Locomotion Works)와 총기류를 생산하는 프랭크포드사(Frankford Arsenal) 역시 전시 일자리를 창출했다. 해

---

5 W. E. B. DuBois, *The Philadelphia Negro: A Social Study* (Philadelphia: University of Pennsylvania Press, 1899).

군 모항이자 선박 건조 공장이 위치한 해군기지에서 고용한 인력은 1917년에 1300명, 1918년에는 무려 7288명에 달했다.[6]

이러한 일자리 기회를 찾아 남부를 떠난 흑인들이 1910년부터 1930년 사이에 필라델피아에 대규모로 정착했다. 1910~1920년에 필라델피아 흑인 인구는 8만 4459명에서 13만 4229명으로 늘었고, 다시 10년 후에는 21만 9599명으로 증가했다. 이러한 대이동이 가능했던 것은 필라델피아 고용주들의 적극적인 유인 정책 때문이었다. 값싼 단순 노동력이 필요한 고용주들은 대리인을 남부로 보내 흑인들을 데려오게 했다. 그 결과 철로로 연결되는 플로리다나 사우스캐롤라이나, 노스캐롤라이나 지역의 흑인들이 필라델피아로 속속 들어왔다.[7]

1910년 당시 필라델피아 전체 인구에서 흑인이 차지하는 비율은 약 5.45퍼센트였는데, 1920년에는 7.36퍼센트로, 그리고 1930년에는 9.7퍼센트로 증가했다. 이렇게 인구가 급증하자 자원이 부족할 수밖에 없었다. 생활고를 겪는 사람들은 개혁적인 시민단체의 구호를 받기도 했다. 웨스턴 주민회(Western Community House), 대학 구빈원(University Settlements), 옥타비아힐 연합(Octavia Hill Association), 휘티어센터(Whittier Centre) 등에서 흑인 빈민들을 구호하는 사업을 진행했다. 기록이 전부 남아 있지는 않지만 1916년 옥타비아힐 연합에서 118호의 흑인 가정을, 휘티어센터에서 일곱 가정을 그들이 운영하는 주거지에 수용했다고 보고했다. 이러한 사례를 보면 흑인들도 어느 정도는 자선

---

6   Emmet Scott, *Negro Migration During the War* (New York: Arno Press, 1920), pp. 5, 55, 135.

7   Charles Hall, *Negroes in the United States, 1920~1932* (Washington DC: Bureau of the Census, 1935), p. 55.

의 도움을 받았다고 볼 수 있다.[8]

흑인의 급격한 증가가 가져온 결과를 살피기 위해 사회단체들은 조사를 벌였다. 도시 주택 및 주거환경 문제에 대한 조사와 제안을 목적으로 결성된 민간 조직인 필라델피아 주거위원회(필라델피아 주거연합의 전신)와 휘티어센터에서는 1915년에 1158가구, 4891명의 흑인 이주자들을 방문하여 대대적인 조사연구를 벌인 결과를 내놓았다. 이 조사에 따르면 흑인들은 주로 판자촌에 살고 있기는 했지만, 그 시설이나 상태가 다른 인종 빈민보다 더 나쁜 상황은 아니었다. 특별히 더 비위생적이거나 더 많은 수가 밀집한 것도 아니라는 것이다. 그런데 특이한 점은 같은 조건의 임대주택이라도 흑인이 더 비싼 집세를 내고 있다는 것이었다. 이듬해 조사에서도 같은 현상이 나타났다. 필라델피아 주거연합(PHA, Philadelphia Housing Association)이 1916년에 실시한 조사에 따르면 백인 가정은 집 크기에 따라 각각 11.28달러와 14.93달러를 월세로 내는데 같은 시설에 거주하는 흑인 가정은 12.68달러, 17.74 달러를 내고 있었다.[9]

조사기관은 이런 결과에 대해 의외로 흑인의 상황이 양호하다는 증거로 받아들였다. 조사를 담당한 버나드 뉴먼(Bernard Newman)은 흑인이 비싼 임대료를 낼 수 있었던 것은 임금이 안정적이기 때문이라고

---

8 "Activities of the Year 1916", a Printed Report by The Whittier Centre (1916); "Negro Tenants" (November 11, 1916), Octavia Hill Association Papers, Urban Archives, Temple University (이하 UA)

9 Bernard Newman, "Housing of the City Negro", *The Whittier Center, Paper No. 2* (January 1915); Annetta Gibson McCall, "Supplementary Study of the Housing of the City Negro" (November 1916), Housing Association of Delaware Valley Papers(이하 HADV Papers), 3-II-126, UA.

평가했다. 하지만 이러한 뉴먼의 평가를 재검토할 필요가 있다. 월세를 더 내는 것이 경제력이 있다는 증거라고 보기 어렵기 때문이다. 우선 그들이 조사한 흑인들은 그래도 조금 살 만한, 다시 말해 고정적 수입을 벌어다주는 직업을 가진 부류였다. 휘티어센터는 "필라델피아 시에서 임금노동자로 사는 정상적(normal)인 흑인"을 지원 대상으로 명시했다.[10] 이는 모든 흑인 빈민이 지원을 받고 있는 것은 아니며, 또한 조사 대상이 모든 흑인을 대표할 수도 없다는 것을 의미한다.

'정상적'이라는 단어는 미국의 복지 담론에서 자주 언급되는 개념으로, 빈민을 적격자 혹은 가치 있는 자(deserving)와 부적격자 혹은 가치 없는 자(undeserving)로 나누어 복지 대상을 전자로 국한할 때 사용된다. 1915년에 흑인 조사 책임자였던 뉴먼은 "이 인종의 아주 가난하고 무능한 자들"은 조사할 가치가 없다면서, "그들의 불행은 게으름이 초래한 것이기 때문"이라고 주장했다. 이러한 주장의 요지는, 경제적으로 더 나아지려는 욕구를 가진 사람만이 구호를 받을 자격이 있고, 조사 대상이 될 수 있다는 의미다.[11]

이러한 상황을 고려하면 흑인의 월세가 더 높았다는 사실에서 유추할 수 있는 것은 무엇일까? 우선, 흑인 중에서도 가장 형편이 좋은 일부에게 구호가 주어지고, 또 높은 월세를 낼 만큼 안정적인 직업이 제공되었다는 사실이다. 반면 이처럼 행운을 누린 일부를 제외하면 《필

---

10   같은 글.

11   같은 글. 복지 대상에 대한 미국 내 담론의 발전에 대해서는 Frances Fox Piven and Richard Cloward, *Regulating the Poor: The Functions of Public Welfare* (New York: Vintage, 1993), pp. xv~xix; Michael Katz, *The Undeserving Poor: From the War on Poverty to the War on Welfare* (New York: Pantheon, 1990), pp. 9~35.

라델피아 니그로》이후의 상황을 알 수 없을 정도로 방치되었을 것이라는 점 역시 유추할 수 있다. 이처럼 당시 흑인 빈민의 복지는 철저히 백인 개혁가들이 판단하기에 도와줄 가치가 있는 대상에게 차별적으로 집행되었다.

한편 조사 대상 가정 가운데 일부에서 뉴먼은 "하숙의 해악"을 발견했다. 이들 가운데 거의 35퍼센트의 가정이 하숙을 들이고 있었는데, 뉴먼은 이 점을 서둘러 개선해야 한다고 판단했다. 하숙치기는 비위생적 환경과 가정의 불안정을 초래하기 때문이었다. 1916년의 조사관 역시 같은 결론을 유추했다. 하숙생은 건강한 결혼생활과 가정생활을 망치는 위험 요소라는 것이다. 1917년의 또 다른 조사에서는 "낯섦, 외로움, 그리고 어린애 같은 의존심"이 흑인들이 모여 사는 원인이라고 지적했다.[12]

그러나 이는 중산층 가족 이데올로기의 편협한 시각에서 하숙 문제를 바라본 결과다. 남녀의 분리된 영역론이라든가, 핵가족 중심주의는 바로 백인 중산층 가정에서나 가능하기 때문이다. 남성 가장의 수입만으로도 생계를 유지할 수 있는 상황에서 가능한 남성 중심적 시각이기도 했다. 이런 입장에서 본다면 하숙은 건강한 가정생활과 배치되는 것일 수도 있다.

그러나 도덕이나 윤리 같은 이념적인 비판을 가하는 개혁가와 달리 흑인에게는 하숙이 경제적으로 필요한 선택일 수 있다. 여기까지의 상황을 종합해보면, 그나마 수입이 안정적인 흑인 가정은 백인보다 비싼 집세를 내면서 판자촌에 산다. 그러나 집세가 부담스럽기 때문에 하숙

---

12   PHA, "Negro Migration Study" (1917), *HADV Papers*, 3-II-123, UA.

을 치고 있는 것이다. 결국 비교적 수입이 안정적인 흑인들 역시 임금 수입만으로는 월세를 지불할 능력이 부치는 셈이다. 흑인 가정의 이러한 현실을 무시하고 이념적 관점에서 하숙을 평가하여 무조건 금해야 한다는 것은 백인 중심주의의 소산일 뿐이다.

실제로 이러한 일방적 조처가 흑인과 시정부의 갈등을 심화시켰던 예가 있다. 1912년에 혁신주의 정부가 시내 정화운동을 벌이면서 흑인이 즐겨 찾는 유흥가의 도박장을 일제히 소탕했다. 정부에서는 위생, 도덕 등을 이유로 소탕작전에 정당성을 부여했지만, 실제로는 흑인들이 지지하던 공화당을 견제하는 정책이었다. 도박장은 흑인의 취미일 뿐 아니라, 거의 유일하게 흑인들이 집단적으로 모일 수 있는 사교 공간이기도 했다. 혁신주의 정부는 공화당과 흑인의 유착을 끊기 위해 그 근거지들을 공격한 것이다. 그러자 필라델피아의 흑인들은 자신들의 유일한 여가활동을 일시에 금지시키는 반인종적 행정이라고 비난했다.[13] 이 사건은 인종적 편견에 사로잡혀 문화의 차이를 무시하고, 오직 해결해야 할 문제 혹은 대상으로만 흑인을 바라본 백인의 시각 때문에 발생한 것이다.

사실 흑인에 대한 편견은 개혁가들의 문서 곳곳에서 드러난다. 흑인 대이동의 대책을 논하는 자리에서, 개혁가들은 필라델피아로 이주한 흑인들에게 우선 필요한 것은 도시 적응이라고 판단했다. 즉 "남부 농촌의 습관에서 벗어나서" "도시에 적합한 위생과 생활습관으로" 바꾸는 일이 시급하다는 것이었다. 여기서 말하는 도시 적응이란, "흑인 여

---

13   "Mr. Rotan Attacks 'Straw' Bondsmen", *Philadelphia Tribune* (July 27, 1912), p. 1; "Philadelphia Colored Voters: Attention!", *Philadelphia Tribune* (October 26, 1912), p. 1.

성은 어머니로서 가족에게 적절한 식생활과 의생활을 준비"하고, "어린 이들은 도시의 생활습관"을 익혀서 학습과 여가생활을 통해 쓸모 있는 시민이 되도록 준비해야 한다는 것 등이었다.[14]

하지만 이런 지적은 주거환경이나 위생 등에서 흑인 가정이 특별히 더 나쁘지 않다는 다른 보고서의 내용과 모순된다. 1917년에 결핵이 유행했을 때에도 PHA의 조사 보고서에는 흑인 가정이 더 많이 전염병에 걸렸다는 증거는 나타나지 않았다. 이 보고서에 따르면 흑인 여성은 "예상외로" 집안 환경을 위생적으로 유지하고 있었으며, 따라서 가족이 건강한 편이라는 것이었다.[15] 그렇다면 문제는 흑인이 아니라, 예상과 다른 결과에도 불구하고 기존의 인식을 바꾸지 못하는 백인들이라 볼 수 있다. 이처럼 백인 개혁가들은 남부 출신의 흑인은 틀림없이 비위생적이고 부적절한 생활습관을 가지고 있을 것이라는 편견을 지속적으로 드러냈다.

요약하자면, 20세기 초 필라델피아로 대거 유입된 흑인들은 열악한 주거환경에 직면했다. 그들에게 선택 가능한 것은 특정 흑인 구역에 있는 낙후한 임대주택이었고, 그나마도 부당하게 비싼 월세를 치러야 했다. 하지만 정부의 정책이 부재한 가운데 이들에게 관심을 가진 개혁가들마저 편견을 가지고 흑인을 평가하고 이들의 주거 문제를 바라보았다.

---

14   A Speech by Forrester Washington at the Conference on Negro Migration, "A Program of Work for the Assimilation of Negro Immigrants in Northern Cities" (June 12, 1917).

15   John Ihlder, "Negro Housing and Tuberculosis Among Negroes", *HADV Papers*, 3-II-126, UA.

3. 인종 폭동

1917년 PHA의 조사는 더 많은 주택을 건설하여 흑인을 '주택 소유자'로 만드는 것이 해결책이라고 보았다. 기본적으로 이들이 거주하는 주거지는 낙후했고, 보수나 관리가 엉망이었기 때문에, 새로운 주택의 건설은 필수 사항으로 여겨졌다. 더 많은 주택이 시장에 나오면 흑인의 밀집도를 낮출 수 있고, 하숙도 방지해서, 결과적으로 위생이나 사생활 보장도 더 수월할 것이라는 낙관적 관망이었다.[16] 하지만 그럴 경우 비용을 감당할 수 있는 흑인이 얼마나 되었을까?

더 큰 문제는 이들이 기본적으로 도시 공간의 분리를 수용하는 입장이라는 데 있었다. 새로운 주택을 건설하자는 개혁가들과 주택 전문가들은 흑백 빈민 모두에게 공평한 주거의 기회를 주자는 것이 아니었다. 실상을 들여다보면, 새 집이 흑인에게 돌아간다고 생각하는 사람은 아무도 없었다. 이들의 계획은 궁극적으로 흑인의 유입으로 '더럽혀진(marred)' 도시에서 백인을 탈출시키는 것이었다. 백인이 새 집에 들어가고 흑인은 백인이 빠져나간 헌 집으로 들어가면 주택 문제가 해결된다는 논리였다.[17]

그러나 1916년부터 1918년 사이 거의 매주 150명꼴로 총 4만 명의 흑인이 필라델피아로 쏟아져 들어오던 시기에 새 주거지 건설은 1916년 7762채에서 1917년 2734채로 늘었다가 1918년에는 965채로 급

---

16   PHA, "Negro Migration Study" (1917), *HADV Papers*, 3-II-123, UA.

17   John Ihlder, "Housing in War Time", *A Statement Presented at Annual Meeting of the Philadelphia Housing Association* (May 16, 1917); "Plan to Relieve House Shortage", *Telegraph* (November 14, 1917).

감했다.[18] 1차 세계대전을 치르는 상황이었기 때문에 내수경제가 위축되었고, 후방을 위한 산업은 중단되었다. 연방정부나 시정부는 재정적 여유도 없었거니와, 주택시장을 민간의 영역으로 간주하던 전통에 따라 여기에 개입할 의도도 전례도 능력도 없는 상태였을 뿐 아니라, 전쟁이라는 국가적 위기에 직면해 있었다.

주택의 절대적 부족 상태가 지속되는 가운데 결국 인종 폭동이 발발했다. 1918년 여름 필라델피아에서 발생한 흑백 간의 폭력 사태는 1918년과 1919년 사이 미국의 여러 대도시에서 발생했던 인종 폭동 중 하나로, 시카고 사태보다는 작은 규모이지만 이제까지 상세하게 분석되지 않았다는 점에서 오히려 관심의 대상이라 볼 수 있다. 당시 폭력을 불러일으킨 요인과 사태에 대한 각 집단의 대처 방법이나 요구가 무엇이었는지 알아본다면, 주거 공간 문제를 둘러싼 인종 간 갈등의 전개를 밝힐 수 있을 것이다.

1차 세계대전 기간에 기존의 임대주택이 이미 과밀 상태이고 새로 건설되는 주택은 오히려 감소하는 상황은 집주인과 임대업자에게 세를 올릴 기회가 되었다. 그럼에도 이주민은 끝없이 들어왔기 때문에, 비싼 세를 감수할 수밖에 없었다. 그런데 놀라운 점은 월세의 상승 폭이 인종별로 차이를 보였다는 것이다. 1914~1918년에 흑인 거주 지역의 월세는 100퍼센트 증가한 데 비해 백인 주거지의 월세 상승률은 15퍼센트 미만이었다.[19] 흑인은 특정 구역에만 몰려 살았기 때문에 주

---

18   Emmett Scott, *Negro Problems in Cities* (Garden City, NJ: Doubleday, Doran
      & Company, 1928), p. 135; Sadie T. Mossell, "Standard of Living Among 100
      Negro Migrant Families in Philadelphia", *Annals of the American Academy of
      Political and Social Sciences* 98 (November 1921), p. 175.

거지의 선택지가 더 적었고, 결국 가장 심한 착취를 당했던 것으로 보인다.

백인도 흑인도 거주지가 충분하지 않은 상황에서 흑인이 계속 유입되자, 도시 내 긴장이 고조되었다. 1918년 6월 29일, 흑인 거주지인 7선거구의 경계에 위치한 파인가와 25가 인근에서 한 흑인 가족이 백인 이웃들에게 공격을 받는 사건이 발생했다. 백인들은 돌을 던지고 집 안으로 침입하여 가구를 끌어내 불을 질렀다. 이 사건은 필라델피아의 최대 일간지인 《필라델피아 인콰이어러(Philadelphia Inquirer)》에는 단 한 줄도 실리지 않았지만, 흑인 주간지인 《필라델피아 트리뷴》에 1면 머리기사로 대서특필되었다. 이 주간지는 격분한 어조로 몰지각한 백인들의 행동을 비난하고, 흑인들은 법과 질서를 지키는 훌륭한 시민으로서 자신의 재산을 보호할 권리가 있다고 주장했다.

사람의 집은 그의 성이다. 스쿨킬 강의 쥐 떼가 마을을 더럽힌다면 죽여서 집을 지켜야 한다. 모든 사람들과 언제나 평화롭게 살자는 것이 우리의 주장이지만, 그들이 당신의 권리를 침해하면 끝장을 볼 때까지 싸워야 한다. 우리는 법과 질서를 수호하며 점잖고 깨끗함을 추구한다. 하지만 우리가 셋집을 얻기 위해 이리저리 쫓아다니고 똑같은 낡은 집을 백인보다 더 비싸게 주고 빌려야 하는 상황은 우리의 인내심을 고갈시키고 있다.[20]

---

19 PHA, *Housing in Philadelphia* (1917), pp. 6~9; Sutherland, *A City of Homes*, pp. 234~244.

20 "Dixie Methods Now In Vogue in Philadelphia", *Philadelphia Tribune* (July 6, 1918), pp. 1, 3.

사건은 일단락되는 듯했으나, 7월 26일부터 새로운 국면에 접어들었다. 이날 이웃과 다툰 후에 귀가한 흑인 여성 아델라 본드(Adella Bond)의 집이 공격을 당했고, 이에 저항하기 위해 본드가 총을 쏘아 백인 남성의 다리를 맞혔다. 그다음 날 시내에서 한 흑인 남성이 백인들에게 폭행을 당했고, 며칠 후에는 폭도에게 쫓기던 흑인 남성이 총을 쏘아 한 사람을 맞히는 등의 일이 연달아 발생했다. 백인과 대치하던 흑인 남성이 실수로 경찰관에게 총상을 입히기까지 했다. 8월 초까지 이어진 일련의 사태로 인해 4명의 사망자와 수백 명의 부상자가 발생했고, 20여 채의 흑인의 집이 파손되었다.[21]

일련의 폭력 사태를 촉발한 본드의 사례를 좀 더 면밀히 살펴볼 필요가 있다. 본드는 보호관찰관이라는 안정된 직업을 가진 중년 여성으로, 직업상 총기를 소지할 자격도 충분한 인물이었다. 본드는 사건 당일에 아이들 앞에서 총을 휘두르지 말라는 옆집 백인 여성과 시비가 붙었다. 백인 여성은 본드가 고의적으로 아이들을 위협한다고 비난했다. 그러자 본드는 총을 일부러 휘두른 적이 없다고 받아쳤고, 자신이 보호관찰관, 즉 공직자의 신분임을 밝혔다.

이웃 간의 사소한 분쟁이 인종 폭동으로 번진 데는 본드가 알지 못하는 사정이 숨어 있었다. 본드는 임대료가 마구 치솟자 주택 구입을 추진했고, 흑인 부동산업자가 추천한 집을 구매했다. 그 주택은 백인 구역에 있었고, 이전에 오랫동안 세 들어 살던 백인이 경제 불황으로 세를 내지 못하고 강제로 쫓겨난 상태였다. 주인은 이 집을 흑인 부동

---

21 "Lone Woman Holds a Mob of 500 White Brutes at Bay", *Philadelphia Tribune* (August 3, 1918), pp. 1, 8.

산업자에게 팔아치웠고, 흑인 부동산은 잠재적인 위험을 알면서도 본드에게 집을 팔았던 것이다. 원래 세 부당이익을 취하던 집주인과 중간 거래 이익을 노린 흑인 부동산업자가 서로 거래한 결과였지만, 동네 사람들은 오랫동안 함께 지냈던 이웃의 불행을 본드의 탓으로 몰아붙였다. 본드는 이러한 상황을 전혀 모른 채 이사를 왔다가 재산상의 큰 손실을 입게 된 피해자로, 《필라델피아 트리뷴》과의 인터뷰에서 만약 이런 상황을 알았다면 절대로 그 집을 사지 않았을 것이라고 했다.[22]

본드의 사례는 2차 세계대전 이후 더욱 기승을 부리게 되는 이른바 블록버스팅(blockbusting)의 초기 형태로 평가할 수 있다. 블록버스팅은 부동산업자들의 이익 극대화 전략의 하나로, 다음과 같은 단계로 진행된다. ① 낙후한 백인 구역에 흑인 가정을 하나 입주시킨다. ② 이것이 흑인의 대대적 유입의 시작이라는 과장된 소문을 내서 백인들이 떠나게 만든다. ③ 이때 서둘러 집을 팔려는 백인들을 경쟁시켜 가격을 최대한 떨어뜨린다. ④ 백인이 떠난 후 동네의 주택을 흑인들에게 비싸게 판다. ⑤ 이 구역은 흑인 동네로 탈바꿈하게 된다. 이처럼 인종 갈등과 주거지의 인종적 분리라는 미국 사회의 병폐를 이용하여 양쪽에서 폭리를 취하려는 부동산업자의 전략이 바로 블록버스팅이다.[23]

인종 폭동과 관련된 일련의 사건 속에서 흑인들을 궁지로 몰아넣은

22   "The So-Called Race Riot", *Philadelphia Tribune* (August 3, 1918), p. 4.

23   Douglas Massey and Nancy Denton, *American Apartheid: Segregation and the Making of the Underclass* (Cambridge: Harvard University Press, 1993); William Dennis Keating, *The Suburban Racial Dilemma: Housing and Neighborhood* (Philadelphia: Temple University Press, 1994).

것은 주택 소유자나 부동산업자뿐만이 아니었다. 《필라델피아 트리뷴》은 현장에 출동한 경찰이 "흑인의 무기만을 압수했고" "백인 건달들은 곤봉이나 권총을 들고 길거리를 다녀도" 방관했다고 보도했다. 또한 분쟁 중에 흑인에게는 집으로 들어가라고 해놓고 막상 이들이 공격받으면 보호해주지 않는 등, 흑인의 자기방어권을 박탈하고 공적인 책임을 방기했다는 비난이 뒤따랐다. 흑인 지도자들은 경찰의 인종차별적 행태를 공공안전 담당관에게 정식으로 고발했다. 경찰 당국이 인종차별을 한 적이 없다고 부인하자, "차별을 하지 않았다면 어째서 문제를 일으킨 것이 백인이었음에도 불구하고 폭동을 도발했다는 죄로 체포된 40명 가운데 백인이 단 한 명도 없을 수가 있느냐"고 반문했다.[24]

인종 폭동으로 공포를 경험한 흑인들은 자경단체인 유색인보호연합(Colored Protective Association)을 발족했다. 이 연합은 백인 이웃에게 위협을 당하는 흑인 주택 소유자들에게 적절한 보호를 제공하는 것을 목표로 했다. 이후에 한 흑인 가정이 새로 이사 간 동네에서 이웃집으로부터 위협을 받자, 연합은 경찰에 보호를 요청하고 자경단원을 파견했으며, 위협을 가한 당사자에게 폭력적 사태가 벌어질 경우 법적인 조치를 반드시 취하겠다는 사실을 분명하게 알렸다. 연합의 꾸준한 활동으로 이후 경찰은 폭력의 위협이 있는 곳에 경찰을 배치하는 등 변화를 보였다.[25]

---

24 "Police Disarm Colored Citizens and Then Help Mob Beat Them with Clubs", *Philadelphia Tribune* (August 3, 1918), pp. 1, 8; "White Policeman Clubs a Race Riot Victim on Hospital Cot", *Philadelphia Tribune* (August 10, 1918), p. 1; "Emblem No Protection to Colored People Here", *Philadelphia Tribune* (August 24, 1918), p. 1.

25 "The Colored Protective Association", *Philadelphia Tribune* (September 28,

그러나 《필라델피아 트리뷴》의 홍보운동과 흑인 지도자들의 문제 제기에도 불구하고, 시정부는 인종 폭동 이후 어떠한 조치도 마련하지 않았다. 시장은 묵묵부답으로 일관했고, 시의회도 적극적으로 대응하지 않았다. 결국 주택의 부족과 주거지의 인종 분리가 만들어낸 최악의 인종 폭동을 겪은 후에도 필라델피아는 뾰족한 해결 방법을 마련하지 못한 채 1920년대를 맞이하게 된 것이다.

4. 분리된 도시와 주택 소유 문제

인종 폭동은 적어도 흑인의 자의식을 고양시키는 결과를 초래한 것으로 보인다. 흑인들은 이제 시민의 권리를 주장하고 스스로 지키지 않으면 침해당할 수 있다는 인식을 가졌다. 한 신문의 독자의 소리에 보낸 편지에서 어떤 흑인 목사는 "흑인이 좋은 주거환경을 원하는 것은 소수집단에 자선을 원하는 것이 아니라, 시민으로서 평등한 대우를, 가난하건 부자이건, 또는 어떤 인종이건 상관없이 모두에게 정당한 절차를 요구하는 것"이라고 주장했다. 흑인용 주거지를 할당하자는 식의 논의 역시 인종적 편견의 소산일 뿐이라고 지적했다.[26]

1921년에 최근 흑인 이주자 100개 가정에 대한 조사를 바탕으로 세이디 모젤이 작성한 보고서는 영역의 분리야말로 필라델피아의 근본적인 문제라고 지적한다. 흑인 가족들은 참담한 환경 속에 살고 있었

1918), p. 1.

26   "Better Housing for Negroes", *Public Ledger* (February 15, 1920), p. 8.

다. "니그로들은 가축처럼 모여 살고" 있었고, "16피트에 20피트짜리(약 9평) 방에 20명이 거주"하는 경우도 있었다. 창문이 없고 지붕에서 비가 새고, 깨끗한 물도 나오지 않는 방에 얹혀사는 흑인도 있었다. 모젤은 이것은 흑인이 무엇을 잘못해서 생기는 문제라기보다는 워낙 주어진 환경이 나쁘기 때문에 악화되는 것이라고 설명했다. 흑인의 거주 구역을 제한하고 그 이외의 지역에 흑인이 진입하는 것을 거부하기 때문에 이 같은 문제가 더 심각해진다는 것이다. 결국 더 많은 주택을 짓는 것도 중요하지만, 그보다 더 시급한 것은 흑인에 대한 배타적인 인종 분리를 철폐하는 것이라고 모젤은 결론지었다.[27]

1925년의 또 다른 연구 역시 분리된 주택시장에서 초래된 문제가 흑인의 삶을 억압하고 있다는 것을 알려준다. 토머스 우프터의 연구에 따르면 필라델피아의 흑인 인구는 전체의 8.3퍼센트인데, 이들이 차지하는 공간은 2.2퍼센트에 불과했다. 그런데 바로 그 2.2퍼센트의 공간은 도시 슬럼 내에서도 가장 열악한 곳이었다. 그가 방문한 빈민가는 1899년 듀보이스의 묘사나 1921년 모젤의 관찰과 크게 다르지 않았다. 구역질나는 화장실, 지저분한 골목길, 삐걱거리는 바닥과 곧 날아갈 것만 같은 천장, 거기에 핵가족용 아파트에 둘, 셋, 심지어 네 가족이 함께 거주하기도 했다.[28]

하지만 이 같은 원인 분석에도 불구하고 필라델피아 흑인에 대한 분리와 차별의 관행은 크게 달라지지 않았다. 1921년에는 흑인의 시민

---

27   Mossell, "Standard of Living Among 100 Negro Migrant Families in Philadelphia", pp. 171~218.

28   Thomas Woofter, "Negro Housing in Philadelphia", 1928, pp. 18~22, Pamphlet Collection, UA.

권 보장을 위해 법을 제정하자는 움직임이 일었고, 흑인 하원의원인 존 애스버리(John Asbury)가 발의한 분리금지법이 주의회에 상정되었다. 흔히 애스버리 법안(House Bill 269)이라 불리는 이 법안은, 흑백이 분리된 시설을 제공하는 경우 500달러의 벌금과 30일 구금형을 부과하자는 내용으로, 필라델피아에 존속하고 있던 흑백 분리의 관행을 철폐하기 위한 것이었다. 법안의 통과를 위해 애스버리는 동료 의원들에게 '정의와 공정성'을 가지고 판단해줄 것을 당부했다. 그러나 이 법안은 하원에서는 통과했으나 상원에서 부결되어 폐기되었고, 필라델피아의 주택시장과 공공시설들에 인종 분리의 악행을 남기게 되었다.[29]

이러한 가운데 흑인의 유입은 계속되었고, 건물주와 부동산업자의 횡포 역시 계속되었다. 1920년대 초 문제의 심각성을 인식한 시장 햄프턴 무어(J. Hampton Moore)가 집세 상승과 업자들의 부당이익을 저지하기 위해 입법을 추진했지만, 투기세력과 결탁한 공화당 조직이 의회에서 부결시켰다. 신문기사와 PHA에서 모은 자료에 따르면 2년 사이에 월세가 32.5달러에서 62.5달러로, 또 한 달 사이에 33달러에서 75달러로 올랐다는 신고가 있었을 정도였다.[30]

하지만 이상하게도 1930년의 조사에 따르면 흑인 주택 보급률이 급증했다. 1910~1930년에 흑인의 주택 소유율은 5퍼센트에서 15.4퍼센

---

29 "Full Text of the Equal Rights Bill", *Philadelphia Tribune* (February 21, 1921), pp. 1, 11; "Asbury's Bill Adopted in Legislature", *Philadelphia Tribune* (April 2, 1921), p. 2; "Penrose for Negroes' Bill", *New York Times* (April 3, 1921), p. 6; "Asbury Equal Rights Bill Causes Turmoil", *Public Ledger* (April 6, 1921), p. 8.

30 "Aid for Houseless Sought by Tustin", *Public Ledger* (March 31, 1920); "City Housing Body Looks for Mayor's Home Saving Action", *Press* (September 6, 1920) in *HADV Papers*, 3-II-135, UA.

트로 (인구수로는 4200명가량에서 3만 3000명 정도로) 증가했다. 1930년 뉴욕에서는 흑인의 주택 소유율이 5.6퍼센트, 시카고에서는 10.5퍼센트였던 것과 비교해보면 확실히 놀랄 만한 수치다. 이를 근거로 일부 연구자들은 대이동 시기에 필라델피아 흑인이 다른 지역에 비해 신분 상승의 기회가 더 많았다고 주장하는 것이다.[31] 과연 흑인의 주택 소유율이 증가한 것을 어떻게 분석해야 할 것인가?

우선 흑인에게 주택 소유자가 된다는 것의 문화적 의미를 고려할 필요가 있다. 주택 소유 의지 혹은 욕구는 흑인이 남부에서 가져온 관습에 가까웠다. '나의 것', '나의 집', '나의 소유물'에 대한 집착은 노예제를 경험했던 사람들에게 자기정체성의 일부였다. 이 때문에 기존의 거주자들이 주택을 꼭 구입할 필요가 없다고 조언했음에도 불구하고, 새로 전입한 사람들은 서둘러 구매에 나섰다. 이들은 대부분 남부를 떠날 때 재산을 정리해서 목돈을 챙겨왔기 때문에 주택 구매에 쓸 자금이 있었다.[32]

하지만 이처럼 낯선 주택시장의 환경에 적응할 새도 없이 집을 사다보니 흑인은 불리한 상황에 놓인 경우가 많았다. 집 상태를 확인하지 못하거나, 부동산업자에게 속아서 높은 가격을 치르기도 했다. 또한 블록버스팅된 구역은 흑인 밀집지로 알려져서 되팔 때 제값을 받기 어려웠다. PHA에서 조사한 주택담보대출 업체들의 증언에 따르면, 흑인이 구매한 주택은 대부분 낙후하고 오래되어 대출을 해주기 어려운 상

---

31   Hall, *Negroes in the United States*, p. 277; Hardy, *Race and Opportunity*, pp. 171~177.

32   하디의 논문에 실제 그러한 선택을 했던 흑인 주민들과 인터뷰한 내용이 있다. Hardy, *Race and Opportunity*, p. 173; *The Survey* (April 1917), p. 28.

태웠다고 한다.[33] 이를 풀어서 설명하자면, 대부분의 흑인들이 불량 주택을 비싸게 매입했다는 것으로, 빠른 시일 내에 재산상의 손해를 보았을 것이라고 예상할 수 있다.

따라서 과연 주택을 소유한다고 해서 신분 상승의 지표로 삼거나 흑인의 상황이 양호했다고 볼 수 있느냐고 질문할 수 있다. 흑인들은 상대적으로 나쁜 상태의 집을 더 비싸게 구매했으며, 얼마 되지 않아 집값이 떨어지는 경우도 많았다. 가장 불행한 경우는 철거 예정지인 줄 모르고 집을 산 사람들이었다. 실제로 1923년과 1924년에 수많은 흑인 주택이 철거 대상이 되었는데, 구매 가격에 미치지 못하는 보상금을 받고 다시 살 집을 구해야 하는 처지에 놓이기도 했다.[34]

흑인들이 주택 구매자가 되는 데에는 임대시장의 문제도 작용했다. 앞에서 살펴본 본드의 예와 같이 임대료가 너무 오르고 그마저도 집이 부족하다 보니 셋집을 구하지 못한 흑인들은 구매시장으로 떠밀리듯 향하게 된다. 때문에 "니그로들은 할부금의 첫 달치가 월세랑 비슷하기 때문에 사는 것"이라는 증언이 나온다. 사정이 이러함에도 불구하고 뉴먼은 흑인의 주택 소유의 증가는 흑인이 중산층이 되어가고 있다는 증거라며 반겼다.[35] 흑인이 처한 현실을 고려하지 않고, 주택 소유는 훌륭한 시민의 조건이라는 관념을 고수한 것이다.

---

33 Woofter, "Negro Housing in Philadelphia", pp. 26~28; Department of Welfare, "Negro Survey" (November 1924), pp. 2~3, *HADV Papers*, 3-III-258, UA.

34 Department of Welfare, "Negro Survey" (1924), p. 7; PHA, Housing in Philadelphia (1923), pp. 22~24, *HADV Papers*, 3-III-258, UA.

35 Woofter, "Negro Housing in Philadelphia", pp. 25~26; Bernard Newman, "Philadelphia's Negro Population" (June 10, 1930), p. 2, *HADV Papers*, 3-III-258, UA.

이 같은 시장의 구조에서 구매시장에 내몰린 흑인들이 주택을 구입하는 경우가 대부분이었다. 이러한 요인을 고려한다면, 흑인의 주택소유의 증가는 흑인의 주거생활의 향상이라고 보기 어렵다. 이 시기 흑인의 주택 소유는 오히려 장기적인 관점에서 흑인 자산에 피해를 주는 요소로 작용했을 것이기 때문이다.

5. 더 나은 정책을 위하여?

20세기 초 필라델피아의 흑인 빈민들은 환영받지 못하는 소수집단이었다. 전쟁 기간의 대이동의 결과 흑인의 수가 급증했지만, 이들을 위한 주거시설이나 생활기반은 열악했다. 정부의 대책이 미흡하거나 아예 부재한 상황에서, 흑인 수의 증가는 오히려 인종 간의 갈등과 편견을 강화했다. 필라델피아의 흑인들은 시내의 가장 낙후되고 비위생적인 공간에서 밀집하여 살았고, 더 비싼 월세를 내야 했으며, 보이지 않는 인종 분리선을 넘으려 할 때는 폭력적으로 응징당했다. 그럼에도 불구하고 시정부에서는 인종 갈등을 해결하기 위한 대책을 마련하지 못했기에 인종 폭동 후에도 필라델피아의 흑인 주거 문제는 크게 개선되지 못했다.

정부의 무능과 더불어 이미 고착화된 주거지의 인종적 분리라는 현실은 당시 필라델피아 흑인들의 삶을 어렵게 하는 근본적인 문제였음이 드러났다. 흑인은 좁은 생활 반경 안에서 거주지를 선택해야 했기 때문에 집주인이나 부동산업자의 횡포에 속수무책으로 당할 수밖에 없었다. 특히 인종의 분리선이 무너지려 할 때 백인들이 폭력을 동원하여 막으려 한 것은 주거지의 분리가 이들의 의식 속에 뿌리 깊이 박힌 이념적 문제였음을 증명해준다.

개혁적 성향의 단체들 역시 흑인 문제의 심각성을 인지했으나, 근본적인 문제 해결에는 접근하지 못했다. 이들도 주거지 분리를 당연한 것으로 여기고, 흑인 주거의 문제는 흑인의 내재적인 문제라고 파악했다. 환경보다는 흑인의 게으름이나 관습에서 문제를 찾으려 했던 이들의 태도는 백인 개혁가의 기준에 맞는 대상자만을 복지 혜택을 받을 가치 있는 빈민이라 규정해왔던 관행에서 크게 벗어나지 않는다.

흑인들은 이 같은 편견과 관행에 저항하며 그들의 의견을 여러 방법을 통해 개진하려고 노력했지만 뚜렷한 성과를 얻지 못했다. 분리된 공간, 제한된 기회 속에서 그들이 추구한 것은 주택 구매였지만 이 역시 장기적 관점에서 그들의 삶의 질을 개선할 만한 선택은 아니었다. 필라델피아 도시 내부에 존재했던 인종 간의 관계와 주거지 분리의 문제를 종합적으로 살펴본 결과, 20세기 초에 흑인의 주거환경이 뚜렷이 개선되었다거나 소유를 통한 신분 상승이 이루어진 것은 아니었다고 판단할 수 있다.

이 장에서 살펴본 사례는 이후 미국 도시의 저소득층 주택정책에 선례를 제공했다는 점에서 역사적 의미가 있다. 혁신주의 사상이 대공황과 2차 세계대전이라는 최대의 위기 국면에서 마침내 연방정부의 정책으로 수렴되었을 때, 선례의 한계와 단점도 반복되었기 때문이다. 연방정부가 1940년대 이후 여러 대도시에 건설한 저소득층용 임대주택은 대부분 흑인을 수용하는 분리된 공간이 되어 슬럼으로 변해갔다. 한편 중산층 가정에는 주택 소유라는 이상이 지속적으로 강조되었고, 자격을 갖춘 백인 가정은 정부가 제공하는 담보대출을 이용하여 그들만의 교외 주택단지를 형성하게 되었다. 그런 의미에서 20세기 초 필라델피아 흑인 빈민의 주택 문제는 이후 미국 도시의 암울한 미래를 예고하는 것이었다.

참고문헌

Bauman, John, *Public Housing, Race and Renewal: Urban Planning in Philadelphia, 1920~1974* (Philadelphia: Temple University Press, 1987).

Caro, Robert, *The Power Broker: Robert Mosses and the Fall of New York* (New York: Vintage, 1974).

DuBois, W. E. B., *The Philadelphia Negro: A Social Study* (Philadelphia: University of Pennsylvania Press, 1899).

Grossman, James, *Land of Hope: Chicago, Black Southerners, and the Great Migration* (Chicago: Chicago University Press, 1989).

Hardy III, Charles Ashley, *Race and Opportunity: Black Philadelphia during the Era of the Great Migration, 1916~1930* (PhD Dissertation, Temple University, 1990).

Hirsch, Arnold, *Making the Second Ghetto: Race and Housing in Chicago, 1940~1960* (Chicago: University of Chicago Press, 1983).

Katz, Michael, *The Undeserving Poor: From the War on Poverty to the War on Welfare* (New York: Pantheon, 1990).

Keating, William Dennis, *The Suburban Racial Dilemma: Housing and Neighborhood* (Philadelphia: Temple University Press, 1994).

Massey, Douglas and Nancy Denton, *American Apartheid: Segregation and the Making of the Underclass* (Cambridge: Harvard University Press, 1993).

Piven, Frances Fox and Richard Cloward, *Regulating the Poor: The Functions of Public Welfare* (New York: Vintage, 1993).

Radford, Gail, *Modern Housing for America: Policy Struggles in the New Deal Era* (Chicago: University of Chicago Press, 1996).

Scott, Emmet, *Negro Migration During the War* (New York: Arno Press, 1920).

Sugrue, Thomas, *The Origins of the Urban Crisis: Race and Inequality in Postwar Detroit* (Princeton: Princeton University Press, 2005).

Sutherland, John, *A City of Homes: Philadelphia Slums and Reformers, 1880~1918* (PhD Dissertation, Temple University, 1973).

Zunz, Oliver, *The Changing Face of Inequality: Urbanization, Industrialization and Immigrants to Detroit, 1880~1920* (Chicago: University of Chicago Press, 1982).

9장

영국의 노년층 빈곤 문제와
1908년 노령연금법

이영석

1. 노령노동자의 은퇴와 연금

지난 세기 영국 사회의 노동력 구성에 나타난 중요한 변화 가운데 하나는 노년에 도달한 남성 노동자들의 퇴장이 빨라졌다는 점이다. 잉글랜드 및 웨일스 인구조사에서 은퇴 관련 항목이 추가된 것은 1881년부터다. 센서스 자료에 따르면, 노년층(65세 이상)에 속하는 남성이 유급노동에 종사하는 비율은 1881년 73퍼센트, 1891년 64.8퍼센트, 1901년 60.6퍼센트, 1911년 56.0퍼센트로 계속 감소했다.[1] 특히 19세

---

[1]   Pat Thane, "Gender, welfare and old age in Britain", Anne Digby and John Stewart, eds., *Gender, Health and Welfare* (London: Routledge, 1996), p. 196.

기 말부터 이들의 은퇴가 증가하기 시작한다. 1890년경만 하더라도 65세 이상 남성 인구의 3분의 2가 어떤 형태든지 소득을 올리는 일에 종사하고 있었다. 그러나 20세기에 들어서 그 비율은 급속하게 하락한다.[2]

이와 같이 19세기 말 이래 은퇴가 가속된 배경은 무엇인가?[3] 물론 사람은 누구나 노쇠하고 기력이 떨어지면 생산현장에서 물러나게 마련이다. 그러나 19세기는 이전 세기보다 노령노동자의 생산 참여율이 매우 높았다고 알려져 있다. 산업화와 더불어 경제규모가 팽창하는 한편, 여전히 여러 생산직종에서 숙련된 노동자를 필요로 했기 때문이다. 생산현장에서 노령인구의 퇴장과 관련하여 역사가들은 오랫동안 2차 산업혁명을 중시해왔다. 19세기 말 새로운 기술혁신과 기술집약적인 생산방식의 도입으로 노령노동자 수요가 급속하게 줄어들었고 이들의 퇴장은 자연스러운 결과였다는 것이다. 이 글에서는 노동집약적 생산에서 기술집약적 방식으로의 변화에 초점을 맞춘다. 이러한 견해는 근대화 모델에 바탕을 둔 설명이지만, 다른 한편으로는 일종의 수요중시 이론에 가깝다고도 할 수 있다.

이와 달리 노령노동력의 공급 감소를 가져온 제도를 강조하는 견해도 있다. 20세기에 들어와서 경제 번영과 함께 노년층은 개인 연금이

---

2   통계에 따르면, 1920년대 50퍼센트, 1950년대 초 33퍼센트, 1980년대 10퍼센트로 하락한다. John Macnicol, *The Politics of Retirement in Britain 1878~1948* (Cambridge: Cambridge University Press, 1998), p. 7.

3   흔히 기혼 여성의 경제활동 참여 증가, 노년층의 기술혁신 부적응을 주된 변화로 꼽는다. Paul Johnson, "The Employment and Retirement of Older Men in England and Wales, 1881~1981", *Economic History Review*, 2nd ser., vol. 47, no. 1 (1994), p. 106.

나 국가연금 체계에 힘입어 은퇴자금을 마련할 수 있었다는 것이다. 이 공급중시 이론에 따르면, 20세기 노령노동자의 퇴장은 자발적 은퇴 또는 은퇴의 민주화를 의미한다.[4] 여기에서 중요한 것은 왜 19세기 말 20세기 초에 유럽의 여러 나라에서 국가연금 체계가 도입되었고, 이를 촉구하는 광범한 사회운동이 전개되었는가라는 문제다.

영국의 노령연금법(Old Age Pensions Act 1908)은 20여 년에 걸쳐 전개된 다양한 담론과 의회 조사, 그리고 연금운동의 영향으로 이루어진 것이었다. 당대의 정치가 솔즈베리 경(Lord Salisbury; Robert Gascoyne-Cecil)은 이 입법을 가리켜 1832년 선거법 개정 이후 가장 중요한 법안의 하나라고 말했다. 그것은 집권당과 야당이 "1893년 이래 영국인의 마음에 강하게 자리 잡은 희망을 정책적으로 실현할 것을 함께 선언한" 출발점이었다.[5]

영국에서는 1884년 선거법 개정 이후 대중민주주의가 본격적으로 전개되면서 이를 우려하는 목소리가 높았다. 이러한 우려가 사회복지에 대한 관심을 높였고, 20세기 초 자유당 집권기에 일련의 개혁입법으로 구현된 것이다. 그러나 구체적인 전개 과정을 들여다보면 특히 노령연금 문제가 1890년대에 문필가, 지식인, 정치인 사이에 중요한 관심사로 대두되었음을 알 수 있다. 이들의 논의를 통해 노령연금은 어느덧 식자층에게 친숙한 언어로 다가왔다. 다른 한편, 노동계급에게도 이것은 현실적인 문제로 나타났다. 당시 노동자 자조조직 가운데 공제조합(friendly society)은 특히 노동자의 노후 문제와 관련이 있었

---

4   같은 글, pp. 9~10.

5   Horace Secrist, "Old Age Pensions: English Act of 1908", *American Political Review*, vol. 3, no. 1 (1909), p. 68 참조.

다. 이 자조조직은 노동자들이 일정 기간 갹출한 자금을 적립하여 질병 부조, 은퇴 부조금, 장례비용 등에 지급했다. 그러나 전국에 산재한 수많은 공제조합들이 1890년대에 경영위기에 직면하면서 사회적 논란거리가 되었다.

이 글은 1890년대 노년층의 빈곤 문제와 연금제도에 관한 사회적 논의가 어떤 배경에서 전개되었고, 노령연금 체계의 구체적인 내용이 무엇인가를 탐색하는 데 주안점을 둔다. 다음으로 1890년대 의회 조사에서 이런 문제들을 어떻게 다루었고 노령연금에 관해 어떤 결론을 내렸는가를 살피려고 한다. 마지막으로 1908년 노령연금법의 구체적인 입법 과정을 재구성해볼 것이다.

2. 1890년대 노년 빈곤과 노령연금 논의

1890년대에 왜 노령연금에 관한 논의가 확산되고 이 문제가 일반인의 주요 관심사가 되었을까. 물론 1880년대 독일 비스마르크의 연금정책이 정계와 식자층 사이에 알려졌을 수 있다. 그렇다고 하더라도 노령연금 문제가 사회적 이슈로 떠오른 배경은 노령노동자 집단에 나타난 구조적 변화일 것이다.

인구센서스 자료에 따르면, 1841년 잉글랜드 및 웨일스에서 65세 이상 인구의 비율은 4퍼센트였고, 1901년에는 5퍼센트로 큰 변화가 없었다. 그러나 절대 숫자는 70만 명에서 150만 명으로 크게 늘었다.[6]

---

6   Macnicol, *Politics of Retirement*, p. 7 참조.

평균수명의 변화는 어떠했는가. 1836~1854년에 성인 남성의 평균수명은 59.5세, 1890~1900년에는 62세, 1911년에는 64.2세로 나타난다.[7] 다른 한편, 19세기 말 2차 산업혁명 이후 노령노동자들이 작업장에서 물러나는 사례가 증가했다. 새로운 기술혁신과 기계의 도입으로 산업현장에서 노령노동자는 잉여노동력으로 여겨졌다. 65세 이상 남성의 경제활동 참여율은 19세기 말부터 지속적으로 떨어진다. 1881년 73.6퍼센트에서 1911년에는 56.9퍼센트로 낮아졌다.[8]

노령인구의 증가와 은퇴의 가속화는 무엇을 의미하는가. 이는 종래 빈민법의 원외구제(outdoor relief) 대상이 아닌 노동계급 가운데 새롭게 빈곤 상태에 놓인 사람들이 증가했음을 알려준다. 1890년대 노령연금에 관한 사회적 논의가 활발하게 전개되고, 이 문제가 사회적 관심사로 떠오른 것은 이러한 구조 변화와 관련이 있다. 이에 따라 이미 일부 직종에서는 개인의 적립금에 기반을 둔 연금제도가 시행되기도 했다.[9]

영국에서 노령연금을 처음 언급한 사람은 블래클리(William L. Blackley)다. 그는 더블린의 트리니티 칼리지에서 수학한 후 오랫동안 영국국교회 목사로 일했다. 1878년에 그가 《19세기》지에 기고한 노령연금에 관한 글은 식자층 사이에 열띤 논란을 불러일으켰다. 후일 급진파와 사회주의자들의 화두가 된 연금 문제가 보수적인 국교회 성직

---

7   Bentley Gilbert, "The Decay of Nineteenth-Century Provident Institutions and the Coming of Old Age Pensions in Great Britain", *Economic History Review*, 2nd ser., vol. 17, no. 3 (1965), p. 553.

8   Macnicol, Politics of Retirement, p. 23.

9   예를 들어 1892년에 초등학교 교사를 대상으로 한 퇴직연금제도가 도입된다.

자의 기고문에서 비롯되었다는 것은 영국 사회정책사의 아이러니다. 블래클리는 기존 빈민법 체계로 대처할 수 없는 빈민층의 증가에 주목하면서, 특히 무책임하고 나태하고 술에 찌들어 있는 그들의 삶에 두려움을 느꼈다. 더 나아가 이들이 엄청난 계급으로 성장할 수 있다는 사실에 전율을 느꼈다.[10] 그는 독일의 사례를 들어 적립식 연금제도를 도입할 것을 주장했다. 이 제도를 통해 국민 사이에 절약, 근검, 독립 같은 긍정적 기풍이 조성될 것이라고 생각했다. 빈민구호 비용은 이전보다 줄어들고 빈곤 자체가 사라지며 임금 상승을 가져올 것이라고 믿었다.[11]

사실 그의 주장은 비현실적인 데가 있었다. 젊은 노동자들은 임금의 일부를 갹출할 만큼 여유롭지 않았다. 노령연금이 필요한 사람들은 이미 이전부터 적립식 제도에 합당한 부류가 아니었다. 그럼에도 그의 제안은 1880년대 이후 정부에 연금법을 촉구하는 사회운동으로 이어졌다. 급진파 의원 체임벌린(Joseph Chamberlain), 빈민 실태조사에 헌신한 부스(Charles Booth)와 시봄 라운트리(B. Seebohm Rowntree), 경제학자 마셜(Alfred Marshall), 언론인이자 문필가인 내시(Vaughan Nash)와 윌킨슨(John Wilkinson), 사회운동가 메트칼프(John Metcalfe) 등이 연금 문제에 관심을 기울였으며, 이들은 팸플릿 출간, 정기간행물 기고 등의 활동으로 사회여론 형성에 영향을 미쳤다. 이들의 논설과 출판물에서 나타난 관심사는 매우 다양하지만, 노령연금이 필요한

10　William Blackley, "National Insurance: A Cheap, Practical and Popular Means of Abolishing Poor Rates", *Nineteenth Century*, vol. 4 (November 1878), p. 838.

11　같은 글, pp. 855~856.

사회적 배경, 빈민법 체계의 비효율성, 공제조합의 재정위기 등이 특히 논의의 초점이 되었다.

먼저, 노령연금의 필요성이 제기된 사회적 배경과 변화는 무엇인가. 이 논의에 참여한 사람들은 대부분 제조업 분야에서 전개되는 기술혁신과 새로운 기계 도입을 지적한다. 한마디로 기계가 노년층을 작업장에서 쫓아내고 있기 때문에 노령노동자의 빈곤은 기계화의 결과라는 것이다. 기계가 개량되면서 노동계급 대부분이 지위 하락을 경험했다. 노령연금에 관한 여러 논설과 팸플릿을 발간한 메트칼프에 따르면, 이전 시절에는 "노년층의 경험이 약해진 기력을 상쇄하고도 남았다." 그러나 그것은 제조방식의 변화가 아주 점진적이었을 때나 들어맞는 말이다.[12] 이제 작업장의 변화와 더불어 숙련 노동자들의 전락은 피할 수 없는 운명이 되었다.

오랫동안 수입이 괜찮은 장인과 같은 지위에서 밀려난 사람들은 언제나 있었다. 시간이 변함에 따라, 특별한 숙련공을 필요로 했던 기계에 새로운 발명이 이루어지면서 이전에 상위층에 속했던 노동자들은 어찌할 수 없이 새로운 일자리를 구하지 않으면 안 되었다. 이런 일이 그들의 생애 중반에 닥친다면, 일반 평범한 노동자들의 일과 임금보다 더 나은 것을 얻으리라는 희망은 전연 없는 것이다. 이와 함께 그들에게는 저축의 기회란 전혀 없을 것이다.[13]

---

12 John Metcalfe, *The Case for Universal Old Age Pensions* (London: Simpkin, Marshall, Hamilton & Kent, 1899), pp. 14~15.

13 같은 책, p. 13.

그러나 단순히 새로운 기계가 노령노동자들의 숙련과 경험을 대신했기 때문에 그들이 쫓겨나는 것은 아니었다. 그와 함께 작업현장에서 진행된 새로운 변화, 즉 과학적 관리의 도입으로 노령노동자는 더 이상 작업장에서 존중받는 존재가 아니었다. 내시에 따르면, "산업경쟁의 시대에 그 경주자는 이 세계와 반대로 달리는 작업장의 진행 방향에 보조를 맞추도록 가장 잘 훈련받은 상태가 되어야 한다." 노령노동자는 이런 추세에 적응할 수 없다. 고용주와 노동자 사이에 "인간관계의 최종적인 파국"이 다가오는 것이다.[14] 그렇다고 해서 노령노동자를 멀리하는 고용주를 무조건 가혹하다고 비난할 수 없다. 특히 주식회사는 노령노동자와 결별한다. "한편으로는 탐욕스러운 주주들을 직접 대하고, 다른 한편으로 경쟁 회사와 맞서야 하는 경영자는 제아무리 성품이 좋고 개인적인 호감이 있다고 하더라도 무력할 수밖에 없다."[15]

더욱이 이런 추세가 가속화되면서, 선배 노동자를 존중하는 미덕도 사라졌다. 사실 블래클리가 처음 노령연금 문제를 거론했을 때, 그가 중시한 것은 젊은 세대의 무절제한 태도였다. "무지하고 호색하며 깨우치지 못한 이 나라 젊은이들의 탐욕" 때문에 노년층이 피해를 입을 뿐만 아니라 일자리를 잃고 있다는 가정에서 출발한다. 국교회 성직자인 그의 논설에는 젊은이의 남성성에 대한 혐오감이 짙게 깔려 있다.[16] 1890년대 노령연금 논의에 참여한 인사들은 이구동성으로 노년을 존

---

14   Vauan Nash, "Old Age Pensions Movement", *Contemporary Review*, vol. 75 (January~June 1899), pp. 497~498.

15   Metcalfe, *The Case for Universal Old Age Pensions*, p. 33.

16   Blackley, "National Insurance", p. 854. 그는 다른 곳에서도 젊은이를 비슷하게 묘사한다. "이들은 낭비적이고 성욕을 탐하고 무식하고 이기적이다." 같은 책, p. 838.

중하는 태도가 사라진 데 대해 개탄한다. "이제 노년층은 제2선의 위치로 물러설 수밖에 없다. 건강한 신체를 잃어서라기보다는, 새로운 방식과 새로운 기계의 도입 때문이다. 우리가 존중해야 할 것은 늙음 자체가 아니라 판단력과 독립성 면에서 노년이 젊음보다 더 우월하다는 바로 그 점인데도 말이다."[17]

기계 도입과 동시에, 새로운 중공업 분야의 노동 강도는 더 높아지는 추세였다. 제철공장에서 기계작업은 더 고되기 때문에 55세를 넘기는 경우가 거의 없었다. 부스는 《런던 인구의 삶과 노동》 2차 시리즈에서 주로 신산업 분야의 노동자 실태를 다루었다. 당시 중공업공장의 경영자들이 노령노동자를 싫어하는 것은 고임금뿐만 아니라 그들의 "불규칙성, 게으름, 작업할 때 성깔머리" 때문이었다. "그들은 45세 이후, 또는 드문 경우지만 50세 이후에도 일을 계속할 수 없다. 그리하여 비정규직 임시노동자나 실직자로 전락하고 만다."[18] 평균수명의 연장 또한 작업현장에서 노령노동자의 상황을 더 악화시킨 것으로 보인다. 19세기 말 평균수명의 연장은 인구센서스, 공제조합 자료, 빈민구호에 관한 지방행정청(Local Government Board) 자료 등에서 확인할 수 있다. 여기에서 흥미로운 점은 숙련 노동자들의 기대수명이 다른 계층에 속한 사람들보다 좀 더 길어졌다는 견해다. 그 무렵 이 현상을 주목한 체임벌린은 다음과 같이 말한다.

그들[숙련 노동자들]의 단순하고 한결같은 생활습관과, 더 규칙적이

---

17   Metcalfe, *The Case for Universal Old Age Pensions*, p. 21.

18   Charles Booth, *Life and Labour of the People in London: Second Series, Industry* (London: Macmillan, 1903), vol. 2, pp. 90~91.

고 자연스러운 신체활동에 힘입어, 노동계급 가운데 상위계층에 속한 사람들은 적어도 이 나라의 다른 어떤 지체 높은 계급보다 더 기대수명이 길다. 새 평균수명 통계(1871~1880)에 따르면, 25세 남성 1000명 가운데 기대수명이 65세에 이르리라 생각되는 사람들의 수는 452명이며, 여성은 1000명 가운데 520명이다. 그러나 노동계급의 경우 같은 나이의 남성의 경우 그 수는 594.7명에 이른다.[19]

다음으로, 연금 논의에 참여한 사람들은 대부분 빈민법 체계의 비효율성과 문제점을 강조하면서 그 대안으로 노령연금을 제시한다. 튜더 시대에 제정된 빈민법은 유랑과 걸식을 금지하고 그 대신에 생활 무능력자를 구호 대상으로 삼는 데 목적을 두었다. 1834년의 신빈민법 또한 그 경계가 희미해진 노동 무능력자와 능력자를 명확하게 구분하고, 특히 뒤의 범주에 대한 빈민구호는 철저하게 그들을 교육하여 노동윤리를 주입하는 데 초점을 맞춘 것이었다.[20] 실제로 신빈민법이 시행된 이후, 노동 능력자 스스로 원외구제나 또는 빈민원(poor house) 수용을 기피하고 부끄럽게 여기는 분위기가 조성되었다. 빈민원은 혐오의 대

---

19   Joseph Chamberlain, "Old Age Pensions", *National Review*, vol. 18 (February 1892), pp. 736~737. 체임벌린의 숙련 노동자 기대수명 통계는 맨체스터 공제조합 연합 자료를 인용한 것이다. 그는 이 시기 전반적인 생활수준의 향상으로 숙련 노동 자들의 영양상태가 양호해졌다는 것을 전제로 했던 것 같다. 그러나 이러한 전제를 그 대로 받아들이기 어렵다. 이 시기 생활수준의 향상이 기대수명의 연장에 중요한 변수 로 작용하지 않았다는 연구도 있다. 이에 관해서는 다음을 참조하라. D. Friedlander, et al., "Socio-Economic Characteristics and Life Expectancy in Nineteenth-Century England", *Population Studies*, vol. 39, no. 1 (1985), pp. 137~151.

20   튜더시대 이래 빈민법의 역사에 관한 상세한 설명은 다음을 보라. 허구생, 《빈곤의 역 사, 복지의 역사》 (한울, 2002).

상이었고 원외구제도 마지막 선택이 되었다. 그러나 이런 분위기를 조성한 이면에는 점차 증가하는 빈민구제 비용을 줄이려는 집권층과 지방 행정당국의 의도가 크게 작용했다. 특히 1870년대 이래 지방 행정당국은 이른바 '원외구제에 대한 성전(crusade against outdoor relief)'을 펼쳐 구호비용을 줄이는 데 힘을 쏟았다. 그 때문에 원외구제를 받는 비율은 1848년에 인구 1000명당 55명에서 1892년이었지만 19명 수준으로 떨어졌다.[21]

19세기 말 빈민법 시행에서 문제가 된 것은 빈민구제 비용이 적지 않게 지출되면서도 정작 구호받아야 할 사람들이 상당수 제외되어 있었다는 점이다. 신빈민법 이후의 달라진 상황을 경제학자 마셜은 이렇게 설명한다. 빈민법 개정을 추구한 개혁가들은 노동자의 생활수준이 향상됨에 따라 "공적 차원의 빈민구호 필요성"이 줄어들 것이라고 예상하면서, 그와 동시에 "국가가 제공하는 구호를 좀 더 엄격하게 집행할" 수 있기를 바랐다. 그러나 그들은 구제를 받는 사람들이 수치심을 느끼지 않도록 배려하는 데는 관심을 두지 않았다.

구호의 동기가 단순한 동정보다는 개인적인 애정과 감사에서 비롯할 때, 구호를 받는 사람이 느끼는 부끄러움도 줄어든다. 구제기관으로부터 부조금을 받을 때 멸시당한다면, 자신이 과거에 도와주었던 어린아이에게서 도움을 받으면서도 부끄러움을 느끼지 않을 만큼 뻔뻔한 사람이라야 부조금을 받을 때 수치심도 없이 태연할 수 있을 것이다.[22]

---

21   Macnicol, *Politics of Retirement*, pp. 37~38.

구제비용을 줄이려는 지방 행정당국의 노력과 노년층의 증가, 그리고 구제를 기피하는 분위기 때문에 노년 인구 가운데 빈민법 체계의 구호를 받는 비율은 갈수록 떨어졌다. 정작 생활능력이 없는 사람들이 구호의 사각지대에 놓이게 된 것이다. 체임벌린은 1890년대 초 지방 행정당국 실무자들의 통계를 분석하여 노령자에 대한 구호를 살펴보았다. 1890년의 한 통계자료에 따르면, 60세 이상 노년층 가운데 빈민법의 구호를 받는 사람은 약 14.4퍼센트였다.[23] 물론 연령 기준을 높이면 그 비율은 상승한다. 1892년에 65세 이상 노인 가운데 구호 대상자 비율은 29.3퍼센트였다. 연령이 높을수록 빈민 행정당국의 기준에 해당하는 빈곤층이 증가하기 때문이다.[24]

그렇다면 이런 문제점을 해결할 방법은 무엇인가. 부스는 빈민구제에 대한 사회조사에 관심을 가졌다. 그는 구빈 행정기관 285곳에 설문지를 보내 이들이 작성한 응답 자료와 1891년 인구조사 자료, 그리고 지방 행정당국의 빈민구호 통계자료 등을 분석했다. 그는 빈민법 체계에서 노년층을 대상으로 하는 다양한 관행을 검토한 후에 이에 관한 일반원리를 정립하고 나아가 빈민 정책과 지방 경제구조를 아울러 살

---

22   Alfred Marshall, "The Poor law in Relation to State-Aided Pensions", *Economic Journal*, vol. 2 (March 1892), p. 187.

23   Chamberlain, "Old Age Pensions", p. 724. 이 통계는 비교 시점에 10년의 시차가 있어서 실제와 다르다고 할 수 있다. 이 통계에서 제시한 60세 이상자(191만 6266명)는 1881년 인구조사 자료에 근거를 두고, 구호 대상자 수(28만 6687명)는 1890년 8월 지방행정청 자료를 인용했다. 체임벌린은 이를 근거로 구호 비율을 추산했으나 실제로는 더 높았을 것이다.

24   Joseph Chamberlain, "Old-Age Pensions and Friendly Societies", *National Review*, vol. 24 (January 1895), p. 594. 1891년 인구조사에서 65세 이상 인구는 137만 2601명, 구호 대상자는 40만 1904명, 구호 비율은 29.9퍼센트로 나타났다.

펴보는 데 목적을 두었다.[25] 이 조사에서 그가 내린 결론은 아이러니하게도 일반원리를 세울 수 없다는 것이었다. 노년층 빈민에 대한 구제 방식이 너무나 다양해서 일반적인 특징을 찾을 수 없었다. 이 같은 무정부상태에서 가난한 노년층의 상당수가 구호 체계에서 벗어나 있었다. 그는 노령자를 원외구제 범주에서 제외시켜 국가 주도의 연금체제로 지원하는 방안을 내놓았다. 그것이 구빈 행정의 비효율성과 낭비를 줄이고, 동시에 실질적인 빈민부조를 강화하는 방법이라고 보았다. 결국 노령연금 논의는 빈민법 체계의 개혁과 밀접하게 관련된다.

마지막으로, 공제조합의 결손 또한 노령연금 논의와 맞닿아 있었다. 공제조합은 중세 길드 전통에서 비롯된 노동자들의 자조조직 가운데 하나다. 산업혁명기에 공제조합은 회원들의 적립금을 바탕으로 질병, 노쇠, 시력 상실, 재난, 실직에 따른 구직활동 등에 부조하는 보험체계를 갖추었는데, 가장 중요한 것은 질병과 장례비용 부조였다. 공제조합은 다른 형태의 직종조합이 그랬듯이, 대부분 배타적이고 비밀스러운 전통을 지녔다. 그것은 동료조합원과 다른 미숙련 노동자를 구별하는 일종의 당파적 의식을 보여준다. 회원들에게 공제조합은 사회 속의 또 다른 독자적인 사회였다. 그것은 그들에게 다른 집단에서는 충족할 수 없는 교류와 제도들, 이를테면 부조제도나 여러 직종기술의 정보 교류와 훈련 기회를 제공했다. 적어도 19세기까지 노동계급은 국가의 기본적인 제도들, 의회, 지방정부, 빈민법 체계로부터 유리되어 있었기 때문이다.

---

25   Charles Booth, *The Aged Poor in England and Wales* (London: Macmillan, 1894), pp. ii~iii.

19세기 후반에 공제조합 회원 수는 급속하게 증가했다. 가장 규모가 큰 맨체스터 공제조합연합(Manchester Unity of Odd Fellows)과 고대초부사단(Ancient Order of Foresters)의 회원 수는 160만 명 이상이었고, 부조 규정을 둔 유사 조합까지 합산하면 그 규모는 700만 명을 넘어섰다.[26] 이 시기에 공제조합 회원이 급증한 것과 대조적으로 재정 상태는 급속하게 악화되었다. 그러나 그 원인이 무엇인지, 그 위기가 노령연금 문제와 어떤 관련이 있는지에 관해서는 별다른 연구가 보이지 않는다. 1960년대에 이르러서야 길버트(Bentley Gilbert)가 이 위기의 원인에 관한 연구를 내놓았다. 그는 19세기 질병과 사망률의 패턴 변화가 궁극적으로 공제조합의 재정위기를 가져왔다고 주장했다. 산업혁명 초기의 주된 질병은 전염병이었으나 점차 폐결핵, 암, 심장질환 같은 만성질환이 늘면서 부조 기간이 길어지고 그에 따라 공제조합 적립금이 급속하게 고갈되었다는 것이다.[27]

그렇다면 공제조합 재정은 실제로 어떤 상태였는가. 1890년대에 연금 논의에 참여한 사람들은 하나같이 이 문제를 중시한다. 윌킨슨은,

---

[26]   맨체스터 공제조합연합은 대형 조합인 Independent Order of Odd Fellows를 모태로 확대된 곳이다. 이 시기의 통계는 부정확하다. 1895년 노년층 빈민에 관한 왕립위원회 보고서는 맨체스터연합과 고대초부사단, 두 거대 조합의 회원 수가 172만 7809명, 그 지부까지 포함하면 213만 3710명으로 추산하고 있다. Parliamentary Papers, 1895, vol. 15; C. 7684-II, "Report of the Royal Commission on the Aged Poor, vol. III", pp. 591~592. 윌킨슨은 1892년의 한 논설에서 당시 중소조합까지 포함한 공제조합 수는 2만 6865개, 회원은 총 718만 416명이라고 추산했다. J. F. Wilkinson, "Friendly Society Finance", *Economic Journal*, vol. 2 (December 1892), p. 721. 브래브룩에 따르면, 1897년 당시 조합원은 807만 8816명이었다. E. W. Brabrook, *Provident Societies and Industrial Welfare* (London: 1898), p. 56.

[27]   Gilbert, "Decay of Nineteenth-Century Provident Institutions and the Coming of Old Age Pensions", p. 553.

1891년 공제조합 측이 마련한 통계에 따르면 전체 공제조합의 79퍼센트가 결손 상태였으며, 총결손액은 178만 1319파운드에 이른다고 밝혔다.[28] 그 후 공제조합의 재정 상태는 갈수록 더 악화된 것으로 보인다. 체임벌린은 공제조합을 다룬 1895년의 글에서 "공제조합 결손은 이제 심각한 문제가 되었으며, 아무런 조치도 취하지 않는다면 그 결손은 분명히 더 약화할 것"이라고 단언한다. 맨체스터 공제조합연합은 이미 50만 파운드, 고대초부사단의 경우 순손실액이 200만 파운드를 상회한다고 했다.[29] 이러한 위기는 기대수명의 연장, 질병 패턴의 변화 외에도 공제조합의 배타적이면서도 조합원 사이의 온정적인 분위기 때문에 더 악화되었을 것이다.[30] 상당액의 질병 부조가 가짜 환자에게 지급되었고 공제조합 측은 이를 눈감아주었다. 19세기 말에 이르면 적어도 공제조합원에게 노년과 질환은 동의어가 되었다. 윌킨슨은 다음과 같이 한탄한다.

> 노년에 이른 노동자가 공제조합에 질병 부조를 신청하면, 공제조합 의사는 이를 진단한다. 그러나 의사는 대부분 머리보다는 가슴으로 사례를 판단한다. 그는 노년의 노동자가 궁핍하게 되어 마침내 빈민 구호에 의존하는 처지로 전락하지 않을까 걱정한 나머지 관대한 진단을 하는 것이다. 이는 인도주의의 승리이긴 하지만, 동시에 공제조합

---

28 Wilkinson, "Friendly Society Finance", p. 722.

29 Joseph Chamberlain, "Old-Age Pensions and Friendly Societies", p. 602.

30 최근의 한 연구에 따르면, 19세기에 공제조합 또는 병자클럽에 해당하는 3만 8315개 조합 가운데 36퍼센트가 붕괴되었다. H. Southall and E. Garrett, "Mobility and Mortality among Early Nineteenth Century Engineering Workers", *Social History of Medicine*, vol. 4, no. 2 (August 1991), p. 240.

의 결손을 누적시킨다.[31]

물론 결손에 따른 파산 위기의 경고음이 여러 차례 울렸으므로 부조금 지급을 엄격하게 시행하려는 노력도 있었다. 그러나 이 또한 쉬운 일이 아니었다. 공제조합이 회원 개인의 갹출과 적립금으로 운영되기 때문에 책임 소재가 분명하지 않았다. 체임벌린의 말은 부조금 지급을 엄격하게 적용할 경우 나타날 수 있는 역설적인 상황을 보여준다.

맨체스터연합 브리스틀 지부는 어떤 조합원이 노령으로 일할 수 없는 경우에도 의사로부터 질병을 앓고 있다는 증명서를 발급받을 수 없게 만들어, 이를 근거로 구회원 일부를 질병 부조 명단에서 삭제했다. 그 결과, 고령의 회원은 친지나 친척의 도움을 받으며 살거나, 아니면 죽음이 그들을 이 참담한 처지에서 벗어나도록 해줄 때까지 자선기관과 빈민원에 몸을 의탁해야 한다.[32]

3. 노령연금의 두 유형

앞에서 살펴본 대로, 노령연금 논의는 빈민법 체계의 비효율성과 공제조합의 재정위기가 겹쳐 사회일반의 우려가 고조되던 시점에 활발하게 전개되었다. 여기에서 중요한 것은 연금제도의 방식이다. 당시

---

31   Wilkinson, "Friendly Society Finance", pp. 725~726.

32   Chamberlain, "Old-Age Pensions and Friendly Societies", p. 601.

연금제도는 독일이 이미 시행하고 있었고, 프랑스, 네덜란드 등 대륙 국가는 물론, 부분적으로 뉴질랜드 같은 백인자치령에서도 도입을 검토하던 중이었다. 노령연금을 옹호하는 사람들은 자연스럽게 대륙의 다른 나라, 특히 독일의 사례에 관심을 가졌다.

독일 연금제도에 관해서는 체임벌린이 상세하게 소개한다. 1889년부터 시행된 독일 연금제도는 제국의 모든 근로자가 의무적으로 가입하는 갹출식이었다. 임금의 일정액을 떼어 적립하고 고용주도 같은 금액을 출연하는 방식이다. 이 제도는 20년 이상 적립해서 70세가 되면 매달 연금을 받는 방식으로 운영되었다.[33] 체임벌린은 이런 제도를 영국에서는 시행하기 어렵다고 밝혔다. 이미 영국은 빈민층을 공공예산으로 부조하는 빈민법을 시행하고 있었기 때문이다. 여기에 더해 퇴직 근로자들에게까지 국가 예산으로 노령연금을 지급하기는 어려운 실정이었다. 따라서 체임벌린은 적립식과 국가부조를 절충하는 방식을 제안했다. 개인의 자발적 저축과 국가부조를 결합한 체계가 가장 적절하다고 주장한 것이다. 이는 또한 근면과 절약의 사회적 기풍을 진작시켜 빈민법 체계의 부작용을 줄일 수 있다고 보았다.[34]

체임벌린은 이 같은 절충안을 마련한 후, 구체적인 시행 방식까지 제시했다. 우선 특정한 연령, 이를테면 65세부터 연금을 받는다고 가정할 경우 그 이전에 사망하면 원칙적으로 적립금을 돌려받지 못한다. 물론 가족이 있을 때에는 별도로 정한 기준에 따라 적립금을 상환해야 한다.[35] 그의 방안에 따르면, 연금제도는 지방 곳곳까지 전국적인

---

33   같은 글, p. 722.

34   같은 글, pp. 699~721.

35   같은 글, p. 611.

연결망을 갖춘 우체국을 이용하여 운영비용을 절감할 수 있다. 다음으로, 노령연금 혜택을 받기 위해서는 일정한 조건을 갖추어야 한다. 25세 이전 총 2파운드 10실링을 적립하고 그 후 65세까지 매년 10실링을 적립해서 65세부터 매주 5실링의 노령연금을 받는다. 이는 물론 개인 갹출과 국가부조를 합친 재원에서 지급된다.[36]

그러나 부스와 메트칼프 등은 선별적 부조가 아닌 보편적 부조, 그리고 노년층에 대한 전면적인 국가부조를 주장함으로써 체임벌린과 차별성을 드러낸다. 우선 부스는 개인의 적립을 바탕으로 하는 연금제도를 비판했다. 노령연금은 조세에 기반을 두어야만 했다. 즉 개인 소득세에 연금 불입금을 가산하고 동시에 설탕 수입관세의 일부를 전용하여 재정 기반을 마련해야 한다는 것이었다.[37] 부스는 원래 보수적인 사람이었다. 그의 사회 조사 또한 어디까지나 보수주의자의 시각에서 출발한 것이었다. 그럼에도 노령연금 문제에 관한 한 그는 동시대 사회주의자들과 비슷한 주장을 폈다. 보편적 부조를 강조하면서 연금이야말로 시민권의 증표라고 주장하기도 했다. 이와 동시에 노령연금이 남녀 간의 불평등을 해소할 수 있는 유력한 수단이라고 강조했다.

평생 동안 일해온 사람들은 사회적 자선, 그 이상을 요구할 자격이 있

---

36   같은 글, p. 611.

37   부스는 구체적으로 다음과 같이 추산한다. 1891년 현재 65세 이상 남녀 인구는 132만 3000명, 노령연금을 주당 5실링으로 할 경우 비용은 1700만 파운드. 이 가운데 설탕 수입세 과세로 1200만 파운드를 충당할 수 있다. 개인소득세로 500만 파운드를 걷으면 가능하다는 계산이다. Booth, *The Aged Poor*, pp. 235~236. 그 후에 그는 연금수령 연령을 70세로 올린다. Charles Booth, *Old Aged Pensions and the Aged Poor: A Proposal* (London: Macmillan, 1899), p. 53.

다고 주장한다. 제아무리 이런 주장이 남성에 관련된 것으로 여겨진 다고 하더라도, 여성에 대해서도 상당한 위력을 가진다. 여성은 가장 활동적인 삶을 살았지만, 동시에 저축할 만한 최소한의 기회도 박탈 당한 초라한 시민이기 때문이다.[38]

한편 메트칼프는 부스보다도 더 강력하게 보편적 연금제도를 도입 해야 한다고 주장했다. 그는 체임벌린이 예산 문제 때문에 국가 주도 의 연금제도를 포기한 것은 잘못이라고 지적했다. 그는 체임벌린이 자 신이 구상한 노령연금제도를 시행하는 데 필요한 예산이 약 3000만 파운드라는 것을 알고서 한 걸음 물러섰다고 보았다. 그러나 이는 목 적과 수단을 혼동한 결과라는 것이다. 보편적 연금이라는 원칙을 확고 하게 정립한 후에, 필요한 수단과 방법을 모색해야 하는 것이다. 그는 다음과 같이 노령연금의 원칙을 강조했다.

만일 국가가 보편적인 노령연금을 시행해야 하는 이유가 무엇이냐는 질문을 받는다면, 나는 그것이 정당하기 때문이라고 대답할 것이다. 우리가 야만 상태로 되돌아가지 않겠다면, 그리고 노령자와 약자를 죽일 생각이 아니라면, 정의의 기준을 가지고 그들을 대해야 한다. 그 들은 여러 경우 작금의 변화로 생계수단을 박탈당했다.[39]

왜 연금은 보편적이어야 하는가. 왜 절대적으로 필요한 경우에만 지

---

38   Charles Booth, *Pauperism, a Picture and the Endowment of Old Age, an Argument* (London: Macmillan, 1892), p. 168.

39   Metcalfe, *The Case for Universal Old Age Pensions*, p. 54.

급하는 것은 안 되는가. 그 이유는 자명하다. 선별적으로 연금을 지급할 경우 현재 빈민법 체계의 문제점이 또다시 드러날 것이다. 메트칼프에 따르면, 원외구제야말로 "극도로 어리석은 조치"다. 그럴 경우 연금을 받는 노령자 모두가 빈민으로 간주될 것이다. 그렇기에 도움이 절실하게 필요한 사람들 상당수가 그 부조를 회피하기 쉽다. 결국 체면을 가리지 않고 큰 소리로 외쳐대는 사람들만이 부조를 독차지할 것이다.[40] 물론 여기에서 보편적 노령연금의 장애는 바로 재정상의 문제라는 반론이 나온다.

　실제로 그 반론 또한 만만치 않았다. 그 반대 논거는 주로 조세 부담과 재정 문제였다. 반론을 제기하는 측에서도 노령연금의 기본 원칙을 부정하지는 않았다. 반론은 주로 자선조직협회(Charity Organisation Society), 노동조합, 공제조합 관련 인사들에 의해 제기되었다. 특히 자선조직협회 인사들은 사회구조의 산물인 빈곤(poverty)과 개인의 악덕에서 비롯된 개인적 가난(pauperism)을 구별했다. 그들은 조세에 기반을 둔 국가연금 체계가 두 유형을 구별할 수 없기 때문에 문제가 있다고 비판했다. 빈민법이 실패한 이유도 바로 이 때문이라는 것이다.[41] 그러나 이러한 주장의 이면에는, 이들이 속한 조직의 이해관계가 깃들어 있었다. 자선조직협회와 공제조합 모두 빈민구호와 관련되거나 노인 부조 역할을 맡은 기구의 성격을 띠었다. 노령연금이 시행되면 해

40　같은 책, pp. 43~44.

41　자선조직협회에 관해서는 다음을 참조하라. 김덕호, 〈산업사회 영국의 빈곤과 복지정책: 자선조직협회 vs. 페이비언협회, 1869~1909〉, 《역사학보》 144집 (1994), 187~221쪽; 김헌숙, 〈영국 자선의 형태와 성격, 1800~1870 — 연구사 검토〉, 《영국연구》 12호 (2004).

당 조직이나 기구는 역할이 축소될 수밖에 없다. 그러나 사회 일반의 분위기는 노령연금을 시행하자는 쪽으로 기울었다.

메트칼프는 바로 이 같은 분위기를 가장 충실히 대변한다. 그는 보편적 노령연금제도를 시행하기 위해 우선 삶의 태도를 바꿔야 한다고 주장했다. 체임벌린이 적립식 방법을 내놓은 것은 예산 때문이었다. 그러나 주류 소비에 매년 1억 5000만 파운드가 지출되는데, 이를 조금만 줄여도 연금제도를 시행할 수 있다고 주장했다. 그는 이렇게 항변한다. "우리가 지금 먹고 있는 신선한 육류와 흰 빵을 생각해보라. 50년 전만 하더라도 사치스럽다고 여겼을 그런 삶을 누리고 있다. 사실 립 밴 윙클처럼 41년 동안 깊이 잠들어 있다가 지금 깨어난 노인이 오늘날 우리가 돈을 쓰는 모습을 본다면, 나라가 미쳐 돌아간다고 여길 것이다."[42]

1890년대 연금제도를 둘러싼 논의에서 최종적으로 지지를 얻은 것은 국가부조를 강조하는 견해였다. 몇 차례에 걸쳐 의회 차원의 위원회가 구성되어 보고서를 작성한 것도, 그리고 1908년 자유당 정부 시절에 집권당과 야당이 함께 노령연금법을 통과시킨 것도 이러한 분위기의 영향을 받았다고 할 수 있다.

4. 의회 조사와 입법

영국 의회의 사회조사 관행은 오랜 전통을 지녔다. 18세기 말 이래

---

[42] Metcalfe, *The Case for Universal Old Age Pensions*, p. 25.

의회는 여러 현안을 다루기 위해 조사위원회(select committee) 또는 왕립위원회(royal commission)를 구성하여 실태를 조사하곤 했다. 이들 위원회가 조사결과를 보고서로 작성하면 의회는 이를 토대로 관련 문제를 다루거나 또는 법안을 만들었다. 1890년대에는 노령연금 문제에 관해 세 차례에 걸쳐 의회 차원의 조사가 이루어졌다. 1893~1895년 왕립위원회(Aberbare Commission), 1896~1898년 재무부 조사위원회(Rothschild Committee), 1899년 하원조사위원회(Chaplin Committee) 등이 이에 해당한다.[43] 이들 조사 자료를 토대로 이후 자유당 정부는 두 차례에 걸쳐 노령연금법안을 의회에 제출했으며, 그 결과 1908년에 노령연금법이 제정되었다.

그렇다면 의회 보고서들은 노령연금 문제에 관해 어떤 결론을 내리고 있을까. 먼저 1895년 왕립위원회 보고서를 살펴보자. 위원회는 노령 빈민 문제가 갈수록 심각해지고 있다고 보았다. 위원회는 지방행정청(Local Government Board)의 1892~1893년 연례보고서 통계를 인용하면서 빈민법 체계에서 시행되는 노령 빈민구호가 상당히 비효율적이라고 판단했다. 지방행정청 자료에 따르면, 19세기 후반 구호 지출

---

43 여기에서는 1895년 노령 빈민에 관한 왕립위원회 보고서와 1898년 재무부 지명 위원회 보고서를 검토했다. 앞의 왕립위원회 위원장은 에버데어 경(Lord Aberdare; Henry Bruce, 1815~1895)이었고, 뒤의 위원회는 로스차일드 경(Lord Rothschild)이 위원장을 맡았다. 이하 본문에서는 각기 에버데어 위원회, 로스차일드 위원회로 표기한다. *Parliamentary Papers*, 1895, vol. 14, C. 7684, "Report of the Royal Commission on the Aged Poor, vol. I"; *Parliamentary Papers*, 1895, vol. 14, C. 7684-1, "Report of the Royal Commission on the Aged Poor, vol. II; *Parliamentary Papers*, 1895, vol. 15, C. 7684-I1, "Report of the Royal Commission on the Aged Poor, vol. III; *Parliamentary Papers*, 1898, vol. 11, C. 8911, "Report of the Committee on Old Age Pensions".

비용은 꾸준히 증가했다. 이를 반영하듯이, 원내구호를 받는 숫자 또한 늘어났다. 그러나 원외구제는 오히려 감소하는 추세였다. 이에 비해 연령별 빈곤 추세를 보면, 60세 이상 노년층의 빈곤율이 매우 높다. 이러한 통계는 무엇을 의미하는가. 위원회는 기존의 빈민법 체계가 매우 비효율적이라고 결론짓는다.[44] 수치와 부끄러움 때문에 노년층에서도 원외구제를 기피하기 때문이다. 이와 같이, 에버데어 위원회 보고서는 여러 측면에서 노년층의 빈곤이 심화되고 있으며 기존 빈민법 체계의 구호에 문제점이 있다는 점을 인정했다. 그렇지만 노년층의 빈곤화가 구조적 산물이라는 주장에 대해서는 일단 유보적인 태도를 취했다.

우리가 들은 증언 가운데 체임벌린 의원이 말한 것처럼, "노동계급 다수에 관해서 그들의 노동년 기간에는 상당히 검소하고 절약하며 근면과 절제로 살아간다"는 점에 동의하고 이를 확인한다. 그러나 빈곤이 주로 "음주, 나태, 낭비" 때문이라는 진술도 있다. 이 같은 원인이 빈민원에 있는 사람들, 그리고 질병이나 장애 이외에 다른 이유로 그곳에 수용된 사람들 상당수와 관련이 있는 것이다.[45]

---

44 C. 7684, "Report of the Royal Commission on the Aged Poor, vol. I", pp. 9~10. 보고서가 제시하는 통계를 더 자세하게 소개하면 다음과 같다. 원내구호자 수는 1862년 3836명, 1872년 6만 5767명, 1882년 8만 8043명, 1892년 9만 2971명. 원외구제자 수는 같은 연도별로 각기 34만 478명, 36만 8633명, 26만 9617명, 25만 7867명. 구호 지출비용은 같은 연도에 각기 577만 8940파운드, 787만 4343파운드, 807만 5336파운드, 864만 3318파운드. 이상은 같은 보고서, p. 10 참조. 1892년 인구 1000명당 평균 빈곤인구 수는 12명이며, 연령별로는 16~65세 미만 53명, 65~70세 미만 109명, 70~75세 미만 189명, 75~80세 미만 261명, 80세 이상 300명으로 나타난다. 같은 글, p. 13 참조.

45 같은 글, p. 13.

위원회에 출석한 증인들 가운데 특히 체임벌린의 증언이 눈길을 끈다. 그는 이전에 발표한 논설에서 재정 문제를 이유로 보편적 연금보다 선별적 연금을 선호했기 때문이다. 그런데도 그는 정작 위원회 앞에서 보편적 연금의 원칙을 제시했던 것이다. 이는 아마도 1890년대 중엽에 이르러 노령연금 논의에 참여한 보편론자들의 견해에 귀를 기울였기 때문이 아닐까 싶다. 사실 그는 그전의 논설에서도 국가부조 방식이 가장 적합하다는 사실을 인정했다. 다만, 재정상 전면적 시행은 어렵기 때문에 절충 방식이 필요하다고 강조했을 뿐이다. 체임벌린은 1893년 6월 12일 왕립위원회에서 증언했다. 이 당시만 하더라도 그는 적립식과 국가부조, 선별적 연금과 보편적 연금 사이에서 갈등했던 것으로 보인다.

10906. 귀하의 제안 가운데 가장 놀라운 부분은, 구호가 필요하지 않은 사람들에게도 매주 5실링의 부조금 혜택을 주어야 하는가입니다. 이 점을 우리 모두는 아무래도 납득하기 어렵습니다.

―저는 부조금을 꼭 필요성이나 절박성 여부에만 의거하기보다, 국가부조에서 비롯되는 경제적 악영향은 없는지를 살펴볼 필요가 있다고 봅니다.

10907. 우리는 모든 계급에서 65세 이상의 3분의 2는 현재 빈민구호를 받지 않는다고 봅니다. 그렇지 않습니까?

―예, 1년을 살펴보면 그렇습니다. 빈민구호를 받지 않는 비율이 그 정도라고 볼 수 있겠습니다.

10908. 그렇다면 귀하의 제안에 문제가 있습니다. 65세 인구 가운데 3분의 1이 빈곤층으로 전락했다는 감정을 갖지 않도록 하기 위해, 나

머지 사람들까지 부조금을 수령해야만 하는 것일까요?

─먼저 저는 직접적인 구호를 받아야 할 사람들이 현재 빈민계급 외에도 상당히 많다는 점과, 그들이 단지 소득이 없는 집단으로 묘사되고 있다는 점을 아울러 고려해야 한다고 봅니다.[46]

에버데어 위원회 보고서는 노년층의 빈곤화가 갈수록 심각해지고 있으며 이를 개선하기 위한 조치를 취해야 한다는 데 동의한다. 그러면서도 보편적 노령연금에 대해서는 소극적이다. 이런 결론의 바탕에는 노년층의 빈곤화가 반드시 구조적 산물만은 아니라는 시각이 깔려 있다. 그렇더라도 위원회는 재정상의 문제와 경제적 문제를 이유로 들어 시기상조라는 유보적인 결론을 내린다. "위원회는 우리에게 제출된 노년층 국가부조를 위한 다양한 체계를 주의 깊게 검토했다. 이 체계를 구상하는 데 투여했을 대단한 노고와 성찰, 그리고 체계 제안자들을 자극한 사회적 고통을 줄이려는 공공정신과 깊은 동정심을 염두에 두고 있다. 그러면서도 우리는 여기에 관련된 재정 및 경제적 어려움에 비추어, 지금까지 제시된 국가부조 체계(부조금이나 또는 보험 형태) 가운데 어느 것도 채택하라고 권고할 수 없다는 점을 유감으로 여긴다."[47]

1896~1898년 재무부가 임명한 조사위원회는 노령연금에 관해 네 가지 체계를 검토했다. 독일의 강제 갹출식(compulsory contribution) 체계, 특정 연령 이상의 시민에게 연금을 지급하는 국가부조 연금체

---

46   C. 7684-I, "Report of the Royal Commission on the Aged Poor, vol. II", p. 581.

47   C. 7684, "Report of the Royal Commission on the Aged Poor, vol. I", pp. 86~87.

계, 자발적 적립에 기초를 둔 보험체계, 공제조합 회원의 노령연금에 대한 국가 지원 등이 이에 해당한다. 독일식 체계는 노동자의 적립과 고용주의 부조를 기본으로 하지만 영국의 실정에 맞지 않고, 보험체계나 공제조합 지원 등도 실효성이 없다는 판단 아래, 국가부조의 연금체계가 적절하다는 결론을 내렸다.[48] 보고서는 국가부조 노령연금을 시행할 경우 그 대상자를 65세 이상 시민 가운데 주당 수입이 2실링 60펜스에서 5실링 미만인 자로 정했다. 이 경우 1898년 현재 대상자는 198만 3050명으로 추정되었다.[49] 이런 점에서 로스차일드 위원회는 이전의 에버데어 위원회에 비해 진일보한 견해를 내놓은 셈이다. 그럼에도 연금의 보편성 문제에는 역시 제한을 두었다. 보고서의 결론은 이렇다. "개인의 통제를 벗어난 상황 때문에 개인이 자신의 소득으로 노년에 적절한 대비를 할 수 없는 경우에만 그 개인을 돕도록 제한하지 않는다면, 국가부조는 정당화될 수 없다."[50]

이 밖에도 19세기 말에는 하원의 여러 조사위원회가 빈민법 또는 노년층에 관한 문제를 다루었다. 예를 들어, 빈곤층 지원을 다룬 1899년 하원 조사위원회는 1884년 신빈민법 체계에서 빈곤 상태에 놓인 노년층을 빈민 분류항목 가운데, "연령에 관계없이 육체가 허약하거나 또는 무능력한 자"로 간주해 모두 빈민원에 수용되는 현실을 비판했다.[51] 구빈감독관이 가난한 노령층을 무조건 위의 1부류로 분류해서 수용

---

48 C. 8911, "Report of the Committee on Old Age Pensions," pp. 470~471.

49 같은 글, pp. 477, 480.

50 같은 글, p. 471.

51 *Parliamentary Papers*, 1899, vol. 9, C. 271, "Special Report, Second Special Report and Report from the Select Committee on the Cottage Homes Bill." (1899. 7. 7), p. iii

판결을 내릴 경우, 당사자들도 수긍하지 못할 뿐만 아니라 구빈비용이 급증한다. 이들을 가능한 한 원외구호(outdoor relief) 대상자로 분류하는 것이 바람직하다는 것이다.[52] 이는 정상적으로 생활하다가 노년에 이르러 궁핍하게 된 사람들이 증가하고 있음을 반영한다.[53]

1899년 노년층에 관한 하원 조사위원회도 당시 덴마크에서 시행 중이던 노령연금제도를 분석한 후에 미래에 시행될 제도의 기본 원칙을 확정했다. 연금 수급 자격 조건은 다음과 같다. 65세 이상, 영국 국적으로 20년 이상 거주하면서 유죄선고를 받지 않은 자, 빈민법 체계의 구호대상에서 제외된 자, 지방 연금기관 관할 지역 거주자, 근면 성실한 자 등.[54] 이 원칙은 후일 1908년의 노령연금법에 그대로 반영된다. 결국 1890년대 의회 보고서들은 점차 국가부조의 노령연금을 인정하면서 연금 수혜의 보편성 원칙에는 소득에 따른 제한을 두는 체계에 접근했다고 할 것이다.

20세기 영국 정계에서는 노령연금제도를 어떤 형태로든 도입해야 한다는 분위기가 무르익었다. 이는 바로 1890년대 노령연금에 관한 논의와 담론, 그리고 여러 차례에 걸친 의회 조사에 힘입은 것이었다. 더욱이 1906년 선거에서 노동당이 약진하면서 자유당 정부는 서둘러

---

52 같은 보고서, p. ix. 보고서는 60세 이상으로 건전하나 빈곤한 사람을 원외구제 대상자로 유도하되, 그 구호금은 다음과 같이 정한다. 60세 이상 75세 미만 매주 2실링 6펜스, 75~80세 미만 주 3실링, 80~85세 미만 3실링 6펜스, 85세 이상 4실링. 같은 보고서, p. vii.

53 조사위원회는 60세 이상으로 건전하나 빈곤한 사람을 원외구제 대상자로 유도하되, 그 구호금은 다음과 같이 정한다. 60세 이상 75세 미만 매주 2실링 6펜스, 75~80세 미만 주 3실링, 80~85세 미만 3실링 6펜스, 85세 이상 4실링. 같은 보고서, p. vii.

54 *Parliamentary Papers*, 1899, vol. 8, C. 296, "Report from the Select Committee on Aged Deserving Poor" (1899. 7. 27), p. ix.

노령연금법안을 상정하고자 했다. 1908년 5월 7일 당시 총리였던 애스퀴스(Herbert H. Asquith)는 다음 회계연도 예산안 제안 연설에서 노령연금법안에 대해 설명했다. 그는 1890년대 의회 위원회의 활동을 언급하면서 국가 주도 노령연금의 당위성을 강조했다. 더 나아가 대륙의 독일, 덴마크를 비롯하여 자치령 뉴질랜드와 뉴사우스웨일스에서 이 체계를 연이어 도입했음을 지적하면서 그 불가피성을 역설했다.[55]

> 우리는 이 문제를 아주 주의 깊게 성찰해야 했습니다. 우리가 도출한 첫 번째 결론은 이른바 적립식 체계는 배제해야 한다는 것입니다. 이 체계가 시급한 상황은 아닙니다. 당장 필요하지는 않습니다. 연금의 필요조건이 될 적립금을 장차 연금 수령자가 될 사람들의 선택사항으로 남겨둔다면, 국가부조는 비교적 소수 계층, 정말 절박한 사람들, 반드시 혜택을 받아야 할 계층에게만 국한되어야 할 것입니다. 다른 한편, 이 나라에서 어떤 집행기구도 없이 강제 적립식 제도를 도입하려 한다면, 우리는 분명 노동조합, 공제조합, 보험회사 같은 경쟁적 조직들의 반대에 직면할지도 모릅니다.[56]

애스퀴스는 빈민법 체계에서 제외된 차상위계층에 대한 국가부조를 입법화한다면 65세 이상을 대상으로 할 경우 1218만 파운드, 70세 이상인 경우 744만 파운드의 예산이 추가로 소요될 것이라고 추정했다.[57] 우선은 70세 이상을 대상으로 삼겠다는 내심을 보여준 것이다.

---

55   *Parliamentary Debate*, 4th ser., vol. 188 (1908), cols.4 63~64.

56   같은 글, cols. 466~467.

57   같은 글, col. 470.

이때만 하더라도 정부에서는 의회에 제출할 노령연금법안을 확정하지 않았던 것으로 보인다. 애스퀴스는 이후 재무장관이 구체적인 법안을 소위원회에 회람할 것을 약속했을 뿐이다.

이 정황을 《타임스(The Times)》는 다음과 같이 완곡하게 비판한다. "발표 전까지 예산안의 비밀을 엄수하는 것이 정치의 상식이다. 그러나 애스퀴스 총리가 오늘 예산안 제안 연설에서 덧붙인 흥미로운 예외가 있다. 노령연금 시행을 위한 계획이 포함되어 있다고 미리 알렸기 때문이다. 정확한 조세 수입, 새로운 과세 또는 현재 세금 경감조치 등은 지금까지 비밀로 남아 있음에도, 우리의 재정체계에 새로 도입할 노령연금 항목은 널리 거론되고 있는 것이다." 이어서 신문은 전임 총리 캠벨-배너먼(Henry Campbell-Bannerman)도 이 문제를 이미 언급한 적이 있다고 지적한다. 실제로 두 사람이 거론한 내용은 똑같다는 것이다.[58]

총리 애스퀴스와 재무장관 로이드 조지(David Lloyd George) 사이에 정책 결정이 완전히 조율되지 않았다는 증거는 후에도 발견된다. 실제로 애스퀴스가 법안 상정을 약속한 5월 27일에 로이드 조지는 소위원회에서 준비가 덜 되었다는 이유로 법안 회람을 하루 미루었다.[59] 소위원회에 법안을 상정하기까지 하원에서는 주로 체임벌린이 정부의 노령연금법안을 지지하는 태도를 취했다. 그는 애스퀴스가 노령연금법안에 관해 언급한 바로 다음에, 정부안을 지지하는 입장을 표명했다. 그가 보기에, 정부안의 노령연금체계는 사회 일반의 여론을 따른 것

---

58   The Times, 7 May 1908. 이 기사의 논조에는 애스퀴스가 다분히 정치적인 의도로 노령연금법안을 거론했다는 비판이 깃들어 있다.

59   Parliamentary Debate, 4th ser., vol. 189 (1908), col.1126.

이었다. 국가부조를 통해 노령연금을 시행한다는 것은 지금까지 도출된 일종의 사회적 합의였다. 정부는 이 합의를 시급히 따라야 한다. 물론 시행 과정의 어려움이 크리라는 것은 충분히 예상할 수 있으므로, 의원들이 중지를 모아야 한다는 내용이었다.[60] 연금법안 상정 후 하원 소위원회 토론에서도 보편적 혜택을 둘러싸고 논란이 일었다. 역시 관건은 보편적 혜택을 제공하는 문제였다. 보수당 의원 러더퍼드(William Rutherford)는 보수주의자로서 그의 소신을 다음과 같이 피력했다.

이 원칙의 문제점은 이렇습니다. 만일 전체 예산을 의회가 승인하고 노령연금도 갹출식이 아니라면, 이를 시행할 때 연금은 보편적일 수밖에 없습니다. 만일 의회가 조달한 자금이 이 나라 일반 조세에서 나오는 것이라면, 원칙, 정의, 권리의 문제가 생깁니다. 70세에 이른 모든 남녀는 연금에 관련됩니다. 그러나 이 법안이 통과된 이후 그 결과는 검약하는 사람들이 그렇지 않은 사람들의 노령연금을 마련하기 위해 세금을 내야 한다는 것이지요. 이는 참으로 불공정한 일입니다.[61]

그러나 이러한 주장은 호응을 얻지 못했다. 당시 보수당은 하원 소수당에 지나지 않았기 때문이다.[62] 정부 법안이 소위원회에 상정된 후

---

60   *Parliamentary Debate*, 4th ser., vol. 188 (1908), col.481. 그 후 5월 25일 발언에서 체임벌린은 독일의 갹출식 연금법의 한계를 지적한다. 그 방식을 따를 경우 30년 후에 오직 12만 6000명이 혜택을 받을 뿐이라는 주장이다. *Parliamentary Debate*, 4th ser., vol. 189 (1908), col.794.

61   *Parliamentary Debate*, 4th ser., vol. 189 (1908), col.1390.

62   1906년 선거는 보수당의 20년 집권에 종지부를 찍은 중요한 선거였다. 당시 자유당이 397석을 확보한 데 비해, 보수당 의석은 156석에 지나지 않았다.

심의 과정에서 연소득의 상한선 문제, 주당 부조금액 등이 논란이 되었지만 역시 가장 중요한 것은 연금 수령 연령이었다. 1890년대 이래 노령연금 논의에서 일반적으로 합의된 연령은 65세였다. 연령 문제에 대해서는 노동당의 비판이 제기되었다. 노동당은 65세가 아닌 70세 이상 노령자에게만 연금을 지급하는 어떤 법안에 대해서도 반대한다는 성명을 발표하기도 했다.[63] 어쨌든 법안은 의회 심의 과정에서 몇 차례 진통을 겪었으나, 같은 해 8월 1일에 최종적으로 통과되었다.[64]

1908년 노령연금법의 구체적인 내용은 무엇인가. 이 법의 1조 1항은 "자신의 상태가 이 법에서 규정한 노령연금 수혜 조건에 충족되는 사람은 누구나 그 조건을 계속 갖추고 있는 한, 그리고 이 법의 연금 수혜자격을 상실하지 않는 한, 이 법이 규정한 연금을 받을 수 있다"라고 천명하면서, 4항에서 "이 법에 의거하여 노령연금을 받더라도 그 수혜자는 선거권, 권리 또는 기본적 인권을 박탈당하지 않으며, 무자격자로 간주되지도 않는다"라는 내용을 덧붙이고 있다.[65] 이는 신빈민법 시행 과정에서 드러난 폐해의 재발을 막기 위해, 연금 수령자는 시민으로서의 모든 권리를 누릴 수 있다는 점을 천명한 것이다. 이 점에서 노령연금의 기본 원칙은 빈민법의 원리와 구별된다.

---

63 *The Times,* 7 May 1908. 이 신문은 노동당 성명에 관한 논평에서 예산 문제를 고려하면 노동당의 제안은 비현실적이라고 비판했다.

64 진행 과정은 다음과 같다. 7월 28일 상원 소위원회에 법안 회부, 상원 연금법안 토론 [*Parliamentary Debate*, 4th ser., vol. 193 (1908), cols.1073-1162]. 상원 수정안 하원에서 검토 후 부결(같은 의사록, cols. 1970-1998), 8월 1일 하원 법안 통과(같은 의사록, col. 2071), 같은 날 국왕 재가(같은 의사록, col. 2074).

65 1908년 노령연금법 내용은 연금법 해설서인 다음 문헌을 참조했다. 이하 연금법 내용을 소개할 경우 구체적인 인용 전거는 밝히지 않는다. W. A. Casson, *Old-Age Pensions Act 1908* (London: Charles & Knight, 1908).

2조는 노령연금 수령의 법적 조건을 명시했다. 즉 영국 국민이자 영국 거주자로서 빈민법 체계의 구호를 받지 않는 70세 이상인 노년층 중에서 연수입 31파운드 10실링 미만인 자로 규정했다. 그 밖에 소득 구분에 따른 연금 수령액의 차등화[66](3조), 소득 조사(4조), 연금 지급 방식(5조), 연금 양도불가 조항(6조), 청구 및 이의 제기(7조), 관련 기관 (8조), 허위 신청에 대한 벌칙(9조), 시행에 관한 규정 및 우체국을 통한 연금 지급 규정(10조), 스코틀랜드·아일랜드 주민에 대한 적용 규정(11조), 개시일 및 법 약칭(12조) 등의 조항이 있다.

이 법을 시행하기 위해 정부는 지방 행정당국에 연금 담당 공무원 (exciseman)을 배치하고, 그 상위기관으로 주의회에 지방연금위원회 (Local Pension Committee)를 설치했다. 여기에서 남녀차별은 철저하게 배제되었다. 부부가 함께 연금 대상자에 포함될 경우 각자 연금을 받을 수 있었다. 다만 부부 소득을 합쳐서 주당 10실링 이상을 초과할 수는 없도록 규정했다. 별도의 기관을 신설하지 않고 기존의 우체국을 통해 매주 금요일에 지급하도록 한 것은 매우 현명한 조치였다. 1909년 1월 1일 (금요일) 노령연금법은 순조롭게 시행되었다. 《타임스》에 따르면, 법을 둘러싸고 말이 많았지만 규정과 수령 방식에 대한 정보가 충분히 전달되어 어려움이나 불편 없이 "우체국 일반 업무의 하나"

---

66 소득에 따라 차등화된 연금체계는 다음과 같다. ① 빈민법 구호 대상이 아니면서 연소득 21파운드 미만: 주당 5실링, ② 연소득 21파운드~23파운드 12실링 미만: 주당 4실링, ③ 연소득 23파운드 12실링 60펜스~26파운드 5실링 미만: 주당 3실링, ④ 연소득 26파운드 5실링~28파운드 17실링 60펜스: 주당 2실링, ⑤ 연소득 28파운드 17실링 60펜스~31파운드 10실링 미만: 주당 1실링. 연소득 31파운드 10실링 이상인 자는 연금 대상에서 제외된다. 참고로 1908년 당시 연금 대상 자격 상한선인 31파운드 10실링은 오늘날의 가치로 환산하면 어느 정도일까. 그동안 물가지수를 감안하면, 2010년 현재 연소득 2570파운드에 해당한다(http://www.measuringworth.com에서 계산).

로 처리되었다.[67] 이 신문은 런던의 우체국 네 곳에 리포터를 파견해서 시민이 연금을 수령하는 모습을 취재했다. 《타임스》는 아래와 같이 보도한다.

> 런던 중앙우체국 최초 신청자 윌리엄 이너트(William J. Inett) 씨, 그는 정정하고 건강해 보였으며, 9시 반 조금 전에 우체국 신청 창구에 모습을 나타냈다. 우체국 직원으로부터 축하 인사를 받고서 자기 구역 최초의 연금 수령자가 되었다. 이너트 씨는 한평생 구 런던시(시티)에서 거주했다. 우체국 근처에 사는 기품 있는 노부부로서, 둘 다 팔십 고령으로 이번에 처음으로 연금을 받게 된 것이다. 부부가 각기 연금기록부(chequed Book)에 서명하자, 남편에게 3실링 90펜스, 그리고 아내에게 같은 액수의 현금이 건네졌다. "자, 여보." 남편이 받은 돈을 아내에게 건네면서 말했다. "당신이 회계니까, 자 이 돈도 지갑에 넣어요." 부부는 우체국에 있던 여러 사람들의 진심 어린 축하를 받으며, 만면에 웃음을 머금고 걸어 나갔다.[68]

정부는 연금법 시행을 앞두고 철저하게 준비한 것으로 보인다. 지방연금위원회는 1908년 10월부터 관할 지역 주민의 신청서를 받기 시작했다. 주민들은 신청서를 작성해서 가까운 우체국에 접수했다. 이들 신청서를 지방연금 담당관이 검토하여 승인한 후 지방연금위원회에 송부하면 연금 지급 대상자로 등록되었다.[69] 1908년 12월 31일까

---

67   *The Times*, 2 January. 1909.

68   *The Times*, 2 January. 1909.

69   "The Old-Age Pensions Act. The Regulations", *The Times*, 22 August 1908.

지 등록된 사람은 총 59만 6038명이었다. 지역별로는 잉글랜드 33만 8948명, 웨일스 2만 1956명, 스코틀랜드 6만 4769명, 아일랜드 17만 365명이었다.[70]

5. 노령연금법의 역사적 의미

1890년대 노령연금 논의를 고려하면, 노령연금법의 내용은 절충안에 지나지 않는다는 인상을 준다. 국가부조의 원칙을 중시한 반면, 보편적 연금 혜택에 대해서는 제한을 두었다. 그러나 19세기 말 노령연금 논의부터 입법에 이르는 과정에서 시민으로서의 의무를 다하고 성실하게 생활한 영국 국민이라면 당연히 노령연금 대상자가 되어야 한다는 사회적 합의가 이루어짐으로써 후일 보편적 연금체계로 가는 물꼬를 텄다고 할 수 있다. 그뿐만 아니라 1908년 노령연금법이 시행되면서 빈민법의 필요성은 사실상 사라졌으며, 그동안 논란이 많았던 이 법은 1923년에 폐기되었다. 이런 점에서 보면, 노령연금법은 빈곤이 사회구조적 산물임을 공식적으로 추인하는 마침표였다.

노령연금법은 몇몇 인사들의 주도적인 활동과 정책 결정자의 결단으로 이루어진 개혁이 아니다. 노령인구의 증가와 노령노동자의 퇴직이라는 구조적 변화의 시기에 빈민법의 비효율성과 공제조합 위기가 겹치면서 이를 개혁하려는 일련의 논의 과정이 있었다. 여기에 박애주의자, 노동운동가, 급진파 인사, 문필가 들이 다수 참여하여 노령연금

---

70   "Old-Age Pensions, Official Statistics", *The Times*, 21 January. 1909.

에 대한 이해를 높였을 뿐만 아니라 사회적인 공감대를 얻었다. 의회 또한 이러한 움직임에 적극적으로 대응하면서 논리를 세워나갔다. 자유당의 법안 상정은 그 이전 20여 년에 걸쳐 지속된 논의 과정의 결실을 다시 주조한 것에 지나지 않는다.

사실 20세기 초 자유당 집권기에 이루어진 일련의 개혁입법은 대부분 노령연금법과 마찬가지로 그 이전 한 세대 동안 지식인과 정치인들의 오랜 논의를 거쳤다. 대중민주주의 시대가 열리면서, 대공황과 2차 산업혁명 과정에서 드러난 일련의 사회문제를 진지하게 검토하고 그 해결책을 모색해온 결과였다. 노령연금법은 영국의 개혁입법 과정의 특징을 여실히 보여준다고 할 것이다.

참고문헌

1. 동시대 문헌

Blackley, William, "National Insurance: A Cheap, Practical, and Popular Means of Abolishing Poor Rates", *Nineteenth Century*, vol. 4 (November 1878).

Booth, Charles, *Pauperism, a Picture: And the Endowment of Old Age, an Argument* (London: Macmillan, 1892).

Booth, Charles, *The Aged Poor in England and Wales* (London: Macmillan, 1894).

Booth, Charles, *Old Age Pensions and the Aged Poor: A Proposal* (London: Macmillan, 1899).

Booth, Charles, *Life and Labour of the People in London: Second Series, Industry* (London: Macmillan, 1903), vol. 2.

Casson, W. A., *Old-Age Pensions Act 1908* (London: Charles Knight, 1908).

Chamberlain, Joseph, "Old Age Pensions", *National Review*, vol. 18 (February 1892).

Chamberlain, Joseph, "The Labour Question", *Nineteenth Century*, vol. 28 (November 1892).

Chamberlain, Joseph, "Old-Age Pensions and Friendly Societies", *National Review*, vol. 24 (January 1895).

Marshall, Alfred, "Poor Law Reform", *Economic Journal*, vol. 2 (June 1892).

Marshall, Alfred, "The Poor Law in Relation to State-Aided Pensions", *Economic Journal*, vol. 2 (March 1892).

Metcalfe, John, *The Case for Universal Old Age Pensions* (London: Simpkin, Marshall, Hamilton & Kent, 1899).

Nash, Vaughan, "The Old-Age Pensions Movement", *Contemporary Review*, vol. 75 (January~June 1899).

Parliamentary Debates, 4th ser.,1895, vols. 188~193.

Parliamentary Papers, 1895, vol. 14, C. 7684, "Report of the Royal Commission on the Aged Poor, vol. I."

Parliamentary Papers, 1895, vol. 14, C. 7684-I, "Report of the Royal Commission on the Aged Poor, vol. II."

Parliamentary Papers, 1895, vol. 15, C. 7684-II, "Report of the Royal Commission on the Aged Poor, vol. III."

Parliamentary Papers, 1898, vol. 11, C. 8911, "Report of the Committee on Old Age Pensions."

Parliamentary Papers, 1899, vol. 9, C. 271, "Special Report, Second Special Report and Report from the Select Committee on the Cottage Homes Bill."

Parliamentary Papers, 1899, vol. 8, C. 296, "Report from the Select Committee on Aged Deserving Poor."

Sutherland, William, *Old Age Pensions in theory and Practice With Some Foreign Examples* (London: Methuen, 1907).

The Times (1908. 5. 7~1909. 1. 30).

Wilkinson, J. F., "Friendly Society Finance", *Economic Journal*, vol. 2, no. 8 (December. 1892).

2. 연구서와 논문

김덕호, 〈산업사회 영국의 빈곤과 복지정책: 자선조직협회 vs. 페이비언협회, 1869~1909〉, 《역사학보》 144집 (1994).

김헌숙, 〈영국 자선의 형태와 성격, 1800~1870 — 연구사 검토〉, 《영국연구》 12호 (2004).

허구생, 《빈곤의 역사, 복지의 역사》 (한울, 2002).

Friedlander, D., et al., "Socio-Economic Characteristics and Life Expectancy in Nineteenth-Century England", *Population Studies*, vol. 39, no. 1 (1985).

Gilbert, Bentley B., "The Decay of Nineteenth-Century Provident Institutions and the Coming of Old Age Pensions in Great Britain", *Economic History Review*, 2nd ser., vol. 17, no. 3 (1965).

Johnson, P. A., "The Employment and Retirement of Older men in England and Wales, 1881~1981", *Economic History Review*, 2nd ser., vol. 47, no. 1 (1994).

Hunt, E. H., "Paupers and Pensioners: Past and Present", *Ageing and Society*, vol. 9, pt. 4 (1989).

Jenkins, Roy, *Asquith* (London: Collins, 1964).

Johnson, P. A., "The Employment and Retirement of Older men in England and Wales, 1881~1981", *Economic History Review*, 2nd ser., vol. 47, no. 1 (1994).

Macnicol, John, *The Politics of Retirement in Britain 1878~1948* (Cambridge: Cambridge University Press, 1998).

Roebuck, Janet, "When Does Old Age Begin?: The Evolution of the English Definition", *Journal of Social History*, vol. 12, no. 3 (1979).

Rowland, D. T., "Old Age and the demographic Transition", *Population Studies*, vol. 38, no. 1 (1984).

Salter, Tony, *100 Years of State Pension: Learning from the Past* (London: Institute of Acturaries, 2009).

Secrist, Horace, "Old Age Pensions: English Act of 1908", *American Political Review*, vol. 3, no. 1 (1909).

Southall, H. and E. Garrett, "Mobility and Mortality among Early Nineteenth Century Engineering Workers", *Social History of Medicine*, vol. 4, no. 2 (1991).

Thane Pat, "Gender, welfare and old age in Britain", Anne Digby and John Stewart, eds., Gender, Health and Welfard (London: Routledge, 1996).

Townsend, Peter, "The Structured Dependency of the Elderly", *Ageing and Society*, vol. 1, no. 1 (1981).

제4부

현대의 빈곤과 불평등

10장

20세기 후반 프랑스의 도시 빈민 운동

빈민구호에서 인권신장으로

민유기

1. 선진국 내부의 상대적 빈곤에 대한 인식의 등장

2011년 가을 세계 금융자본주의의 상징인 뉴욕의 월스트리트에서 시작된 '월가를 점령하라'는 외침은 빠르게 미국 대부분의 도시로, 그리고 세계 곳곳으로 퍼져나갔다. 이듬해에도 계속된 '1퍼센트에 반대하는 99퍼센트'의 목소리는 신자유주의 세계화로 인한 극심한 빈부 격차와 상대적 박탈감을 명확하게 표출했다. 월스트리트의 고소득 금융 전문가들 가운데 일부는 하루아침에 실업자가 되어 시위에 적극적으로 참여했다. 이 같은 현상은 신자유주의 세계화 시대에 빈곤 문제가 생존권마저 보장받지 못하는 경제적 의미의 절대적 빈곤뿐 아니라 상실감과 박탈감, 인간적 자괴감 같은 사회적·문화적 의미의 상대적 빈곤까지 포함한다는 점을 여실히 드러냈다.

사실 2차 세계대전 이후 30여 년 동안 미국과 서유럽 국가들은 수정자본주의 혹은 복지자본주의 체제에서 고도성장을 이어갔다. 1979년에 출판된 프랑스 경제학자 푸라스티에(Jean Fourastié)의 책 제목을 통해 널리 알려진 '영광의 30년'[1]이란 표현은 1946년부터 1970년대 중반의 경제위기 도래까지 고도성장을 이룬 프랑스에 대한 찬사였다. 전후의 고도성장기에 선진자본주의 국가의 국민들은 빈곤을 2차 세계대전 이후 제국주의 식민지배에서 벗어나 독립을 쟁취했으나 경제적 자립에 어려움을 겪고 있던 아시아·아프리카 신흥 독립국들의 문제로, 그리고 세계 자본주의 체제의 반(半)주변부나 주변부에 머물러 저발전에 허덕이던 라틴아메리카 국가들의 문제로 인식했다.

1952년에 프랑스 경제학자 소비(Alfred Sauvy)가 주간지 《롭세르바퇴르(L'Observateur)》에서 처음 사용한 '제3세계'[2]란 용어는 냉전시대에 제1세계인 서방 진영과 제2세계인 공산주의 진영 어느 쪽과도 동맹을 맺지 않겠다며 1955년 반둥회의를 통해 국제무대에 집단적으로 등장한 아시아·아프리카 신흥 독립국에 대한 국제정치적 의미뿐 아니라 이들 국가의 저개발과 저발전을 의미하는 경제적 의미를 동시에 지녔다.

하지만 제3세계 국가들뿐만 아니라 선진자본주의 국가들에서도 빈곤층의 문제가 1960년대에 중요한 사회문제로 대두되었다. 1963년

---

1   Jean Fourastié, *Les Trente Glorieuses ou la révolution invisible de 1946 à 1975* (Paris: Fayard, 1979). 1950~1974년 OECD 국가들의 연평균 경제성장률은 4.2퍼센트였고, 일본이 9퍼센트, 서독이 6퍼센트, 프랑스가 5퍼센트, 영국이 3퍼센트였다.

2   Alfred Sauvy, "Trois mondes, une palnète", *L'Observateur*, no. 118, le 14 Août 1952, p. 14.

11월 케네디(John F. Kennedy)의 암살로 미국 대통령직을 승계한 존 슨(Lyndon B. Johnson)이 1964년 초에 상하원 합동연설에서 선언한 '빈곤과의 전쟁(war on poverty)'[3]은 그해 여름 '경제기회법(Economic Opportuniry Act)' 제정으로 이어졌다.

프랑스에서는 전후 케인스주의적 복지자본주의와 포디즘(Fordism)적 축적 체계 아래에서 고도성장을 이어가던 제1세계 선진국 내부의 극빈곤층을 일컫는 '제4세계'라는 용어가 1960년대 말에 등장하여 현재에도 널리 사용되고 있다. 이 용어는 브레진스키(Joseph Wresinski, 1917~1988) 신부가 파리 외곽의 빈민촌에서 도시 빈민과 함께 생활하며 '성장의 그늘'에서 물질적·도덕적 고통을 받고 있던 극빈층을 지칭하기 위해 처음 사용했다.[4] 브레진스키 신부는 1957년에 '모든 궁핍에 대한 지원(ATD, Aide à Toute Détresse)'이라는 단체를 조직해서 죽을 때까지 프랑스와 유럽, 그리고 전 세계의 빈곤 퇴치를 위한 도시 빈민 지원 활동과 인권운동을 전개했다.

사실 프랑스에서 도시 빈민 지원을 위한 가톨릭 사회운동 진영의 다양한 활동은 19세기 내내 이어졌다. 특히 교황 레오 13세는 자본의 의무와 노동의 권리를 강조하며 가톨릭교회의 사회문제에 대한 적극적인 관심을 호소한 회칙 '새로운 사태(Rerum novarum)'를 1891년에 공표했다. 이에 영향을 받아 파리와 여러 산업도시에서 빈곤한 노동자들을 지원하는 가톨릭 단체들이 조직되었다. 그러나 레지스탕스 전국위

---

3   Lyndon B. Johnson, State of the Union Address, January 8 1964.

4   Michèle Grenot, "Naissance et sens du mot quart monde", *Droits fondamentaux*, no. 4 (2004), p. 127.

원회 강령[5]에 포함되었던 사회보장제도가 1945년 10월 임시정부 시행령과 1946년 5월 시행령,[6] 그리고 1949년까지 매해 추가 입법으로 체계화되면서 빈곤층을 지원하는 종교단체들은 후원금 모금에 애를 먹으며 활동이 위축되었다.

반면에 전쟁 기간에 많은 주택이 파괴되어 전후에 주거난이 심각했기에 파리 등 대도시의 빈민들에게는 위생 상태가 열악한 낙후된 '불량주택'도 감지덕지였고, 제때 집세를 내지 못한 세입자들은 주인에게 쫓겨나서 거리로 나앉는 일이 비일비재했다. 영화로도 만들어진 '54년 겨울' 혹한에 거리로 쫓겨난 세입자들을 지원하면서 '빈민의 아버지'라 불리던 피에르 신부(Abbé Pierre)가 설립한 엠마우스 공동체는 세계적인 유명세를 얻었다. 피에르 신부가 쫓겨난 사람들의 임시거처를 마련해주고 빈민의 주거난 해소를 위한 각종 노력을 기울이던 동시대에 또 다른 '빈민의 아버지'가 존재했다. 피에르 신부에 비해 상대적으로 덜 알려진 그는 바로 제4세계 운동을 이끈 브레진스키 신부다.

전후 프랑스의 빈민 문제에 대한 학문적 관심사는 대부분 피에르 신부의 활동에 집중되어 있다.[7] 브레진스키 신부와 제4세계 운동은 빈곤

---

5   Programme du Conseil national de la Résistance, le 15 Mars 1944.

6   Ordonnance du 4 octobre 1945 relative à l'organisation de la Sécurité sociale: crée un régime général de sécurité sociale (salariés des secteurs privé et public, exploitants agricoles, travailleurs indépendants et secteurs spécifiques d'activité), sans remettre en cause les régimes spéciaux préexistants. Ordonnance du 19 Octobre 1945 fixant le régime des Assurances sociales applicable aux assurés des professions non agricoles.

7   José Balista, *Emmaus et l'abbe Pierre. Mythe, utopie et emprise charismatique*, Thèse en sociologie, EHESS (1976); Bertrand Bergier, *Compagnons d'Emmaüs: Sociologie du quotidien communautaire* (Paris: Editions Ouvrières, 1992); Axelle Brodiez-Dolino, *Emmaüs et l'abbé Pierre* (Paris:

과 빈민에 대한 논저들에서 일부분만 소개되었을 뿐이다. 대표적으로
게랭(André Gueslin)은 20세기 프랑스의 빈곤에 대한 연구서에서 제4
세계 개념을 서문에 설명하는데, 이 개념을 착상해 확산시킨 브레진스
키 신부의 빈민 운동에 대해서는 20세기 후반 '자선활동의 혁신'을 다
루는 장에서 간략히 언급할 뿐이다. 20세기 후반 국가와 사회의 빈곤
문제 대응에 관한 비기에(Frédéric Viguier)의 2010년 파리 사회과학고
등연구원의 사회학 박사 논문도 부분적으로만 제4세계 운동을 고찰
하고 있다. ATD가 1968년 이후부터 운영한 제4세계 민중대학에 관한
2009년의 파리8대학 교육학 박사 논문은 직접적으로 제4세계 운동을
다룬 연구이지만 이 운동의 일환으로 펼쳐진 민중대학 운영만을 교육
학적 관점에서 분석한다. 또한 브레진스키 신부의 사상을 신학적으로
소개하는 연구서도 있다.[8] 그런데 이들 선행연구들은 ATD 운동의 역
사적 맥락과 의미에 대한 성찰이 부족하다.

제4세계 운동의 등장과 활동, 그 성과에 대한 역사적 연구와 분석이
부족한 이유는 크게 두 가지다. 첫째, 20세기 후반 가톨릭 사회운동 진
영이 주도한 빈민 운동은 종교계의 전통적인 자선활동을 혁신했으나,

Presses de Sciences Po, 2008); Loïc Le Goff, *Compagnons de l'abbe Pierre*
(Paris: Bayard, 2009).

8   André Gueslin, *Les gens de rien: Une histoire de la grande pauvreté dans
    la France du XXᵉ siècle* (Paris: Fayard, 2004), pp. 219~229; Frédéric Viguier,
    *La cause des pauvres: Mobilisations humanitaires et transformations de
    l'Etat social en France (1945~2010)*, Thèse en sociologie, EHESS (2010),
    pp. 224~251, 408~423; Geneviève Defraigne Tardieu, *L'Université populaire
    Quart Monde: La construction du savoir émancipatoire*, Thèse en sciences
    de l'Education, Université de Paris VIII (2009); Begasse de Dhaem Amaury,
    *Théologie de la filiation et universalité du salut: L'antrophologie théologique
    de Joseph Wresinski* (Paris: Cerf, 2011).

세속적인 프랑스 사회에서 성장한 사회사 연구자들의 주된 관심을 끌지는 못했기 때문이다. 그 대신 바로 앞에서 언급한 2010년의 사회학 박사 논문처럼 빈곤 퇴치를 위한 다양한 사회정책의 변화가 연구자들의 주목을 받았다. 둘째, 현대의 빈곤의 개념을 정의하기가 어려우며, 빈곤과 빈민 문제에 관한 사료들은 정부나 일부 사회단체의 정책보고서와 실태조사보고서 등을 제외하면 찾아보기 어렵기 때문이다.

제4세계 운동과 관련한 선행연구도 앞에서 언급한 대로 역사학보다는 사회과학 분야에서 주로 수행되었다. 하지만 역사 연구를 위한 1차 사료로서 가치 있는 자료들이 상당수 존재한다. ATD가 출간한 빈민 운동 활동가들의 경험과 회고록은 물론이고, 1969년에 ATD가 출간한 사회학자 라벤스(Jean Labbens)의《제4세계: 산업사회의 빈곤》같은 연구서는 사료로 활용될 수 있다.[9] 이 연구서는 센 도 행정당국의 요청으로 1964년 파리 교외 빈민촌 거주자들의 실태를 조사연구한 보고서다. 또한 프랑스 혁명 200주년을 맞는 1989년에 사회당의 미테랑 (François Mitterrand) 대통령이 후원하여 ATD 활동가들과 인문사회과학자들이 공동 개최했던 토론회 자료집으로 1991년에 출간된《민주주의와 빈곤: 제4신분에서 제4세계로》는 당대인들의 빈곤과 빈민 운동에 대한 인식을 보여주는 중요한 자료다.[10] 이 토론회는 제4세계 운동

---

9   Jean Labbens, *Le quart monde, la pauvreté dans la société: étude sur le sous-prolétariat français dans la région parisienne* (ATD Editions Science et Service, 1969). 라벤스는 1921년에 태어나 1952년부터 리옹 가톨릭대학교 교수를 지냈다. 1970년대와 1980년대 중남미와 아프리카에서 유네스코의 고등교육 담당관과 유엔의 개발분체 선문 외교관으로 활동한 프랑스의 제3세계 및 제4세계 전문가다.

10 René Rémond, ed., *Démocratie et pauvreté: Du quatrième ordre au quart monde* (Paris: Quart Monde-Albin Michel, 1991).

의 방향을 모색하기 위해 개최되었다.

이 글에서는 이들 자료들을 참고하여 ATD 제4세계 운동의 탄생과 성장, 이 운동의 역사적 의미를 규명해보고자 한다. 이를 위해 먼저 1950년대 중반 도시 빈민의 실태를 살펴보고, 브레진스키의 빈민 지원 활동과 ATD 운동의 탄생 및 제4세계 개념의 등장, 그리고 제4세계 운동이 20세기 후반 프랑스의 빈곤 퇴치를 위한 각종 사회입법과 인권운동에 미친 영향을 차례대로 고찰하고자 한다.

2. 2차 세계대전 이후의 도시 빈민 주거 문제

동서고금을 막론하고 어느 시대 어느 사회에서나 빈민이 존재한다. 하지만 전후 전쟁으로 인한 피해 복구사업은 많은 일자리와 빠른 경제성장을 낳았고, 체계화되어가던 사회보장제도는 대다수의 프랑스인들에게 절대적 빈곤에 대한 인식이 생겨나기 어렵게 했다. 이런 상황에서 빈민에 대한 사회적 관심은 주거 문제로부터 비롯되었다.

2차 세계대전 기간 프랑스에서는 전국적으로 약 46만 채의 주택이 완전히 파괴되었고 약 190만 채의 주택이 크게 파손되었으며, 전쟁 직후 600만 건이 넘는 손해배상과 보상 신청서가 행정당국에 제출되었다.[11] 1946년에 프랑스 전체 주택의 47.8퍼센트는 상수도 시설이 없었으며 80퍼센트 이상이 실내 화장실이 없었고, 90퍼센트 이상이 샤워

---

11   Norma Evenson, *Paris: A Century for Change, 1878~1978* (New Haven: Yale University Press, 1979), p. 44.

시설이나 욕실을 갖추지 못한 상태였다.[12] 1950년에는 전국적으로 약 1300만 채의 주택 가운데 350만 채가 즉시 철거되고 재건축해야 할 정도로 주거조건이 좋지 않았다. 1951년 파리의 가난한 구들 가운데 하나였던 13구의 생티폴리트(Saint-Hipolyte) 교구 조사에 따르면 교구 내 2만 3000명이 9431채의 주택에 거주하고 있었는데, 이 중 절반이 넘는 5663채는 전기, 수도, 가스 설비와 화장실을 갖추지 못했다.[13]

전후 프랑스의 국가 정책은 전쟁 기간에 파탄이 난 경제를 산업과 상업 중심으로 재편하는 데 최우선 목표를 두었다. 이는 이촌향도로 인한 급격한 도시화 현상을 낳았고, 전후 베이비붐 현상[14]에 따른 인구 증가와 맞물리며 파리와 여러 대도시들은 심각한 주택난을 겪었다. 이에 1944년 10월 임시정부에서 만들어져 전후복구 과정을 지휘한 재건·도시계획부(Ministère de la Reconstruction et de l'Urbanisme)[15]는 주거난 해소를 위해 1949년에 19세기 말의 사회주택인 저가임대

12   Daniele Voldman, *La Reconstruction des villes françaises de 1940 à 1954, Histoire d'une politique* (Paris: L'Harmattan, 1997), p. 324.

13   Pierre Pierrard, *Les pauvres et leur histoire: de Jean Valjean à l'Abbé Pierre* (Paris: Bayard, 2005), p. 253.

14   1946년에 프랑스에서 태어난 아이들은 약 84만 명으로 1년 전보다 약 20만 명이 늘어났고, 1947년부터 1949년까지는 매년 87만 명 이상이, 1950년에는 86만 명 이상이 태어났다. 이후 1950년대 내내 매년 약 80만 명에서 82만 명 정도가 태어났다. Jacques Dupâquier, dir., *Histoire de la population française*, t.4. *De 1914 à nos jours* (Paris: PUF, 1988), p. 290

15   1966년에 주택·설비부(Ministère de l'Équipement et du logement)로 개칭되었고 1971년에 신설된 환경부에 통합되었다. 환경부는 2002년에 생태와 지속가능개발부로, 2010년에 생태와 지속가능개발 및 교통주거부로, 2012년에 생태와 지속가능개발 및 에너지부로 개칭되어 현재에 이른다.

주택(HBM)[16]을 현대화한 적정가임대주택(HLM) 사무국을 설치하여 대규모 사회주택 건설 계획을 세웠다. 그런데 1947년에 시작된 제1차 경제계획(1947~1953) 혹은 기획자인 모네의 이름을 딴 모네계획(Plan Monnet)[17]이 경제 발전을 위해 산업 인프라 구축을 최우선 과제로 설정했고, 인도차이나 전쟁(1946~1954)에도 많은 예산이 투입되었기에 대규모 사회주택 건설은 불가능했다.

1951년 파리 지역에는 약 80만 명이 집이 없거나 장기여인숙 등 임시거처에서 생활하고 있었다.[18] 이에 1953년 1월에 재건·도시계획부 장관이 된 쿠랑(Pierre Courant)은 대규모 현대식 사회주택 단지인 '그랑 앙상블(Grand ensemble)' 건설 계획안을 발표했다. 그는 1953년 8월 9일자 법으로 10인 이상을 고용한 기업체의 총임금 지불액 1퍼센트를 사회주택 건설비용으로 의무 납입하도록 입법화했다.[19] 그러나 이 법은 별다른 성과를 거두지 못했고, 사회주택 단지 건설을 위한 그 밖의 여러 제도 마련도 쉽사리 이루어지지 않았다.

도시 빈민 주거 문제는 1954년을 기점으로 사회문제로 대두되었다. 레지스탕스에 가담했고 1945~1951년에 중도좌파인 민중공화운동(MRP) 소속으로 하원의원을 지냈으며 피에르 신부로 더 잘 알려진, 앙

---

16 19세기 말 사회주택의 역사에 대해서는 다음을 보라. 민유기, 〈프랑스 사회주택 정책 발전에서 파리 시의회의 역할 1880~1914〉, 《프랑스사 연구》 10 (2004), pp. 156~163.

17 Cf., Philippe Mioche, *Le Plan Monnet: genèse et élaboration, 1941~1947* (Paris: Publications de la Sorbonne, 1987).

18 Pierre Lunel, *Abbé Pierre, Mes images de bonheur, de misère et d'amour* (Paris: Fixot, 1994), p. 52.

19 Jean-Paul Flamand, *Loger le peuple: essai sur l'histoire du logement social* (Paris: La découverte, 1989), p. 199.

리 그루에(Henri Grouès)는 1949년 11월 파리 동쪽 교외 소도시 뇌이-플레장스에서 엠마우스 공동체를 건립해서 집 없는 빈민들에게 숙식을 제공하기 시작했다.

1954년 1월 파리의 기온은 연일 영하 20도 안팎이었고, 센 강은 1880년 이후 처음으로 꽁꽁 얼어붙었다. 1월 3일 밤에서 4일 새벽 사이 뇌이-플레장스의 한적한 거리에 정차된 낡은 차 안에서 3개월 된 영아가 얼어 죽었다. 거처를 마련하지 못해 버려진 작은 화물차에서 살아가던 가난한 노동자 부부의 갓난아기였다. 우연히도 1월 3일 밤은 국무회의에서 900억 프랑의 추경예산 편성을 논의하면서 피에르 신부가 1만 2000채의 노숙자 긴급피난처 건립 비용으로 요구한 10억 프랑 배정을 거부한 날이었다. 조간지 《르피가로(Le Figaro)》 1월 7일자에는 재건·도시계획부 장관에게 이날 있을 동사한 갓난아기의 장례식에 참가하라고 요구하는 피에르 신부의 공개서한이 실렸다.

2월 1일 새벽에는 17명의 노숙자가 동사했다. 파리의 도심 한복판 세바스토폴 대로에서는 한 여인이 이틀 전에 집주인이 통보한 퇴거 명령서를 손에 쥐고 동사한 상태로 발견되었다. 이날 밤 피에르 신부는 〈라디오-뢱상부르(Radio-Luxembourg)〉 방송에 출연해서 이제부터는 어느 누구도 길거리에서 얼어 죽지 않아야 한다며 집 없는 도시 빈민에 대한 시민들의 지원을 호소했다. 긴급피난처 건설보다 당장 임시텐트를 세워야 한다는 그의 호소가 끝나기도 전에 이불과 방한복, 기부금이 도착하기 시작했다.[20]

---

20   *Le Figaro*, le 7 Janvier 1954. 드니 아마(Denis Amar)가 감독한 영화 〈54년 겨울, 피에르 신부(Hiver 54, l'abbé Pierre)〉는 1989년에 세상에 선보였다.

의회는 답보상태에 있던 쿠랑계획안의 사회주택 건설을 위한 다양한 조치들을 빠르게 통과시켜 그랑앙상블 건설의 기반을 확립했다. 동시에 전국 주요 도시권역에 총 1만 2000채의 '우선 수요를 위한 경제적 주택(Logements économiques de première nécessité)'을 건설하기 시작했다.[21] 엠마우스 공동체도 2월과 3월에 모금한 돈으로 4월에 도시 빈민을 위한 임시거처를 마련했다. 하지만 엠마우스 공동체가 건립한 '긴급주택촌(cités d'urgence)'으로 불린 임시거처들은 1년 만에 열악한 빈민촌으로 변모했다. 말 그대로 비바람을 피할 긴급한 임시거처였기에 편의시설을 갖추지 못했고, 노숙자들은 수용 가능 인원을 초과해 계속해서 몰려들었기 때문이다.

정부는 사회주택 정책을 활성화하기 위한 노력으로 1955년 7월 26일자 시행령을 제정하여, 앞에서 언급한 바 있는, 1949년에 설치된 적정가임대주택 사무국 운영위원을 기존의 임명제에서 일부 임명 및 과반수 이상 선출로 전환했다. 임명직은 위생과 주거 전문가들이 선발되었고, 선출직은 노동조합, 가족운동 단체, 사회주택 거주자들의 선거를 통해 뽑혔다. 하지만 조금씩 건설되는 사회주택의 배분을 담당한 적정가임대주택 사무국의 활동은 정치적 세력화가 힘들었던 도시 빈민의 주거 문제를 해결하는 데 별다른 도움이 되지 못했다. 또한 사회보장 체제 내에서 지급되던 주택보조금은 합법적 주택 거주자들을 대상으로 했기에, 대도시 외곽의 불법 판자촌으로 몰려든 도시 빈민은 수혜를 받지 못했다.[22] 안정적 거주지가 없는 도시 빈민은 이른바 '복지의

---

21   Préfecture de la Seine, *Cités d'urgence de la banlieue parisienne* (Paris: 1966).

22   Georges Malignac, "Le logement des faibles: évincement progressif et

사각지대'에 놓여 있었다.

사회과학자들은 1950년대 후반에 도시 빈민에 대한 다양한 연구를 진행했다. 대표적으로 인구사회학자 미셸(Andrée Michel)은 1955년에 파리의 여인숙에 장기 거주하는 이들의 열악한 생존조건에 관한 논문을 발표했다. 1957년에 사회학자 말리냑(Georges Malignac)은 사회적 약자들의 주거비 부담 증가가 프롤레타리아를 점진적으로 도태시켜 하위-프롤레타리아를 양산한다는 사회통계학적 논문을 발표했다. 같은 해 경제학자 소비 역시 장기거주 여인숙이나 파리 외곽의 판자촌 거주자들을 사회에서 배제된 소수자들로 지칭하며 이들을 위한 적극적인 국가 정책과 사회적 관심을 요청하는 논문을 발표했다.[23]

3. 브레진스키 신부의 빈민 지원 활동

지식인들의 관련 연구를 통한 문제 제기와 공론화에도 불구하고 집단적 세력화가 어려운 사회적 소수자들, "성장의 열매에 대한 접근의 결핍"[24]으로 고통을 받던 빈곤층을 위한 사회정책은 크게 진척되지 못했다. 알제리 전쟁으로 인해 제4공화국이 몰락하고 1958년에 탄생한

---

formation d'un sous-prolétariat", *Population*, vol. 12, no. 2 (1957), p. 248, 251.

23 Andrée Michel, "La population des hôtels meublés à Paris: composition et conditions d'existence", *Population*, vol. 10, no. 4 (1955), pp. 627~644; Georges Malignac, "Le logement des faibles", pp. 237~260; Alfred Sauvy, "Le logement des faibles: nouvelles données sur l'élimination du prolétariat", *Population*, vol. 12, no. 4 (1957), pp. 585~606.

24 François-Xavier Merrien, *Face à la pauvreté* (Paris: De l'Atelier, 1994), p. 141.

제5공화국의 초대 대통령 드골(Charles de Gaulle)과 의회를 장악한 드골파의 최우선 과제는 알제리 문제의 해결이었기 때문이다. 이런 상황에서도 피에르 신부는 정부와 의회에 주거난을 해소하라고 압박하며 사회주택 정책의 실질적 개선을 위한 노력을 경주했다. 한편 브레진스키 신부는 도시 빈민의 자의식 확대와 자존감 회복을 돕는 활동을 시작했다.

브레진스키 신부는 1917년에 프랑스 중부 소도시 앙제에서 폴란드 이민자의 아들로 태어나 1946년에 사제 서품을 받았다. 그는 1956년 여름에 사목활동을 위해 파리 동쪽 교외 누아지-르그랑(이하 누아지) 빈민촌을 방문했을 때 이곳 거주자들의 비참한 생활을 보고 큰 충격을 받았다. 이곳은 1955년에 엠마우스 공동체가 임시로 머무를 극빈층을 위해 버려진 땅에 세운 일종의 캠핑촌이었는데, 수도도 전기도 들어오지 않았다. 브레진스키가 처음 이곳에 도착했을 때는 250여 명이 거주하고 있었지만 극빈층이 지속적으로 몰려들어 1961년에는 1422명으로 불어났다. 처음 이곳은 임시거처로 만들어졌는데 그사이 정착 빈민촌으로 변화한 것이다. 1964년의 실태조사에서는 거주자의 33퍼센트가 처음 누아지 임시거주지가 생길 때부터 살고 있었고, 54퍼센트는 생긴 지 1년 뒤부터 7년 이상 살고 있는 것으로 확인되었다.[25]

브레진스키 신부는 누아지 빈민들과 함께 생활하기로 결심하고 1957년에 "인간적이고 거주자에 우호적인 해결책을 통한 빈민촌 소멸"을 목적으로 ATD를 조직했다.[26] ATD 운동은 빈민의 자존감 회복

---

25   André Gueslin, *Les gens de rien*, p. 222.

26   Yvan Gastaut, "Les bidonvilles, lieux d'exclusion et de marginalité en France durant les trente glorieuses", *Cahiers de la Méditerranée*, no. 69 (2004), p. 9.

출처: Jona M. Rosenfeld, *Emerger de la grande pauvreté* (Paris: Quart Monde, 1989), p. 64.

을 최우선 목표로 삼았다. 누아지에서 브레진스키가 처음으로 한 일은 이곳이 만들어질 때 엠마우스 공동체가 모두에게 제공했던 무료 음식과 의복 제공을 중단한 것이었다. 무료 음식은 경제활동이 불가능하거나 실직한 사람에게만 제공되었기에, 경제활동이 가능한 사람은 일용직이라도 얻을 수밖에 없었다. 결과적으로 1963년 누아지 거주자 가운데 경제활동 가능자의 실업률은 2퍼센트에 불과했다. 일자리가 있는 사람들의 53.8퍼센트는 일용직이거나 공공근로에 종사했고, 견습 노동자가 5.1퍼센트, 별다른 숙련기술이 없는 일반 노동자가 25.7퍼센

트, 기능직 노동자가 15.4퍼센트였다.[27]

구호 대신 ATD 활동가와 자원봉사자들은 누아지 거주민들과 함께 공동양육과 직업교육을 위해서 아동교육용 놀이정원과 도서관을 만들고 텃밭을 일구었으며, 각종 문화활동을 지원했다.[28] '거리의 도서관' (〈그림 2〉)은 누아지에 거주하던 빈민 아이들에게 다양한 배움의 기회를 제공했다.

ATD의 활동이 기존의 빈민 지원 활동에 비해 새로운 점은 빈민에 대한 연민과 동정에 기초한 일시적 경제지원이 인간의 존엄성을 파괴하고 빈곤 상태에 머물게 한다는 인식을 가지고 최저빈곤층이 자립 기반을 마련할 수 있도록 교육, 문화 지원 활동을 우선시했다는 점이다. 브레진스키는 기부금 마련을 위한 선전물 제작을 위해 더러운 상태의 빈민 아동을 촬영하는 것을 거부했다. 그에게 "극빈층을 돕는다는 것은 그들의 존엄성을 지켜주면서 그들이 빈곤 상태를 벗어나게 해주는 것"이었다. 따라서 빈민층을 폐쇄적이고 수동적으로 만드는 일회성 자선에 반대했다.[29]

브레진스키 신부는 "모든 인간은 자신의 인간적 자존이라는 양도할 수 없는 가치"를 지녔다고 자주 언급했는데, 그에게 "빈곤은 경감되어야 할 것이 아니라 제거되어야 하는 것"이었다.[30] ATD 운동은 빈민이

---

27 Frédéric Viguier, *La cause des pauvres*, p. 176; Jean Labbens, *Le quart monde*, p. 96.

28 *Le père Joseph Wresinski, Témoin des plus pauvres de tous les temps* (Paris: Quart Monde, 1992), p. 23.

29 Jean-Claude Caillaux, *Joseph Wresinski, Un défi pour la dignité de tous* (Paris: Desclée de Brouwer, 1999), p. 57.

30 Alwine de Vos van Steenwijk, *Père Joseph Wresinski* (Paris: Science et service

〈그림 2〉 1960년 초 누아지 거리의 도서관

출처: Jona M. Rosenfeld, *Emerger de la grande pauvreté*, p. 65.

수동적 상태에서 벗어나 스스로 해방의 주체가 되도록 그들의 인간적 존엄성을 고양시키고 잠재적 능력을 계발하여 빈곤 상태에서 벗어나 도록 지원했다.[31] 빈곤 상태에 대한 지적 자각을 목표로 한 교육과 빈 민들 간의 삶의 경험에 대한 공유, 문화활동을 통한 인간의 존엄성 고 양 등은 전통적인 빈민 대책에 새로운 전망을 제시했다. 이를 위해 브 레진스키는 빈곤의 원인과 빈민의 실태, 빈곤 퇴치 방법을 전문적으로 연구해야 한다고 생각했다. ATD 창립 직후부터 누아지를 방문하고 자

Quart monde, 1989), pp. 55, 82, 145.

31   Pierre Pierrard, *Les pauvres et leur histoire*, pp. 260~261.

원봉사를 시작한 여러 전문직 지식인 활동가들이 그 역할을 담당했다.

자원봉사자 가운데 대표적인 인물은 드골 대통령의 조카였던 주느비에브 드골-앙토니오(Geneviève de Gaulle-Anthonioz)였다. 그녀는 20대 초반에 나치에 대항한 레지스탕스 활동을 펼치다 1943년에 체포되어 북부 독일의 라벤스브뤼크 여성강제노동수용소에서 강제노역을 하다 해방 후에 귀국했다.[32] 그녀는 1958년에 누아지를 방문하고 이 빈민촌이 자신이 체험했던 수용소처럼 어떠한 희망도 존재하지 않는 곳이라고 여겨 자원봉사자가 되었다.[33] 그녀는 브레진스키의 요청으로 1964년부터 프랑스 ATD 대표를 맡아 1998년까지 헌신했다.

자원봉사자로서 또 다른 주요 인물은 파리 주재 네덜란드 대사관에 근무하던 네덜란드 외교관 보스 판 스텐베이크(Alwine de Vos van Steenwijk)였다. 그는 1960년에 누아지를 방문하여 감명을 받은 브레진스키의 요청으로 빈곤 문제를 연구하기 위한 ATD 사회조사국(Bureau de Recherches Sociales)을 만들어 책임자로 활동했다. 네덜란드로 돌아간 후에는 네덜란드 ATD를 설립하여 1971년부터 1980년까지 대표를, 1974년부터 2002년까지 국제 ATD 대표를 지냈다.[34]

1961년부터 ATD 사회조사국은 빈민들의 삶과 빈곤 문제를 연구하고, 빈민들을 교육했으며 다양한 자료집을 발간하여 사회적 배제에 반대하는 여론의 조성에 기했다. ATD 사회조사국은 1967년에 ATD 인

---

32 그녀는 여성 레지스탕스 대원을 대표하는 인물로 간주되었으며, 2015년 프랑스의 국민적 영웅들의 유해를 안치하는 국립 납골당에 해당하는 팡테옹에 유해 일부가 안치되었다.

33 Geneviève de Gaulle-Anthonioz, *Le secret de l'espérance* (Paris: Fayard, 2001), pp. 15~16.

34 André Gueslin, *Les gens de rien*, pp. 225~227.

간관계형성연구소(Institut de Recherche et de Formation aux Relations Humaines)로 개칭한 후 현재까지 활동하고 있다.[35] ATD 출판국은 사회조사국의 조사와 연구 결과를 단행본으로 출간하고 있으며, 1960년부터 《이글루(*Igloos*)》라는 소식지를 발간하고 있다. 이글루라는 제호는 〈그림 1〉처럼 양철로 된 이글루 모양의 누아지 거주자 숙소를 뜻한다. 이 소식지는 1986년에 《제4세계 잡지(*Revue Quart Monde*)》로 제호를 바꾸어 오늘날에도 발간되고 있다.

ATD 사회조사국의 연구 결과로 ATD 출판부가 1965년에 출간한 《사회적 배제》는 빈민들의 요구가 정당이나 노동조합에게 주된 고려사항이 되지 못하는 것과 마찬가지로 빈민들 스스로가 정치적·사회적 목소리를 내지 못하기 때문에 사회로부터 배제되고 있다고 분석했다. 또한 빈곤 퇴치를 위해 빈곤층이 정치적·경제적·사회적·문화적으로 성장해가며 스스로 자신의 미래를 설계하는 것이 필요하다고 강조했다.[36] ATD는 극빈층이 삶을 포기하지 않고 생존하며, 타인들과 소통하고, 과거를 성찰하고, 미래에 대한 희망을 가지며, 재능을 계발하고 사회적 배제에 맞서 능동적 시민이 되기를 바랐다. 특히 빈민촌에서 자라는 아이들이 가난을 물려받지 않고 성인이 되었을 때 극빈층에서 벗어나도록 돕기 위해 ATD 내에 빈민 아동 교육을 전담하는 기구로 타포리(Tapori)를 1967년에 신설했다.

---

[35] 대표적인 단행본으로 다음이 있다. Jules Klanfer, *L'exclusion sociale: Etude de la marginalité dans les sociétés occidentales* (Paris: ATD Bureau de Recherches Sociales, 1965); Jean Labbens, *La Condition Sous Prolétarienne: l'héritage du Passé* (Paris: ATD Bureau de Recherches Sociales, 1965).

[36] Jules Klanfer, *L'exclusion sociale*, pp. 49, 51, 130.

ATD는 빈곤 극복이 11개의 순차적인 과정을 통해 가능하다고 판단하고 빈민 지원 활동의 방향성으로 삼았다. ① 생존의 지속. 이는 극빈층이 자의식을 갖도록 스스로의 정체성을 자각하는 것에서 시작한다. ② 접촉하기. 지속적이고 건설적인 타인들과의 접촉을 통해 자신이 세상에 유용한 존재라고 인식하게 해준다. ③ 주고받기. 극빈층이 일방적 의존성에서 벗어나 타인과 무엇인가를 나누게 한다. ④ 미래를 설계하기 위해 과거를 되돌아보기. 지난 삶에 대한 진지한 성찰을 통해 불행한 기억에 매몰되지 않고 미래의 가능성을 꿈꾸게 한다. ⑤ 긍정적 기억을 환기하기. 과거에 존중받았고 인정받았던 순간을 기억한다. ⑥ 지나간 고통을 잊지 않기. 과거의 고통을 객관화함으로써 타인의 고통을 이해한다. ⑦ 아이들에게 희망을 주기. 극빈층의 부모가 자녀에 대한 무관심에서 벗어나 자녀의 꿈을 이해하게 한다. ⑧ 재능을 계발하기. 감추어진 육체적·지적·예술적 재능을 계발하여 자신의 가치를 깨닫게 한다. ⑨ 존재와 소유에 대한 의지. 자신의 노력을 통해 건강, 적합한 주거, 자녀의 진학 가능성 등에 대한 자발적 의지를 확산시킨다. ⑩ 지식을 쌓고 표현하기. 다양한 지식을 습득하고 자신의 생각을 표현하게 한다. ⑪ '단결하기'. 서로 단결하여 사회적 배제에 공동으로 대응하게 한다.[37]

사회적 배제에 대항하는 사회적 연대의 호소는 1968년 5월의 혁명적 분위기 속에서 본격화되었다. 브레진스키는 1968년 5월과 6월에 기성세대의 낡은 시스템에 저항했던 학생들은 물론, 학생들을 지지하며 연대 총파업을 전개한 노동자들, 사회적 소란에 반대하며 드골 대

---

37   Jona M. Rosenfeld, *Emerger de la grande pauvreté*, pp. 36~42.

통령에 대한 지지 시위를 전개한 부르주아 등 모든 이들이 정치적·사회적 목소리를 냈지만 극빈층은 자신들의 목소리를 내지 못하는 것을 안타까워했다. 이에 극빈층이 무엇을 열망하는지, 그들이 바라는 미래 사회는 어떤 모습인지를 알리기 위해 극빈층의 진정서를 제작했다.[38]

1789년 전국신분대표자회의 파견 대표들을 선출하는 과정에서 만들어진 진정서(Cahier de doléances)가 대다수 농민이 포함된 제3신분의 고통과 체제 개혁의 열망을 담았다면, ATD가 1968년에 작성한 진정서는 사회적 계서제의 맨 밑바닥에서 근근이 삶을 이어가며 정치적·사회적 열망을 표출하지 못하고 있던 극빈층의 목소리를 대변했다. 5월과 6월 거리에 뿌려진 이 진정서는 건강, 일자리, 교육, 주거, 존중에 대한 프랑스 전역 빈민촌 거주자들의 요구를 담았다.[39] 이 진정서는 "제4세계 구성원들의 공식적인 의사 표현의 첫걸음"이었다.[40]

1968년 극빈층의 진정서는 1968년 이후 현장에 투신하여 노동자-학생 연대에 집중했던 급진좌파 학생들을 빈민 운동으로 이끌었으며, 1968년의 목소리 가운데 하나였던 민중대학 운동과 제4세계가 결합하도록 해주었다. 민중대학 운동은 1880년대에 아나키즘에 영향을 받은 노동자 드에르므(Georges Deherme)가 민중의 지적 성장을 위한 협동조합적 지식 나누기를 주창하고 이에 급진공화주의와 사회주의 지식인들이 동조하여 1899년에 파리 18구 몽마르트르에서 처음 시작되

---

38   Archives Centre international Joseph Wresinski, *Feuille de route* (Juin 1968).

39   *Cahier de doléances: un peuple parle* (1968). *Igloo*, no. 41~42 (Mai, Juin, Juillet, Aoüt 1968).

40   Geneviève Defraigne Tardieu, *L'Université populaire Quart Monde*, p. 240.

었다.[41] 1968년 5월 27일 프랑스의 청년단체와 문화단체들은 기존의 민중대학 운동단체들과 공동으로 민중교육 확산을 요구하는 선언문을 발표했다.[42]

1968년 5월 운동의 주요 원인 가운데 하나는 전후의 사회 변화에도 불구하고 19세기의 시스템을 유지하고 있던 프랑스 대학교육의 모순이었다.[43] 1968년 5월과 6월 학생들의 요구에는 대학 개혁도 있었는데 이는 기존 대학의 개혁뿐 아니라 지식의 대중화를 위한 민중대학 운동의 확대로 이어졌다. 1968년 6월 브레진스키는 기존 대학을 파괴하고 새로운 대학을 만들려는 학생들에게 지식의 나눔을 호소했고 7월 14일 누아지에서 최초로 '거리의 강좌'를 열었다. 파리 5구 데그랑드그레 거리에 위치한 한 건물 지하실에서 1968년 가을부터 ATD 활동가와 학생, 노동자, 빈민, 지식인 들이 모여 서로의 경험과 지식을 교환하고 사회적 배제 문제에 대한 정보를 교환했다. 1971년부터는 이 장소에서 제4세계 민중대학이 시작되어 파리 지역 빈민들을 대상으로 하는 인문학 강의가 이루어졌다.[44]

---

41 Lucien Mercier, *Les universités populaires: 1899~1914, Education populaire et mouvement ouvrier au début du siècle* (Paris: Editions ouvrières, 1986), p. 23.

42 Geneviève Poujol, dir., *Education populaire: le tournant des années 70* (Paris: L'Harmattan, 2000), pp. 223~225.

43 1968년 이전 프랑스 대학 교육의 상황과 1968년 이후 대학 교육 개혁에 대해서는 다음을 보라. 민유기, 〈68년 5월 운동과 프랑스의 대학 개혁〉, 《프랑스사 연구》 29 (2013), pp. 189~216.

44 Cf., Groupe de Recherche Quart Monde-Université, *La Croisement des savoirs: Quand le quart monde et l'Université pensent ensemble* (Paris: De l' Atelier, Quart Monde, 1999).

4. 선진국의 빈민층 '제4세계' 개념의 탄생

앞에서 소개한 1954년 겨울의 동사 사건 직후에 발표된 여러 사회과학자들의 도시 빈민 관련 논저들에서 극빈층은 하위 프롤레타리아로 지칭되었고, 브레진스키 신부 역시 1957년에 누아지 빈민촌에서 ATD를 조직하면서 극빈층을 같은 용어로 표현하곤 했다. 당시 노동운동 진영은 사회보장제도의 운영 과정에 참여하여 노동자의 이익을 확대하는 문제에 주된 관심을 보였다. 따라서 하위 프롤레타리아라는 용어는 빈민 문제에 별다른 관심을 두지 않았던 노동운동 세력에게 자본주의 사회에서 노동자가 한순간에 극빈층으로 전락할 수 있음을 환기시키며 빈민 운동에 대한 지지와 연대를 호소하려는 의도가 담겨 있다.[45]

하위 프롤레타리아라는 용어를 대체하여 새롭게 선진자본주의 국가의 극빈층을 지칭하게 된 제4세계라는 개념은 1967년에 브레진스키 신부가 처음 사용했다. 프랑스 혁명기에 등장했다가 잊혀간 제4신분이란 용어의 재발견이 이 새로운 개념이 만들어진 계기였다. 1789년 4월 뒤푸르니 드비예르(Louis-Pierre Dufourny de Villiers)는 같은 해 1월에 출간된 시에예스(Emmanuel-Joseph Sieyès)의 《제3신분이란 무엇인가》에 대응하는 소책자 《제4신분》을 출간했다. 《제4신분》은 1789년 봄 전국신분대표자회의 파견 대표자 선거 당시 정치적·사회적 발언권을 갖지 못했던 극빈층의 시민적 자유와 대표자 선출 권리를 호소하였

---

45   André Gueslin, *Les gens de rien*, p. 224.

다.[46] 1967년에 재출간된 이 소책자를 접한 브레진스키는 경제 성장에
도 불구하고 정치적·사회적 권리를 누리지 못하는 20세기 중반 선진
자본주의 국가의 극빈층이 프랑스 혁명기의 제4신분과 같다고 생각했
다. 그래서 제4신분을 차용한 제4세계란 용어를 만들어냈고, 1968년
부터 ATD 명칭에 제4세계를 추가했다.

ATD 활동가였던 사회학자 라벤스는 1960년대 중반 파리 교외 빈
민촌에 대한 사회조사 결과를 《제4세계》(1969)라는 제목으로 출간했
다. 브레진스키는 이 책의 서문에서 제4세계에 대해 다음과 같이 설명
했다. "일자리와 소득, 교육과 문화, 정치적 힘과 참여 수단, 인간으로의
인식과 사회적 자긍심이 부족한 이들"이 "모든 창조적 가능성을 가지
고 있지만 동시에 자기파괴와 패배주의에 사로잡혀 있는 이들"이, "제3
세계 대다수 빈민들보다 더 열악한 삶을 살아가고" 있다. 일자리는 주
요 관심사이면서도 '일시적' 관심사에 불과하다. "자신에 대한 믿음의
부족"으로 일자리를 통해 더 나은 삶을 꿈꾸지 않기 때문이다. "불평등
한 사회가 그들을 거부했지만, 극빈층은 스스로를 거부"하기도 한다.
"문화적 결핍이 사회적 결핍을 낳아" 그들은 "미래에 대한 어떠한 희망

---

46   원제목은 《가난한 일용 노동자, 장애인, 극빈자 등 불우하나 성스러운 신분인 제4신
      분의 진정서: 혹은 모든 프랑스인들에게 속해 있지만 여전히 배제된 전국신분회의
      에 직접적으로 대표자를 보낼 권리를 보완하기 위한 가난한 이들, 정 많은 사람들
      그리고 전국신분대표자회의 간의 박애주의적 서신》이다. Louis-Pierre Dufourny
      de Villiers, *Cahiers du quatrième Ordre, celui des pauvres Journaliers, des
      Infirmes, des Indigents, etc., l'Ordre sacré des infortunés; ou Correspondance
      philanthropique entre les Infortunés, les Hommes sensibles, et les Etats-
      généraux: pour suppléer au droit de députer directement aux Etats, qui
      appartient à tout français, mais dont cet Ordre ne jouit pas encore* ([1789],
      Paris: Editions d'histoire sociale, 1967).

도 갖지 못한다."[47] 이 책을 통해 프랑스 사회에 제4세계라는 용어와 개념이 알려지기 시작했고, ATD 제4세계 운동의 국제적 성장과 함께 이 용어와 개념이 전 세계에 확산되었다.

제4세계라는 용어가 1970~1980년대에 널리 사용되면서 빈민은 사회의 맨 밑바닥에 있는 폐쇄적이고 수동적인 사람들이 아니라 '앞으로 나아가는 민중'이라는 인식을 가지게 되었다.[48] 프랑스 혁명기 제3신분이 구체제를 파괴한 역사의 주역이었던 것처럼 제4세계의 개념은 극빈층이 역사 발전에 적극적이고 능동적으로 참여하는 행위 주체가 될 것이라는 미래 전망을 내포했다.

1957년에 시작된 ATD 운동은 1960년부터 누아지뿐 아니라 파리 주변의 빈민촌 거주자들에 대한 교육활동을 전개했다. 브레진스키는 1961년 파리 교외 라쿠르뇌브에 위치한 빈민촌 거주자들을 교육하기 위해 ATD 자원봉사자들을 파견했다. 이곳에 거주하는 사람들은 대부분 외국인이었다.[49] 누아지 빈민촌 거주자 대다수는 프랑스인이었으나 다른 파리 교외 빈민촌 거주자들 가운데는 전후 복구 과정에서 단순 노동력을 제공한 과거의 식민지, 특히 북아프리카 국가 출신의 일용직 노동자가 많았다. 제3세계 출신으로 경제적·사회적·문화적 기회를 찾아 노동이민을 온 이들의 상당수는 제4세계에 위치했다. 따라서 ATD 제4세계 운동은 제3세계의 빈곤 문제에도 커다란 관심을 표방했다. 창

---

47   Jean Labbens, *Le Quart monde*, p. 8, 11, 14, 16, 19.

48   Ruwen Ogien, *Théories ordinaires de la pauvreté* (Paris: PUF, 1983), p. 41

49   Conseil général de la Seine-Saint-Denis, Direction de la communication, Direction de la culture, de la jeunesse et du sport, Bureau du patrimoine, *Bidonvilles: Histoire et représentations (1954~1974)*, Brochure no. 20 de la collection Patrimoine en Seine-Saint-Denis (2007), p. 6.

립 이후 몇 년 만에 프랑스의 대표적인 빈민 운동단체가 된 ATD에 대한 후원은 빠르게 증가했다. 가톨릭 사회운동에 관심이 많았던 20세기 프랑스의 대표적 문인 가운데 한 명인 프랑수아 모리아크(François Mauriac)는 1963년 7월 8일자 《르피가로》에 시민들에게 ATD 후원을 호소하는 글을 실었다.[50] 이 호소로 기부금이 대폭 증가하자 ATD는 1964년에 파리 교외 동서쪽에 위치한 소도시 피에르레 경계에 작은 건물을 매입했고, 누아지 빈민촌 간이숙소에 있던 사회조사국과 출판국 등 사무실을 이전했다.[51] 그리고 이때부터 ATD의 국제적 네트워크가 형성되기 시작했다. 1964년에 미국 뉴올리언스, 뉴욕 등에 ATD 지역단체가 결성된 이후 1960년대 후반과 1970년대 영국, 스위스, 벨기에 등 서유럽 국가들에서, 그리고 1980년대 동유럽 국가들과 아프리카와 라틴아메리카 각국에 ATD 지역단체가 설립되었다.

ATD 창립 초기부터 자원봉사를 했고, 1964년에 ATD 프랑스 대표를 맡게 된 조카를 통해 드골 대통령은 빈민 문제에 관심을 갖게 되었다. 1964년 12월 드골파 하원의원 드브레(Michel Debré)[52]의 제안으로 빈민촌의 토지를 수용해서 정비하고 사회주택을 건설하는 내용의 법

---

50 "Un appel de François Mauriac pour L'Aide A Toute Détresse", *Le Figaro*, le 8 Juillet 1963.

51 현재에도 피에르레와 이 소도시와 경계를 이루는 메리쉬르우아즈에 국제 ATD 본부와 사무실이 있다. 1988년에 사망한 브레진스키 신부는 국제 ATD 본부 정원에 묻혔다.

52 미셸 드브레(1912~1996)는 파리에서 의대 교수의 아들로 태어나 정치학과 법학을 공부했고, 1943년부터 레지스탕스에 가담했다. 전후 급진당으로 정치활동을 시작했으나 바로 드골주의자가 되었고 1948~1958년 상원의원, 1963~1988년 하원의원, 드골 정부에서 법무부장관(1958~1959), 교육부장관(1959~1960), 총리(1959~1962), 경제재정부장관(1966~1968), 외무부장관(1968~1969)을 지냈다.

률이 제정되었다.[53] 이에 따라 행정당국이 나서서 빈민촌 실태조사를 실시했다. 센 도의 요청으로 1964년 파리 교외의 빈민촌 실태조사를 담당한 라벤스에 대해서는 이미 언급한 바 있다. 1966년 주택·설비부의 빈민촌 실태조사 결과 파리 지역의 119개 빈민촌에 약 4만 7000명이, 지방 대도시 주변 136개의 빈민촌에 약 2만 8000명이 거주하는 것으로 파악되었다.[54]

1967년 정부는 누아지 거주자들을 위한 사회주택 단지를 건설하기 시작했고, 1970년부터 입주가 시작되었다.[55] 1968년 10월 주택·설비부는 새로 건설되는 모든 사회주택의 일부를 빈민촌 거주자들에게 할당하면서[56] 빈민촌들의 규모가 점차 감소했다. 하지만 1970년대 중반에 세계적 경제위기가 발생하면서 새로운 빈민촌들이 생겨나기 시작했고 이 같은 현상은 1980년대까지 지속되었다.

---

53 Loi n°64-1229 du 14 décembre 1964 dite Debré tendant à faciliter aux fins de reconstruction ou d'aménagement, l'expropriation des terrains sur lesquels sont édifiés des locaux d'habitation insalubres et irrécupérables, communément appleés "bidonvilles," *Journal Officiel*, le 15 Décembre 1964.

54 Ministère de l'Équipement et du logement, Etudes sur la résorption des bidonvilles, rapport 771142C3569, 1966. Yvan Gastaut, "Les bidonvilles, lieux d'exclusion", p. 3.

55 Frédéric Viguier, *La cause des pauvres*, p. 238.

56 Conseil général de la Seine-Saint-Denis, *Bidonvilles: Histoire et repré-sentations*, p. 9.

5. 제4세계 운동의 성과: 사회개혁과 인권증진

누아지 빈민촌은 1970년대 초에 사라졌으나, 극빈층은 결코 사라지지 않았고 1970년대 중반부터 발생한 세계 경제위기로 극빈층이 더욱 늘었다. 이 같은 상황에서 1970년대와 1980년대 ATD 제4세계 운동은 국제적인 빈민 인권운동의 확산과 동시에 프랑스 내부의 사회정책 강화라는 두 가지 방향으로 전개되었다.

브레진스키 신부는 1960년대부터 빈민 문제의 중요성을 국제사회에 환기시키기 위해 파리에 본부를 둔 유네스코 관계자들과 접촉했고, ATD 사회조사국은 1961년과 1964년에 유네스코 본부에서 빈곤 문제에 관한 국제 학술회의를 조직하기도 했다. 1973년 파리에서 유엔과 유네스코는 공동으로 1948년에 선포된 세계인권선언 25주년 기념행사를 열었다. 이 행사에 초대받은 브레진스키 신부는 연설을 통해 "모든 인간은 인간의 존엄성이라는 양도할 수 없는 근본적 가치"를 가지고 있음에도 "극빈층은 이 같은 가치를 인정받지 못하고 있다"고 강조했다. 빈민의 인권을 위한 국제적 노력이 필요함을 환기시킨 그의 연설은 "인간이 빈곤을 만들어내며, 인간만이 빈곤을 소멸시킬 수 있다"는 호소로 마무리되었다.[57]

유엔과 유네스코 그리고 유럽통합의 진전 속에서 유럽의회 및 유럽평의회와 꾸준히 접촉한 브레진스키의 노력에 힘입어 1977년에 국

---

[57] Joseph Wresinski, *Refuser la misère: une pensée politique née de l'action* (Paris: Cerf, Quart Monde, 2007), p. 151, 162. 이 책은 브레진스키가 ATD 활동가들의 모임이나 빈곤 문제에 대한 학술회의 및 각종 국제기구 등에서 행한 연설들과 빈곤 문제에 대한 다양한 책에 썼던 서문, 정부에 제출한 보고서의 주요 내용 등을 간추려 편집한 것으로 그의 탄생 90주년에 맞춰 출간되었다.

제 ATD는 유럽의회 경제사회문제 주요 참고기관으로 승인받았다.[58] ATD 설립 25주년을 맞은 1982년에는 유럽연합 본부가 위치한 브뤼셀에서 빈민의 인권 보장을 요구하는 10만 명의 시위를 조직했고, 빈민의 인권 보호를 요구하는 서명운동을 펼쳐 1984년 유엔 사무총장에게 사회적 배제 반대와 빈곤이 인권침해라는 유엔 차원의 선언을 요구하는 23만 2500명이 서명한 청원서를 제출했다.[59]

브레진스키 신부는 1988년 2월에 사망했으나 ATD 제4세계 활동가들은 그의 뒤를 이어 유럽연합과 유네스코, 유엔 등에 제4세계의 인권 보장을 위한 다양한 정책을 요구했다. 프랑스 국가인권위원회는 프랑스 혁명 200주년인 1989년에 펴낸 인권백서에서 브레진스키가 인권 개념의 확대에 기여한 바를 높게 평가했다.[60] 1990년에 유엔 인권위원회 산하 기관인 '소수자 보호와 차별 방지 소위원회'는 극빈층의 인권 신장 방안을 검토하라고 결의했다. 이 소위원회의 요청을 받은 아르헨티나 인권변호사 데스푸이(Leandro Despouy)는 1996년에 극빈층의 인권 관련 보고서를 제출했고, 유엔 인권위원회는 1997년에 이를 채택함으로써 빈곤이 인권 침해임을 공식화했다. 브레진스키가 1970년대 초부터 강조했고, 1987년 2월 20일 제네바의 유엔 인권위원회 본부에서 빈곤이 인권 침해라는 연설을 한 지 정확히 10년 만이었다.[61]

58   *Démocratie et pauvreté*, p. 654.

59   *Le père Joseph Wresinski: Témoin*, p. 60.

60   La Commission nationale consultative des droits de l'homme, "Les plus pauvres, révélateurs de l'indivisibilité des Droits de l'Homme", *Les Droits de l'Homme en question* (Paris: La documentation française, 1989), pp. 221~237.

61   Unites Nations, Document E/CN.4/1990/L.27. Leandro Despouy, Final report on human rights and extreme poverty (1996). United Nations Document E/

브레진스키는 삶을 마감하기 직전까지 빈민의 인권을 보장하고 사회적 배제에 반대하는 활동을 펼쳤다. 1987년 10월 17일 브레진스키와 국제 ATD 활동가들은 에펠탑이 보이는 파리 16구 트로카데로 광장에서 빈곤과 사회적 배제에 반대하는 10만여 명 규모의 집회를 개최했다. 이날 광장에는 브레진스키가 자주 언급했던 다음과 같은 문구의 동판이 설치되어 현재까지 남아 있다. "인간이 빈곤 상태로 살아가도록 강제된 곳은 인권이 침해당하는 곳이다. 빈민이 존중받도록 연대하는 것은 신성한 의무다." 1992년에 유엔은 이날을 기념하여 10월 17일을 '세계 빈곤 퇴치의 날'로 정했다.[62]

ATD 제4세계 운동은 20세기 말과 21세기 초 프랑스의 사회정책 발전에 공헌했다. 브레진스키는 1979년에 프랑스의 경제사회정책의 방향을 논의하는 자문기구인 사회경제위원회[63]의 빈민 문제 전문위원으로 위촉되었다. 그의 사회경제위원회 전문위원 활동은 사회당 정부 시절에 크게 확대되었다. 사회당은 1970년대 중반 이래로 계속된 경제 위기로 나날이 증가하는 실업자들 때문에 빈곤 문제에 커다란 관심을

CN.4/Sub.2/1996/13 (28 June 1996). Unites Nations Commission on Human Rights, Resolutions 1997. Human rights and extreme poverty, C.H.R. res. 1997/11, ESCOR Supp. (No. 3) at 55, U.N. Doc. E/CN.4/1997/11 (1997).

62　Unites Nations, Résolution adoptée par l'Assemblée générale 47/196. A/RES/47/196, 22 December 1992. Institutionn d'une journée internatinale pour l' élimination de la pauvreté.

63　1924년에 대통령 포고령에 의해 경제위원회라는 명칭으로 처음 설립되었고, 전후 제4공화국 헌법에 조직과 경제 관련 법률 제안 검토라는 임무가 명시되었다. 제5공화국 헌법에서 경제사회위원회라는 명칭을 얻었고 2008년 헌법 수정 조항에 의해 현재 명칭은 경제사회환경위원회다. 위원회는 노동조합, 농민단체, 자유직업단체, 시민단체, 가족단체, 지자체별 선거나 추천 그리고 경제·사회·환경 전문가들에 대한 임명으로 구성된다.

가졌다.

　브레진스키 신부는 1982년에 경제계획과 국토정비부 장관 로카르 (Michel Rocard)가 제9차 경제계획안을 마련하면서 요청한 빈곤 문제 해소 방안을 위한 보고서를 작성했다. "빈곤은 운명이 아니다"라는 문장으로 시작하는 《극빈층의 재생산을 저지하기》라는 제목의 이 보고서는 빈곤의 재생산을 막기 위한 지속적인 교육, 경제적 안정성을 보장하는 일자리, 안정적 소득, 주택을 강조하고 있다.[64] 사회경제위원회는 브레진스키에게 1985년에 빈곤 문제에 관한 보고서 집필을 요청했고, 1987년 2월에 제출된 《빈곤과 사회경제적 불안정》이라는 제목의 보고서는 제4세계 운동과 인간의 존엄에 대한 철학, 경험, 비전, 정책 제안 등을 담고 있다.[65]

　1988년에 연임에 성공한 사회당의 미테랑 대통령은 1988년 6월 총선에서 좌파가 승리하면서 1986년 3월부터 이어져온 제1차 좌우동거 정부가 막을 내리자 좌파 총리에게 서둘러 빈민 정책을 마련할 것을 요청했고, 1988년 12월 1일 사회보장의 수혜를 입지 못하는 극빈층에게 사회통합 수당을 지불하는 빈곤층 최소소득 지원법(Revenu minimum d'insertion: RMI)[66]과 1990년 5월 31일 주거권 보장법이 제정

64　Rapport de Wresinski, Enrayer la reproduction de la grande pauvreté (1982). Joseph Wresinski, *Refuser la misère*, pp. 255, 275~277.

65　Joseph Wresinski, *Grande pauvreté et précarité économique et sociale*, Rapport présenté au nom du Conseil Economique et Social, les 10 et 11 Février 1987. *Journal officiel*, le 28 Février 1987.

66　Loi n°88-1088 du 1 Décembre 1988 relative au revenu minimum d'insertion. 사회통합 최소수당은 2009년 5월 31일자 사회연대소득법(Revunu de solidarité active) 제정으로 확대되었다.

되었다. 이 두 사회입법은 1987년에 브레진스키가 사회경제위원회에 제출한 보고서에서 요구한 것들이었다.[67] 또한 프랑스 국가인권위원회는 1990년에 빈곤에 반대하는 투쟁과 모든 시민의 기본 권리를 보장하는 것이 국가의 최우선 과제라는 의견을 채택했다. 이 의견 채택서는 가장 먼저 브레진스키의 1987년 보고서를 참고했음을 언급하고 있다.[68]

1993년 총선에서 우파가 승리하여 제2차 좌우동거 정부가 구성되고, 1995년 5월에 우파인 시라크(Jacques Chirac)가 대통령으로 선출되면서 빈곤층 지원을 위한 사회입법에는 큰 진척이 없었다. 그러나 1997년 5월 총선에서 사회당이 승리하여 2002년 대선까지 우파 시라크 대통령과 좌파 조스팽(Lionel Jospin) 총리의 제3차 좌우동거 정부가 수립되자 상황이 변했다. 사회당의 조스팽 총리는 1998년에 사회적 배제 반대 기본법을 제정하여 "사회적 배제 반대가 모든 인간의 평등한 존엄성 존중에 기초하는 국민의 명령이며 공공정책의 최우선 관심 사항"임을 천명했고 의료, 일자리, 주거, 주택, 문화 등에서의 차별과 배제를 방지하는 각종 규정을 마련했다.[69]

제4세계 운동은 기존의 의료보험 체계에서 배제된 극빈층을 포함

67　Fabienne Waks, *ATD Quart Monde, Joseph Wresinski, la pauvreté au corps à corps* (Paris: Quart Monde, 2006), pp. 87~89.

68　La Commission nationale consultative des droits de l'homme, Avis, Priorité nationale pour lutter contre la grande pauvreté et garantir les droits fondamentaux de tous les citoyens, Adopté à l'unanimité par l'Assemblée plénière du 28 Juin 1990.

69　Loi n°98-657 du 29 juillet 1998 d'orientation relative à la lutte contre les exclusions, *Journal Officiel*, le 31 Juillet 1998.

하여 프랑스에 거주하는 모든 이를 위한 보편적 의료보험을 실시하는 1999년 7월 27일의 법 제정에도 이바지했다. ATD 제4세계 운동은 빈민에 대한 구호 정책이 아니라 빈민을 포함한 모든 시민이 차별받지 않고 시민의 권리를 행사하며 인권을 보장받도록 돕는 다양한 사회정책 마련에 영향을 미쳤다.

20세기 중반 선진국에서 빈곤의 개념이 달라지기 시작했다. 낮은 실업률과 사회보장제도의 확대는 일자리 부족이나 실업으로 인한 절대적 소득 부족으로 인식되어왔던 19세기 말과 20세기 전반기 경제적 차원의 빈곤 개념에 변화를 가져왔다. 절대적 빈곤 대신 상대적 빈곤, 경제적 차원뿐 아니라 정치적·사회적·문화적 차원에서 인간의 존엄성을 보장받지 못하는 상태를 빈곤으로 인식하게 된 것이다. 프랑스에서 이러한 인식의 변화는 제4세계 운동을 통해 시작되었다.

제4세계 운동은 인권의 사각지대에 놓여 있던 극빈층의 인권문제를 제기했고, 20세기 말과 21세기 초에 프랑스에서 빈민을 포함하여 모든 시민의 인권 보호와 사회적 배제에 반대하는 다양한 사회입법이 탄생하는 데 기여했다. 빈민 운동이 빈민의 삶의 조건을 개선하는 것만이 아니라 보편적인 인간의 존엄을 보장받아야 한다는 인권운동으로 확대되었고, 이러한 운동이 여러 사회정책 입안에 영향을 준 것이다.

1970년대 중반 세계 경제위기 속에서 복지자본주의를 대체하며 등장한 신자유주의는 여러 차례 경제위기를 촉발하며 그 한계를 보여주고 있다. 신자유주의 시대 빈곤의 확대, 여전히 저개발 국가들에서 발견되는 절대적 빈곤뿐 아니라 선진국에서도 발견되는 중산층의 몰락과 상대적 빈곤, 경제적 측면뿐 아니라 사회적·문화적 결핍에 대한 인식의 확대는 새롭게 빈곤 문제에 접근할 것을 요구하고 있다.

절대적 빈곤 상태에 놓인 사람들에게 생존을 돕기 위한 구호는 절대적으로 필요하다. 하지만 생존 다음에는 인간으로서의 존엄성 회복과 시민적 권리 행사를 도와야 한다. 빈민에 대한 동정과 연민이 아닌 인간과 시민으로서의 연대가 빈곤을 최소화하고 더 나은 사회를 만들어 갈 것이다. ATD의 모토는 창립할 당시의 '모든 궁핍에 대한 지원(Aide à Toute Détresse)'에서 2009년에 '존엄을 위한 모두의 행동(Agir Tous pour la dignité)'으로 수정되었다. 빈곤의 소멸을 위한 노력은 모든 인간의 존엄을 위한 것이다.

참고문헌

1. 사료

Archives Centre international Joseph Wresinski. *Feuille de route* (Juin 1968).

Cahier de doléances: un peuple parle (1968). *Igloo*, no. 41~42 (Mai, Juin, Juillet, Août 1968).

Conseil général de la Seine-Saint-Denis, Direction de la communication, Direction de la culture, de la jeunesse et du sport, Bureau du patrimoine, *Bidonvilles: Histoire et représentations (1954~1974)*, Brochure no. 20 de la collection Patrimoine en Seine-Saint-Denis (2007).

Despouy, Leandro, Final report on human rights and extreme poverty (1996).

De Villiers, Louis-Pierre Dufourny, *Cahiers du quatrième Ordre, celui des pauvres Journaliers, des Infirmes, des Indigents, etc., l'Ordre sacré des infortunés; ou Correspondance philanthropique entre les Infortunés, les Hommes sensibles, et les Etats-généraux: pour suppléer au droit de députer directement aux Etats, qui appartient à tout français, mais dont cet Ordre ne jouit pas encore* ([1789], Paris: Editions d'histoire sociale, 1967).

Journal Officiel, le 15 décembre 1964; le 28 Février 1987.

La Commission nationale consultative des droits de l'homme, "Les plus pauvres, révélateurs de l'indivisibilité des Droits de l'Homme," *Les Droits de l'Homme en question* (Paris: La documentation française, 1989).

La Commission nationale consultative des droits de l'homme, Avis, Priorité nationale pour lutter contre la grande pauvreté et garantir les droits fondamentaux de tous les citoyens, Adopté à l'unanimité par l'Assemblée plénière du 28 Juin 1990.

Le Figaro, le 7 Janvier 1954; le 8 Juillet 1963.

L'Observateur, le 14 Août 1952.

Loi n°88-1088 du 1er décembre 1988 relative au revenu minimum d'insertion.

Loi n°98-657 du 29 juillet 1998 d'orientation relative à la lutte contre les exclusions.

Ministère de l'Équipement et du logement, Etudes sur la résorption des bidonvilles, rapport 771142C3569, 1966.

Ordonnance du 4 Octobre 1945 relative à l'organisation de la Sécurité sociale.

Ordonnance du 19 Octobre 1945 fixant le régime des Assurances sociales.

Préfecture de la Seine, *Cités d'urgence de la banlieue parisienne* (Paris, 1966).

Rapport de Wresinski, Enrayer la reproduction de la grande pauvreté (1982).

Unites Nations Commission on Human Rights, Resolutions 1997. Human rights and extreme poverty, C.H.R. res. 1997/11, ESCOR Supp. (no. 3) at 55, U.N. Doc. E/CN.4/1997/11 (1997).

Unites Nations, Document E/CN.4/1990/L.27.

United Nations Document E/CN.4/Sub.2/1996/13 (28 June 1996).

Unites Nations, Résolution adoptée par l'Assemblée générale 47/196. A/ RES/47/196, 22 December 1992.

Wresinski, Joseph, *Refuser la misère: une pensée politique née de l'action* (Paris: Cerf, Quart Monde, 2007).

2. 연구서와 논문

민유기, 〈프랑스 사회주택 정책 발전에서 파리 시의회의 역할 1880~1914〉, 《프랑스사 연구》 10 (2004).

민유기, 〈68년 5월 운동과 프랑스의 대학개혁〉, 《프랑스사 연구》 29 (2013).

Amaury, Begasse de Dhaem. *Théologie de la filiation et universalité du salut: L'antrophologie théologique de Joseph Wresinski* (Paris: Cerf, 2011).

Balista, José, *Emmaus et l'abbe Pierre. Mythe, utopie et emprise charismatique*, Thèse en sociologie, EHESS (1976).

Bergier, Bertrand, *Compagnons d'Emmaüs: Sociologie du quotidien communautaire* (Paris, Editions Ouvrières, 1992).

Brodiez-Dolino, Axelle, *Emmaüs et l'abbé Pierre* (Paris: Presses de Sciences Po, 2008).

Caillaux, Jean-Claude, *Joseph Wresinski, Un défi pour la dignité de tous* (Paris: Desclée de Brouwer, 1999).

De Gaulle-Anthonioz, Geneviève, *Le secret de l'espérance* (Paris: Fayard, 2001).

Dupâquier, Jacques, dir., *Histoire de la population française*, t. 4. *De 1914 à nos jours* (Paris: PUF, 1988).

Evenson, Norma, *Paris: A Century for Change, 1878~1978* (New Haven: Yale University Press, 1979).

Flamand, Jean-Paul, *Loger le peuple: essai sur l'histoire du logement social* (Paris: La découverte, 1989).

Fourastié, Jean, *Les Trente Glorieuses ou la révolution invisible de 1946 à 1975* (Paris: Fayard, 1979).

Gastaut, Yvan, "Les bidonvilles, lieux d'exclusion et de marginalité en France durant les trente glorieuses", *Cahiers de la Méditeranée*, no. 69 (2004).

Grenot, Michèle, "Naissance et sens du mot quart monde", *Droits fondamentaux*, no. 4 (2004).

Groupe de Recherche Quart Monde-Université, *La Croisement des savoirs: Quand le quart monde et l'Université pensent ensemble* (Paris: De l'Atelier, Quart Monde, 1999).

Gueslin, André, *Les gens de rien: Une histoire de la grande pauvreté dans la France du XXe siècle* (Paris: Fayard, 2004).

Klanfer, Jules, *L'exclusion sociale: Etude de la marginalité dans les sociétés occidentales* (Paris: ATD Bureau de Recherches Sociales, 1965).

Labbens, Jean, *La Condition Sous Prolétarienne: l'héritage du Passé* (Paris: ATD Bureau de Recherches Sociales, 1965).

Labbens, Jean, *Le quart monde, la pauvreté dans la société: étude sur le sous-prolétariat français dans la région parisienne* (ATD Editions Science et Service, 1969).

Le Goff, Loïc, *Compagnons de l'abbe Pierre* (Paris: Bayard, 2009).

Le père Joseph Wresinski, Témoin des plus pauvres de tous les temps (Paris: Quart Monde, 1992).

Lunel, Pierre, *Abbé Pierre, Mes images de bonheur, de misère et d'amour* (Paris: Fixot, 1994).

Malignac, Georges, "Le logement des faibles: évincement progressif et formation d'un sous-prolétariat", *Population*, vol. 12, no. 2 (1957).

Mercier, Lucien, *Les universités populaires: 1899~1914, Education populaire et mouvement ouvrier au début du siècle* (Paris: Editions ouvrières, 1986).

Merrien, François-Xavier, *Face à la pauvreté* (Paris: De l'Atelier, 1994).

Michel, Andrée, "La population des hôtels meublés à Paris: composition et conditions d'existence", *Population*, vol. 10, no. 4 (1955).

Mioche, Philippe, *Le Plan Monnet: genèse et élaboration, 1941~1947* (Paris: Publications de la Sorbonne, 1987).

Ogien, Ruwen, *Théories ordinaires de la pauvreté* (Paris: PUF, 1983).

Pierrard, Pierre, *Les pauvres et leur histoire: de Jean Valjean à l'Abbé Pierre* (Paris: Bayard, 2005).

Poujol, Geneviève, dir., *Education populaire: le tournant des années 70* (Paris: L'Harmattan, 2000).

Rémond, René, ed., *Démocratie et pauvreté: Du quatrième ordre au quart monde* (Paris: Quart Monde-Albin Michel, 1991).

Rosenfeld, Jona M., *Emerger de la grande pauvreté* (Paris: Quart Monde, 1989).

Sauvy, Alfred, "Le logement des faibles: nouvelles données sur l'élimination du prolétariat", *Population*, vol. 12, no. 4 (1957).

Steenwijk, Alwine de Vos van, *Père Joseph Wresinski* (Paris: Science et service Quart monde, 1989).

Tardieu, Geneviève Defraigne, *L'Université populaire Quart Monde: La construction du savoir émancipatoire*, Thèse en sciences de l'Education, Université de Paris VIII (2009).

Viguier, Frédéric, *La cause des pauvres: Mobilisations humanitaires et transformations de l'Etat social en France (1945~2010)*, Thèse en sociologie, EHESS (2010).

Voldman, Daniele, *La Reconstruction des villes françaises de 1940 à 1954, Histoire d'une politique* (Paris: L'Harmattan, 1997).

Waks, Fabienne, *ATD Quart Monde, Joseph Wresinski, la pauvreté au corps à corps* (Paris: Quart Monde, 2006).

11장

포스트사회주의 동유럽의 '비공식 경제'와
빈곤한 일상에서 살아남기

오승은

1. 포스트사회주의 '체제 이행 사막'과 일상의 빈곤화

포스트사회주의 동유럽 사회를 두고 크로아티아 철학자이자 신세대 지식인 호르밧(Srečko Horvat)은 '체제 이행 사막(desert of transition)'이라고 표현했다.[1] 20년 넘게 체제 이행을 해왔음에도 불구하고 약속된 '풍요의 땅(land of plenty)'은 어디에서도 찾아볼 수 없고, 무기력한 정치, 외국 은행의 전유물이 되어버린 금융경제, 여전히 '2등 시민'에 머

---

[1] Srečko Horvat, "Welcome to the Desert of Transition! Post-Socialism, the European Union, and a New Left in the Balkans", *Monthly Review*, (March 1, 2012). http://monthly review.org/2012/03/01/welcome-to-the-desert-of-transition.

물고 있는 유럽 사회 내의 위치 등을 비유한 말이다. 체제 이행이라는 명목 아래 23년째 긴축정책을 실시하고 있는 동유럽의 사람들이 겪어야 하는 고통을 상징적으로 보여주는 말이기도 하다.

동유럽의 보통 사람들이 살아가는 일상생활의 관점에서 보면, 동유럽 사회가 직면한 가장 심각한 문제는 급증하는 가난과 가난으로 인한 경제적·사회적 고립 그리고 불평등이다. 크로아티아의 경우 '보편적 가난(opće siromaštvo)'이라는 표현이 언론 보도에서 일상적으로 나올 정도로 체제 이행의 과정에서 많은 사람들의 삶이 궁핍해졌다. 이는 비단 크로아티아만이 아니라 동유럽을 비롯한 포스트소비에트 진영 전체에 해당하는 이야기다.

사회주의 체제 붕괴와 함께 찾아온 '사회적 소득(social wage)'의 붕괴는 일상생활에 커다란 파장을 몰고 왔다. 사회주의 시절 일을 하면 소박한 수준에서나마 보장되던 생계 소득(living wage)과 4인 가족이 먹고살 수 있는 가족 소득(family wage)은 이제 먼 과거의 이야기가 되었다. 평균 실업률이 10~33퍼센트로 높아지면서 일자리는 줄어들었고, 의식주를 해결하기에도 어려울 정도로 임금 수준이 낮아졌다. 이뿐만 아니라 일자리와 함께 보장되던 주택, 직장, 의료서비스, 복지 혜택 등 사회 안전망도 급격히 축소되거나 철폐되었다.

그 결과 국가별로 차이는 있으나 노동력을 유지하는 데 필요한 최소한의 생활수준인 빈곤선(poverty line) 아래에서 간신히 하루하루를 연명하는 사람들이 적게는 10퍼센트에서 많게는 40퍼센트까지 늘어났다.[2] 사회주의 시절 빈곤선 아래 인구가 10퍼센트 안팎인 것과는 커다

---

[2] Mihaly Simai, "Poverty and Inequality in Eastern Europe and the CIS

란 대조를 이룬다. 2013년에 불가리아에서 6명이 가난을 못 이겨 분신 자살한 것은 문제의 심각성을 보여준다.[3] 또한 빈곤선 아래에 놓인 것은 아니라 하더라도 절대 다수의 서민들이 궁핍해지고 경제적·사회적으로 고립된 삶을 살아가고 있다.

그러나 한국 관광객이 많이 찾는 체코의 프라하나 크로아티아의 두브로브니크 같은 유명 관광지나 나날이 더 화려해지는 동유럽 도시들의 외양에서는 이러한 빈곤의 문제가 잘 드러나지 않는다. 사치품과 서구 상품이 가득한 쇼핑몰과 하이퍼마켓이 우후죽순처럼 생겨나자 불가리아에서는 체제 이행으로 "사람보다 쇼핑센터가 더 많다"는 농담이 유행하기도 했다. 또한 일부 한국 언론에서 부풀려 보도하듯 체제 이행의 혜택을 본 '위너 계층'이 존재하는 것도 사실이다.[4] 특히 신흥 부자, 벼락부자의 탄생은 체제 이행의 양면성을 잘 보여준다. 러시아에서는 '신러시아인', 불가리아에서는 '무트리', 크로아티아에서는 '헤르체고브치'라는 이름으로 불리는 소수의 사람들은 서유럽의 부자 못지않은 생활을 누리고 있다.[5] 2000년대 들어 폴란드에서는 고급 주택

Transition Economies", *DESA Working Paper*, no. 17 (February 2006).

3   2013년 3월 20일 불가리아의 북부 작은 마을 시토보에 사는 40세의 실직 가장이 분신자살했다. 그는 "하나밖에 없는 아들한테 빵조차 먹일 수 없는 현실을 더 이상 감당할 수 없다"며 주유소 앞에서 자신의 몸에 석유를 뿌리고 스스로 목숨을 끊은 것이다. 이 사건은 2013년 들어 불가리아에서 벌어진 여섯 번째 분신자살이었다. 연이은 분신자살 사건은 5명 중 1명이 실업 상태인 불가리아의 현주소를 비극적으로 보여주는 것이며, 이는 불가리아만의 문제가 아닌 구소비에트 진영 전체에 적용될 수 있는 이야기일 것이다.

4   《조선일보》(2011년 12월 1일), "모스크바에서는 누구도 소련 시절을 그리워하지 않는다." news.chosun.com/site/data/html_dir/2011/12/01/2011120100214(검색일 2011년 12월 20일).

5   Daphen Berdhal, "New Directions in the Study of Postsocialist Consumption",

단지에 사는 신중산층이 집에 개인 수영장을 만드는 것이 유행하기도 했다.

그러나 체제 이행의 화려한 외관 뒤에서 대다수의 사람들은 일자리가 없어 혹은 일자리가 있어도 수입이 충분치 않아 생존 자체를 걱정해야 하는 것이 포스트사회주의 일상의 암울한 풍경이라 하겠다.

그렇다면 황폐한 '사막'과 같은 포스트사회주의 시대의 빈곤한 일상을 동유럽 서민들은 어떻게 헤쳐나가고 있을까? 일상 연구자 드세르토(Michel de Certeau)의 개념을 빌리자면 다양한 '전략(strategy)'과 '전술(tactics)'을 구사하는 것으로 나타난다.[6] 전략이란 권력관계에 대한 계산과 함께 자신이 가진 권력을 이용하여 공간을 형성해나가는 것이다. 반면 전술은 권력이 없는 사람들이 주어진 공간을 이용하고 조정하여 문제가 되는 상황을 피해 살아남기 위한 방법을 찾아가는 시도라 할 수 있다. 드세르토식으로 표현하자면, 대부분의 힘없는 동유럽 사람들은 순간순간 주어진 상황을 헤쳐나가기 위해 '대응전술(coping tactics)'을 사용한다.

동유럽 사람들의 가장 보편적인 대응전술은 비공식 경제활동이다. 비공식 경제활동이란 간략히 얘기하자면 국가에 등록하지 않거나 숨기고 하는 경제활동을 일컫는다. 일자리가 없거나 일자리는 있지만 수입이 충분하지 않은 사람들은 아이 돌보기, 불법 상품생산과 암시장 거래, 이웃과의 생활부조, 텃밭 생산 등으로 생계를 꾸려나가고 있다. 한 연구에 따르면 구소비에트 진영에서 비공식 경제활동이 중요한 수

Anthropology of East Europe Review, vol. 24, no. 2 (2006), p. 10,

6   Michel de Certeau, *The Practice of Everyday Life* (Berkeley: University of California Press, 1984), p. 30.

입원이라고 밝힌 사람은 64퍼센트로 나타났다.[7] 체제 이행 처음 10년 동안 600만 개 이상의 일자리가 동유럽에서 사라졌고, 연금을 비롯한 복지 수당이 삭감되어 무슨 일이든지 하지 않을 수 없는 상황이 되었다. 보통 사람들은 '투잡', '스리잡'에 뛰어들 수밖에 없으며, 이런 일자리의 많은 부분이 비공식적으로 이루어지고 이다.

이 글에서는 포스트사회주의 일상의 중요한 특성이 된 비공식 경제 활동을 통해 포스트사회주의 일상의 변화를 고찰해보고자 한다. 현실 사회주의 체제가 붕괴한 직후, 포스트사회주의 국가들은 사회주의의 모든 제도와 관행을 지우고 마치 무에서 유를 창조하듯 '기획된 자본주의(capitalism by design)'를 도입하고자 했다.[8] 새롭게 정권을 잡은 동유럽 각국의 엘리트들은 국제통화기금(IMF), 세계은행, 유럽부흥개발은행(EBRD) 등의 적극적인 후원 아래 사회주의 제도와 관행 지우기 작업에 나섰다. 그러나 동유럽 서민들이 먹고살기 위해 돌파구를 찾을 수 있었던 것은 오히려 사회주의 시대부터 행해졌던 비공식 경제활동의 관행 덕분이다.[9] 시대는 바뀌었지만 다른 맥락과 조건에서 이들이

7   Jonh Round & Colin Williams, "Coping with the social costs of 'transition': Everyday life in post-Soviet Russia and Ukraine", *European Urban and Regional Studies* (2010), p. 189.

8   David Stark, "The Great Transformation? Social Change in Eastern Europe", *Contemporary Sociology*, vol. 21, no. 3 (1992), pp. 299~304.

9   Alison Stenning, "Re-placing work: economic transformations and shape of a community in post-socialist Poland", *Work Employment Society*, vol. 19 (2005), pp. 235~259; "Where is the Post-socialist Working Class?: Working-Class Lives in the Spaces of (Post-)Socialism", *Sociology*, vol. 39 (2005), pp. 983~999; Adrian Smith, Alison Stenning, Alena Rochovská and Dariusz Świątek, "The Emergence of a Working Poor: Labour Markets, Neoliberalisaton and Diverse Economies in Post-socialist Cities", *Antipode*,

어려운 삶을 헤쳐나가는 주요 기제로 활용되는 것이다.

동유럽의 비공식 경제활동을 놓고 학계의 의견은 찬반으로 나뉜다. 사회경제지리학자 스테닝(Alison Stenning)은 비공식 경제의 운영에 중요한 역할을 하는 대인 관계망 활용에 주목한다. 공적인 구직센터가 제 가능을 다하지 못함에 따라 일자리를 찾지 못한 사람들은 개인 관계망을 통해 일자리를 얻어 생계를 유지하게 되는데, 스테닝은 이러한 삶의 방식에 내재한 공동체적 가치에 주목했다.[10] 아직은 '약한 관계(weak ties)'지만 살아 있는 공동체의 불씨를 더 키워 자본주의의 대안을 제시할 수 있는 잠재적 가능성은 열려 있는 것으로 보고 있다.

반면 인문지리학자 라운드(John Round)와 윌리엄스(Colin Williams)는 공적 경제 부문을 좀먹음으로써 국가의 기강과 조직을 해칠 수 있는 문젯거리로 여긴다.[11] 비공식 경제활동의 많은 부분은 뇌물수수와 탈세 같은 불법 활동을 포함하며, 이로 인해 공적 영역이 잠식될 뿐이지 일상의 개선으로까지 연결될 가능성은 희박하다는 입장이다.

이 글에서는 우선 양쪽의 상반되는 입장을 소개하고자 한다. 입장 차이에도 불구하고, 두 연구 모두 포스트소비에트 동유럽이라는 공간을 '아래로부터' 접근함으로써 동유럽 보통 사람들의 목소리를 들려준다는 장점이 있다. 기존의 대다수 동유럽 연구는 체제 이행 과정에서 나타나는 제도 개혁이나 정책 결정 등 '위로부터'의 변화에 주목한

vol. 40. no. 2 (2008), pp. 297~311.

10   Guy Standing, "Defining the precariat: A class in the Making", *Eurozine*. http://www.eurozine.com/articles/2013-04-19-standing-en.html(검색일 2013년 4월 22일).

11   Round & Williams, "Coping with the social costs of 'transition'", pp. 183~195.

반면, 보통 사람들이 치러야 하는 체제 이행에 수반되는 사회적 비용(social cost)은 도외시해왔다. 이로 인해 급증하는 가난, 사회적 불평등, 사회적·경제적 고립 같은 문제는 제대로 조명을 받지 못했다.

이런 면에서 스테닝의 심층 면접 연구는 그동안 도외시되던 일상생활에서의 변화를 구체적으로 보여준다는 장점이 있다. 스테닝은 폴란드의 대표적 사회주의 산업도시 노바 후타(Nova Huta, '새로운 철강공장'이라는 뜻)에서 18~87세 거주자를 대상으로 32회의 심층 인터뷰를 진행했다. 이 조사를 통해 사회주의 일상이 포스트사회주의 체제 이행의 과정에서 어떻게 변화하는지 그 연속성과 불연속성을 고찰했다.

일상의 관찰이라는 측면에서 라운드와 윌리엄스의 연구도 스테닝의 연구와 궤를 같이한다. 두 연구자는 포스트소비에트 우크라이나와 러시아에서 2005~2006년에 800가구를 대상으로 심층 인터뷰를 진행하여 체제 붕괴 후 악화되어가는 일상생활의 조건과 삶을 실업 문제, 의료보험 등 사회보장제도의 악화 문제, 국가 공권력에 대한 불신 등 다각도로 연구했다.

특히 이러한 '아래로부터'의 접근은 '위로부터'의 체제 이행이나 정치·경제·사회의 거시적 변화와 익명의 통계에 초점을 맞추던 국내 연구의 지평을 대중의 삶을 구체적으로 살피는 미시적 지평으로 확대시키는 시도가 될 것이다. 이를 통해 체제 전환 이후 23년째 긴축정책의 고통을 감내하고 있는 동유럽 서민들의 더 빈곤해지고 고달파진 삶의 변화를 추적해보고자 한다.

2. 포스트사회주의로의 전환: '평생직장' 시대에서 '대량 실업' 시대로

일상의 관점에서 보면, 동유럽 사람들이 직접 체험한 현실사회주의 그리고 '현실자본주의' 사이의 가장 큰 차이 중 하나는 고용의 조건이 달라짐에 따라 노동자의 일상과 정체성에 커다란 변화를 가져왔다는 것이다. 현실사회주의 시대는 '평생직장'의 시대였다고 할 수 있다. 현실사회주의 정권은 '인위적'이라는 비판을 받을 정도로 완전고용을 추구했고, '완전고용' 정책에 맞춰 거시경제 수준에서 각국 정부가 노동자-시민에게 취업의 기회를 제공했다. 그렇기 때문에 누구나 일을 하는 것이 권리이자 의무였다. 이러한 정책 기조에 맞춰 동유럽 사람들의 정체성은 '노동자-시민(worker-citizen)'으로 형성되었다.[12]

물론 이러한 정책은 동유럽만의 특성은 아니며, 많은 부분에서 2차 세계대전 후 유럽 전역에서 추구된 '산업 시민(industrial citizen)' 의제와 궤를 같이한다.[13] 그러나 동유럽의 경우 일은 훨씬 더 포괄적이고 일의 범위를 넘어서는 일상의 많은 영역에 침투해 들어가 일상을 규정하고 영향력을 행사했다는 점에서 차이가 난다. 동유럽에서 일은 사회적 지지 체계(social support system)를 대변한다고 할 수 있다. 일자리가 보장해주는 것은 임금만이 아니라 복지, 여가나 소비활동 등 생활에 필

---

12 B. Domanski, *Industrial Control over the Socialist Town* (London: Praeger, 1997).

13 Standing, "Defining the Precariat", *Eurozine*, 4. http://www.eurozine.com/articles/article_2013-04-19-standing-en.html(검색일 2013년 4월 20일).

요한 거의 모든 서비스를 포함했다.[14]

이런 관점에서 본다면 사회주의 시절 임금은 단순한 임금을 넘어서는 것이었다. 즉 '사회적 임금' 혹은 '사회적 소득'으로서 생계가 금전적 수입만이 아닌 포괄적이고 종합적인 개념임을 보여주었다.[15] 가정, 공동체, 도시에서 필요한 자원과 기회를 획득하고 유지하는 것, 위기에 대처하는 것, 사회적 관계를 협상하고, 사회적 네트워크와 제도를 관리하는 것 등을 모두 포괄하는 개념이었다.

그러나 자본주의로의 체제 이행은 사회주의 시절 보장되던 '사회적 소득'의 붕괴를 의미했다. 세계은행, 국제통화기금 등 서구 측이 추진하는 워싱턴 합의(Washington Consensus)가 제시한 조건에 따라 대규모 민영화를 포함하는 이른바 충격요법이 시행되었다.[16] GDP를 기준으로 보면 1989년 대비 1994년 알바니아의 GDP는 29퍼센트, 불가리아는 22퍼센트, 루마니아는 21퍼센트 감소했다. 전쟁을 겪은 구(舊)유고슬라비아의 경우에는 하락 폭이 더욱 크다. 크로아티아는 37퍼센트, 마케도니아는 27퍼센트, 세르비아-몬테네그로 국가연합은 58퍼센트 하락했다. '충격요법'이 시행된 처음 10년 동안 600만 개 이상의 일자리가 동유럽에서 사라졌으며, 이와 더불어 매달 받는 월급만으로는 측정될 수 없는 다양한 혜택이 사라지게 되었다. 정부의 지원을 받아 가격이 낮게 책정된 식료품, 낮은 집세, 낮은 공공요금 및 서비스 등 일상

---

14 Claus Offe, *Modernity and the State: East, West* (Cambridge: Polity Press, 1996), p. 235.

15 Smith etc., "The Emergence of a Working Poor", p. 298.

16 Vlado Puljiz, "Social Policy of Post-Yugoslav Countries: Legacy, Continuity and Changes", *Reframing Social Policy: actors, dimensions and reforms.* www.fes.org.mk/pdf/Social%20Policy%20ENGLISH.pdf(검색 2012년 1월 17일).

생활에 필요한 거의 모든 재화와 서비스에 대한 공공 지원이 없어지거나 대폭 축소된 것이다.[17]

사회주의 정권이 무너지면서 노동자들은 평생 일하던 직장에서 하루아침에 해고 통보를 받았다. 갑자기 정리해고를 당한 노동자들은 마땅한 일자리를 찾지 못했다. 국가나 회사에서는 개인사업을 시작하라고 권했지만 자본이나 정보가 없는 노동자들에게는 쉬운 일이 아니었다. 더군다나 사회주의 시절 내내 '개인사업(free trade)'은 기생충 같은 일이라고 교육받아온 터였다.[18] 당연히 고전을 면할 수밖에 없었다. 스테닝이 인터뷰한 40대 중반의 비서는 이런 분위기를 잘 전달해준다.

예전에는 실업에 대한 얘기가 없었습니다. 실업이라는 개념 자체가 없었죠. 모두 일이 있었고, 일이 없으면 연금을 받았죠. (……) 그 시절이 다 좋았다는 건 아닙니다. 단지 그때는 어느 누구도 지금처럼 두려움을 갖고 살지는 않았습니다. 거리로 나앉을지도 모른다는 두려움, 아이들에게 음식을 줄 수 없을지도 모른다는 두려움 말이죠. 지금은 그런 끔찍한 두려움을 느낍니다.

다행히 일자리가 있다고 해도 문제가 해결되는 것은 아니다. 사회주의가 해체된 직후인 1991~1993년의 실질임금은 2분의 1로 떨어졌으며,[19] 살인적인 인플레이션으로 인해 저금통장은 하루아침에 휴지가

17   Simai, "Poverty and Inequality", p. 6.

18   Round & Williams, "Coping with the social costs", p. 185.

19   J. Braithwaite, "The Old and new Poor in Russia", J. Klugman, ed., *Poverty in Russia: Public Policy and Private Response* (Washington D. C.: World Bank,

되고 말았다. 1990년대 우크라이나의 인플레이션은 1만 퍼센트에 달했으며, 불가리아는 1000퍼센트에 달했다. 사회주의 연방의 해체 전쟁까지 겪었던 유고슬라비아는 1994년에 인플레이션이 3억 1300만 퍼센트에 달하기도 했다. 대부분의 동유럽 국가의 물가는 2000년대에 접어들면서 안정되기 시작했다.[20]

거기다 임금은 장기 체불되었으며, 연금 등의 복지수당은 대폭 삭감되었다. 급격히 악화된 삶의 조건은 갑자기 급증한 빈곤선 아래에서 사는 사람들의 수치에서도 잘 드러난다. 현실사회주의 시기 전체 인구의 10퍼센트대 안팎에 머물던 빈곤선 아래에서 사는 사람들의 비율은 폴란드에서는 18.4퍼센트, 루마니아에서는 44.5퍼센트, 알바니아에서는 58.6퍼센트로 폭증했다.[21] 빈곤선 아래에서 산다는 것은 어떤 의미일까? 라운드와 윌리엄스의 심층 면접 대상자의 말을 들어보자.

전화요금, 전기세 등의 공과금을 내고 식탁 위에 올려놓을 아주 기본적인 식품을 사고 나면 돈이 한 푼도 남지 않습니다. 약품이나 샴푸, 세제, 치약, 탈취제, 대중교통 요금 등 필요한 곳에 돈을 쓸 수 없게 되는 거죠. 옷이나 책을 살 수도 없고 인터넷을 사용할 수도 없습니다. 생일 파티에 손님도 초대하지 못하고요. 친구나 친척한테 선물을 사주는 것은 불가능합니다. 사회에서 완전히 고립된 것처럼 느껴집니

1997); Round and Williams, "Coping with the social costs", p. 184에서 인용.

20 *Economist*, "Prices Whipped", 2003년 1월 3일자. http://www.economist.com/node/1552616(검색일 2013년 4월 23일) 참조.

21 UNECE(United Nations Economic Commission for Europe), *Economic Survey of Europe*, 2004 no. 1, "Poverty in Eastern Europe and CIS". http://www.unece.org/fileadmin/DAM/ead/pub/041/041c7.pdf(검색일 2013년 4월 28일).

다.[22]

이 같은 악화된 일상의 조건, 삶의 질을 고려한다면 '사회주의 몰락이 좋은 일이었다'고 대답하는 사람이 과반수에도 못 미치는 여론조사 결과가 이해될 만도 하다. 1990년대 동유럽 각국의 여론조사를 보면 '사회주의 시절이 더 좋았다'고 대답한 사람이 과반수에 가깝거나 육박한 것으로 나타났다. 1999년에 실시한 조사에서 '불평 많은 동독 사람들' 중 40퍼센트가 '사회주의 체제에서 살 때가 더 행복했다'라고 밝혔고, 폴란드 국민의 56퍼센트는 '1970년대가 더 좋았다'고 생각하며 (2002년 조사), 루마니아 응답자의 60~65퍼센트는 '1989년 이전이 더 좋았다'고 대답했다(2005년 조사).[23] 체제 이행의 지난함을 보여주는 지표라 할 수 있다.

3. '생존을 위하여': 비공식 경제활동과 사회적 관계망 활용

포스트사회주의 시대에 접어들어 공적 노동시장이 불안정해지고 위태로워질 뿐만 아니라 대량해고로 인한 실업, 장기 체불 임금, 복지수당 축소 등으로 돈을 벌기 위해 일자리를 찾아나설 수밖에 없게 되었

---

22   Round & Williams, "Coping with the social costs", p. 185.

23   동유럽 사회주의에 대한 향수에 대해서는 오승은, 〈'위대한 지도자' 티토와 티토 향수 그리고 포스트 유고슬라비아 정체성〉, 《역사와 문화》, vol. 10 (2010) 참고.

다.[24] 생존임금(living wage)을 확보하기 위해 '대응전술'을 구사하는 것인데, 대표적인 대응전술이 여러 가지 일을 동시에 하는 것이다. 라운드와 윌리엄스가 우크라이나에서 실시한 조사에 따르면 응답자의 61퍼센트가 1차 일자리에서 나오는 수입과 연금수당만으로는 생필품을 구입할 수 없다고 응답했다.[25] 슬로바키아 프레트르잘카에 사는 '워킹푸어' 계층인 추리코바(Curikova)의 말도 이런 상황을 잘 보여준다. 그 여성은 남편이 목수로 일하지만 생활형편이 어렵다고 털어놓았다.

사실 남편이 하는 부업(moonlight)은 아주 중요해요. 남편은 한 번 일할 때마다 100코루나(약 3800원)도 받고 200코루나도 받는데, 우리는 이걸 모았다가 나중에 크리스마스 같은 때 씁니다. 그런 수입이 없다면 어떻게 살아가야 할지 막막하죠.

복수의 일자리를 찾는 서민들에게 비공식 경제 영역은 주요한 위치를 차지한다.[26] 비공식 경제란 '돈을 받고 상품과 서비스를 생산하는

---

24   A. Smith & A. Stenning, "Beyond household economies: Articulations and spaces of economic practice in post-socialism", *Progress in Human Geography*, vol. 20, no. 2 (2006), pp. 190~213; C. Williams & J. Round, "Rethinking the Nation of the informal economy: some lessons from Ukraine", *International Journal and Urban and Regional Research*, vol. 1, no. 2 (2007), pp. 425~441.

25   Round & Williams, "Coping with the social costs", pp. 185~186.

26   동유럽의 비공식 경제활동에 대한 연구는 주로 사회학, 인문지리학 분야에서 많이 이루어지고 있다. *International Journal of Sociology and Social Policy*는 2011년 31권 11·12호를 비공식 경제활동 특집호로 꾸며 7편의 논문을 실었다. 그 외에도 이 주제를 다룬 주요 논문으로는 Adrian Smith, Alison Stenning, Alena Rochovská and Dariusz Świątek, "The Emergence of a Working Poor"가 있다.

활동을 탈세 등의 혜택을 얻기 위해 당국에 등록하지 않거나 숨기고 하는 활동'을 의미한다.[27] 다시 말해 활동 그 자체는 합법적이지만 당국에 등록하지 않으면 불법으로 간주된다. 이러한 비공식 경제는 '그림자 경제(shadow economy)', '아르바이트(moonlighting)', '암시장(black work)' 등으로도 불린다.

비공식 경제는 포스트사회주의 동유럽에만 나타나는 현상은 아니다. 현실사회주의 시절에도 있었고, 서유럽 국가들에서도 나타난다. 다만 동유럽에서는 이러한 비공식 경제가 차지하는 비중이 훨씬 더 크다. 다른 선진국들에서보다 훨씬 더 많은 사람들이 훨씬 더 빈번하게 비공식 경제활동을 생계수단으로 삼고 있다.[28]

동유럽의 비공식 경제활동이 함의하는 바에 대해서는 긍정적인 해석과 부정적인 해석이 있다. 스테닝이 긍정적인 측면에 주목한다면 라운드와 윌리엄스는 부정적인 면에 초점을 맞춘다. 스테닝이 주목하는 것은 사람들이 '투잡', '스리잡'을 구하는 방식이다. 사람들은 사회주의 시절부터 형성된 지인 네트워크(social network)를 통해 일자리를 찾는다.[29] 스테닝은 사람들이 구조조정의 아픔을 함께 나누고 이를 통해 가난과 불확실성의 시대를 살아가야 하는 스트레스와 압박을 덜게 되는 측면에 주목한다.[30] 다시 말해 사회주의 시절에 형성된 일자리 공동체가 기억을 공유하는 공동체(community of memory)에서 더 나아가 정

---

27 European Commission, *Report: Undeclared Work in the European Union*, 2007. http://ec.europa.eu/public_opinion/archives/ebs/ebs_284_en.pdf(검색일 2013년 4월 1일).

28 Round and Williams, "Coping with the social costs", p. 184.

29 Smith etc., "The Emergence of a Working Poor", p. 302.

30 같은 글, p. 253.

보를 구하고 조언을 듣고 상호부조의 새로운 공동체가 된다는 것이다.

반면 라운드와 윌리엄스는 비공식 경제의 불법성에 주목한다. 빈곤 가정의 많은 사람들은 비공식 경제활동에 적극적으로 나서며, 이 중 많은 활동이 '불법'이다. 예를 들어 키예프 시장에서 꽃을 파는 여성은 그 지역 경찰에 정기적으로 꽃을 뇌물로 주며 10년째 장사를 하고 있다. 정부로부터 판매 허가를 받지 않은 상태이기 때문인데, 등록하지 않으면 세금을 피할 수 있다. 슬로바키아에 사는 중년 남성 푸스텔락 (Pustelak)은 수위로 공식 취업을 했음에도 그만두었다. 임금도 적을뿐더러 실직하면 자녀수당을 받을 수 있기 때문이다. 이런 사람들은 주로 암시장에서 일자리를 찾는다.

이렇듯 라운드와 윌리엄스는 사회적 관계망이나 인맥의 '사회적 자본'으로서의 가치는 인정하지만, 그렇다고 해서 그것이 스테닝이 주장하듯 시장경제에 저항하는 비시장 경제 관행의 기능을 하는 것은 아니라고 말한다.[31] 우선 비공식 영역의 일자리는 불안정하고 장시간 노동을 요하거나 위험한 일이 많아서 이를 대안으로 보기는 어렵다는 것이다. 더군다나 비공식 경제는 독립적으로 작동하기는 어렵기 때문에 자본주의 시장경제의 대안이 될 수 없다는 것이다. 오히려 탈세로 인한 세수 감소, 뇌물수수로 인한 부패 등으로 국가 제도에 대한 불신을 조장하고 공적 기능을 약화시켜, 체제 이행의 '루저'와 '위너' 사이의 불평등한 관계를 조율하고 개선해나갈 가능성은 점점 더 멀어진다고 주장한다.

일상의 관점에서 본 동유럽 체제 이행 23년은 빈곤으로 인한 생활의 피폐화가 정치적 억압만큼이나 끔찍한 결과를 가져올 수 있음을 보

---

31   Round and Williams, "Coping with the social costs", p. 193.

여주었다. 단순화의 위험을 무릅쓰고 일반화하자면, 사회주의 시절에는 정치적 억압으로 동유럽 사람들의 삶이 고통 받았다고 할 수 있다. 상대적으로 정치적 자유를 확보했다고 평가되는 포스트사회주의 시절에는 빈곤으로 인한 문제들이 사람들의 삶을 옥죄는 경제적 억압의 시대라고 할 수 있다. 민영화 등에 따른 대량해고로 실업자들을 양산했으며, 해고와 함께 여러 가지 혜택도 저절로 폐지되었다. 그 결과 실직 가장은 분신자살이라는 극단적인 선택을 하고, 연금 생활자들은 생필품조차 사기 힘든 나머지 쓰레기통을 뒤져야 하는 등 일상의 영역에서 그 폐해가 고루 나타나고 있다.

그러나 이런 암울한 상황에서도 대다수의 서민들은 나름대로의 대응전략을 찾아 살 길을 모색하고 있다. 대표적인 대응전략은 동유럽을 포함한 포스트소비에트 진영 경제의 주요 특징이 된 '비공식 경제'다. 사회주의 시절에도 있었던 이 경제적 관행은 포스트사회주의 시대에 들어서면서 더 강화되고 활성화되었다. 사회주의 시대에는 물건을 구하기 힘들어서 혹은 필요한 서비스를 받으려면 너무 오래 기다려야 해서 주변의 지인끼리 비공식적으로 거래를 했다면, 포스트자본주의 시대에는 상품은 넘쳐나는데 살 돈이 없어서 주변의 지인들과 혹은 지인들을 통해 비공식 거래를 하고 있는 셈이다.

아직도 진행 중인 비공식 경제 현상이 함의하는 바가 무엇인지 정확히 이해하기는 어렵다. 또한 그 비공식 경제로부터 어떤 해결책을 이끌어낼 수 있는지도 확실하지 않다. 시장 자본주의에 대항하는 비시장 대안을 찾는 방향으로 가면서 연착륙을 하게 될지, 아니면 가속화되는 전 지구적 경제위기 속에서 폭력적으로 폭발하게 될지 지켜볼 일이다.

참고문헌

권경복, 〈모스크바에서는 누구도 소련 시절을 그리워하지 않는다〉, 《조선일보》 (2011년 12월 1일). news.chosun.com/site/data/html_dir/2011/12/01/2011120100214(검색일 2011년 12월 20일).

오승은, 〈'위대한 지도자' 티토와 티토 향수 그리고 포스트 유고슬라비아 정체성〉, 《역사와 문화》 10 (2010).

Berdhal, Daphen. "New Directions in the Study of Postsocialist Consumption", *Anthropology of East Europe Review*, vol. 24, no. 2 (2006).

Braithwaite, J., "The Old and new Poor in Russia", J. Klugman, ed., *Poverty in Russia: Public Policy and Private Response* (Washington D. C.: World Bank, 1997).

Certeau, Michel de, *The Practice of Everyday Life* (Berkeley: University of California Press, 1984).

Domanski, B., *Industrial Control over the Socialist Town* (London: Praeger, 1997).

UNECE(United Nations Economic Commission for Europe), *Economic Survey of Europe*, 2004 no. 1, "Poverty in Eastern Europe and CIS". http://www.unece.org/fileadmin/DAM/ead/pub/041/041c7.pdf(검색일 2013년 4월 28일).

European Commission, *Report: Undeclared Work in the European Union*, 2007. http://ec.europa.eu/public_opinion/archives/ebs/ebs_284_en.pdf(검색일 2013년 4월 1일).

Horvat, Srečko, "Welcome to the Desert of Transition! Post-Socialism, the European Union, and a New Left in the Balkans", *Monthly Review* (March 1, 2012). http://monthlyreview.org/2012/03/01/welcome-to-the-desert-of-transition.

Offe, Claus, *Modernity and the State: East, West* (Cambridge: Polity Press, 1996).

"Prices Whipped", *Economist* (2003년 1월 3일). http://www.economist.com/node/1552616(검색일 2013년 4월 23일).

Puljiz, Vlado, "Social Policy of Post-Yugoslav Countries: Legacy, Continuity and Changes", *Reframing Social Policy: actors, dimensions and reforms*. www.fes.org.mk/pdf/Social%20Policy%20ENGLISH.pdf(검색일 2012년 1월 17일).

Round, John & Colin Williams, "Coping with the social costs of 'transition': Everyday life in post-Soviet Russia and Ukraine", *European Urban and Regional Studies* (2010).

Simai, Mihaly, "Poverty and Inequality in Eastern Europe and the CIS Transition Economies", *DESA Working Paper*, no. 17 (February 2006).

Stark, David, "The Great Transformation? Social Change in Eastern Europe", *Contemporary Sociology*, vol. 21, no. 3 (1992).

Smith, Adrian & Alison Stenning, "Beyond household economies: Articulations and spaces of economic practice in post-socialism", *Progress in Human Geography*, vol. 20, no. 2 (2006).

Smith, Adrian & Alison Stenning, Alena Rochovská & Dariusz Świątek, "The Emergence of a Working Poor: Labour Markets, Neoliberalisaton and Diverse Economies in Post-socialist Cities", *Antipode*, vol. 40. no. 2 (2008).

Standing, Guy, "Defining the precariat: A class in the Making", *Eurozine*. http://www.eurozine.com/articles/2013-04-19-standing-en.html(검색일 2013년 4월 22일).

Stenning, Alison, "Re-placing work: economic transformations and shape of a community in post-socialist Poland", *Work Employment Society*, vol. 19 (2005).

Stenning, Alison, "Where is the Post-socialist Working Class?: Working-Class Lives in the Spaces of (Post-)Socialism", *Sociology,* vol. 39 (2005).

Williams, C. & J. Round, "Rethinking the Nation of the informal economy: some lessons from Ukraine", *International Journal and Urban and Regional Research*, vol. 1, no. 2 (2007).

12장

미국의 경제적 불평등과 빈곤
그리고 대안

이강익

1. 미국은 평등한 사회인가

1930년대 미국은 뉴딜협약과 2차 세계대전을 매개로 대공황을 극복했고 전후 뉴딜주의 시대를 열었다. 이 시대는 유색인종 및 여성 등 미국인의 3분의 1이 배제되었을지라도 미국 역사상 전례 없는 경제 성장과 평등의 시대였다. 1970년대 미국 경제는 다시 심각한 위기에 빠지게 되었다. 이 위기의 탈출 과정에서 뉴딜주의 시대는 막을 내리고 신자유주의 시대가 개막되었다. 적어도 신자유주의 시대는 1980년대 중후반의 작은 호황과 1990년대의 대호황을 경험한 풍요의 시대였으며, 미국 주도의 세계화가 가속화된 시대였다. 그러나 이 시대는 '풍요 속의 불평등과 빈곤의 시대'이기도 했다.

이 글에서는 이 두 시대의 경제적 불평등과 빈곤의 역사를 다루면서 다음과 같은 문제를 살펴보고자 한다. 첫째, 과연 오늘날 미국은 평등한 사회인가? 그리고 오늘날 미국의 빈곤 문제는 심각한가? 이 글에서는 이 문제를 두 가지 방식으로 확인하고자 한다. 하나는 오늘날의 시점에서 미국의 불평등과 빈곤율을 다른 선진국과 비교하는 것이다. 다른 하나는 미국의 과거 시점(뉴딜주의 시대)과 현재 시점(신자유주의 시대)을 비교하는 것이다. 국내에서도 미국의 불평등과 빈곤에 대한 연구가 많이 이루어졌고, 신자유주의를 둘러싼 정치담론이 활발했지만, 여전히 미국의 불평등의 양상에 대한 구체적인 역사적 실증자료는 부족한 편이다. 다른 하나는 기존 연구에서 충분히 제시되지 못했던 불평등 및 빈곤과 관련한 실증자료를 소개하는 것이다.

둘째, 왜 20세기 중반 뉴딜주의 시대의 풍요가 (적어도 물질적 측면에서) 불평등과 빈곤을 축소하고 평균적인 미국인의 삶의 질을 높였던 반면, 20세기 말 신자유주의 시대의 풍요는 불평등과 빈곤을 심화시키고 평균적인 미국인의 삶의 질을 높이지 못했는가? 일반적으로 1970년대 이후 미국 불평등의 대표적인 원인으로 지목되는 것은 기술 변화와 세계화다.[1] 기술 변화와 세계화가 불평등과 빈곤을 심화하는 데 기여한 것은 맞지만, 이것만으로 미국의 불평등 확대를 충분히 설명해주지 못한다. 왜냐하면 기술 변화와 세계화라는 동일한 조건에서도 선진국 간의 불평등 수준은 상이하기 때문이다. 따라서 오늘날 미국의 불

---

1   20세기 후반의 정보화와 급속한 기술 변화로 인해 고숙련, 고학력 노동자가 고용주에게 훨씬 더 가치 있는 존재로 부각됨에 따라서, 고숙련 노동자 대 저숙련·저학력 노동자 간의 불평등이 발생할 수밖에 없다는 것이다. 동시에 세계화로 인해 미국 기업들은 저임금 외국 기업들과의 가격 경쟁에서 살아남기 위해서 저임금 노동자를 압박할 수밖에 없었다는 것이다.

평등과 빈곤을 설명하기 위해서는 산업구조와 일자리 구조의 변화, 비공식적인 규범, 국가 정책, 노동조합의 역할 등을 실증적으로 파악할 필요가 있다. 3장에서는 이러한 분석을 통해 신자유주의 시대의 풍요 속의 불평등과 빈곤 문제의 원인을 찾아보고자 한다.

셋째, 20세기 초 미국의 진보운동이나 뉴딜정책이 소득과 부의 집중을 해소하고, 경제적 번영과 평등의 진전을 촉진한 것처럼, 오늘날 미국 사회에서 제2의 진보운동, 제2의 뉴딜정책이 가능할 것인가? 4장에서는 최근 미국 대선 과정에서 나타난 샌더스 현상을 중심으로 미국의 불평등과 빈곤 해소를 위한 정치적 조건은 무엇이며, 그 가능성은 어느 정도인지 조심스럽게 진단해보고자 한다.

2. 미국의 경제적 불평등과 상대적 빈곤 현황

1) 미국의 경제적 불평등과 빈곤: 국제 비교

미국은 OECD 선진국 가운데 상대적으로 불평등한 나라인가? 아래에서는 지니계수, 상위계층 소득 비중, 저임금 노동자 비중, 상위계층의 자산 비중, 전체 인구, 아동, 노인의 상대적 빈곤율의 국제 비교를 통해 이 질문에 답해보고자 한다.

2012년 미국의 지니계수[2]는 0.39로 OECD 평균(0.31)보다 높고

---

2 지니계수는 소득의 불평등 정도를 나타내는 가장 대표적인 소득분배 지표다. 지니계수는 0에서 1사이의 수치로 표시되는데 소득분배가 완전평등한 경우가 0, 완전불평등한 경우가 1이다.

〈그림 1〉 OECD 국가의 지니계수로 본 소득 불평등 수준(2012)[3]

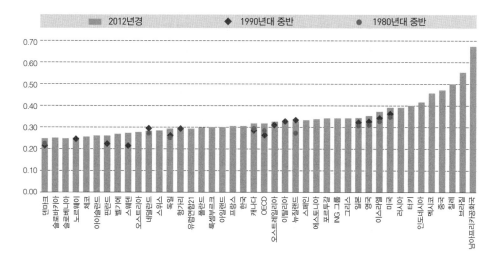

OECD 조사 대상 40개국 중 아홉 번째로 높다. 미국의 지니계수는 1980년대 이후 지속적으로 상승하고 있다.

2000년대 말 기준 미국은 주요 OECD 국가(19개국) 중 상위 1퍼센트와 상위 10퍼센트의 소득 점유율이 가장 높다.

---

3   OECD, *Fact Book 2016*. http://www.oecd-ilibrary.org.

〈그림 2〉 주요 OECD 국가들의 상위 1퍼센트와 상위 10퍼센트의 소득 점유율[4]

상위 1% 소득점유율 (단위: %)

국가	점유율
네덜란드	6.33
덴마크	6.41
스웨덴	7.13
핀란드	7.46
노르웨이	7.80
프랑스	8.08
뉴질랜드	8.13
스페인	8.20
오스트레일리아	9.17
이탈리아	9.38
일본	9.51
포르투갈	9.77
아일랜드	10.50
스위스	10.54
독일	10.88
캐나다	12.22
한국	12.23
영국	12.93
미국	19.34

상위 10% 소득점유율 (단위: %)

국가	점유율
덴마크	26.88
스웨덴	27.90
노르웨이	28.33
뉴질랜드	30.88
네덜란드	30.90
오스트레일리아	30.98
스페인	31.64
핀란드	32.50
프랑스	32.69
스위스	33.15
이탈리아	33.87
독일	34.71
아일랜드	36.13
포르투갈	38.25
영국	39.15
캐나다	40.12
일본	40.50
한국	44.87
미국	48.16

*주: 파리경제대학 데이터베이스에 등록된 OECD 가입국 기준.

또한 미국은 OECD 조사 대상 29개국 중 저임금 노동자(저임금노동자의 3분의 2 미만)의 비중이 두 번째로 높은 나라다. 미국의 2014년도 저임금 노동자의 비중은 24.9퍼센트로, OECD 평균(16.8퍼센트)보다 높은 수준이다.

4　《국민일보》(2014년 9월 12일).

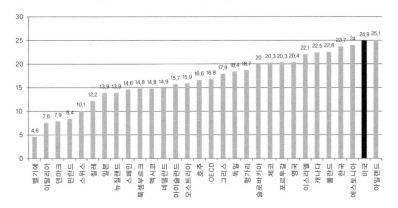

〈그림 3〉 OECD 국가들의 저임금 근로자 비중(2014)[5]

〈그림 4〉 OECD 국가의 순자산 분포에서 상위계층 점유율(2010)[6]

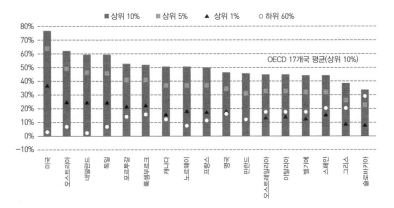

---

5   OECD, *OECD Employment Outlook* (2016). http://www.oecd-ilibrary.org.

6   OECD, *In It Together: Why Less Inequality Benefits All* (2015). http://www.oecd-ilibrary.org.

경제적 불평등은 단순히 유급고용을 통한 소득 불평등에서만 발생하는 것이 아니라 부(wealth)의 불평등 또는 자산 불평등을 통해서도 발생한다. 미국은 OECD 주요 국가들 중에서도 자산 불평등이 가장 심하다. OECD 17개 국가의 순자산 분포에서 상위 10퍼센트, 5퍼센트, 1퍼센트 모두 미국의 점유율이 가장 높은 반면, 하위 60퍼센트의 점유율은 가장 낮은 수준이다(〈그림 4〉).

미국은 선진국 중 상대적 빈곤율이 높은 나라다. 2012년 미국의 빈곤율(세후 중위소득의 50퍼센트 이하)은 18퍼센트로 아이슬란드(6퍼센트)에 비해서는 3배 정도 높고, 스웨덴(9퍼센트)에 비해서는 2배 정도 높고, OECD 평균(11퍼센트)에 비해서는 1.6배정도 높다. 조사 대상 34개국 중 세 번째로 높다(〈그림 5〉).

〈그림 5〉 OECD 국가의 빈곤율(2012)[7]

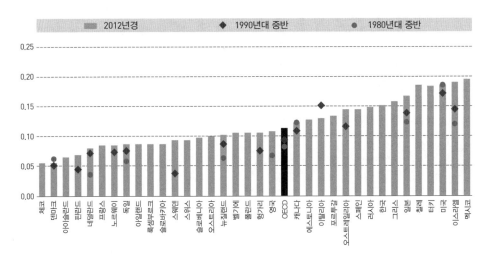

7   OECD, *Fact Book 2016*. http://www.oecd-ilibrary.org.

미국의 아동 빈곤율은 20.9퍼센트로 OECD 평균 13.3퍼센트보다 높은 수준이다. 조사 대상 38개국 중 일곱 번째로 높다.

〈그림 6〉 OECD 국가의 아동빈곤율 현황(2012)[8]

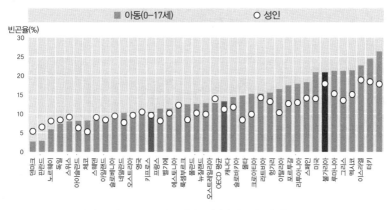

* 주 : 중위소득 가계(세후) 대비 소득수준이 50퍼센트 미만인 가계 아동의 비중

미국의 노인 빈곤율은 21.5퍼센트로 OECD 평균 12.4퍼센트보다 높은 수준이다. 조사 대상 34개국 중 여섯 번째로 높다.

---

8   OECD, *OECD Family Database* (2016). http://www.oecd-ilibrary.org.

〈그림 7〉 OECD 국가의 노인 빈곤율(2012)[9]

이상의 여러 가지 지표, 즉 지니계수(9위), 상위계층 소득 비중(1위), 저임금 노동자 비중(2위), 상위계층의 자산 비중(1위), 전체 인구 빈곤율(3위), 아동 빈곤율(7위), 노인의 상대적 빈곤율(6위)로 살펴본 바와 같이, 미국은 OECD 국가 중 경제적 불평등과 상대적 빈곤율이 높은 나라다.

2) 미국의 경제적 불평등과 빈곤: 뉴딜주의 대 신자유주의 시대 비교

미국 불평등의 장기 추이(1917~2012)를 상위 10퍼센트의 소득 점유

---

9   OECD, *Pensions at a Glance* (2015), http://www.oecd-ilibrary.org.

비중을 통해 보면, '거대한 U자형(the great U-turn)' 구조를 보이고 있다. 2차 세계대전 이전 상위 10퍼센트의 소득은 전체 소득의 40~45퍼센트 수준을 점했다. 이후 상위 10퍼센트의 소득은 급속히 하락하여 1950년대와 1960년대에는 33퍼센트 수준에 머물렀다. 1970년대 후반부터 다시 상승하여 2010년대 중반 이후 50퍼센트 수준에 이르고 있다. 반면 하위 20퍼센트의 소득은 1970년대 후반 4퍼센트를 상회했으나, 2010년대 들어 3퍼센트 수준으로 떨어지고 있다.

〈그림 8〉 미국 상위 10퍼센트와 하위 20퍼센트의 소득 비중(1917~2006)[10]

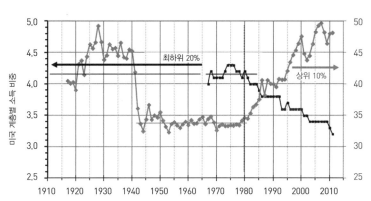

미국의 소득 불평등은 미국 노동자의 실질소득[11]의 악화를 초래하고 있다. (민간 부문 전체 노동자의 80퍼센트 이상을 차지했던) 민간 부

---

10   Charles J. Armentrout, Ann Arbor, "Piketty discovers America or vice versa", *The Last Tech Age* (2014). https://lasttechage.wordpress.com/2014/06/26/piketty-discovers-america -or-vice-versa/.

11   노동생산성은 노동시간당 부가가치이고, 실질소득은 임금 급여, 사회보장 급여, 비임금 급여를 포함한 것이다.

문 노동자의 시간당 평균 실질소득은 1947년 9.63달러에서 1973년 16.88달러로 상승했지만, 1973년 이후 정체 상태에 머물러 있다 (2014년 18.39달러). 1948~1973년에는 생산성 증가(96.7퍼센트)에 맞추어 시간당 평균 실질소득(91.3퍼센트)도 증가했지만, 1973~2014년에 생산성은 72.2퍼센트 증가한 데 비해 시간당 평균소득은 9.2퍼센트 오르는 데 그쳐, 생산성과 노동자의 실질소득 사이의 분리 현상이 나타났다.

〈그림 9〉 미국 민간 부문 생산직 및 비감독 노동자의 시간당 평균 실질소득(1948~ 2014)[12]

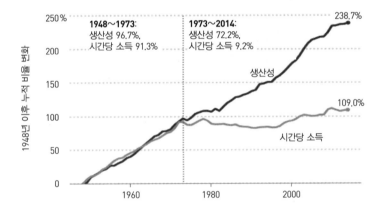

〈그림 10〉은 1973~2014년 전체 노동자의 시간당 평균 실질소득과 중위 실질소득을 비교한 것이다. 이 시기 평균 실질소득은 42.5퍼센트 상승한 반면, 중위 실질소득은 8.7퍼센트 상승에 그쳤다. 양자 간의 격

---

12   Josh Bivens and Lawrence Mishel, "Understanding the Historic Divergence Between Productivity and a Typical Worker's Pay", *EPI Briefing Paper*, #406 (September 2, 2015).

차는 실질소득의 불평등이 높다는 것을 보여준다. 즉 최상위층 노동자들의 실질소득이 빠르게 증가함에 따라 전체 노동자의 평균 실질소득이 오른 것이다.

〈그림 10〉 미국 생산성 성장, 실질 평균급여, 실질 중위급여(1973~2014)[13]

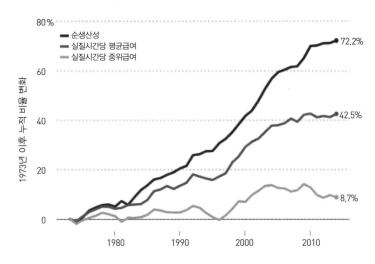

이러한 추세는 중위 가계소득에서도 드러난다. 1947~2004년에 중위 가계소득은 지속적으로 증가했지만, 1980년대 이후 가계소득의 증가 속도는 상당히 둔화되는 양상을 보이고 있다. 1948~1979년 생산성은 108.1퍼센트, 시간당 소득은 93.4퍼센트 상승한 반면, 1979~2013년 생산성은 64.9퍼센트, 시간당 소득은 8.2퍼센트 상승했다(〈그림 11〉).

---

13   같은 글.

<그림 11> 미국의 생산성과 중위 가계 평균 실질소득의 변화(1948~2013)[14]

이 시기 중위 가계소득이 증가한 원인은 기혼 여성의 노동시장 참여율이 높아진 데서 찾을 수 있다. 1973~2007년 중위 남성의 시간당 실질임금은 1980년대 이후 감소했지만, 여성의 노동시장 참여 증대와 시간당 실질임금의 상승으로 남성 실질임금의 감소분을 상쇄했다(<그림 12>).

1970년대 중반 이후 가계소득의 감소뿐만 아니라 소득계층별 가계소득 격차가 심화되고 있다. 1947~1973년의 소득계층별 소득 증가가 동등하게 나타나고 있지만, 이후 소득계층별 소득 증가는 확연하게 불균등해지고 있다. 1947~1973년 연평균 가계소득 증가율을 보면, 하위 20퍼센트는 2.6퍼센트, 중위 20퍼센트는 2.5퍼센트, 상위 20퍼센트는 2퍼센트 상승했다(<그림 13>).

14   Lawrence Mishel, Jared Bernstein, Heidi Shierholz, *The State of Working America 2008/2009* (Ithaca & London: EPI, Cornell University Press, 2009).

〈그림 12〉 미국 성별 노동자 실질 소득(1973~2013)(2013년 달러)[15]

〈그림 13〉 소득계층별 가계소득의 변화(1947~2013)[16]

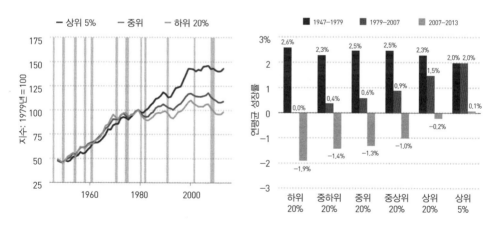

---

15   같은 글.

16   같은 글. (2014 update).

이후 상황은 극적으로 변화했다. 1979~2007년 연평균 가계소득 증가율을 보면, 하위 20퍼센트는 0퍼센트, 중위 20퍼센트는 0.6퍼센트, 상위 10퍼센트는 2.0퍼센트 상승했다. 2007~2013년 연평균 가계소득 증가율을 보면, 하위 20퍼센트는 1.9퍼센트 감소한 반면, 상위 20퍼센트는 0.1퍼센트 상승했다.

〈그림 14〉는 1965~2012년 순자산, 금융자산, 실물자산의 추이를 보여준다.[17] 1965~1994년 미국의 순자산은 연 1.2퍼센트 수준으로 지속적으로 증가했다. 1990년대 중반 이후 순자산은 빠르게 증가했지만 상당히 유동적이다. 1994~1999년에 순자산은 닷컴버블로 인해 42.1퍼센트 상승했다가 버블이 꺼지면서 1999~2002년 12.9퍼센트 하락했고, 1997년 시작된 주택 버블로 인해 2002~2006년 급등했다가 2006년 주택 버블이 터지면서 2006~2009년에 25퍼센트 하락했다. 2009~2012년에는 약 12퍼센트 상승했다.

---

[17] 자산은 총자산과 순자산으로 나뉜다. 순자산(net worth or marketable wealth)은 총자산(total asset)에서 총부채(total debt)를 뺀 것으로 곧 부채를 제외한 처분 가능한 가치를 의미한다. 총자산은 거주 주택 가치, 기타 부동산, 예금 계좌, 국채·기업채·외채·금융 증권, 보험 해약 시 환급금, 연금 등의 해약 시 환산 가치, 사업 자산, 주식 및 뮤추얼펀드, 신탁자금 등으로 구성된다. 총부채는 주택대출자금, 대부업체 등을 통한 부채, 기타 부채 등의 총합을 말한다. 자산은 금융자산과 실물자산으로 구분된다. 순금융자산은 순자산에서 실물자산(자가 보유 거주 주택 및 내구소비재 등)을 제외한 것이다. 이는 거주 주택 자산이 단기에 처분하기 어렵기 때문이다. 순실물자산은 자가 보유 거주 주택 및 내구소비재에서 자가 모기지를 제외한 것이다.

〈그림 14〉 미국 가계 평균 순자산, 금융자산, 실물자산(1965~2012, 2011년 달러 기준)[18]

미국의 자산 불평등 수준은 소득 불평등보다 높다. 전체 가계 대비 상위 1퍼센트의 가계소득 점유율은 17.2퍼센트인 반면, 순자산 점유율은 35.4퍼센트에 달한다. 상위 10퍼센트의 가계소득 점유율은 44.5퍼센트인 반면, 순자산 점유율은 76.7퍼센트에 달한다.

〈표 1〉 미국의 소득계층별 소득 및 자신 분포 현황

	전체 인구 대비 비중	
	가계소득	부(순자산)
상위 1% 이내	17.2%	35.4%
상위 1% 초과 ~ 상위 10%	27.3%	41.3%
하위 90%	55.5%	23.3%
전체	100.0%	100.0%

1962~2010년 사이에 자산 불평등이 심화되는 양상을 확인할 수 있

18   Economic Policy Institute, "Average household net worth, financial assets, and tangible assets, 1965~2012" (2015).

다. 중위가구의 순자산은 1962년에 51.9천 달러에서 2007년 107.8달
러까지 상승했다가 2010년 57.0달러로 대폭 하락했다. 반면 상위 1퍼
센트의 순자산은 1962년 6,490.6천 달러에서 2007년 19,486.1천 달러
까지 상승하였다가 2010년 16,439.4천 달러로 소폭 하락했다.

〈표 2〉 1962~2012년 계층별 평균 순자산의 변화(2010년 달러, 1000달러)[19]

임금 그룹	1962	1983	1989	1998	2001	2007	2010	변화			
								1962– 1983	1983– 2007	2007– 2010	1983– 2010
평균	$194.2	$284.4	$325.8	$361.5	$468.1	$563.8	$463.8	46.5%	98.2%	−17.7%	63.1%
중위	51.9	73.0	78.2	81.2	90.5	107.8	57.0	40.7	47.5	−47.1	−22.0
하위 80%	$46.2	$66.4	$67.1	$75.1	$91.1	$105.5	$64.2	43.6%	59.0%	−39.1%	−3.2%
하위 20%	−7.1	−4.3	−24.6	−11.8	−10.1	−14.1	−27.5	—	—	—	—
중하위 20%	9.2	16.8	13.7	14.9	17.2	18.7	5.5	81.9	11.5	−70.7	−67.3
중위 20%	52.7	74.2	78.7	81.6	92.3	111.5	61.0	40.8	50.1	−45.3	−17.9
중상위 20%	130.1	178.7	200.7	215.8	265.1	306.0	216.9	37.4	71.2	−29.1	21.4
상위 20%	$785.8	$1,156.5	$1,360.6	$1,507.3	$1,975.8	$2,396.7	$2,061.6	47.2%	107.2%	−14.0%	78.3%
상위 10% 초과~20%	271.4	372.9	422.6	461.3	603.7	675.1	567.0	37.4	81.1	−16.0	52.1
상위 5% 초과~10%	480.3	690.5	756.6	834.0	1,154.2	1,263.4	1,263.4	43.8	83.0	0.0	83.0
상위 5%	2,120.2	3,189.9	3,840.8	4,272.5	5,541.7	6,973.2	5,841.9	50.5	118.6	−16.2	83.1
상위 1% 초 과 ~ 5%	1,027.6	1,587.7	1,757.2	1,928.0	3,020.3	3,845.0	3,192.5	54.5	142.2	−17.0	101.1
상위 1%	6,490.6	9,598.6	12,176.0	13,650.2	15,627.3	19,486.1	16,439.4	47.9	103.0	−15.6	71.3

　　1962년 상위 1퍼센트 가구의 자산은 중위가구보다 125배 높았으나,
2010년에 288배에 이른다.

19　　Lawrence Mishel, Josh Bivens, Elise Gould & Heidi Shierholz, *The State of
　　 Working America 12th Edition (Ithaca & London: EPI, Cornell University
　　 Press, 2012).

<그림 15> 미국 중위가구 대비 상위 1퍼센트 가구의 순자산 비율(1962~2010)

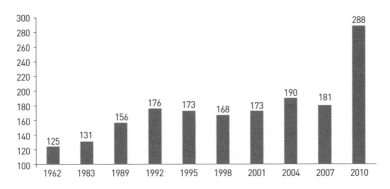

<그림 16> 미국 빈곤층 인구와 빈곤율의 변동 추이(1959~2014)[20]

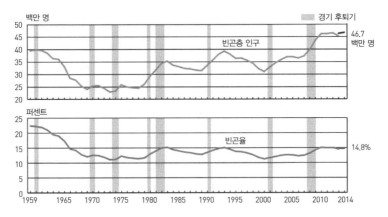

　　미국 통계청의 기준을 바탕으로 미국의 빈곤율(빈곤선 미만 인구 비중)
의 변동 추이를 보면, 미국의 빈곤율은 1959년 22.4퍼센트에서 1973

20　　Carmen DeNavas-Walt and Bernadette D. Proctor, *Income and Poverty in the United States: 2014*, (U.S. Census Bureau, 2015).

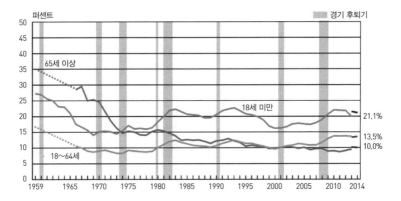

〈그림 17〉미국 연령별 빈곤율 추이[21]

년 11.1퍼센트까지 급격히 하락했다. 1980년대 이후에 13~15퍼센트 수준까지 상승했다가 1990년대 후반 11.3퍼센트 수준으로 하락했다. 이후 다시 증가하여 2014년에 미국의 빈곤율은 14.8퍼센트에 이른다.

미국의 빈곤 문제는 아동이 있는 가정과의 연계성이 높다. 미국 아동의 빈곤율은 여타 연령층의 2배 수준으로, 빈곤 문제가 상대적으로 아동 및 아동을 부양하는 가족에게 집중되어 있다.

〈그림 17〉을 보면, 18세 미만 아동의 빈곤율은 1959년 27.3퍼센트에서 1969년 14퍼센트까지 하락했다. 이후 다시 증가하여 1980년대에는 20퍼센트 내외 수준을 유지하다가 2000년에 16.2퍼센트까지 하락하였다. 이후 아동의 빈곤율은 다시 증가하여 2014년에는 21.1퍼센트에 이르고 있다. 18~64세 청장년층의 경우 1959년 17퍼센트에서 1973년 8.3퍼센트까지 하락했으나 이후 다시 증가하여 2014년 13.5

---

21   같은 글.

퍼센트에 이르고 있다. 65세 이상 노년층의 경우 1959년 35.2퍼센트에서 지속적으로 하락하여 2014년 10퍼센트에 이르고 있다.

빈곤층 내에서도 극빈층(빈곤선의 50퍼센트 미만)의 비중은 꾸준히 증가하고 있다. 미국의 극빈층은 1975년 3.7퍼센트에서 2014년에 6.6퍼센트로 증가했다. 빈곤층 대비 극빈층의 비중은, 1975년에 29.9퍼센트였으나 2014년에 44퍼센트로 꾸준히 상승했다.

〈그림 18〉 미국 저소득층(빈곤선 200%)/빈곤층(100%)/극빈층(50% 미만)의 비중
(1964~2014)[22]

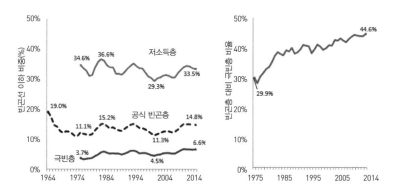

1970년대 초반 이후 미국의 빈곤율은 인종 간에 큰 격차를 보였지만 그 격차는 꾸준히 축소되었다. 2014년 인종별 빈곤층 현황을 보면 아프리카계 미국인의 26.2퍼센트, 히스패닉계 미국인의 23.6퍼센트가

22 Ajay Chaudry et al, "Poverty in the United States: 50-Year Trends and Safety Net Impacts" (Office of Human Service Policy, U.S. Department of Health and Human Services, ASPE, 2016).

빈곤층인 반면 백인의 10.1퍼센트만이 빈곤층이라는 점에서, 인종과
빈곤 간에는 밀접한 연계성이 있다.[23]

〈그림 19〉미국의 인종별 빈곤층 비중(1973~2006)[24]

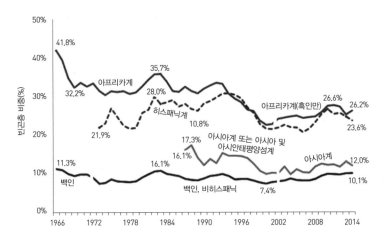

지금까지 상위 10퍼센트와 하위 20퍼센트의 소득 비중, 생산성과 노
동자의 시간당 평균 실질소득, 소득계층별 가계소득 변화, 자산 분포,
상대적 빈곤율, 저소득층/빈곤층/극빈층의 비중을 비교 분석한 결과, 2

---

23 그러나 두 가지 사실에 주목할 필요가 있다. 먼저, 백인에 비해 아프리카계 미국인의
   빈곤율이 지속적으로 하락했다는 점이다. 1956년 아프리카계 미국인의 빈곤율은 백
   인 대비 약 4배 높았으나 2005년에는 2.6배로 감소했다. 둘째, 아프리카계 및 히스패
   닉계 미국인의 빈곤율이 상대적으로 높을지라도, 미국 빈곤층의 가장 많은 수를 차
   지하는 것은 백인이다. 2014년 미국 백인 빈곤층은 19.7만 명, 히스패닉계 미국인은
   13.1백만 명, 아프리카계 미국인은 10.8백만 명, 아시아계 미국인은 2.1백만 명이다.
   따라서 빈곤 문제는 소수인종에게서 심각하게 나타나지만, 소수인종에게만 한정된 문
   제가 아니라 수백만의 백인들에게도 해당하는 문제다.

24 Ajay Chaudry et al. "Poverty in the United States".

차 세계대전 이후의 뉴딜주의 시대는 상대적으로 더 평등하고 빈곤율이 낮은 시대였던 반면, 1980년대 이후의 신자유주의 시대는 불평등과 빈곤이 확대된 시대였다.

3. 미국의 계급불평등과 빈곤의 원인

1950년대~1970년대 미국 자본주의 황금기는 소득 및 부의 집중이 완화되고, 백인·대기업·조직 노동자를 중심으로 중산층이 형성되고, 복지국가를 기반으로 빈곤층이 상대적으로 감소한 '뉴딜주의' 시대였다. 이를 지탱하던 제도적 기반은 ① 제조업 대량생산을 기반으로 고생산성-고임금-대량소비-고투자가 유기적으로 결합된 중위 일자리 중심의 산업구조, ② '단체교섭 제도'에 기반을 둔 경영자-조직 노동-뉴딜 관료의 적극적 계급 타협,[25] ③ 경영자 중심의 기업 지배구조(노조와의 협력 및 장기투자)와 사익 추구의 행위를 규제하는 경영 규범, ④ 적극적 복지국가(적극적 조세정책, 최저임금제도, 사회보장제도)였다.

그러나 1970년대 초반 경제위기 이후, 특히 1980년대 신자유주의 정부가 등장한 이후 미국의 뉴딜주의 시대를 지탱했던 제도적 기반이 급속히 해체되면서 부와 소득의 불평등과 빈곤이 확산되었다. ① 산업구조가 제조업에서 서비스 및 하이테크 산업 중심으로 변화하면서 상위 일자리와 하위 일자리가 증가하는 반면, 중위 일자리가 감소했다.

---

[25]　조직 노동자는 경영권과 테일러주의(자본가의 헤게모니를 인정)를, 경영자는 생산성 연동 임금제와 선임권 제도(내부 노동시장, 고용 안정)를 수용했고, 뉴딜 관료는 이 계급 타협이 지탱될 수 있도록 제도적 지원을 했다.

② 1980년대 신자유주의 정부의 등장과 함께 노동조합과 단체교섭 제도 기반의 적극적 계급 타협이 무너졌고, ③ 주주 중심의 기업 지배구조로의 변화와 함께 경영 규범이 해체되었고, ④ 적극적 복지국가가 심각하게 위축되면서 최저임금이 하락했고 ⑤ 빈곤 퇴치를 위한 복지정책이 후퇴했다. 또한 ⑥ 가계자산의 금융화, 기업자금 조달의 주식시장 의존성 증대, 금융자유화 등 경제의 금융화로 인해 경제의 불안정성이 커지고 부의 불평등은 한층 더 심화되었다.

1) 산업구조의 변화와 일자리 패턴의 양극화

미국의 일자리 양극화 패턴은 부분적으로 산업별 일자리 구조의 변화와 연계되어 있다. 1979~2007년 미국의 산업별 일자리 구조의 변화에서 두드러진 특징은 제조업 일자리의 급격한 감소(1979년 21.6퍼센트→2007년 10.1퍼센트)와 개인 서비스업을 포함한 기타 서비스업 일자리의 성장(1979년 26퍼센트 → 2007년 40.1퍼센트)이다. 이러한 일자리 성장 패턴은 일자리와 연계된 소득 및 고용기회에 부정적인 영향을 미치고 있다. 상대적으로 임금이 높은 정보산업, 금융, 보험, 부동산업, 정부 부문의 일자리 비중은 정체 상태에 있고, 중위소득의 제조업과 도매업의 일자리 비중은 감소하는 반면, 저소득의 기타 서비스업의 비중이 급격히 늘어나고 있다. 또한 대학을 다니지 못하면서도 중위소득의 제조업과 도매업이 감소하고 있어 저학력층에게 양질의 일자리 기회구조가 축소되고 있다.

1960년대와 1990년대의 일자리 추이를 세부적으로 보면 〈표 4〉과 같다. 1960년대 일자리 창출의 핵심은 내구재 제조업이었고, 이 부

산업 부문	1979 (%)	1989 (%)	2000 (%)	2007(%)	시간당 보상 (2005) ($)	대학졸업생 비중(2005) (%)
재화 생산	27.8	22.3	18.7	16.1	29.37	18.6
광업	1.1	0.7	0.5	0.5	37.07	15.6
건설업	5.1	4.9	5.2	5.5	28.48	9.6
제조업	21.6	16.7	13.1	10.1	29.47	23.3
서비스 생산	72.2	77.7	81.3	83.9	23.58	32.0
운송, 설비	4.0	3.8	3.8	2.7	20.48	16.9
도매업	5.0	4.9	4.5	4.4	27.44	25.5
소매업	11.3	12.1	11.6	11.3	15.23	15.9
정보산업	2.6	2.4	2.8	2.2	36.38	42.4
금융, 보험, 부동산업	5.4	6.1	5.8	6.0	32.80	39.4
기타 서비스업	26.0	31.8	37.0	40.1	22.86	37.0
정부 부문	17.9	16.6	15.8	16.1	36.55*	49.4

주: *수치는 주 및 지방정부 종업원만 계산한 것임.

문에서 창출되는 일자리는 대체로 중위 일자리였다. 그러나 1970년
대 이후 제조업 일자리가 줄어들면서 중위 일자리도 감소했다. 그나마
1980년대에는 서비스업에서 중위 일자리가 성장하면서 중위 일자리
성장을 상쇄했다. 그러나 1990년대 이후 서비스업에서 중위 일자리
성장이 둔화되고 하위 일자리가 대거 양산되었다. 하위 일자리의 증가
는 소매업과 개인 서비스업에 집중되어 있다. 이 두 업종은 하위 일자
리 성장의 3분의 2를 차지했다. 특히 개인 서비스업의 일자리는 고용
주의 노동 유연화 전략과 이주노동자의 지속적인 공급이 맞물리면서

---

26   Lawrence Mishel etc., *The State of Working America 2008/2009*에서 재구성.

열악한 특성을 지니고 있다. 상위 일자리 성장은 대체로 사업서비스업
과 하이테크에서 나오고 있다. 1960년대 사업서비스업의 비중은 매우
낮았으나 1990년대에는 3배 증가했고, 전체 상위 일자리 성장의 22퍼
센트를 차지했다. 하이테크 영역은 전체 상위 일자리 성장의 50퍼센트
를 차지하면서, 1960년대의 내구재 제조업처럼 1990년대의 상위 일
자리 성장을 주도했다. 그러나 중위 일자리의 감소 폭이 커서 일자리
양극화를 심화시키고 있다.

〈표 4〉 산업부문별 일자리 성장률[27]　　　　　　　　　　　　　　(단위: %)

		내구재 제조업	소매업	개인 서비스업	사업 서비스업	금융보험 부동산	하이테크
1963 ~1970	하위(1)	0.0	31.9	15.4	1.7	−2.0	
	중하위(2)	−6.1	−13.1	1.1	7.1	27.8	
	중위(3)	65.5	16.7	4.8	0.2	0.1	
	중상위(4)	21.2	−1.2	1.9	0.4	3.4	
	상위(5)	26.2	−0.3	1.1	3.9	8.8	
	계	27.3	4.9	3.6	2.5	7.2	
1992 ~2000	최하위(1)	−0.2	46.9	37.0	13.2	− 0.2	3.4
	중하위(2)	13.0	34.3	6.8	7.6	− 4.3	1.1
	중위(3)	−29.9	4.9	29.1	4.6	0.7	− 57.5
	중상위(4)	−1.3	2.2	3.9	19.2	6.2	13.3
	최상위(5)	10.6	1.9	0.2	22.2	13.3	51.3
	계	4.1	17.0	11.1	16.1	5.2	18.6

27　Erik Olin Wright & Rachel E. Dwyer, "The Patterns of job expansions in the
　USA: a comparison of the 1960s and 1990s", *Socio-Economic Review*, vol. 1,
　no. 3 (2003)의 〈표 3〉, 〈표 4〉, 〈표 5〉, 〈표 6〉을 재구성한 것임.

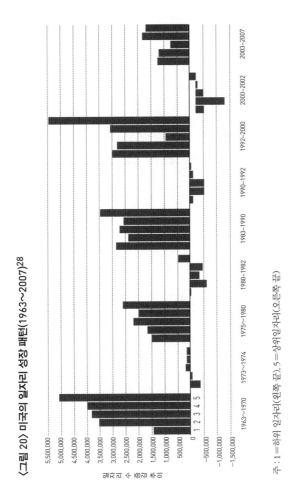

〈그림 20〉 미국의 일자리 성장 패턴(1963~2007)[28]

주: 1 = 하위 일자리(왼쪽 끝), 5 = 상위일자리(오른쪽 끝)

미국은 1990년대 이후 일자리 성장 패턴에서 양극화 현상이 심화되고 있다. 〈그림 20〉은 중위 시간당 소득을 바탕으로 일자리 유형을

---

28 1963~1990년의 내용은 Wright & Dwyer, "The Patterns of job expansions in the USA", p. 304 참조; 1990~2007년까지의 내용은 Erik Olin Wright & Joel Rogers, *American Society : How It Really Works*, (New York, London: W. W. Norton, 2010).

5분위로 나누어 일자리 성장 패턴을 분석한 결과다.[29] 미국 경제의 유
례 없는 호황기이자 일자리 창출이 매우 높았던 1960년대와 1990년
대의 일자리 성장 패턴은 상이하다. 1960년대에는 상위 일자리와 중
위 일자리의 성장이 두드러진 반면, 하위 일자리의 성장은 상대적으로
낮았다. 1990년대 일자리 성장 패턴은 양극화되었다. 즉 상위 일자리
와 하위 일자리 성장이 두드러진 반면, 중위 일자리의 성장은 매우 낮
았다. 이러한 일자리 성장의 양극화는 1980년대에도 존재하지 않았던
독특한 성장 패턴이다. 일자리 성장의 양극화 패턴이 본격적으로 나타
난 것은 1990년대 초반 일자리 수축기에 중하위(2)와 중위(3) 일자리
가 급격하게 감소하면서부터다. 양극화 추세는 1992~2000년의 일자
리 성장기에 두드러졌고, 2000~2002년의 수축기와 2003~2007년의
낮은 일자리 성장기에도 지속되고 있다.

　미국의 일자리 양극화 경향은 불평등에 관한 다양한 함의를 가지고
있다.[30] 첫째, 일자리 양극화로 인한 빈곤층의 상당수는 근로 빈곤층
이다. 1990년대에 실업률이 감소하면서 실업과 빈곤의 연계구조는 약
화되었지만, 양극화 경향과 낮은 최저임금이 결합하면서 빈곤선 이하
에서 일하는 근로 빈곤층은 급속히 늘어났다. 둘째, 중위 일자리의 성

29　라이트는 미국 노동력(American labor force) 자료를 사용하여, 23개 산업 부문
　　과 각 산업별로 100개의 직업을 분류하여 총 2000개가 넘는 일자리 유형을 분류했
　　다. 나아가 각 일자리의 시간당 중위소득을 바탕으로 각 분위별로 20퍼센트씩 모아 5
　　분위로 나눈 뒤 각 경제 성장기의 일자리 성장 패턴을 분석했다. 자세한 내용은 Erik
　　Olin Wright & Rachel E. Dwyer, "The American Job Machine", *Boston Review*
　　(december 2000), pp. 4~9를 참조할 것.

30　Wright & Dwyer, "The Patterns of job expansions in the USA"; Erik
　　Olin Wright, "Understanding Class: Towards an Integrated Analytical
　　Approach", *New Left Review*, 60 (November~December 2009).

장 둔화는 하위 일자리에 있는 사람들이 상향 이동을 할 기회를 차단하고 있다. 하위 일자리에 있는 사람이 상위 일자리로 점프하기 힘들기 때문이다.[31] 셋째, 첨단기술 영역 등의 상위 일자리와 소매업 및 개인 서비스업의 하위 일자리 간의 양극화 경향은 '현대판' 주인-노예 관계라는 새로운 문화적 불평등의 양산으로 귀결될 수 있다. 마지막으로, 1990년대 일자리 성장패턴은 인종적 계층구조를 상당히 변화시켰다. 1960년대 이후 제한적이나마 의사, 변호사, 교수, 경영자 등의 상위 일자리에 아프리카계 미국인이 상당수 진출했고, 일부 상위 일자리에서는 탈인종화가 나타났다. 그러나 1990년대 이후 하위 일자리에서는 인종화 추세가 다시 심화되는 양상을 보이고 있다. 백인 일자리 성장의 12퍼센트만이 하위 일자리이지만, 소수인종의 일자리 성장의 65.5퍼센트가 하위 일자리다. 중위 일자리의 성장 둔화로 하위 일자리에 있는 사람이 상위 일자리로 점프하는 것이 어렵다는 점을 감안할 때, 미국의 인종적 분열은 재심화될 가능성이 높다.

2) 노동조합의 약화와 적극적 계급 타협의 해체

20세기 미국 노동운동의 획기적인 전환기는 1930년대였다. 1930년대 뉴딜연합의 등장으로 인한 노동법 개혁이라는 조건에서 산업별노조회의(CIO, Congress of Industrial Organizations)가 결성되었고 노조조직률이 비약적으로 증가했다.[32] 그러나 2차 세계대전과 이어진 냉전

---

31   1960년대 중위 일자리의 성장은 높은 교육을 받지 못한 하층에게 중위 일자리로 갈
      수 있는 기회를 제공했지만, 1990년대 이후의 양극화는 하층의 고용개선의 기회를 극
      히 제한하는 결과를 낳았다.

시대에 등장한 애국주의와 반공주의, 태프트-하틀리법 제정 등의 여건에서 CIO의 특징이었던 연대문화와 전투성이 약화되면서, 1955년에 미국노동총연맹(AFL, American Federation of Labor)과 합병하게 되었다. AFL-CIO 체제의 대기업 중심의 산별노조는 민주당 우위의 뉴딜연합 체제의 정치적 기반이 되었을 뿐만 아니라, 모형교섭, 생산성 연동 임금제, 물가 연동 임금제(COLA)를 통해 임금 인상 및 노동조건을 개선하는 데 큰 역할을 했다.[33]

　　1980년대 신보수주의와 신자유주의의 물결 속에서 정부와 고용주들은 최저임금 동결, 양보교섭의 강제, 물가 연동 임금제와 생산성 연동 임금제 철폐 등 임금 유연화 전략, 단체교섭의 분권화, 불완전고용의 확대, 사회복지 지출의 확대, 노동법 개악 등 폭넓은 반노조 공제와 노동 유연화 전략을 추진했다. 그러나 관료화된 실리적 노조는 이러한 정부와 고용주의 공세에 속수무책으로 당할 수밖에 없었다.[34] 결국 이 과정에서 1960년대에 30퍼센트 중반에 이르렀던 노조 조직률은 2012

32　　CIO는 기존의 실리적 노조주의를 표방한 AFL과 달리 적극적인 '연대문화'를 형성했고, 성, 인종, 시민권적 지위에 관계없이 미숙련 노동자들을 적극적으로 조직했으며, 동조파업, 연좌파업, 지역총파업 등의 새로운 전투적 전술을 활용하고 여타 사회운동 조직과의 연대활동을 높이는 등의 성과로 노조 조직률을 비약적으로 끌어올렸다.

33　　이러한 성과에도 불구하고 CIO의 전투성과 연대문화가 거세된 미국 노동조합은 백인, 남성, 대기업 중심의 배타성을 가진 관료화된 노조로서 내적인 한계를 안고 있었다. 따라서 AFL-CIO는 2차 노동시장에 있는 유색 인종, 여성, 중소기업 노동자들의 보호와 신규 미조직 노동자의 조직화를 등한시했고, 1960년대의 인종차별 반대와 빈곤 퇴치를 위한 시민권 운동에도 거의 관심을 가지지 않았다.

34　　기업의 경영 참여 등에 소극적이었던 노조는 투자 이동, 공장 이전, 하청 및 임시직 활용 등의 문제에 개입할 수 없었고, 관료화된 노조구조로 인해 반노조 공세에 대응하여 조합원의 전투적 동원을 끌어낼 수 없었다. 또 미조직 노동자의 조직화에 무관심하여 노조 조직률의 감소에 대응하지 못했으며, 사회운동과의 단절로 인해 시민사회와 국민으로부터 지지와 지원을 받을 수 없었다.

년에 11.3퍼센트로 하락했다(공공 부문 35.9퍼센트, 민간부문 6.6퍼센트).

1980년대 말 총체적 위기에 대응하여 노동조합을 혁신하고 새로운 대안을 찾으려는 다양한 노력이 전개되었다. 첫째, 일부 노조 지도자들은 노조가 주도하는 종업원 참여와 협력전략을 통해 기업구조를 개선하고 경제구조를 고품질의 길(high-road)로 재편하려는 노력을 기울였다. 또한 노동조합은 집권 민주당과 연대하여 노동법을 개혁하려 노력했으나 1990년대의 반노조 정치구조에서 노동법 개혁에 성공하지 못했다.

이 과정에서 가장 의미 있는 노력은 지방공공서비스노조(AFSCME, American Federation of State, County and Municipal Employees)와 전미서비스노조(SEIU, Service Employees International Union)에서 나타난 미조직 노동자 조직화 시도였다. 특히 1995년 미국노총 위원장으로 당

---

35 G. William Domhoff, "The Rise and Fall of Labor Unions In The U.S. From the 1830s until 2012", *Who Rules America?* (February. 2013). http://www2.ucsc. edu/whorulesamerica/ power/history_of_labor_unions.html.

선된 스위니 집행부는 미조직 조직화 사업을 미국노총의 최우선 과제로 삼고 노총 예산의 30퍼센트를 조직화 사업에 투자하는 등 다각적인 노력을 기울였다. 그러나 미국노총 내부의 갈등과 실리적·관료적 노조 관성, 미국 사회의 반노조 정서와 제도적 장벽 등으로 인해, 미국노총의 새로운 실험들은 노조 조직률 약화 경향을 반전시키지 못하고 있다. 오마바 정부의 등장으로 노동법의 개혁 등 노조운동의 새로운 가능성을 모색하고 있지만 여전히 노조의 활성화가 나타나지 않고 있다.

미국의 노동조합은 1960년대의 경제 성장이 분배로 이어지는 중요한 매개자 역할을 수행했으나 1970년대 이후 경제 성장의 결실을 분배로 연계함으로써 불평등과 빈곤을 축소했던 자기역할을 상실했다.

〈그림 22〉 미국 노조 조직률의 변화와 상위 10퍼센트의 소득 점유율(1917~2013)[36]

36   Will Kimball & Lawrence Mishel, "Unions' Decline and the Rise of the Top 10 Percent's Share of Income", *Economic Policy Institute* (February 2015), http:// www.epi.org/publication/ unions-decline-and-the-rise-of-the-top-10- percents-share-of-income/.

〈그림 23〉 노조 조직률과 중간 60퍼센트 가족의 소득의 몫[37]

다음 범례: ── 노조 조직률 ── 중위 60퍼센트 소득 비중

〈그림 22〉에서 보는 바와 같이, 1950~1960년대 노조 조직률이 높았던 시기에는 상위 10퍼센트로의 소득 집중이 완화되었지만, 1970년대 이후 노조 조직률이 떨어지면서 상위 10퍼센트로의 소득 집중이 심화되는 양상을 보이고 있다.

또한 노조 조직률의 약화와 함께 나타난 생산성 연동 임금제의 약화는 부의 불평등을 심화시키는 원인이 되었다. 만약 노동자의 임금 상승률이 생산성 성장률보다 낮을 때, 생산성 증가에 따라 발생한 초과 부가가치는 자본 소유자에게 귀속된다. 〈그림 23〉에서 나타나듯이, 1970년대 중반까지 뉴딜체제의 생산성 연동 임금제가 작동하면서 종

---

37 Economic Policy Institute, "The Benefits of Collective Bargaining", *Economic Policy Institute* (2015), http://www.epi.org/publication/benefits-of-collective-bargaining/.

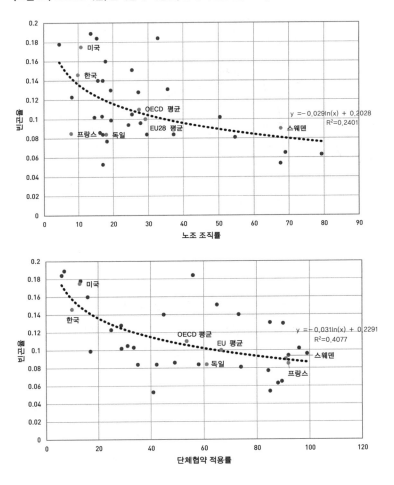

<그림 24> 노조 조직률, 단체협약 적용률, 상대적 빈곤율(2012)

업원 평균 실질소득은 생산성 성장과 맞물려 돌아갔다. 그러나 1980년대부터 보상과 생산성 성장 간의 격차가 나타나기 시작했다. 이러한 격차는 1990년대 이후의 급격한 경제 성장 시기에 두드러졌다. 따라

서 1980년대 이후 경제 성장의 결실이 최상층에 집중되었고, 이는 결국 부의 불평등으로 이어졌다고 볼 수 있다.

노조 조직률의 하락에 따른 단체교섭의 약화는 단체협약 적용률과 맞물려 노조 조합원뿐만 아니라 비노조원들의 임금 및 부가급여를 삭감하는 결과를 낳았다. 여기서 단체협약 적용률이란 산별로 체결한 단체협약이 비노조 사업장에도 적용되는 비율을 말한다. 단체협약 적용의 폭이 좁아짐에 따라 조합원뿐만 아니라 비노조원에 해당하는 중간계급의 소득까지 정체되고 불평등이 심화되는 것이다.

〈그림 23〉에서 보는 바와 같이 노조 조직률이 약화되면서 중간계급의 소득이 하락하고 있다. 노조 조직률의 하락은 경제적 불평등의 심화와 함께 상대적 빈곤율을 높이는 효과를 낳는다.[38]

3) 주주 중심의 기업지배 구조와 경영 규범의 해체

2차 세계대전 이후 뉴딜주의 시대는 경영자자본주의, 즉 경영자 주도의 기업지배 체제가 정착되었다. 즉 주주로부터 자율성을 가지는 경영자는 생산성 연동 임금체계와 고용 안정에 기초한 노사 타협을 도출하여 주주의 이익과 노동자의 이익을 함께 실현하는 역할을 했다. 또한 법인기업 내에서는 경영자의 봉급이 과도하게 극대화되거나 이런저런 기업으로 과도하게 이동하는 경향을 규제하는 비공식적 경영 규범이 존재했다. 경영자나 이사진은 개인의 이해를 극대화하는 존재라

---

38 독일과 프랑스의 경우 노조 조직률이 낮은데도 상대적 빈곤율이 낮은 이유는, 단체협약 적용률이 각각 60퍼센트, 90퍼센트대에 이르기 때문이다.

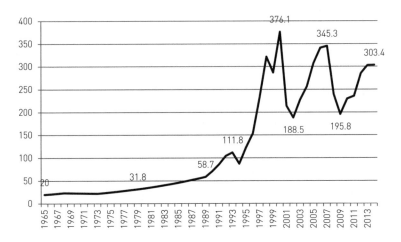

〈그림 25〉 미국 평균노동자 급여 대비 CEO의 급여 배수(1965~2014)

기보다는 기업의 대표자로서 행동하도록 요구받았고, 개인의 봉급을
극대화하는 행위는 조직의 통합을 가로막고 조직에 대한 헌신이 약하
거나 불건전한 야심의 증거로 간주되었다. 물론 당시에도 경영자와 이
사진은 높은 연봉을 받았지만, 이러한 비공식적인 규범과 기대에 의해
오늘날과 같은 과도하게 높은 수준의 봉급은 규제되었다.

　1980년대는 주주 자본주의, 즉 주주 주도의 기업지배 체제가 자리
를 잡은 시기다. 고객의 돈을 주식투자에 운용하여 개별 저축자에게
높은 수익을 보장하기 위해 기관투자가는 대주주로서 기업의 의사결
정 구조에 참여했다. 기업의 의사결정에서 '주식 수익의 증대'가 최우선
으로 고려되었으며, 장기투자가 아니라 단기투자가 기업 행동의 준칙
이 되었고, 주가 수익을 위한 기업 구조조정과 인수·합병, 고용 유연화,
임금 삭감이 상시화되었다. 이 과정에서 과거 기업 경영자들을 지배했
던 '경영 규범'은 1980년대 급속하게 해체되기 시작했고, CEO(최고경영

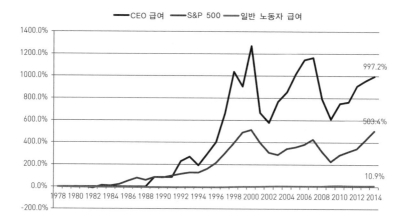

자)의 연봉은 최고 수준에 이르렀으며, 경영자들은 지속적으로 기업을 이동하면서 자신의 소득을 극대화했다. CEO의 연봉 상승과 함께 하위 경영자 및 전문직의 연봉이 동반 상승하는 효과가 나타났다. 이는 다시 CEO의 연봉을 높였다.

1965년 민간 부문 평균 노동자(생산 비감독직 노동자) 급여 대비 CEO의 급여는 20배 높았으나, 1995년에는 123배까지 상승했고, 2000년에는 376배, 2014년에는 303배에 이르렀다(〈그림 26〉, 〈표 5〉).[40]

---

39   Lawrence Mishel and Alyssa Davis, "CEO Pay Has Grown 90 Times Faster than Typical Worker Pay Since 1978", *Economic Policy Institute* (April 14, 2015). http://www.epi.org/ publication/ceo-pay-has-grown-90-times-faster-than-typical-worker-pay-since-1978/.
40   이 조사는 미국경제정책연구소(EPI)가 미국에서 매출 규모 350위 기업의 CEO와 노동자 연봉을 조사한 결과다. 참고로 조사 대상 기업들의 2014년 평균 연봉을 보면, CEO가 1630만 달러, 공업 부문 노동자가 5만 6400달러, 민간 부문 평균노동자 5만 3200달러다.

연도	CEO 연봉 (천 달러)	노동자 연봉 (천 달러)		주식시장 (2014년 기준 조정)		노동자 대비 CEO 연봉 비율
		민간부문 평균노동자 (생산/비감독직)	공업부문 노동자	S&P 500	다우존스	
1965	832	40.2	n/a	579	5,986	20.0
1973	1,087	47.2	n/a	512	4,401	22.3
1978	1,487	48.0	n/a	320	2,735	29.9
1989	2,769	45.4	n/a	596	4,628	58.7
1995	5,862	46.0	52.4	836	6,941	122.6
2000	20,384	48.7	55.2	1,962	14,744	376.1
2007	18,786	51.1	55.4	1,687	15,048	345.3
2009	10,575	53.2	57.4	1,046	9,808	195.8
2010	12,662	53.7	57.8	1,238	11,585	229.7
2011	12,863	53.0	56.9	1,334	12,584	235.5
2012	14,998	52.6	56.3	1,422	13,371	285.3
2013	15,711	52.8	56.4	1,671	15,255	303.1
2014	16,316	53.2	56.4	1,931	16,778	303.4
퍼센트 변화						비율 변화
1965~1978	78.7%	19.5%	n/a	−44.8%	−54.3%	9.9
1978~2000	1,270.8%	1.4%	n/a	513.0%	439.1%	346.2
2000~2014	−20.0%	9.4%	2.2%	−1.6%	13.8%	−72.7
2009~2014	54.3%	0.0%	−1.7%	84.6%	71.1%	107.6
1978~2014	997.2%	10.9%	n/a	503.4%	513.5%	244.7

　　또한 CEO의 연봉은 지난 36년(1978~2014) 동안 997퍼센트 올랐지만, 노동자의 연봉은 10.9퍼센트 상승에 그쳤다(〈그림 26〉, 〈표 5〉).

41　Lawrence Mishel and Alyssa Davis, "Top CEOs Make 300 Times More than Typical Workers".

〈그림 27〉 선진국 CEO의 급여(2012년 기준)

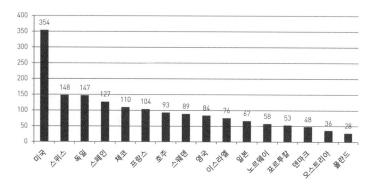

〈표 6〉 선진국 CEO의 급여(2012년 기준)[42]

나라	CEO 연봉($)	노동자 연봉($)	노동자 대비 CEO 연봉 실질 비율(배)	응답자의 평가 비율(배)*	응답자의 이상적인 희망 비율(배)*
미국	12,259,894	34,645	354	29.6	6.7
스위스	7,435,816	50,242	148	12.3	5
독일	5,912,781	40,223	147	16.7	6.3
스페인	4,399,915	34,387	127	6.7	3
체코	2,159,300	19,630	110	9.4	4.2
프랑스	3,965,312	38,132	104	24.2	6.7
오스트레일라아	4,183,419	44,983	93	40	8.3
스웨덴	3,358,326	37,734	89	4.4	2.2
영국	3,758,412	44,743	84	13.5	5.3
이스라엘	2,189,104	28,804	76	7	3.6
일본	2,354,581	35,143	67	10	6
노르웨이	2,551,420	43,990	58	4.3	2.3
포르투갈	1,205,326	22,742	53	14	5
덴마크	2,186,880	45,560	48	3.7	2
오스트리아	1,567,908	43,555	36	12	5
폴란드	561,932	20,069	28	13.3	5

---

42 Gretchen Gavett, "CEOs Get Paid Too Much, According to Pretty Much Everyone in the World", *Havard Business Review*, (September. 23, 2014). https://hbr.org/2014/09/ceos-get- paid-too-much-according-to-pretty-much-everyone-in-the-world.

미국 CEO의 급여는 여타 선진국과 비교해도 상당히 높은 수준이다. 2012년 기준 미국의 S&P 500 기업의 CEO의 연봉은 일반 노동자의 평균 급여보다 354배 높다(〈그림 27〉, 〈표 6〉).

4) 적극적 복지국가의 위축: 최저임금, 빈곤 복지정책, 조세정책

미국의 낮은 최저임금은 불평등과 빈곤 문제를 낳는 중요한 원인의 하나다. 1938년에 최저임금을 법으로 명시했고, 1960년대 존슨 대통령이 빈곤과의 전쟁을 선포한 이후, 의회는 1968년에 최저임금을 3인 가구의 빈곤선 수준까지 끌어올렸다. 이렇게 미국의 최저임금은 1960

〈그림 28〉 미국의 물가조정 최저임금(1947~2009)[43]

43   David Cooper, "The federal minimum wage has been eroded by decades of inaction", *Economic Policy Institute* (July 25, 2016), http://www.epi.org/publication/the-federal- minimum-wage-has-been-eroded-by-decades-of-inaction/.

년대 말에 최고 수준까지 올랐지만, 1970년대부터 정체되었고, 1980년대 이후에는 지속적으로 하락했다(〈그림 28〉).

1980년대부터는 최저임금이 3인 가족의 빈곤선도 충족하지 못하는 수준으로 낮아졌다(〈그림 29〉). 1960년대 말 최저임금은 3인 가족의 빈곤선을 넘어서는 수준으로 하위 일자리의 소득을 끌어올림으로써 소득 불평등 및 빈곤 축소에 기여했지만, 이후 최저임금이 3인 가족의 빈곤선도 충족하지 못하는 수준으로 떨어지면서 소득 불평등 및 빈곤을 축소하는 데 제 기능을 하지 못하고 있다.

〈그림 29〉 최저임금과 2인, 3인, 4인 가족의 빈곤선(1964~2014, 2014년 달러 기준) [44]

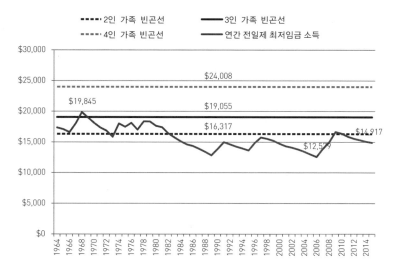

44   David Cooper, "Raising the Minimum Wage to $12 by 2020 Would Lift Wages
      for 35 Million American Workers", *Economic Policy Institute* (July 14, 2015).
      http://www.epi.org/ publication/raising-the-minimum-wage-to-12-by-
      2020-would-lift-wages-for-35-million-american-workers/.

미국에서 빈곤 퇴치를 위한 국가 차원의 프로그램이 본격적으로 도입된 것은 1930년대 뉴딜개혁의 일환으로 추진된 사회보장법(Social Security Act)이었다. 이 중에서도 1960년대 빈곤 퇴치에 가장 적극적인 기여를 한 것은 노령연금이었다. 노령연금은 1960년대의 노인 의료보험(medical care) 프로그램과 결합하면서 현재까지 노인의 빈곤을 축소하는 데 기여했다. 또한 1960년대에 존슨 대통령은 '빈곤과의 전쟁'을 선포하고 새로운 정책을 추진했다. 이 중 가장 중요한 것은 1935년에 시행되었고, 이 시기에 본격적으로 확대된 요부양아동가족부조제도(AFDC, Aid to Families with Dependent Children)였다. 아동을 부양하는 가족에게 소득 이전을 하는 관대한 이 프로그램은 식량교환권(food stamps), 국민의료보호(medical assistance), 기타 주택보조 프로그램과 결합하면서 1960년대 빈곤을 축소하는 데 상당히 기여했다.

그러나 1980년대 신자유주의의 흐름 속에서 AFDC를 포함한 관대한 복지 프로그램들은 빈곤을 축소하기보다는 오히려 복지 의존성을 높이고 빈곤을 지속시킨다는 비판을 받았다. 1996년에 빌 클린턴 대통령은 AFDC를 폐지하고 빈곤가정일시부조제도(TANF, Temporary Assistance to Needy Families)를 도입했다. AFDC와 TANF의 가장 중요한 차이점은 생애수급 기간의 제한과 수급 조건으로서의 노동의무의 부과였다. 전 생애에 걸쳐 5년, 연속적으로 2년 이상 수급을 받을 수 없게 했다. 그리고 노동의무를 거부하면 급여를 삭감하거나 중단할 수 있게 했다. 또한 빈곤 구제의 책임이 연방정부에서 주정부로 넘어갔다. 연방정부의 가이드라인에 따라 주정부가 재량껏 세부적인 수급 조건을 정하고 예산과 지출을 집행할 수 있게 했다.[45]

그러면 1996년에 도입된 복지개혁의 결과는 어떻게 나타났는가? 입

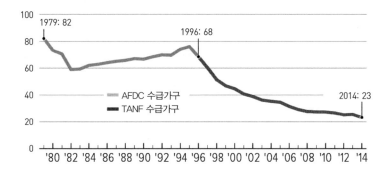

〈그림 30〉 아동이 있는 빈곤가구 대비 AFDC/TANF 수급가구 비율(1979~2014)[46]

법 취지대로 복지 의존을 줄이고 근로의욕을 높이고 빈곤율을 낮추었
는가? 공공부조 같은 사회 안전망의 효과는 실업이나 질병 등 빈곤 위
험의 증가에 얼마나 적절하게 대응하느냐를 기준으로 평가할 수 있다.
하지만 이 점에서 TANF는 매우 무력했다. TANF 수급 건수는 급격히
줄어들었다. 1996년에 AFDC 수급가구는 440만 가구였으나, 2014년
TANF 수급가구는 160만 가구로 줄어들었다. 1996년에 68퍼센트였
던 수급률(아동이 있는 빈곤가구 대비 수급가구의 비율)은 2014년에 23퍼센
트까지 하락했다.

45   서재욱, 〈탈수급과 탈빈곤 빈곤을 줄이는 현명한 선택은 무엇인가? 미국의 복지개
      혁 사례(TANF)를 통해 본 한국의 기초생활보장제도 개편의 시사점〉, 《복지국가소
      사이어티 이슈리포트》 (2012. 10. 18). http://www.welfarestate21.net/mobile/
      data3.php?mode=read&start=220&search_str=&search_val=&mod_gno=
      2080&offset=.

46   Ife Floyd LaDonna Pavetti & Liz Schott, "TANF Continues to Weaken as a
      Safety Net", *Ceter on Budgent and Policy Priorities* (October 27, 2015).
      http://www.cbpp.org/research/ family-income-support/tanf-continues-to-
      weaken-as-a-safety-net.

아동이 있는 빈곤가구는 1995년에 620만 가구에서 2000년에 510만 가구로 줄어들었지만 2014년에 710만 가구로 증가했다. 1990년대 후반에 빈곤가구 수가 줄어든 것은 경기호황의 효과였다. 아동이 있는 극빈(deep poverty: 소득 수준이 연방 빈곤선의 50퍼센트 이하)가구도 1995년에 240만 가구에서 2000년에 190만 가구로 줄어들었지만 이후 지속적으로 증가하여 310만 가구로 늘어났다. 하루 2달러 미만으로 사는 초극빈층(ultra-poor)은 1996년에 비해 2배 이상 늘었으며, 미국의 약 150만 가구, 300만 명의 어린이가 이에 해당한다. TANF는 탈수급이라는 목적에는 훌륭하게 부응했지만 탈빈곤이라는 목적은 전혀 달성하지 못했던 것이다.[47]

〈그림 31〉 미국에서 1일 2달러 미만으로 사는 가계의 비율[48]

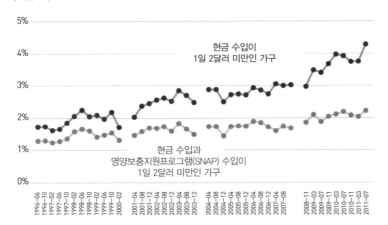

---

47 나아가 연방정부가 아닌 주정부가 TANF 정책의 집행을 담당하게 되면서 대부분의 주정부가 빈곤가구에 대한 지원의 범위를 축소했다.

48 Jonathan Cohn, 2015, "This Is What It's Like To Live On $2 A Day", *The Huffington Post* (2015). http://www.huffingtonpost.com/entry/2-dollars-a-day-extreme-poverty_us_55e79208 e4b0aec9f356019c.
    2012년경

폴 크루그먼에 따르면, 1950~1960년대 미국 최고 부자들의 소득이 급감하고 평등화가 가능했던 것은 바로 세금 때문이었다. "1920년대에는 부자들에게 세금은 중요한 요소가 아니었다. (미미한 세율로) 부자들은 자신의 왕국을 유지하는 데 아무 문제가 없었다. (……) 하지만 뉴딜정책은 실제로 그들의 소득을 상당 부분, 어쩌면 전부를 세금으로 거두어갔다. 상류층이 프랭클린 루스벨트를 배신자라고 생각한 것도 무리가 아니다."

우리는 이 사실을 미국 고소득자에게 부과하는 최고 한계세율의 변화 추이를 통해 확인할 수 있다. 1913년에 7퍼센트였던 최고세율은 1차 세계대전이 발발하면서 77퍼센트까지 급격히 올랐다가 1920년대에 공화당 보수정권에 의해 25퍼센트까지 대폭 삭감되었다. 대공황 이후 루스벨트 대통령의 뉴딜정책이 시작되면서 1930년대 중반 100만 달러 이상의 소득에 대해 최고세율이 63퍼센트로 올랐다가 2차 세계대전이 발발한 1939년에는 20만 달러(현재 가치로 약 330만 달러) 이상의 소득에 대해 66퍼센트의 최고세율을 적용했다. 그리고 1944년에는 20만 달러 이상의 소득에 대해 94퍼센트의 최고세율을 적용했다. 이후 미국은 뉴딜 시대인 1950년대와 1960년대 초반까지도 부부 합산 40만 달러 이상의 소득에 대해 91퍼센트의 소득세율을 적용했다. 이후 민주당의 케네디 대통령 시절에 최고 소득세율을 다소 인하했다. 그럼에도 1960년대 중반부터 1980년까지 최고 소득세율 70~77퍼센트를 유지했다. 그러나 1980년대 들어 레이건 대통령의 신자유주의가 시작되면서 상황은 역전되었다. 1981년에 레이건 행정부는 최고 소득세율을 기존의 70퍼센트에서 50퍼센트로 낮추었다. 그리고 1986년에 는 28퍼센트로 낮추었다. 신기하게도 이것은 1926년에 공화당 쿨리지 대통령 때의 최고 소득세율 25퍼센트와 거의 비슷한 수준이다. 이후 클린턴 행정부에서 39.6퍼센트로 올랐다가 2003년에 아들 부시 대통령 때 35퍼센트로 떨어졌다.

〈그림 32〉 미국 개인소득 최고 한계세율과 상위 1퍼센트 소득 비중의 변화 추이(1913~2014)[49]

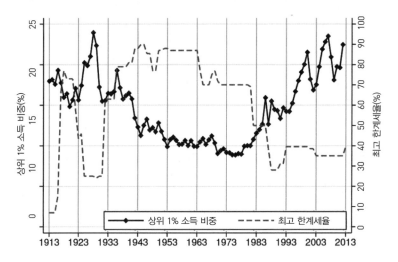

지난 30년의 결과 또한 소득 불평등과 양극화의 심화라는 측면에서 유사한 양상을 보여준다. 대공황 직전인 1928년, 최상위 1퍼센트의 부자들은 전체 국민소득의 약 4분의 1(23.9퍼센트)을 가져갔다. 뉴딜정책의 효과가 뚜렷해진 1950년대에 이르러 이들 최상위 1퍼센트의 연간 소득은 10분의 1로 줄어들었다. 그런데 1980년 이후 시작된 지난

---

49   Emmanuel Saez, "Income Concentration and Top Income Tax Rates", *UC Berkeley USC Tax Policy Conference* (February 2014).

30년간의 신자유주의 기조 때문에 뉴딜의 성과는 모두 사라져버렸다. 금융위기 직전인 2007년, 최상위 1퍼센트 부자들은 전체 국민소득의 23.5퍼센트를 차지했다. 그런데 이것은 대공황 직전인 1928년의 상황과 놀라울 정도로 비슷하다.[50]

〈그림 33〉은 상위 1퍼센트의 소득 점유율과 1960년대 이후 개인소득세의 최고한계의 감소 간의 상관관계를 보여준다. 일반적으로 한계세율이 감소할수록 최고 부유층의 소득 점유율은 증가하고 있다.[51] 미국과 영국이 대표적인 예다.

〈그림 33〉 최상위 1퍼센트의 소득 점유율과 한계세율의 변화(1960년대 초반~2000년대 후반)[52]

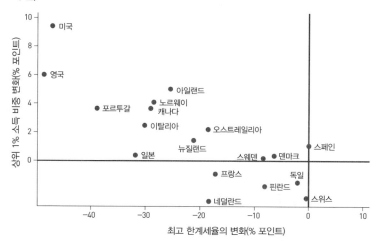

---

50 이상이, 〈최고 임금법… 심상정에 루스벨트를 더하자!〉,《프레시안》(2016년 7월 12일).

51 프랑스, 독일, 핀란드, 네덜란드, 스위스는 역의 경향을 보여주고 있다. 최고 부유층에 대한 한계세율이 줄어들었음에도, 정부가 소득 불평등을 줄이기 위해 다른 조치들을 취했기 때문이다.

5) 경제의 금융화

경제의 금융화(financialization)는 크게 두 가지로 설명된다. 첫째는
여러 섹터 가운데 금융산업이 경제의 가장 중심적인 역할을 차지하게
된 현상이고, 둘째 비금융산업의 기업들이 생산과 서비스에 대한 투자
보다 금융산업에 진출하거나 금융상품을 통한 수익을 올리기 위해 적
극적인 노력을 기울이는 현상이다.[53] 금융부문이 미국 GDP에서 차지
하는 비중을 보면, 1930년대 초반 5퍼센트에 근접했다가 1940년대 2
퍼센트로 떨어졌고, 1950~1960년대에 3~4퍼센트를 유지하다 이후
계속 상승해서 2000년대 말 8퍼센트를 넘어섰다.

〈그림 34〉 미국 GDP 대비 금융부문 비중(1850~2009)[54]

52   A. B. Atkinson, F. Alvaredo, T. Piketty and E. Saez, "The top 1percent in
     international and historical perspective", *Journal of Economic Perspectives*,
     vol. 27, no. 3 (2013).

53   한주희, 〈미국의 금융화와 노동시장 불평등〉, 《국제노동브리프》, vol. 11, no. 9 (2013
     년 9월).

54   Dane Stangler and Paul Kedrosky, "Financialization and Its Entrepreneurial
     Consequences", *Erwing Marion Kauffman foudnation* (2011. 3. 5). http://

역사적으로 금융화는 1980년에 미국 금융시장이 본격적으로 탈규제화되면서 발생했다. 1980년 이전에는 대부분의 은행들이 주 경계를 넘어서 활동할 수 없었으며, 최고 이자율 한도도 주정부에 의해 결정되었다. 그런데 1970년대 저성장과 물가상승이 동시에 나타나는 스태그플레이션이 발생하자 이를 해결하기 위해 탈규제 정책들이 도입되었다. 인플레이션을 막기 위해 연방준비은행은 금리를 인상하여 인플레이션 방어에 나섰고, 결과적으로 시장은 자금 확보를 위해 외국 자본을 미국 내로 유입시키는 방향으로 움직였다. 이러한 과정에서 미국 경제는 금융산업 중심으로 재편되었다. 이후 신용카드 회사의 금리에 대한 규제가 완화되었고, 기존에 금융기관에 부과되었던 금리 한도도 폐지되었으며, 은행 간 합병이 합법화되고 은행을 소유한 기업이 다른 주에서 은행을 개설할 수 있게 되었다. 그 결과 금융시장의 자산과 자본은 소수의 대형 은행 소유 기업에 집중되었다.

또한 경제의 금융화는 금융부문의 탈규제와 함께 이 부문에서 나타난 투자의 투기적 성격의 결과였다. 투기란 단순히 자산에 의해 발생하는 소득의 유입(임대료나 주식 배당금)이 아니라 자산의 가치가 시간이 지남에 따라 커질 것이라는 기대에서 나오는 투자전략의 하나다. 투기가 지나치게 활성화될 경우, 투기적 거품(speculative bubble) 현상이 나타난다. 사람들이 투자한 특정 자산의 미래 가격이 지속적으로 오를 것이라는 기대가 꺾이고 하락을 예측하는 순간 너도 나도 자산을 매각하게 되면서 결국 거품이 터진다. 금융시장에 대한 과도한 규제 완

www.kauffman.org/what-we-do/research/firm-formation-and-growth-series/financialization-and-its-entrepreneurial-consequences.

화는 금융투기를 부추기는 결과를 낳았고, 이것은 2008년 금융위기로 이어졌다고 볼 수 있다.

미국 경제의 금융화는 부의 불평등을 촉진했다. 미국 경제를 실물경제(재화와 서비스 생산)과 금융경제로 나눌 때, 20세기 말 미국의 총수익 중 금융부문의 수익이 차지하는 비중이 급속히 증가했다. 1950년대 중반부터 1980년대 중반까지 미국 경제에서 금융부문의 수익은 15~20퍼센트였으나, 2000년대에는 40퍼센트를 넘어섰다. 이처럼 거대한 자금이 금융부문으로 집중하고, 이로부터 얻는 수익이 소수에게 집중된 것은 불평등을 심화시키는 원인이 되었다.

〈그림 35〉 미국 기업소득 대비 제조업과 금융업의 비중[55]

55   Jordan Weissmann, "How Wall Street Devoured Corporate America", *The Atlantic* (March 5, 2013). http://www.theatlantic.com/business/archive/2013/03/how-wall-street-devoured-corporate-america/273732/.

4. 미국의 불평등과 빈곤 문제 해결을 위한 대안은?

1) 21세기 현실에서의 뉴딜주의 복원

그렇다면 21세기의 변화된 현실에서 불평등과 빈곤 문제를 해결하기 위한 대안은 무엇인가? 이 글에서는 미국의 사회학자 에릭 올린 라이트(E. O. Wright)의 적극적 계급타협[56] 모델을 바탕으로 20세기 뉴딜주의 조건을 복원하기 위한 방향에서 그 해답을 찾고자 한다.[57]

〈그림 36〉에서 보는 바와 같이, 라이트의 계급타협 모델의 핵심은 계급이익과 대중권력 간의 관계다. 라이트는 논의를 단순화하기 위해 복잡한 계급관계 및 사회세력들을 무시하고 노동자와 사용자의 이익에 초점을 맞추었다. 노동자의 이익 실현과 대중권력 간의 관계는 단선적으로 상호 증가하는 형태를 띤다. 즉 대중권력이 강화될수록 노동자의 이익은 초기에는 느리게 상승하다가 나중에 가파르게 상승한다. 사용자의 이익 실현과 대중권력 간의 관계는 역의 J형 곡선 형태를 띤

---

[56] 라이트는 계급타협을 소극적 계급타협과 적극적 계급타협으로 나눈다. 소극적 계급타협(negative class compromise)이란 갈등하는 계급 세력들이 상대를 공격하여 상처(비용)를 입힐 수 있지만 결정적으로 제압할 수 없는 균형 상황에서 서로에 대한 상처를 줄이기 위해 일시적으로 양보적인 타협을 수용하는 것을 말한다. 일종의 영합게임(zero-sum game) 형태의 휴전 상황이다. 적극적 계급타협(positive class compromise)이란 갈등하는 계급 세력들이 상호이익(win-win)을 위한 일정한 공간을 열 수 있는 적극적인 협력 방법을 모색하는 상황이다. 일종의 정합게임(positive-sum game)의 상황이다.

[57] 이하의 논의는 Erik Olin Wright, "Class Struggle and Class Compromise in the Era of Stagnation and Crisis", Walter Baier, Eric Canepa, Lutz Holzinger, ed., *Power relations in Europe* (Bruxelles: Transform, 2012)의 핵심 내용을 정리한 것이다.

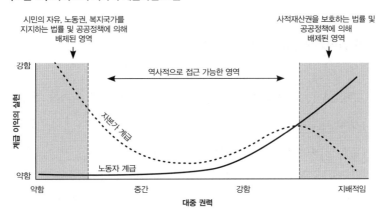

〈그림 36〉 라이트의 적극적 계급타협 모델

다. 대중권력이 강화될수록, 사용자의 이익은 초기에 가파르게 하강하다가 중간 부분부터 완만하게 상승한다. 완만하게 상승하는 영역이 적극적 계급타협의 영역이다. 대중권력이 강한 수준을 넘어서서 지배적인 상황에 이르면 사용자의 이익이 심각하게 위협받게 된다.

〈그림 36〉의 양쪽 가장자리 영역은 선진자본주의 경제에서 대중권력의 범위를 제약하는 강력한 제도들에 의해 배제되는 영역이다. 한편으로 사적재산권을 보호하는 법률 및 정책은 오른쪽 가장자리 영역을 배제한다. 다른 한편으로 시민의 자유, 결사권, 노동권, 복지국가는 왼쪽 가장자리 영역을 배제한다. 따라서 선진자본주의에서 대중권력이 허용되는 지점은 가운데 부분이다.

〈그림 37〉은 2차 세계대전 이후 자본주의 황금기의 선진자본주의 계급타협 모델이다. 사회민주주의 혹은 뉴딜주의에 의해 강한 노동권과 복지국가가 제도화되면서 왼쪽의 배제 영역이 상당히 넓어진다. 따라서 곡선 중앙 왼편의 사용자의 선택 범위가 좁아지고, 곡선 중앙 오

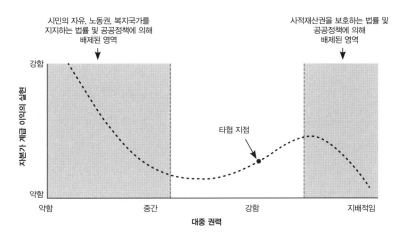

〈그림 37〉 2차 세계대전 이후 자본주의 황금기 적극적 계급타협 모델

른편으로 사용자의 선택이 이동할 가능성이 높아진다. 바로 오른편이 황금기 선진자본주의의 용인 가능한 타협 지점, 즉 적극적 계급타협의 지점이다.

이와 같이 20세기 중반 뉴딜주의의 정치적 조건은 사용자, 조직 노동자를 포함한 시민세력, 뉴딜 관료 간의 적극적 계급타협이었다. 사용자는 사적재산권과 시장에서의 이윤 추구 기회를 바탕으로 자유롭게 자본투자를 할 수 있었던 반면, 정부는 자본주의 경제의 시장 실패(개인이 시장에서 겪는 위험, 공공재의 공급 부족, 사적인 이윤 추구 활동에서 나타나는 부정적인 외부효과)를 바로잡는 역할을 떠맡았다.[58] 노동자는 산업

---

58 구체적으로 정부는 공적 사회보장제도를 통해 건강, 고용, 소득 등 삶의 위험 요소들을 다루었고, 교육, 직업훈련, 공공운송, 문화활동, 여가시설, 연구개발, 거시경제적 안정 등 공공재 확대에 필요한 재원을 조달할 수 있는 적극적인 조세체계를 구축했으며, 법률과 행정조치를 통해 자본주의 시장의 부정적 외부효과(약탈적 시장행위, 상품생산 및 유통 과정에서의 도덕적 해이, 불법적인 노동 착취 등)를 줄이는 조정자 역할을

평화를 유지하는 대가로 고용 안정, 양호한 임금, 기업복지 등을 얻었다. 케인스주의와 베버리지주의[59]를 바탕으로 이러한 조치들은 정부의 정당한 활동이고 건강한 자본주의 경제와 양립 가능하다는 느슨한 합의가 있었다.

그러나 1970년대 중반 이후 이러한 합의는 붕괴되었고 황금기 계급 타협 모델은 극적인 변화 양상을 보인다. 먼저, 1980년대 신자유주의 정부의 등장 이후 공적 사회보장제도가 약화되었고, 적극적 조세정책 및 공공재의 공급이 축소되었으며, 시장근본주의와 자유기업주의[60]를 바탕으로 전반적인 시장의 부정적 외부효과를 조정하던 시장규제가 해체되었고, 노동법의 개악으로 노동권이 후퇴했다. 따라서 〈그림 38〉의 왼쪽의 배제 영역은 축소되고 곡선에서의 사용자의 선택 범위가 넓어졌다. 둘째, 일자리 경쟁과 고용불안이 심화되고 정규직과 비정규 노동자 간의 분화가 심화되었고, 이민자 급증으로 인한 대중적 사회세력 내의 이질성이 증가하면서 대중적인 연대 기반이 침식된 반면, 사용자의 권력은 한층 더 강화되었고, 우파 포퓰리즘을 위한 정치적 공간도 확대되었다. 따라서 〈그림 38〉의 곡선 안쪽에서 사용자의 선택을 왼쪽으로 향하도록 압박하는 영향력이 축소되는 반면, 곡선 안쪽의 오

했다.

59 케인스주의는 국가가 경제 성장 및 완전고용을 위해 경제에 개입해야 한다는 것이며, 베버리지주의는 국가가 '요람에서 무덤까지' 국민의 기초생활을 보장해야 한다는 것이다.

60 시장근본주의는 시장의 완전성을 신봉하면서 시장규제를 철폐하여 시장에 맡기고, 국가의 개입을 축소하는 작은 정부론을 말하며, 자유기업주의란 기업의 소유권과 경영권을 절대시하고 이윤 추구 활동의 자유가 보장되려면 노동력 사용의 자유(채용, 관리, 해고)가 보장되어야 한다는 입장이다.

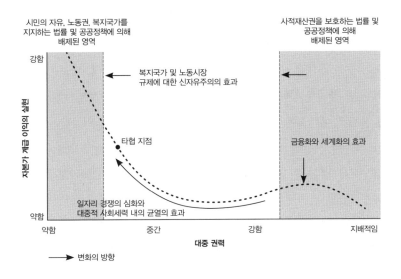

〈그림 38〉 1980년대 이후 신자유주의 시대 선진자본주의 계급타협 모델

시민의 자유, 노동권, 복지국가를
지지하는 법률 및 공공정책에 의해
배제된 영역

사적재산권을 보호하는 법률 및
공공정책에 의해
배제된 영역

강함

자본가 계급 이익의 실현

복지국가 및 노동시장
규제에 대한 신자유주의의 효과

타협 지점

금융화와 세계화의 효과

일자리 경쟁의 심화와
대중적 사회세력 내의 균열의 효과

약함

약함　　　　　　　중간　　　　　　강함　　　　　지배적임

대중 권력

⟶ 변화의 방향

른편으로 이동할 수 있는 사용자의 권력은 강화되었다. 셋째, 경제의
세계화와 금융화는 계급타협 곡선 안에서의 '적극적 계급타협 영역'에
해당하는 부분을 아래로 향하게 했다. 자본의 투자가 한 국가 내의 사
회적·정치적 조건에 덜 의존하게 됨에 따라 사용자는 적극적 계급타
협의 가치를 과소평가하게 되었기 때문이다.

　라이트는 적극적 계급타협을 위한 조건이 약화된 오늘날의 상황에
대응하는 두 가지 전략을 제시한다. 하나는 '적극적 계급타협 조건의
복원전략'이다. 즉 1980년대 이후의 신자유주의 계급타협 모델(〈그림
38〉)에서 제시된 경향들을 역전시키면서 2차 세계대전 이후 황금기의
적극적 계급타협 모델에서 제시된 우호적인 조건들을 복원하는 것이
다. 다른 하나는 '사회적 경제 활성화 전략'이다. 협동조합, 사회적 기업,
공동체 기업, 연대금융을 활성화하여 (사용자와의 계급타협에 거의 의존하

지 않으면서) 시민들의 경제적 자립과 복지를 제공하는 방안이다.[61]

〈그림 39〉는 오늘날 적극적 계급타협을 위한 조건들을 복원하는 데 필요한 전략 방향을 제시한다. 먼저, 일련의 정치적 과정을 통해 복지국가와 노동시장 규제를 새롭게 제도화해야 한다. 둘째, 새로운 민주적 시민 참여를 통해 사회적 연대를 복원하는 것이다. 셋째, 금융이 실물경제를 향하도록 방향을 재설정하고 자본의 지구적 이동을 규제하고 지역에 기반한 자본 축적을 강화하는 것이다. 금융이 실물경제를 향하도록 방향을 재설정하는 방안에는 대규모 금융기관을 분할하고, 공공 금융기관 및 협동조합 금융기관(신협, 공동체금융기관 등)의 활성화 기반을 마련하는 것 등이 있다. 그리고 자본의 지구적 이동을 규제하기 위해서는 투기 목적의 지구적 자본 이동을 제약하는 새로운 형태의 거래 세금을 부과하는 방안이 있다. 나아가 자본 축적의 지역화 방안으로서 지역 차원의 업종별 노사정 협의체를 바탕으로 고숙련 인력을 양성함으로써 고생산성, 고부가가치 부문에 진출하는 하이로드 전략이 제시될 수 있다.

---

61 사회적 경제 활성화 전략은 불평등과 빈곤 문제를 전부 해결할 만큼 그 효과가 크지 않을지라도 복원전략과 함께 적극적으로 병행 추진될 필요가 있다. 복원전략은 상당히 복잡한 정치적 제도화 과정이 필요하기 때문에 많은 어려움이 따를 뿐만 아니라, 오랜 시간이 소요될 것이다. 따라서 사회적 경제 활성화 전략은 복원전략의 정치적 제도화 과정이 원활하지 않을 가능성에 대비하는 것일 뿐만 아니라 경제위기에 대비하여 시민(특히 취약계층)들이 필요로 하는 일자리, 복지, 지역공동체 활성화를 위한 의미 있는 실험이 될 것이다.

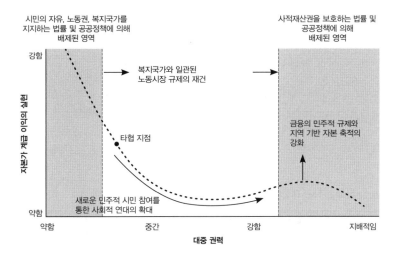

〈그림 39〉 적극적 계급타협을 위한 조건을 복원하는 전략

2) 샌더스 현상과 뉴딜주의 복원의 가능성

그렇다면 오늘날 미국의 현실에서 적극적 계급타협과 뉴딜주의 복원은 가능할 것인가? 아래에서는 최근 미국 대선에서 나타난 샌더슨 현상을 중심으로 그 가능성을 조심스럽게 살펴보는 것으로 결론을 맺고자 한다.

미국의 불평등과 빈곤 문제는 최근 대통령 선거 과정에서 핵심적인 정치 의제가 되었다. 특히 샌더스 현상은 대표적인 사례다. 샌더슨 현상이란 민주당 대선 경선 과정에서 조직도 돈도 없고 지명도도 낮고 더욱이 사회주의자로 낙인찍힌 무소속 상원의원인 버니 샌더스(Bernie Sanders)가 일찍이 대세론을 형성한 힐러리 클린턴의 대항마로 부상한 일이다. 샌더스는 미국이 얼마나 불평등한 사회이며 왜 근본적인 개혁

이 필요한지, '1퍼센트가 독식하던 것을 99퍼센트에게' 다시 분배하는
일이 왜 중요한지를 설파했고, 불평등과 빈곤 문제에 대한 적극적인
공약을 내놓으면서 엄청난 돌풍을 일으켰다. 샌더스는 2016년 6월 민
주당 경선 과정에서 힐러리에게 대선 후보를 내주었다. 그러나 적어도
샌더스 현상은 미국인들에게 불평등과 빈곤 문제의 본질을 보게 했고,
경쟁자인 힐러리조차 샌더스 현상으로 표출된 국민의 요구에 좀 더 적
극적으로 부응할 수밖에 없었다.

〈표 7〉 미국 2016년 대선(경선) 경제 불평등 관련 주요 후보 공약[62]

민주당 샌더스 후보	민주당 힐러리 후보	공화당
경제개혁 12단계 전략 ① 낙후한 사회간접자본의 재건 ② 노동조합 강화 ③ 임금인상(최저임금인상, 여성노동자임금 평등화) ④ 누구나 갈 수 있는 대학 정책 ⑤ 월스트리트 접수 ⑥ 경제 취약계층의 보호 ⑦ 실효 세제 개편 **소득 불평등 해소 정책** - 최저임금 인상 - 노동자 협동조합 창설 - 여성노동자 임금 평등 - 실효 세제 개혁 - 자사주 매입 규정 개혁 - 월스트리스 접수 - 은행 개혁법 강화	**5대 경제 현안** ① 중산층 재건(최저임금 인상, 소득불평등 해소) ② 일자리 창출(여성 노동력 참여 장려) ③ 장기성장에 초점(분기 자본주의 이양, 노동자 교육 기업 지원) ④ 월스트리트 개혁 (규제 강화) **소득 불평등 해소 정책** - 최저임금 인상 - 의료 개혁(의료비/약값 저하) - 노사 이익 공유기업 지원 - 노동조합 지원 강화 - 사회안전망 강화 - 세제 개혁(단기보유 자산에 대한 자본 이득세율 인상) - 소기업 세금 감면	**부시의 세제 개편** ① 세율 구간을 간소화해서 부자 감세(개인소득세 최고 세율 39.6퍼센트에서 28퍼센트로 낮춤) ② 낙수 효과 경제(기업 감세로 경제 활력, 법인세율 35퍼센트에서 25퍼센트로 인하) **트럼프 경제정책 공약** - 부자 증세 - 기업 해외도피 방지 - 정부 부채 한도 축소 - 보호 무역 **스캇, 루비오, 크루즈** - 부자 감세 - 규제 완화 - 시장 만능주의 - 작은 정부(정부지출 및 복지 지출 축소) - 자유무역 - 대기업 이익 중시 - 약한 달러 정책 지지

---

62   《프레시안》(2015년 9월 18일)에서 재인용.

샌더스 현상은 미국 국민의 "경제정의와 평등에 대한 목마름의 표현"이자 "미국 황금기인 뉴딜주의 복원의 꿈"이다. 뉴딜주의 시대는 미국 경제의 황금기이자 소득 불평등이 가장 낮았던 시기이며 정치적으로 백인 남성 위주의 리버럴 민주주의 시기였다. 1980년대 레이건 이후 신보수주의 혹은 신자유주의가 득세했고, 1990년대에는 신자유주의에 적응한 네오 리버럴인 클린턴, 고어 등의 신민주주의자의 등장으로 민주당이 집권에 성공했다. 오바마는 클린턴 신민주주의 흐름을 일부 새로운 시대에 맞게 혁신하는 중도 리버럴이다. 뉴딜주의자가 사라진 가운데 드물게 명맥을 유지해온 대표적인 정치인이 샌더스다.[63] 샌더스의 꿈은 미국을 신보수주의나 중도 리버럴에서 뉴딜주의 시대로 복원하는 것이다.[64]

소득 불평등에 대한 실증적 연구로 널리 알려졌고 이 글에서도 인용된 토마 피케티(파리경제대학교 교수)는 2016년 2월 16일 영국 신문 《가디언》과의 인터뷰에서 이렇게 말했다. "샌더스가 경선에서 최종 승자가 되기는 어려울 것이다. 그러나 그는 언젠가 또 다른 샌더스가 대선에서 승리해서 미국을 바꿀 수 있는 가능성을 보여주었다. 우리는 지금 1980년 레이건 당선 이후 불어닥친 신자유주의 시대의 종말을 목격하고 있다."[65]

---

63 샌더스는 한 축으로 프랭클린 루스벨트의 뉴딜 자유주의를, 다른 한 축으로 마이클 해링턴의 사회민주주의 전통의 영향을 받은 것으로 보인다(경향신문, 2015년 10월 5일자).

64 안병진, 〈리얼 씽(real Things)을 찾아서―샌더스 돌풍, 힐러리의 고뇌, 그리고 한국 정치에의 시사점〉, 《'버니 샌더스' 돌풍과 한국 정치》(새로운 사회를 여는 연구원 포럼 자료집)(2016).

65 김종철, 〈버니 샌더스의 패배에서 희망을 읽는 이유〉, 《미디어 오늘》(2016년 6월 8

이처럼 샌더스 현상이 일시적 이벤트로 끝나지 않고, 20세기 초 미국의 진보운동이나 뉴딜정책이 소수로의 소득과 부의 집중을 해소하고 경제적 번영과 평등의 진전을 촉진한 것처럼, 21세기 제2의 진보운동, 제2의 뉴딜정책으로 발전할 것이라는 기대감이 높아지고 있다.

일).

참고문헌

김종철, 〈버니 샌더스의 패배에서 희망을 읽는 이유〉, 《미디어 오늘》 (2016년 6월 8일).

새뮤얼 보울스·리처드 에드워즈·프랭크 루스벨트, 최정규·이강국·최민식 옮김, 《자본주의 이해하기 — 경쟁·명령·변화의 3차원 경제학》 (후마니타스, 2009).

안병진, 〈리얼 씽(real Things)을 찾아서 — 샌더스 돌풍, 힐러리의 고뇌, 그리고 한국 정치에의 시사점〉, 《버니 샌더스' 돌풍과 한국 정치》 (새로운 사회를 여는 연구원 포럼 자료집) (2016).

이강익, 〈미국 노동운동에서의 조직화 모델의 확산과 침체〉, 《사회과학연구》 제44집 (2005).

이상이, 〈최고 임금법… 심상정에 루스벨트를 더하자!〉, 《프레시안》 (2016년 7월 12일).

서재욱, 〈탈수급과 탈빈곤 빈곤을 줄이는 현명한 선택은 무엇인가? 미국의 복지개혁 사례(TANF)를 통해 본 한국의 기초생활보장제도 개편의 시사점〉, 《복지국가소사이어티 이슈리포트》 (2012년 10월 18일). http://www.welfarestate21.net/mobile/data3.php?mode=read& start=220&search_str=&search_val=&mod_gno=2080&offset=.

한주희, 〈미국의 금융화와 노동시장불평등〉, 《국제노동브리프》, vol. 11, no. 9 (2013년 9월).

홍종학, 〈기로에 선 신자유주의〉, 《경향신문》 (2009년 1월 11일).

Armentrout, Charles J., & Ann Arbor, "Piketty discovers America or vice versa", *The Last Tech Age* (2014). https://lasttechage.wordpress.com/2014/06/26/piketty- discovers-america-or-vice-versa/.

Atkinson, A. B., F. Alvaredo, T. Piketty, and E. Saez, "The top 1percent in international and historical perspective", *Journal of Economic Perspectives*, vol. 27, no. 3 (2013).

Bivens, Josh & Lawrence Mishel, "Understanding the Historic Divergence Between Productivity and a Typical Worker's Pay", *EPI Briefing Paper*, #406 (September 2, 2015).

Chaudry, Ajay et al., "Poverty in the United States: 50-Year Trends and Safety Net Impacts" (Office of Human Service Policy, U.S. Department of Health and Human Services, ASPE, 2016).

Cohn, Jonathan, "This Is What It's Like To Live On $2 A Day", *The Huffington Post* (2015). http://www.huffingtonpost.com/entry/2-dollars-a-day-extreme-poverty_us_55e79208e4b0aec9f356019c.

Cooper, David, "Raising the Minimum Wage to $12 by 2020 Would Lift Wages for 35 Million American Workers", *Economic Policy Institute* (July 14, 2015). http://

www.epi.org/publication/raising-the-minimum-wage-to-12-by-2020-would-lift-wages-for-35-million-american-workers/.

Cooper, David, "The federal minimum wage has been eroded by decades of inaction", *Economic Policy Institute* (July 25, 2016). http://www.epi.org/publi cation/the-federal-minimum-wage-has-been-eroded-by-decades-of-inaction/.

De Navas-Walt, Carmen and Bernadette D. Proctor, *Income and Poverty in the United States: 2014* (U.S. Census Bureau, 2015).

Domhoff, G. William, "The Rise and Fall of Labor Unions In The U.S. From the 1830s until 2012", *Who Rules America?* (February 2013). http://www2.ucsc.edu/whorulesamerica/power/history_of_labor_unions.html.

Economic Policy Institute, "The Benefits of Collective Bargaining", *Economic Policy Institute* (2015). http://www.epi.org/publication/benefits-of-collective-bargaining/.

Economic Policy Institute, "Average household net worth, financial assets, and tangible assets, 1965~2012" (2015).

Floyd, Ife, LaDonna Pavetti & Liz Schott, "TANF Continues to Weaken as a Safety Net", *Ceter on Budgent and Policy Priorities* (October 27, 2015). http://www.cbpp. org/research/family-income-support/tanf-continues-to-weaken-as-a-safety-net.

Gavett, Gretchen, "CEOs Get Paid Too Much, According to Pretty Much Everyone in the World", *Havard Business Review* (September 23, 2014). https://hbr.org/2014/09/ ceos-get-paid-too-much-according-to-pretty-much-everyone-in-the-world.

Kimball, Will & Lawrence Mishel, "Unions' Decline and the Rise of the Top 10 Percent's Share of Income", Economic Policy Institute (February 2015). http://www.epi.org/publication/unions-decline-and-the-rise-of-the-top-10-percents-share-of-income/.

Mishel, Lawrence, Jared Bernstein & Heidi Shierholz, *The State of Working America 2008/2009* (Ithaca & London: EPI, Cornell University Press, 2009).

Mishel, Lawrence, Josh Bivens, Elise Gould & Heidi Shierholz, *The State of Working America 12th Edition* (Ithaca&London: EPI, Cornell University Press, 2012).

Mishel, Lawrence & Alyssa Davis, "CEO Pay Has Grown 90 Times Faster than Typical Worker Pay Since 1978", *Economic Policy Institute* (April 14, 2015). http://www.epi.org/publication/ceo-pay-has-grown-90-times-faster-than-typical-worker-pay-since-1978/.

Mishel, Lawrence & Alyssa Davis, "Top CEOs Make 300 Times More than Typical Workers", *Economic Policy Institute* (June 21, 2015). http://www.epi.org/publication/top-ceos-make-300-times-more-than-workers-pay-growth-surpasses-market-gains-and-the-rest-of-the-0-1-percent/.

OECD, *Pensions at a Glance* (2015). http://www.oecd-ilibrary.org.

OECD, *In It Together: Why Less Inequality Benefits All* (2015). http://www.oecd-ilibrary.org.

OECD, *Fact Book 2016*. http://www.oecd-ilibrary.org.

OECD, *OECD Employment Outlook* (2016). http://www.oecd-ilibrary.org.

OECD, *OECD Family Database* (2016). http://www.oecd-ilibrary.org.

Saez, Emmanuel, "Income Concentration and Top Income Tax Rates", *UC Berkeley USC Tax Policy Conference* (February 2014).

Stangler, Dane & Paul Kedrosky, "Financialization and Its Entrepreneurial Consequences", *Erwing Marion Kauffman foudnation* (2011. 3. 5). http://www.kauffman.org/what-we-do/research/firm-formation-and-growth-series/financialization-and-its-entrepreneurial-consequences.

Weissmann, Jordan, "How Wall Street Devoured Corporate America", *The Atlantic* (March 5, 2013). http://www.theatlantic.com/business/archive/2013/03/how-wall-street-devoured-corporate-america/273732/.

Wright, Erik Olin & Rachel E. Dwyer "The American Job Machine", *Boston Review* (December 2000).

Wright, Erik Olin & Rachel E. Dwyer "The Patterns of job expansions in the USA: a comparison of the 1960s and 1990s", *Socio-Economic Review*, vol. 1, no. 3 (2003).

Wright, Erik Olin, "Understanding Class: Towards an Integrated Analytical Approach", *New Left Review*, 60 (November~December 2009).

Wright, Erik Olin & Joel Rogers, *American Society: How It Really Works* (New York, London: W. W. Norton, 2010).

Wright, Erik Olin, "Class Struggle and Class Compromise in the Era of Stagnation and Crisis", Walter Baier, Eric Canepa, Lutz Holzinger, ed., *Power relations in Europe* (Bruxelles: Transform, 2012).

집필진 소개 (가나다순)

기계형

한양대학교 아태지역연구센터 HK연구교수. 서울대학교에서 박사학위 취득. 근현대 러시아의 근대성을 탐색하며 젠더사, 도시문화사, 제국사 등을 연구한다. 공저로 《러시아의 생활양식과 정체성》, 《역사 속의 한국과 러시아—상호인식과 이해》, 논문으로 〈소련해체 이후 러시아의 '신제국사' 연구경향〉, 〈러시아제국의 정체성구축하기〉 등이 있다.

남성현

서울한영대학교 신학과 교수. 프랑스 스트라스부르대학에서 박사학위 취득. 고대기독교 예술, 기독교 영성사, 로마 법사학(Codex Theodosianus), 병원의 탄생과 발전 등 기독교 문명의 탄생을 중점적으로 연구하고 있다. 저서로 《고대기독교 예술사》, 《콘스탄티누스 가문의 기독교적 입법정책》, 번역서로 《에바그리오스의 실천학》 등이 있다.

민유기

경희대학교 사학과 교수. 파리 사회과학고등연구원에서 박사학위 취득. 근현대 프랑스 도시문화사, 정치문화사, 사회정책사 등을 연구한다. 사회주택, 주거권, 가족복지, 문화민주주의, 68운동 관련 다수의 논문을 발표했고, 저서로 《도시이론과 프랑스 도시사 연구》, 《도시는 역사다》(공저), 번역서로 《도시와 인간》, 《무방비 도시》 등이 있다.

박진빈

경희대학교 사학과 교수. 미국 펜실베이니아대학에서 박사학위 취득. 도시계획 및 주택정책과 흑백 갈등, 원주민 문제, 그리고 미국의 팽창 정책에 대한 글을 써왔다. 저서로 《백색국가 건설사》, 《도시로 보는 미국사》, 번역서로 《원더풀 아메리카》, 《빅체인지》 등이 있다.

박찬영

고려대학교 역사연구소 연구교수. 영국 노팅엄대학에서 박사학위 취득. 근현대 영국의 사회사, 복지정책사, 도시사, 여성사, 의학사 등을 연구한다. 산업도시의 공간과 문화현상을 중심으로 주택 및 주거문화, 노동환경과 생활수준, 도심의 공간 구성과 위생 문제, 여성 실업과 사회정책, 러다이트 운동과 관련한 다수의 논문을 발표했으며, 공저로 《서양문화사강의》, 《다문화의 이해》 등이 있다.

안상준

안동대학교 사학과 교수. 독일 보쿰대학에서 박사학위 취득. 주요 관심 분야는 십자군, 중세 도시 및 도시 빈민이다. 논문으로 〈중세 유럽의 교황군주제와 십자군〉과 〈막스 베버의 '도시' 개념과 수용〉, 번역서로 《도시로 본 중세 유럽》이 있다.

오승은

한양대학교, 한성대학교, 중앙대학교 사학과 강사. 영국 런던대학에서 박사학위 취득. 주요 주요 관심사는 동유럽 민족주의 외에, 포스트사회주의 동유럽 일상의 변화다. 이 문제와 관련 동유럽 사회주의 향수, 동유럽 사회의 빈곤 문제, 동유럽 포퓰리즘 등에 관한 연구를 해오고 있다.

이강익

강원도사회적경제지원센터 전략사업본부장으로 사회적기업, 마을기업, 협동조합을 지원하는 일을 하고 있다. 강원대학교 박사과정 수료. 지역 발전, 사회적 경제 등을 연구한다. 지역 불균등 발전, 로컬푸드, 사회적 경제 관련 논문들을 발표했고, 공저로 《지역사회의 지속가능성》, 《풀뿌리기업론》, 공역서로 《사회적 기업 영역, 어디까지인가?》 등이 있다.

이성재

충북대학교 역사교육과 교수. 파리 사회과학고등연구원에서 박사학위 취득. 중세 말 근대 초 프랑스의 빈민과 빈곤 문제에 대해 연구하고 있다. 저서로 《68운동》, 《지식인》, 번역서로 《빈곤에 맞서다》, 《악의 번영》, 《빈곤의 역사》, 논문으로 〈근대 프랑스 사회에서의 노인에 대한 사회적 인식변화〉, 〈아프리카 역사의 역사교육적 가치〉, 〈중세말 근대초 소극(笑劇)에 나타난 빈민의 형상〉 등이 있다.

이영석

광주대학교 국제언어문화학부 교수. 성균관대학교에서 박사학위 취득. 영국 경제사, 사회사, 생활사, 사학사 분야의 논문을 많이 썼다. 저서로 《산업혁명과 노동정책》, 《근대의 풍경》, 《영국, 제국의 초상》, 《공장의 역사》 등이 있다. 대영제국의 형성과 해체에 관한 저술을 준비하고 있다.

허구생

단국대학교 초빙교수. 미국 미네소타대학에서 박사학위 취득. 근대 초기 영국의 사회사 및 정치문화사를 주로 연구한다. 저서로 《빈곤의 역사, 복지의 역사》, 《근대초기의 영국》, 《울퉁불퉁한 우리의 근대》, 번역서로 《사회복지의 사상》 등이 있다.

홍용진

서울시립대 도시인문학연구소 HK교수. 프랑스 파리 1대학에서 박사학위 취득. 중세 말 서유럽의 정치문화, 정치·경제사상, 중세 도시사 등을 연구하고 있다. 중세 말 국가 발생 문제를 중심으로 정치사상과 정치담론, 정치문화, 도시문화에 대한 다수의 논문을 집필했다. 논문으로 〈13세기 말~14세기 초 프랑스 왕권 이미지 생산—필리프 3세와 필리프 4세 시대의 조각상들을 중심으로〉, 〈정치, 문화, 역사—14세기 중반 티투스 리비우스 "로마사"의 프랑스어 번역〉, 〈백년전쟁과 왕국의 개혁, 그리고 정치체에 대한 권리: 14세기 정치적 담론장 파리를 중심으로〉 등이 있다.

이 책에 실린 글들의 출처

* 이 책의 일부 장은 기존 논문을 수정 보완한 것이다. 기존 논문들의 출처는 다음과 같다.

1장: 남성현, 〈초기 비잔티움 제국과 기독교의 빈민을 위한 협력 모델 연구〉, 《서양사론》 제 118호 (2013).

3장: 안상준, 〈빈민구제와 자선개혁―중세 말 근대 초 사회부조의 출현〉, 《독일연구》 제27호 (2014).

5장: 이성재, 〈16~17세기 프랑스의 감금 정책에 나타난 종교성: 정부법령과 성직자들의 태도 를 중심으로〉, 《서양사론》 제91호 (2006년 12월).

6장: 박찬영, 〈에드워드 시대의 새로운 자선: 도움길드와 신자선(the New Philanthropy)의 개 념〉, 《영국 연구》 제18호 (2007).

7장: 기계형, 〈제정 러시아 말기 상트페테르부르크의 빈민층 여성과 성매매〉, 《여성과 역사》 제20호 (2014).

8장: 박진빈, 〈20세기 초 필라델피아의 인종 분리와 흑인 빈민 주거 문제〉, 《서양사론》 제118 호 (2013).

9장: 이영석, 〈1908년 영국 노령연금법에 관하여〉, 《서양사연구》 제47호 (2012).

10장: 민유기, 〈20세기 후반 프랑스의 도시 빈민 운동: '제4세계' 지원에서 인권신장으로〉, 《서 양사론》 제120호 (2014).

11장: 오승은, 〈바뀐 체제, 바뀌지 않은 생계수단: 포스트사회주의 동유럽 빈곤한 일상과 지하 경제〉, 《동유럽발칸연구》 제36호 (2013).

12장: 이강익, 〈미국의 경제적 불평등과 빈곤〉, 《미국사연구》 제32집 (2010).

찾아보기

서양사 속 빈곤과 빈민
연민과 통제를 넘어 사회적 연대로

1판 1쇄 2016년 12월 31일

기　　획 | 한국서양사학회
지은이 | 민유기·홍용진 외

펴낸곳 | (주)도서출판 **책과함께**
　　　　주소 (04022) 서울시 마포구 동교로 70 소와소빌딩 2층
　　　　전화 (02) 335-1982~3
　　　　팩스 (02) 335-1316
　　　　전자우편 prpub@hanmail.net
　　　　블로그 blog.naver.com/prpub
　　　　등록 2003년 4월 3일 제25100-2003-392호

ISBN 979-11-86293-69-0 93900

이 도서의 국립중앙도서관 출판시도서목록(CIP)은
서지정보유통지원시스템 홈페이지(http://seoji.nl.go.kr)와
국가자료공동목록시스템(http://www.nl.go.kr/kolisnet)에서 이용하실 수 있습니다.
(CIP제어번호 : CIP2016031373)